普通高等学校"十四五"规划新形态一体化教材
普通高等教育创新创业类通识课特色教材

创新创业基础
——理论与实践

- 编　著　张　宇
- 副主编　凡蓉蓉　范学谦　李碧均
　　　　　赵　君　肖　晶　孙　昳

华中科技大学出版社
http://press.hust.edu.cn
中国·武汉

内 容 简 介

本教材根据教育部《普通本科学校创业教育教学基本要求(试行)》进行撰写,涵盖了该要求的所有知识点,并结合国务院和教育部的最新精神,大幅度地增加了"创新篇"的内容。内容涵盖创新创业的基本概念,创新创业精神的培育,新时代创新创业的独特价值与广阔前景,创新精神与创新思维,创新方法与创新能力,创业者与创业团队,创业机会识别与风险评估,商业模式开发,创业资源及管理、创业融资,创新创业计划书的撰写,新企业的创建与管理等多个层面,全方位、立体化地呈现了创新创业的完整过程与核心要素。

本教材可以作为本科生的创新创业基础课程的教学用书,也可以作为创新创业人士和研究生的参考用书。本书配套的教学资源和学习资料可以通过扫描二维码获取。

图书在版编目(CIP)数据

创新创业基础:理论与实践 / 张宇编著. -- 武汉:华中科技大学出版社,2024.12. -- ISBN 978-7-5772-0669-1

Ⅰ.F241.4

中国国家版本馆 CIP 数据核字第 20243HL303 号

创新创业基础——理论与实践 张宇 编著
Chuangxin Chuangye Jichu——Lilun yu Shijian

策划编辑:王汉江
责任编辑:王汉江
封面设计:原色设计
责任监印:周治超
出版发行:华中科技大学出版社(中国·武汉)　　电话:(027)81321913
　　　　　武汉市东湖新技术开发区华工科技园　　邮编:430223
录　　排:武汉市洪山区佳年华文印部
印　　刷:武汉市洪林印务有限公司
开　　本:787mm×1092mm　1/16
印　　张:17.5
字　　数:412 千字
版　　次:2024 年 12 月第 1 版第 1 次印刷
定　　价:59.80 元

本书若有印装质量问题,请向出版社营销中心调换
全国免费服务热线:400-6679-118　　竭诚为您服务
版权所有　侵权必究

PREFACE 前言

全球竞争日益激烈,要实现中华民族伟大复兴的强国梦,离不开创新创业这一强大引擎的驱动。创新创业,不仅是顺应时代潮流、应对百年未有之大变局的战略抉择,更是推动我国经济社会高质量发展、提升国家核心竞争力的关键路径。为此,我们亟需在全社会范围内大力弘扬创新创业精神,强化创新创业教育,使之成为培育创新人才、激发创新活力、塑造创新生态,进而成为助推实现强国梦的强大支撑。

党中央、国务院高度重视创新创业教育工作,为此出台了一系列重要文件。如2015年国务院办公厅印发的《关于深化高等学校创新创业教育改革的实施意见》明确指出,将创新创业教育有效纳入本科生的必修课程体系,并要求所有高校均需设置创新创业教育课程,同时将其纳入学分管理范畴。该文件的目的是通过完善教育标准、创新人才培养机制、健全课程体系、改革教学方法、强化实践教学、调整学籍管理制度、加强教师队伍建设、改进创新创业指导服务以及完善资金支持政策等措施,全面推进高校创新创业教育改革,以提升人才培养质量,促进毕业生更高质量地创业与就业。这一举措标志着中国高等教育对创新创业教育的高度重视,旨在培养更多具备创新创业精神和能力的人才,以应对经济社会发展的新需求,并推动国家创新驱动发展战略的实施。2021年国务院办公厅印发的《关于进一步支持大学生创新创业的指导意见》进一步细化了支持措施,包括全面提升大学生创新创业能力、优化创新创业环境、加强平台建设、落实财税金融政策支持、促进成果转化、办好创新创业大赛、加强信息服务和宣传引导等,旨在构建一个全方位、多层次的支持大学生创新创业的政策体系。这些举措旨在充分激发全社会,特别是青年大学生群体的创新精神与创业活力,为经济社会的持续健康发展注入强大的新动能。

本教材的撰写,旨在为广大青年学子,主要是大学生,以及热衷于创新创业活动和事业的社会各界人士提供一套全面、系统、与时俱进的创新创业知识框架体系,助力培养具有创新精神、创业能力和家国情怀的新时代人才。撰写过程中,我们充分吸收了国务院、教育部的一系列文件精神,强调创新创业教育的系统性、实践性和全员性,倡导将创新创业教育融入人才培养全过程,鼓励大家在实践中学习,在创新中成长。全书共九章,涵盖了教育部《普通本科学校创业教育教学基本要求(试行)》所规定的所有知识点,内容完整,旨在引导读者快速入门、明理的同时,又能在创新创业实践中把握时代脉搏,成就人生梦想,服务国家战略。本教材内容涵盖创新创业的基本概念,创新创业精神的培育,新时代创新创业的独特价值与广阔前景,创新精神与创新思维,创新方法与创新能力,创业者与创业团队,创业机会识别与风险评估,商业模式开发,创业资源及管理、创业融资,创新创业计划书的撰写,新企业的创建与管理等多个层面,全方位、立体化地呈现了创新创业的完整过程与核心要素,为读者提供理论支持、实践指导和案例鉴借。

本教材具有如下特点:

(1) 课程思政的融入:将课程思政内容有机融入各个章节。思想是行动的指南,强调政治素养的重要性。只有具备政治素养、家国情怀,才能更好地激发广大青年学子的创新创业精神,促进创新创业理论的学习和实践活动的开展。

(2) 强调创新创业的作用:从全球化和近代工业革命的视角分析了创新创业对于国家发展的重要支撑作用,以引起大家对双创教育的足够重视,特别是对于大学生。主编从事双创研究、教学和各种赛事指导 20 多年,经验和教训体会深切:使命、好奇心、兴趣和危机感才是最好的老师。

(3) 创新与创业并重:创新与创业是相辅相成的,鉴于大多数基础类教材对"创新"内容阐述不足的问题,依据国务院和教育部的最新精神,大幅增加了"创新"的内容,强调在校大学生具有创新意识、培养创新精神、锻炼创新思维、掌握创新方法、历练创新能力。"创新"与"创业"的知识、方法、能力同等重要。

(4) 案例的丰富性与多样性:案例丰富,新颖与经典并重,国内与国外并举,覆盖了理念创新、商业模式创新、体制创新、管理创新、技术创新、产品创新等各个方面,生动展示了创新创业的多样形态与巨大价值。成功的经验需要学习,失败的教训更值得谨记。

(5) 理论与实践相结合:通过夹叙夹议的方式将理论与案例有机融合,增强教材的逻辑性、趣味性和可读性。

(6) 教学资源全面齐备:教师教学参考资料包括教学大纲、课程教纲、教案、PPT 课件、试卷及参考答案等;学生学习及实践资料包括创新创业案例集、能力与素养测评集、练习习题与答案集、创新创业实践实训选题集、优秀计划书案例集等,大家可通过扫描本书的二维码获取。教材编写组对教学资源会不定期更新、修改和完善。

我们尽量做到全面、准确、深入浅出地阐述创新创业基础课程的必要内容。有兴趣的同学和读者如有需要深入学习和研究,可阅读每一章后的"书香致远"栏目中推荐的书籍和资料,也可以学习创新管理、创业管理、商业模式等课程的网课资源,还可以查阅相关的科研文献。

本教材的出版离不开社会各界的鼎力支持。感谢南开大学张玉利教授十多年来通过各种级别和方式的创新创业会议的指导;感谢湖北省创业研究会贺尊会长、张云川副会长、张维纯副会长、李正旺副会长、周运兰秘书长;感谢全国普通高校毕业生就业创业指导委员会委员、武汉专创融合科技研究院院长高泽金教授;感谢教育部首批优秀创新创业导师、武汉市青年创业中心、武汉开富创业经济研究中心的张福宏主任;感谢武汉工程大学创新创业学院院长孙先明教授;感谢湖北省中小企业协会会长、盛隆电气集团有限公司副董事长谢清伦博士;感谢武汉达润投资管理有限公司执行董事兼总经理、华中科技大学余文峰教授等专家、学者和企业家的关心、帮助与指导。每当回想起我们在一起参加各类创新创业教学和研究会议的日子,去企业观摩时提出问题、研究讨论、各抒己见的情景,幸福和温暖总会涌上心头——因为我们不是在孤军奋战,星星之火已经燎原!多沟通,多交流;读万卷书,行万里路。

感谢武汉纺织大学校领导的亲切关怀,感谢武汉纺织大学管理与经济研究院夏火松院长、教务处王济平处长、李明副处长、管理学院吴金红院长、张飞副院长的大力支持。感谢凡蓉蓉、范学谦、李碧均、赵君、肖晶、孙昳、向阳、涂晓春、闫幸、兰军、曾款等老师们在本书撰写过程中提供的宝贵意见与无私帮助,他们的专业知识与实践经验为本书增色不少。感谢武汉纺织大学创新创业教学团队老师们的共同努力,还有我的硕士研究生龙志威、卢粟爱、陈嘉灏、陈实等同学的认真校对和图表的编辑工作。

本书的出版得到了武汉纺织大学教育教学项目建设经费的资助,同时也得到了华中科技大学出版社的大力支持和帮助;在编写过程中,我们参阅了大量的文献,在此对相关作者和出版机构一并表示深深的谢意!

尽管我们竭力追求全面、准确,但由于作者知识水平有限,加之时间仓促,书中难免存在错误、疏漏与不足之处,敬请各位专家、学者及广大读者批评指正并提出宝贵意见,以便再版时及时更正。我的邮箱是 64676265@qq.com,欢迎各位来信交流。

创新就在身边,创业并不遥远。纸上得来终觉浅,绝知此事要躬行。与大家共勉!

张宇

2024 年 10 月

配套网络资源

目录

第 1 章　创新创业概述 …………………………………… 1
 1.1　创新概述 ……………………………………………… 4
  1.1.1　创新的概念 …………………………………… 4
  1.1.2　创新的类型 …………………………………… 6
  1.1.3　创新的意义 …………………………………… 8
 1.2　创业概述 ……………………………………………… 9
  1.2.1　创业的概念 …………………………………… 9
  1.2.2　创业的要素与类型 …………………………… 10
  1.2.3　创业过程与新创企业的成长阶段 …………… 13
 1.3　创新与创业的关系 …………………………………… 15
  1.3.1　创新是创业的基础与动力 …………………… 15
  1.3.2　创业是创新的载体与实现途径 ……………… 15
  1.3.3　创新与创业相互促进形成良性循环 ………… 16
  1.3.4　创新与创业协同应对面临的挑战 …………… 16
  1.3.5　创新与创业的文化氛围相互影响 …………… 16
  1.3.6　创新与创业的国际合作日益紧密 …………… 16
 1.4　创新创业的社会意义与个人价值 …………………… 17
  1.4.1　创新创业对国家和社会的意义 ……………… 17
  1.4.2　创新创业对个人职业发展的作用 …………… 19
  1.4.3　经济转型与创新创业的关系 ………………… 20
  1.4.4　政府和社会对创新创业的支持 ……………… 22
 1.5　时代呼唤创新创业教育 ……………………………… 23
  1.5.1　创新创业教育强国的案例鉴借 ……………… 23
  1.5.2　我国创新创业教育的现状及发展 …………… 26
 思考题 ……………………………………………………… 29

第 2 章　创新精神与创新思维 ····· 31
2.1　创新精神 ····· 33
2.1.1　创新精神的概念 ····· 33
2.1.2　创新精神的内涵 ····· 34
2.1.3　从近代工业革命中解析创新精神 ····· 35
2.2　创新思维 ····· 42
2.2.1　创新思维的概念与特征 ····· 42
2.2.2　突破创新思维障碍 ····· 44
2.2.3　常见的创新思维 ····· 46
2.3.4　创新思维在实践中的应用 ····· 51
2.3.5　创新思维的培养 ····· 52
思考题 ····· 57

第 3 章　创新方法与创新能力 ····· 58
3.1　创新方法 ····· 61
3.1.1　创新方法的概念与特点 ····· 61
3.1.2　常见的创新方法 ····· 63
3.1.3　创新的工具与技术 ····· 71
3.1.4　创新方法与技术的发展趋势 ····· 75
3.2　创新能力 ····· 75
3.2.1　创新能力的概念及特点 ····· 75
3.2.2　创新能力的分类 ····· 77
3.2.3　创新能力的培养 ····· 78
思考题 ····· 83

第 4 章　创业者与创业团队 ····· 84
4.1　创业者与创业精神 ····· 85
4.1.1　创业者的概念 ····· 85
4.1.2　创业者的角色与责任 ····· 86
4.1.3　创业者的素质与能力 ····· 87
4.1.4　创业动机的含义与分类 ····· 88
4.1.5　创业精神的本质、来源、作用与培育 ····· 89
4.1.6　创新型人才与大学生创业特质的培养 ····· 92
4.2　创业团队组成及管理 ····· 93
4.2.1　创业团队及其对创业的重要性 ····· 93

		4.2.2 创业团队的优劣势分析 ········· 95
		4.2.3 创业团队领导的角色与素养 ······ 96
		4.2.4 组建创业团队的方法 ··········· 97
		4.2.5 管理创业团队的方法和策略 ······ 101
		4.2.6 创业团队的社会责任 ··········· 102
	4.3	创业者与团队的持续发展 ··········· 103
		4.3.1 创业者的个人成长与学习 ········ 103
		4.3.2 创业团队的持续创新与适应 ······ 104
	思考题 ······································· 107

第5章 创业机会识别与风险评估 ············ 109

5.1 创业机会的识别 ························ 111
　　5.1.1 创意与机会 ··························· 111
　　5.1.2 创业机会与商业机会 ··············· 111
　　5.1.3 创业机会的类型 ····················· 112
　　5.1.4 创业机会的来源 ····················· 114
　　5.1.5 影响机会识别的关键因素 ········ 115
　　5.1.6 识别创业机会的一般过程 ········ 117
　　5.1.7 识别创业机会的行为技巧 ········ 118
5.2 创业机会的评价 ························ 119
　　5.2.1 有价值的创业机会的基本特征 ···· 119
　　5.2.2 个人与创业机会的匹配 ··········· 119
　　5.2.3 创业机会评价的特殊性 ··········· 119
　　5.2.4 创业机会评价的方法与策略 ····· 119
5.3 创业风险的识别与评估 ··············· 123
　　5.3.1 创业风险的构成与分类 ··········· 123
　　5.3.2 系统风险防范的可能途径 ········ 123
　　5.3.3 非系统风险防范的可能途径 ····· 123
　　5.3.4 创业者风险承担能力的估计 ····· 124
　　5.3.5 基于风险估计的创业收益预测 ···· 124
思考题 ······································· 126

第6章 商业模式开发 ··· 128

6.1 商业模式的概念和本质 ··············· 130
　　6.1.1 商业模式概念解读 ·················· 130

6.1.2　商业模式本质探究 …………………………………………… 131
6.2　商业模式和商业战略的关系 …………………………………………… 133
　　6.2.1　战略与模式的互动 …………………………………………… 133
　　6.2.2　战略与模式共同推动企业持续发展 ………………………… 136
6.3　商业模式因果关系链条的分解 ………………………………………… 138
　　6.3.1　链条构建 ……………………………………………………… 138
　　6.3.2　关键要素分析 ………………………………………………… 139
6.4　设计商业模式的思路和方法 …………………………………………… 140
　　6.4.1　设计思路 ……………………………………………………… 140
　　6.4.2　方法应用 ……………………………………………………… 141
6.5　商业模式创新的逻辑与方法 …………………………………………… 143
　　6.5.1　创新逻辑 ……………………………………………………… 143
　　6.5.2　创新方法 ……………………………………………………… 144
　　6.5.3　新的商业模式 ………………………………………………… 145
思考题 …………………………………………………………………………… 150

第7章　创业资源及管理 …………………………………………………… 152

7.1　创业资源 ………………………………………………………………… 154
　　7.1.1　创业资源的内涵与分类 ……………………………………… 154
　　7.1.2　创业资源与一般商业资源的异同 …………………………… 156
　　7.1.3　社会资本、资金、技术及专业人才在创业中的作用 ……… 157
　　7.1.4　影响创业资源获取的因素 …………………………………… 158
　　7.1.5　创业资源获取的途径与技能 ………………………………… 159
7.2　创业融资 ………………………………………………………………… 162
　　7.2.1　创业融资分析 ………………………………………………… 162
　　7.2.2　创业所需资金的测算 ………………………………………… 165
　　7.2.3　创业融资渠道 ………………………………………………… 167
　　7.2.4　股权融资与债权融资 ………………………………………… 172
7.3　创业资源管理 …………………………………………………………… 179
　　7.3.1　不同类型资源的开发 ………………………………………… 179
　　7.3.2　有限资源的创造性利用 ……………………………………… 180
　　7.3.3　创业资源开发的推进方法 …………………………………… 181
思考题 …………………………………………………………………………… 185

第 8 章 创业计划的制定与路演 ... 187

8.1 创业计划书 ... 189
- 8.1.1 创业计划书的概念和作用 ... 189
- 8.1.2 创业计划书的分类 ... 190
- 8.1.3 创业计划书的基本结构及内容 ... 193
- 8.1.4 创业计划书中的信息搜集 ... 197
- 8.1.5 市场调查的内容和方法 ... 199

8.2 创业计划书的撰写 ... 202
- 8.2.1 研讨创业构想 ... 202
- 8.2.2 分析创业可能遇到的问题和困难 ... 203
- 8.2.3 把创业构想变成文字方案 ... 203
- 8.2.4 成功创业计划书的撰写 ... 205

8.3 创业计划路演的准备与实施 ... 213
- 8.3.1 路演的概念与目的 ... 213
- 8.3.2 路演内容的策划与设计 ... 216
- 8.3.3 路演的技巧与实践 ... 217

思考题 ... 222

第 9 章 新企业的创立与管理

9.1 成立新企业 ... 226
- 9.1.1 企业组织形式的选择 ... 226
- 9.1.2 新企业的注册流程 ... 228
- 9.1.3 企业注册的相关资料 ... 231
- 9.1.4 新创企业必须考虑的法律与伦理问题 ... 233
- 9.1.5 新企业选址策略和技巧 ... 238
- 9.1.6 新企业的社会认同 ... 243

9.2 新企业的生存管理 ... 244
- 9.2.1 新企业管理的特殊性 ... 244
- 9.2.2 新企业成长的驱动因素及管理策略 ... 246
- 9.2.3 新企业的风险来源及控制和化解 ... 247

9.3 新企业的发展管理 ... 250
- 9.3.1 新企业的营销管理 ... 250
- 9.3.2 新企业的研发管理 ... 252
- 9.3.3 新企业的人力资源管理 ... 254

  9.3.4 新企业的财务管理 …………………………………… 256

  9.3.5 新企业的生产运作管理 ……………………………… 259

 思考题 …………………………………………………………… 263

附录 …………………………………………………………………… 264

 附录1 常用的创新创业类网站 …………………………………… 264

 附录2 常用的创新创业类公众号 ………………………………… 266

参考文献 ……………………………………………………………… 267

第1章 创新创业概述

【创新创业语录】

青年是国家和民族的希望,创新是社会进步的灵魂,创业是推动经济社会发展、改善民生的重要途径。青年学生富有想象力和创造力,是创新创业的有生力量。希望广大青年学生把自己的人生追求同国家发展进步、人民伟大实践紧密结合起来,刻苦学习,脚踏实地,锐意进取,在创新创业中展示才华、服务社会。

——习近平

大众创业、万众创新的浪潮已经来临,年轻人要勇立创业创新潮头。新生代创业力量已站在创业风暴的"台风口"和舞台中央,希望大家把握住创新机遇,敢于挑战;积极拓宽创业的外延,以新技术改造传统产业、以新商业模式拓展新市场,不断开拓创业新天地。

——李强

【学习目标】

1. 掌握创新、创业的概念、分类,创新与创业的关系。
2. 掌握创业的要素、过程及阶段划分。
3. 理解创新创业的社会意义与个人价值。
4. 熟悉世界各个创新创业教育强国的案例及我国的现状。
5. 培养创新创业意识。

【案例导入】 张一鸣与互联网+内容服务的生态系统

在数字化浪潮的推动下,张一鸣以其前瞻性的视野和不懈的创新精神,成功引领字节跳动公司构建起了一个庞大的互联网+内容服务的生态系统。这个系统不仅涵盖了新闻资讯、短视频、长视频、教育、游戏等多个领域,还通过技术创新和跨界融合,不断拓宽内容服务的边界。下面对张一鸣与这一生态系统的成长历程进行介绍与分析。

1. 初创奠基：今日头条的崛起

2012年，正值移动互联网的快速发展期，张一鸣敏锐地洞察到用户对个性化内容的需求，于是创立了今日头条。这一平台利用大数据和人工智能技术，实现了新闻资讯的精准推送，迅速吸引了大量用户。今日头条的成功不仅为字节跳动奠定了坚实的技术基础，也为其后续拓展内容服务领域提供了宝贵的经验。

2. 短视频风暴：抖音与 TikTok 的全球化

随着移动互联网的普及和用户对短视频内容的喜爱，张一鸣果断抓住了这一趋势，于 2016 年推出了抖音(国内版)，并在次年推出了 TikTok(国际版)。这两个短视频平台以其独特的音乐、舞蹈和创意内容迅速走红，成为全球年轻用户的最爱。通过算法推荐和社交互动功能，抖音和 TikTok 不仅为用户提供了丰富的娱乐体验，还构建了一个充满活力的内容生态。它们的成功不仅让字节跳动在短视频领域占据了领先地位，也进一步推动了公司全球化战略的实施。

3. 多元化拓展：构建全方位内容生态

在巩固了短视频领域的地位后，张一鸣并没有停下脚步。他继续拓展字节跳动的业务边界，推出了西瓜视频、懂车帝等多元化产品。西瓜视频专注于提供高质量的长视频内容，为用户提供了更加丰富的视频娱乐选择；而懂车帝则致力于为用户提供专业的汽车购买决策支持，进一步丰富了字节跳动的内容生态。此外，公司还积极布局在线教育领域，推出了瓜瓜龙、清北网校等在线教育产品；通过投资并购和自主研发等方式，涉足游戏和音乐版权领域；并积极探索硬件市场，推出了 VR 硬件和智能耳机等产品。这些举措不仅满足了用户多样化的需求，也进一步提升了字节跳动的市场竞争力。

4. 技术创新：赋能内容服务生态

在构建互联网＋内容服务生态的过程中，张一鸣始终将技术创新作为核心驱动力。他带领团队不断研发和优化算法技术，提升内容推荐的精准度和用户体验；同时，积极探索云计算、分布式系统等前沿技术，为公司的全球化战略提供强有力的技术支撑。此外，公司还注重跨界技术的融合应用，如将 AI 技术应用于音乐版权保护和分发、将智能硬件与内容服务相结合等。这些技术创新不仅提升了字节跳动的核心竞争力，也为其未来的发展提供了无限可能。

5. 试错与成长：勇于面对挑战

在构建生态系统的过程中，张一鸣及其团队也经历了不少挫折和失败，但他们始终保持着勇于试错的勇气和对失败的坦然面对。通过不断地试错和反馈，他们能够及时发现并纠正问题，不断优化产品功能和用户体验；同时，从失败中汲取经验教训，不断提升自身的竞争力和适应能力。这种勇于面对挑战、不断学习和成长的精神，是字节跳动能够持续保持领先地位的重要原因之一。

6. 推动组织变革：应对多元化挑战

2021 年 5 月 20 日，张一鸣宣布卸任字节跳动 CEO 一职。尽管卸任了 CEO 职务，张一鸣作为字节跳动的创始人和大股东，依然对公司的战略方向有着重要影响。在梁汝波接任后，张一鸣积极推动了公司内部的一系列变革，推动字节跳动组织架构大规模调整与内部变革，成立了抖音、大力教育、飞书、火山引擎、朝夕光年和 TikTok 等多个业务板块，以应对业务复杂化和团队规模扩大的各种挑战，确保公司能够持续保持竞争力和创新力。

7. 学无止境：科技前沿探索

卸任后，张一鸣拥有更多时间投入到个人兴趣和前沿科技的探索中。他对虚拟现实、生命科学、科学计算等新兴领域兴趣浓厚，并计划在接下来的十年里，深度参与到这波科技变革之中，寻求新的突破和机遇。他不仅在内部信中多次表达了对这些领域的期待，还通过实际行动，如参加科技论坛、与业界专家交流等，不断拓宽自己的视野，为未来的科技创新蓄力。2023 年 5 月 22 日，张一鸣在香港正式成立了名为 Cool River Venture 的个人投资基金。该基金以私人股份有限公司的形式运营，张一鸣担任董事，且通过 Galaxy LLC 持有 100% 股份。基金的主要投资方向聚焦于科技相关行业，这标志着张一鸣在卸任 CEO 后，依然保持着对科技创新领域的敏锐洞察和积极投入。

8. 回报社会：企业家精神与社会责任

张一鸣对社会的贡献从未曾停歇，他对教育事业的支持尤为显著，尤其是对母校南开大学的深情厚谊。2019 年，他向南开大学慷慨捐赠 1.1 亿元，这笔捐款被精心分配：其中 1 亿元用于设立南开大学创新基金，该基金旨在助力南开大学校友的早期创业项目，为他们的梦想插上翅膀；而剩余的 1000 万元则捐赠给南开人才建设基金，用于加强学校的师资和人才队伍建设。2024 年，张一鸣再次携手字节跳动 CEO 梁汝波，向南开大学捐赠 2 亿元。除了对母校的慷慨捐赠，张一鸣对家乡教育事业的关注和支持也未曾减少。2021 年 6 月，他向家乡龙岩市捐赠 5 亿元人民币，成立了芳梅教育发展基金。这笔捐款被用于教师培训、教育技术基础设施建设和宿舍建设等多个方面，旨在全面提升家乡的教育水平。该基金名中"芳梅"两个字分别取自张一鸣奶奶和外婆的名字，体现了他对奶奶和外婆的深深怀念，也彰显了他对家乡教育事业的深厚情感。2023 年，张一鸣再次向芳梅教育发展基金追加捐赠 2 亿元，使基金总额达到 7 亿元，这笔追加捐赠主要用于支持家乡的职业教育和艺术教育等公益项目。

张一鸣与字节跳动共同构建的互联网＋内容服务生态系统是一个充满活力和创新创业精神的典范。他们紧跟时代步伐、把握市场脉搏；以技术创新为核心驱动力、赋能内容服务生态；勇于面对挑战、不断学习和成长。张一鸣在卸任字节跳动 CEO 之后，通过大额的教育公益捐赠、成立个人投资基金、推动公司内部变革以及积极探索前沿科技等多个方面，继续展现了他的社会责任感、企业家精神以及对科技创新的不懈追求。

【问题思考】
1. 张一鸣是如何发现创新创业机会的？
2. 张一鸣及其团队具有什么样的创新创业精神和素养？
3. 成熟企业做多元化都比较困难，张一鸣的新创企业是如何做到的？

1.1 创新概述

创新是推动社会进步和经济增长的持续动力。在当今快速变化的全球环境中,创新已成为企业、组织乃至民族和国家核心竞争力的关键要素。当前世界经济正处于第四次技术革命的萌芽期,这个阶段的创新竞争异常激烈,各个国家普遍都将创新作为国际竞争优势的决定性力量。

1.1.1 创新的概念

创新作为持续的核心驱动力,其概念与内涵的深入理解至关重要。

1. 马克思、熊彼特和德鲁克对于创新的论述

1) 马克思关于创新的论述

虽然马克思并未界定创新的概念,但在其著作中却蕴含着丰富的创新思想。马克思认为,创新是人类特有的有意识、富于智慧的实践活动,是人类本质力量的重要体现。他指出,通过实践创造对象世界,即改造无机界,证明了人是有意识的类存在物。这一论述强调了创新作为人类实践活动的高级形式,其本质在于求新求异,需要更多的知识和智慧投入。马克思进一步指出,创新包括科学创新、技术创新和制度创新三种基本形式。科学创新表现为自然科学、人文科学和社会科学知识的创新,属于精神生产实践范畴;技术创新则是指机器的运用、生产技术的改进等,属于物质生产实践范畴;而制度创新则涉及生产关系、政治上层建筑的变革,属于社会关系生产实践范畴。这些论述为理解创新的多样性和复杂性提供了深刻的理论基础。

2) 熊彼特的定义

约瑟夫·熊彼特在其1934年出版的《经济发展理论(英文版)》一书中首次系统地提出了"创新"的概念。熊彼特将创新定义为"建立一种新的生产函数",即"生产要素的重新组合",包括引入新产品、采用新技术、开辟新市场、控制原材料的新供应来源、实现企业的新组织等五种情况。熊彼特特别强调了企业家在创新过程中的核心作用,认为企业家是推动创新、实现经济增长的关键力量。

3) 德鲁克的定义

彼得·德鲁克在其1985年的著作《创新与企业家精神》中详细探讨了创新。德鲁克认为:创新不仅仅是技术或产品的革新,更是管理思想、组织结构和商业模式的全面变革。他强调,创新是组织生存和发展的关键,是管理者必须掌握的核心能力。德鲁克指出,创新需要管理者具备敏锐的洞察力、前瞻性的思维和果断的决策能力。他提倡管理者应该关注客户需求、市场趋势和技术发展,不断寻找新的商业机会和增长点。同时,德鲁克还强调创新需要组织内部的支持和配合,需要建立一种鼓励创新、容忍失败的文化氛围。

创新是一个复杂而多维的概念,其内涵丰富而深刻。非常多的学者和创新创业的实践者对创新的理论和实践研究作出了大量的贡献,使"创新理论"成为一个可以指导实践的科学体系,消除了人们对于"创新是少数天才的专利"的误解,这也是"大众创业、万众创新"政策的理论基础。

2. 为了更好地把握创新的概念,可以从广义和狭义两个角度来理解

1) 广义的创新

广义的创新是一个涵盖了人类社会、自然科学、技术、经济、文化、艺术乃至个体思维等多个领域的综合性概念。它指的是任何形式的新思想、新方法、新技术、新产品、新服务、新制度、新流程或新模式的产生、应用与推广,这些新事物能够显著改变现有状态,提升效率,增加价值,或是对社会、经济、文化等方面产生积极影响。广义的创新不仅限于科技领域的技术突破,也包括了管理模式的革新、商业模式的重构、社会制度的完善、文化艺术的探索与发展,以及个体思维方式的转变等。它强调的是对现有知识的整合、超越与再创造,是推动社会进步和文明发展的重要力量。

2) 狭义的创新

狭义的创新通常更侧重于科技或经济领域的具体实践活动。它特指在科学技术研究、产品开发、工艺改进、生产制造等过程中,通过创造性思维和实践活动,开发出具有新颖性、先进性和实用性的新产品、新技术、新工艺或新方法。这些创新成果能够直接转化为生产力,提升产品或服务的性能、降低成本、增加附加值,从而在市场上获得竞争优势。狭义的创新强调技术层面的突破与应用,是推动产业升级、经济增长和科技进步的关键因素。

总之,无论是广义还是狭义的创新,它们都指向了一个共同的目标——通过引入新元素或改进旧元素来创造价值。广义的创新涵盖范围更广,强调的是整体性的变革,而狭义的创新则更加专注于技术和产品的革新。两者相辅相成,共同构成了现代经济社会中创新活动的全貌。在实际应用中,广义的创新包含了狭义的创新,而狭义的创新往往也是广义创新的一个重要组成部分。两者之间的界限并非绝对,而是相互交织、互相促进的关系。

本教材对创新的定义:创新是一个涉及新思想、新模式、新技术、新产品、新流程和新应用等的产生与应用的多维度过程,其核心是引入新事物或对现有事物进行显著改进,旨在创造和传递政治、经济、社会、科技、环境等多方面的价值,促进社会进步、经济增长与竞争力提升。

3. 从不同维度的理解

1) 新事物的引入或现有事物的显著改进

创新是指创造全新的产品、服务、技术、工作方法或业务模式,或者对已存在的事物进行重大革新,使其在性能、功能、效率、用户体验、成本效益等方面发生显著变化。创新既可以是"从无到有"的创造,也可以是"从有到优"的改良,旨在提升价值、解决问题或满足新的需求。

2) 创新的概念涵盖多个维度

创新不仅限于物质产品的创新,还包括知识创新、制度创新、管理创新、市场创新等非物质领域的创新。它涉及新思想、新技术、新产品的产生与应用,以及新流程、新制度、新市场的构建与拓展。

3）过程与结果的统一

创新既是创造新事物或改进旧事物的动态过程,也是这一过程所达成的具有实际价值和社会影响的结果。这一过程通常包括机会识别、概念形成、研发设计、测试优化、商业化落地等阶段。

4）跨越多个领域

创新可以在经济、社会、科技、文化等诸多领域发生,涵盖微观层面的企业内部创新到宏观层面的国家创新体系构建。它既适用于私营部门,也适用于公共部门,既关乎盈利组织,也关乎非盈利组织。

5）驱动因素多样化

创新可以由市场需求、科技进步、政策引导、竞争压力、企业家精神等多种因素驱动。创新主体可以是个人、团队、企业、研究机构、政府部门等不同主体之间的协同创新。

6）价值创造与传递

创新的核心在于创造和传递价值,无论是经济价值、社会价值还是环境价值。创新通过提高生产效率、开辟新市场、改善生活质量、解决社会问题、推动可持续发展等方式,为社会带来广泛的积极影响。

总之,创新不仅包括具体的物质产出,也涵盖了思维方式、商业模式、管理机制、企业战略等非物质领域的革新,是一个涵盖多个领域、由多种因素驱动、由多元主体参与的综合性社会现象。

1.1.2 创新的类型

创新是一个复杂的多层次、多维度、多领域的复合概念,可以从不同视角对其进行分类解读,以便于大家理解和掌握,以下是一些常见的创新分类方式。

1. 根据创新的表现形式分类

（1）知识创新:指通过科学研究、理论探索等活动,产生新的知识体系、理论框架或思想观点的过程。知识创新是技术创新、服务创新等其他形式创新的基础,它推动了人类认知边界的拓展。

（2）技术创新:涵盖了新产品、新技术、新工艺、新材料等的研发与应用。它是企业提升竞争力、推动产业升级的关键。技术创新不仅关注技术本身的进步,还强调技术成果的商业化应用。

（3）服务创新:指在服务领域引入新的服务内容、服务模式、服务流程等,以提升服务质量和客户满意度。随着服务经济的兴起,服务创新已成为企业差异化竞争的重要手段。

（4）组织创新:指对组织结构、组织文化、组织流程等进行调整和优化,以适应外部环境变化和内部发展需求。组织创新有助于提升组织的灵活性和适应性,促进组织目标的实现。

(5) 管理创新：指引入新的管理理念、方法、工具和技术，以提高管理效能和企业绩效。管理创新贯穿于企业运营的全过程，涉及战略管理、人力资源管理、财务管理等多个方面。

(6) 商业模式创新：指对传统商业模式、运营模式或服务模式进行根本性的变革，以创造新的价值主张和市场机会。

(7) 制度创新：涉及政策、法规、管理体制等方面的变革。它通过优化制度设计，降低交易成本，提高资源配置效率，为经济社会发展提供有力保障。

2. 根据创新的行为主体分类

(1) 政府创新：政府作为公共管理和服务的提供者，通过政策创新、服务创新等方式，提升治理效能和社会福祉。

(2) 团体创新：非盈利组织、行业协会等团体在推动行业进步、社会公益等方面发挥重要作用，通过团体创新实现共同目标。

(3) 大学与科研机构创新：大学与科研机构是知识创新和技术创新的重要源泉，通过基础研究和应用研究，推动科技进步和社会发展。

(4) 企业创新：企业是市场经济的主体，通过技术创新、产品创新、市场创新等方式，提升企业竞争力和市场占有率。

(5) 个人创新：个人在日常生活和工作中，通过思维创新、行为创新等方式，不断追求个人成长和进步，同时也为社会贡献智慧和力量。

3. 根据创新的方式进行分类

(1) 独立创新：指国家、组织、企业或个人等主体依靠自身力量进行的创新活动，强调自主研发和自主知识产权。独立创新可以拥有知识产权、获得核心专利技术等优势，从而获得竞争优势。

(2) 合作创新：指不同主体之间通过合作方式进行的创新活动，包括各个层次、各种机构以及个人的各种方式的合作创新，如国家战略联盟创新、企业合作创新、高校与企业的产学研合作创新等。合作创新有助于整合资源、共享成果、降低风险。

4. 根据创新的意义大小分类

(1) 渐进性创新：指对现有产品或服务的微小改进或优化，虽然影响较小，但能够持续提升产品性能和市场竞争力。

(2) 突破性创新：指对现有技术或市场格局的根本性变革，能够创造新的市场需求或颠覆传统竞争格局。

(3) 革命性创新：指对整个行业或社会产生深远影响的创新，如互联网技术的出现彻底改变了人们的生活方式和工作方式。

5. 根据创新的效果分类

(1) 有价值的创新：指能够创造经济价值、社会价值或环境价值的创新活动，如新产品的成功上市、新技术的广泛应用等。

(2) 无价值的创新：指虽然投入了大量资源和精力，但未能实现预期目标的创新活动,如没有市场需求的新产品。

(3) 负效应创新:指创新活动带来的负面效果大于正面效果的情况,如污染环境的新产品等。通常该类创新并不为政府、行业和大众所认可。

6. 根据创新的层次分类

(1) 首创型创新:指在全球范围内首次提出或实现的创新活动,具有高度的原创性和前瞻性。

(2) 改进型创新:在现有技术或产品基础上进行改进和优化,以提升性能或降低成本。

(3) 应用型创新:将新技术、新方法应用于实际生产或生活中,以解决具体问题或满足特定需求。

7. 根据创新的领域分类

这种分类方式基于创新活动发生的具体领域或行业,如教育创新、金融创新、工业创新、农业创新、国防创新、社会创新和文化创新等。每个领域的创新都有其特定的背景、挑战和机遇,需要针对性的创新策略。

以上每种分类方式都有其独特的视角和价值,有助于我们更深入地理解和把握创新的内涵和外延。知识创新是创新的基石,为其他形式的创新提供理论支撑;技术创新则是创新的核心,直接推动产业升级和经济发展;服务创新、制度创新和组织创新则分别从服务、制度和组织层面入手,优化资源配置,提升社会运行效率;管理创新则通过引入新的管理理念和方法,提高企业绩效和市场竞争力。而根据创新行为主体、方式、意义大小、效果以及层次的分类,则进一步丰富了我们对创新的理解,使我们能够更具体地分析创新活动的特点和影响,不同分类方式下的创新活动共同构成了丰富多彩的创新生态。

1.1.3 创新的意义

创新作为推动社会进步与经济发展的关键力量,其意义体现在多个方面。

1. 驱动科技进步与产业升级

创新是科技进步的源泉,也是产业升级的推动力。以华为为例,该公司在 5G、人工智能、云计算等领域持续投入研发,不断突破核心技术,不仅巩固了自身在全球科技领域的领先地位,也带动了我国相关产业的快速发展,实现了从"制造"向"智造"的转型升级。

2. 激发经济增长新动力

创新是经济增长的新引擎。随着新技术、新业态、新模式的不断涌现,创新创业活动日益活跃,为经济发展注入了新的活力。比如:直播带货、短视频经济等新兴业态的兴起,不仅创造了新的经济增长点,也带动了相关产业链的发展,促进了就业和消费的增长。

3. 提升国家竞争力与全球影响力

创新是提升国家竞争力和全球影响力的关键。我国在高铁、航天、新能源等领域取得的重大创新成果,不仅展示了我国的科技实力,也提升了我国的国际地位和影响力。

如中国高铁技术的输出,不仅带动了相关产业的发展,也促进了我国与其他国家的经济合作与交流。

4. 改善民生福祉与生活质量

创新是改善民生福祉和提高生活质量的重要途径。通过创新,可以开发出更加便捷、高效、环保的产品和服务,满足人民日益增长的美好生活需要。例如:智能家居、在线教育、远程医疗等新兴领域的创新,为人们的生活带来了极大的便利和舒适。

5. 促进可持续发展与环境保护

创新是促进可持续发展和环境保护的重要手段。面对全球气候变化和资源短缺的挑战,我国积极推动绿色低碳技术的创新与应用,如新能源汽车、光伏发电等领域的发展,不仅减少了对化石能源的依赖,也降低了环境污染和生态破坏的风险。

6. 培育创新文化与人才

创新是培育创新文化和吸引创新人才的关键。通过营造鼓励创新、宽容失败的社会氛围,可以激发人们的创新精神和创造力,吸引更多的创新人才投身于创新创业活动中。同时,创新也推动了教育体制的改革和人才培养模式的创新,为社会的持续发展提供了源源不断的人才支撑。

创新对于驱动科技进步与产业升级、激发经济增长新动力、提升国家竞争力与全球影响力、改善民生福祉与生活质量、促进可持续发展与环境保护以及培育创新文化与人才等方面都具有重要意义。因此,我们应继续加大创新投入,营造良好的创新环境氛围,激发全社会的创新活力和潜能。

1.2 创业概述

1.2.1 创业的概念

"创业"一词在古代文献中已有体现,如《孟子·梁惠王下》中的"君子创业垂统,为可继也",这里的"创业"指开创基业,为后世留下可以继承的事业,体现了创业的开创性和传承性。"创",在古汉语中与"创伤"相连,寓意着一种破坏与重生的力量。然而,在更广泛的语境下,"创"更多地被赋予了"重新开始"的积极意义。它不仅仅意味着对旧有事物的颠覆,更蕴含着在废墟之上重建新秩序的勇气与智慧。无论是个人生活的转折,还是社会历史的变迁,"创"都代表着一种敢于突破现状,勇于追求新生活的精神。"业",其含义丰富多样,从宏观的建国大业到微观的成家立业,无不涵盖。在古代,"业"常被用来指代国家的大业,如建国大业,强调的是对国家的贡献与成就。而在民间,"业"则更多地与个人的生活紧密相连,如成家立业,寓意着建立家庭、成就事业,是个人生活的重要里程碑。因此,"业"不仅代表着宏观的社会责任与使命,也体现着微观的个人追求与价值实现。

进入近现代,随着经济学的发展,创业概念得到了更为深入的阐述。

理查德·坎蒂隆在1755年出版的《商业性质概论》中,首次在经济学意义上明确提出了创业的概念,将其视为承担风险的经济行为。约瑟夫·熊彼特在1934年出版的《经济发展理论(英文版)》中,将创业与创新紧密相连,认为创业是推动经济发展的重要动力。而现代学者,如霍华德·斯蒂芬、杰弗里·蒂蒙斯等,则从更广阔的视角对创业进行了深入剖析,强调了创业的机会导向性、创新性和领导力的重要性。

正如前面介绍"创新"的概念一样,"创业"也可以从广义与狭义两个层次来理解。

广义的创业:从宏观层面看,创业不仅限于新企业的创建,还包括在现有组织内的创新活动、社会创业、文化传承与创新等多个方面。它体现了一种敢于突破现状、勇于追求新生活的精神,以及承担社会责任、实现个人价值的追求。

狭义的创业:从微观层面看,创业主要指的是新企业的创建过程,包括市场调研、创业计划制定、资金筹集、企业注册到正式运营等一系列环节。这是个人或团队实现自我价值、追求经济独立的重要途径。

总之,"创业"这一概念蕴含着"创"的重新开始与勇气,以及"业"的宏观责任与微观追求。从古至今,无论是古代文献中的记载,还是近现代经济学家的阐述,都揭示了创业所蕴含的深刻内涵与广泛外延。

本教材的定义:创业是指个人或团队发现并利用商业机会,通过组织资源和实施新的创业计划,创建企业或社会组织,以创造经济价值和社会价值的过程。

创业的核心功能包括以下几个方面。

(1) 创造价值:通过引入新的产品、服务或商业模式,满足市场需求,创造经济和社会价值。

(2) 提供就业机会:创业活动通常伴随着新企业的成立,为社会提供新的就业机会。

(3) 推动经济增长:创业活动通过激发创新、增加投资和促进市场竞争,推动整体经济增长。

(4) 促进社会发展:创业者通过解决社会问题和满足社会需求,促进社会进步和可持续发展。

1.2.2 创业的要素与类型

创业是一个复杂而系统的工程,其成功与否往往取决于多个关键要素的合理配置与高效运作。

1. 创业的要素

"创业教育之父"杰弗里·蒂蒙斯教授提出的经典的创业三要素——创业机会、创业资源和创业团队,构成了创业活动的基础框架,并在相互作用中共同推动创业进程。三要素模型如图1-1所示。

1) 创业机会

创业机会是指市场中尚未被充分满足的需求或未被充分利用的资源,它是创业活动的起点和驱动力。有效的创业机会通常具备以下特征。

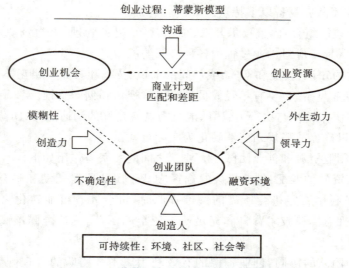

图 1-1　蒂蒙斯教授的创业三要素模型

（1）未被满足的需求：例如随着中国老龄化进程加速，老年人对于健康管理和生活辅助服务的需求日益增加，但市场上针对性强、服务周到的产品与服务尚不充足。因此，专注于老年健康监测、智能养老服务的创业项目应运而生；"糖护士"利用移动互联网技术帮助糖尿病患者管理疾病，满足了特定人群的健康管理需求，同时开辟了新的市场空间。

（2）未被充分利用的资源：例如中国拥有庞大的制造业基础和丰富的文化遗产，这为资源整合型创业提供了无限可能。"故宫文创"将传统文化资源与现代设计及营销手段相结合，将故宫的文化符号转化为一系列创意商品，从文具到服饰，不仅激活了传统文化的生命力，还开辟了文化消费的新领域，实现了传统资源向商业价值的有效转化；"滴滴出行"通过数字化平台整合了城市中的闲置私家车资源，解决了城市交通出行难的问题，同时为车主创造了额外的经济价值，重塑了城市出行行业。

2）创业资源

创业资源是创业项目得以启动和持续运营的物质基础，包括但不限于以下几个方面。

（1）资金：用于产品研发、市场推广、团队建设、日常运营等各项开支。创业初期，资金来源可能包括自有资金、亲友借款、天使投资、政府补贴、众筹等。

（2）技术：包括核心技术、生产工艺、知识产权等，是创业项目的核心竞争力。如比亚迪在电动汽车、电池储能、自动驾驶等领域的技术创新，使其在新能源汽车市场居领先地位。

（3）信息与网络：包括市场信息、行业动态、供应链资源、合作伙伴关系等，有助于创业者及时调整策略、把握商机。如阿里巴巴通过构建强大的电商平台和数据处理能力，形成了覆盖全球的商业网络，为商家和消费者提供了高效的信息交流与交易渠道。

3）创业团队

创业团队是由具备不同技能和经验的成员组成的协作单元，共同致力于实现创业目标。理想的创业团队应具备以下特点。

（1）多元化技能组合：涵盖技术开发、市场营销、财务管理、人力资源、法律事务等多个领域，确保团队具备应对创业过程中各种挑战的能力。

（2）互补性的知识、技能和素养：成员间的知识、技能和素养应相互补充，既要有行业资深人士提供专业见解，也要有年轻成员带来新鲜视角和创新思维。

（3）良好的协作精神与执行力：团队成员需具备良好的沟通能力、团队协作精神以及高效的执行力，以确保战略规划能够转化为实际行动。

创业机会、创业资源和创业团队三大要素之间的关系与作用如下。

（1）机会与资源的匹配：创业机会的选择应基于团队所能调动和整合的资源。只有当创业团队具备利用特定机会所需的关键资源时，机会才有可能转化为成功的创业项目。例如：一个拥有深厚技术背景和充足研发资金的团队，更适合瞄准高科技领域的创业机会。

（2）资源与团队的协同：创业资源的有效利用离不开团队的合理配置和高效运作。团队成员应能根据资源状况制定合适的策略，最大限度地发挥资源价值。同时，团队也需要不断吸引和整合新的资源以支持创业项目的成长。

（3）团队与机会的契合：团队的技能结构和经验背景应与所选择的创业机会相吻合，这样才能准确识别机会、快速响应市场变化，并有效地将创新理念转化为市场能接受的产品或服务。例如：对于一个瞄准环保市场的创业团队，成员应具备环保科技、市场营销等相关领域的专业知识和实践经验。

创业机会、创业资源和创业团队三大要素相互依存、相互作用，共同决定了创业项目的启动条件、发展路径和成功概率。创业者在创业过程中，需充分认识和妥善处理这三者之间的关系，以实现创业目标并创造持久价值。

2. 创业的类型

不同学者和实践者基于各自的学科视角、研究目的以及对创业活动内在关系的不同理解，对创业进行了多维度、多层次的划分，以下列举了几个主要的分类方式。

1）按创业动机划分

（1）生存型创业：创业者因就业困难、生活压力等原因，以满足基本生活需求为主要目标，创建企业以获取稳定收入。这类创业往往集中在传统行业，创新程度相对较低。

（2）机会型创业：创业者发现并捕捉到市场中的特定机会，例如：未被满足的需求、技术变革带来的新可能性等，旨在通过创新产品、服务或商业模式创造价值，追求高增长潜力和市场份额。

（3）社会使命型创业（或称社会创业、公益创业）：创业者以解决社会问题、推动社会进步或环境保护为目标，兼顾经济与社会效益，如创办社会企业、非盈利组织或混合型组织等。

2）按创业项目或行业特性划分

（1）传统技能型创业：利用已有的传统技艺或行业知识，如手工艺、餐饮、农业等，开展创业活动。

（2）高新技术型创业：聚焦于高科技领域，如人工智能、生物技术、新材料等，依靠科技创新推动企业发展。

(3) 知识服务型创业：提供专业咨询、法律、会计、教育等知识密集型服务，依赖于专业知识和技能。

(4) 文化创意型创业：基于创新思维和文化元素，开发独特的艺术、设计、媒体、娱乐产品或服务。

3) 按创业风险与创新程度划分

(1) 依附型创业：中小型企业与大型企业或产业链紧密关联，依赖其资源和技术进行配套生产或服务供应，风险相对较低。

(2) 模仿型创业：借鉴市场上已成功的企业模式或产品，进行局部改良或本地化复制，风险与创新程度居中。

(3) 开创型创业：开创全新的产品、服务或商业模式，填补市场空白，风险高但创新价值显著。

4) 按创业组织形式划分

(1) 个人创业：创业者单枪匹马，独立承担创业全过程，拥有完全的决策权和收益权。

(2) 合伙创业：由两个或多个合伙人共同出资、共担风险、共享收益，通过协作管理企业。

(3) 公司创业：以法人实体形式设立公司，具有明确的股权结构和治理机制。

5) 按创业方法或渠道划分

(1) 实业创业：直接投资于实物资产，建立实体工厂或店铺，进行产品制造或服务提供。

(2) 网络创业（或数字创业）：利用互联网、移动互联网等数字平台，开展电子商务、社交媒体、在线教育、远程医疗等业务。

(3) 众筹创业：通过网络平台向大众筹集资金，以支持项目启动或产品开发。

6) 按创业阶段划分

(1) 种子期创业：企业处于概念验证或产品原型阶段，主要任务是验证市场需求、构建初步商业模式。

(2) 初创期创业：企业已正式成立，开始市场推广、产品销售，重点在于获取首批客户和实现初步营收。

(3) 成长期创业：企业已具备一定市场份额，进入规模化扩张阶段，关注市场拓展、团队建设与管理优化。

创业类型的划分依据广泛，涵盖了动机、项目性质、风险等级、组织形态、创业手段、发展阶段、创业者身份、环境背景等多个方面。这些分类有助于理解创业活动的多样性，为政策制定、学术研究、教育培训及创业者自身定位提供理论框架和实践指导。随着经济社会的发展和创新创业实践的不断演化，创业类型的划分还将继续丰富和完善。

1.2.3 创业过程与新创企业的成长阶段

创业过程是由创业者从产生创业想法到创建新企业等系列活动组成的流程，创业过程包括从"创意"直到"落地"的整个过程，通常分为六个主要环节，每个环节都具有特定的目标和挑战。这些环节互相关联、互相影响，共同推动创业向前发展。

1. 创业过程的六个主要环节

1）产生创业动机

产生创业动机是创业旅程的起点，通常源于个人兴趣、市场需求、技术突破或是对现有问题的解决方案的渴望。创业者在这一阶段会明确自己的创业目标和愿景。

2）识别创业机会

创业者需要深入分析市场，识别出潜在的商业机会。这包括理解市场需求、竞争态势、技术趋势以及目标客户群体的痛点等。通过市场调研和数据分析，创业者可以确定哪些领域存在未被满足的需求，从而为自己的创业项目找到切入点。

3）整合有效资源

在确定了创业机会后，创业者需要开始整合各种资源，包括资金、人才、技术、渠道等。这一阶段可能涉及与投资人沟通、招募团队成员、建立合作伙伴关系等。有效的资源整合是创业成功的关键之一。

4）创建新的企业

创业者需要完成企业的注册、组织架构设计、业务流程规划等工作，以正式建立自己的企业。在这一阶段，创业者还需要制定详细的创业计划，明确企业的发展战略、市场定位、盈利模式等。

5）提供市场价值

企业创建后，创业者需要开始提供产品或服务，以满足市场需求并实现商业价值。这包括产品开发、市场推广、客户服务等环节。创业者需要不断优化产品或服务，提升用户体验，以赢得客户的信任和支持。

6）收获创业回报

随着企业的不断发展，创业者将逐渐获得创业回报，包括经济收益、社会声誉、个人成长等。这一阶段也是创业者检验自己创业成果的时刻，需要认真总结经验教训，为未来的创业道路提供参考。

2. 新创企业的成长阶段

与创业过程相比，创业阶段的划分更注重于企业创建和发展的阶段，它主要包含以下四个阶段。

1）萌芽阶段

萌芽阶段是初创企业的最初阶段，创业者拥有创业目标并为之规划发展。在这一阶段，创业者需要明确自己的创业方向、制定初步的创业计划，并开始整合初步的资源。此时的企业规模较小，主要任务是确定业务模式和市场定位。

2）生存阶段

在生存阶段，初创企业需要努力在市场上站稳脚跟。这通常涉及产品开发、市场推广、客户服务等多个方面。创业者需要不断优化产品或服务，以满足市场需求；同时，也需要积极寻找销售渠道和合作伙伴，以扩大市场份额。在这一阶段，企业的主要任务是获得足够的收入来维持日常运营。

3）稳定阶段

当企业成功度过生存阶段后,将进入稳定阶段。在这一阶段,企业的业务逐渐稳定下来,收入也开始稳步增长。此时,创业者需要注重企业的内部管理和运营效率的提升,以降低成本、提高盈利能力。同时,也需要关注市场动态和竞争对手的动向,以保持企业的竞争力。

4）成长与扩张阶段

在成长与扩张阶段,初创企业将开始寻求更大的发展空间。这包括扩大市场份额、开发新产品或服务、拓展新的业务领域等。此时的企业已经具备了一定的实力和规模,可以通过并购、合作等方式来加速自己的发展。创业者需要注重企业的战略规划和资源整合能力,以确保企业能够持续稳健地成长。

需要注意的是,创业过程和成长阶段的划分并不是绝对的,不同行业、不同企业的创业经历可能会有所不同。创业者应根据实际情况灵活应对,适时调整策略,以应对创业过程中的各种挑战和机遇。

1.3 创新与创业的关系

创新与创业作为推动社会进步和经济发展的重要力量,二者之间存在着紧密而复杂的关系。以下从不同的维度探讨创新与创业的关系。

1.3.1 创新是创业的基础与动力

创新为创业提供了新颖的理念、技术和产品,是创业活动得以展开和持续发展的基础。没有创新,创业活动可能陷入同质化竞争和低效重复之中。例如:拼多多的社交电商创新。拼多多通过创新的社交电商模式,将社交与电商紧密结合,为消费者提供了更具性价比的购物体验。这一创新不仅推动了拼多多的快速发展,也为整个电商行业带来了新的增长动力。再如:苹果公司的创立与发展。苹果公司的创始人史蒂夫·乔布斯和史蒂夫·沃兹尼亚克凭借对计算机技术的深刻理解和创新设计,推出了 Macintosh 电脑、iPod、iPhone 等一系列颠覆性产品,彻底改变了人们的生活方式,也成就了苹果公司的辉煌事业。

1.3.2 创业是创新的载体与实现途径

创业活动将创新从理论构想转化为实际产品或服务,通过市场竞争检验其价值。创业为创新提供了实践平台和市场反馈,促进了创新的不断完善和升级。例如:小米科技的智能家居生态。小米科技通过创业实践,将创新的智能家居理念转化为实际产品,并成功构建了智能家居生态系统。这一创业活动不仅为消费者提供了便捷的智能家居体验,也为小米科技带来了巨大的商业价值。再如:迪士尼的娱乐产业创新。华特·迪士尼通过创新的动画制作技术和主题公园概念,不仅创造了众多经典的卡通形象,还成功地将娱乐体验带到了全球观众的身边,推动了娱乐产业的多元化发展。

1.3.3 创新与创业相互促进形成良性循环

创新为创业提供了竞争优势和市场机会,而创业的成功实践又反过来激发更多的创新活动。这种相互促进的关系形成了创新创业的良性循环。例如:华为的5G技术创新与全球化战略。华为通过持续的5G技术创新和全球化战略,不仅在全球市场上取得了显著的成绩,也推动了全球5G技术的发展和应用。同时,华为的成功实践又激发了更多企业在5G领域的创新投入。再如:微软与操作系统的创新。微软公司凭借Windows操作系统的创新,迅速占领全球个人电脑市场,成为全球最具影响力的科技公司之一。其持续的创新投入和市场拓展策略又进一步巩固了其在操作系统领域的领先地位。

1.3.4 创新与创业协同应对面临的挑战

创新与创业过程中都会遇到资金、技术、市场等多方面的挑战,需要创业者具备创新思维和解决问题的能力,协同应对各种不确定性。例如:大疆创新的无人机技术突破。大疆创新在无人机领域面临技术封锁和市场竞争的双重挑战下,通过持续的技术创新和市场拓展,成功突破了技术瓶颈,成为全球无人机市场的领导者。再如:谷歌的搜索引擎创新。谷歌在创立初期面临众多搜索引擎的激烈竞争,但其创始人拉里·佩奇和谢尔盖·布林通过不断改良搜索引擎算法和推出Gmail、Google Maps等创新产品,成功脱颖而出成为全球最受欢迎的搜索引擎之一。

1.3.5 创新与创业的文化氛围相互影响

创新文化的形成有利于激发创业热情和支持创业活动,而创业活动的活跃又进一步促进了创新文化的传播和深化。例如:硅谷的创新创业氛围。硅谷作为全球创新创业的圣地,拥有浓厚的创新文化氛围和完善的创新创业生态系统。众多科技企业和初创企业在这里汇聚一堂,共同推动科技创新和产业升级。再如:北京中关村的创新创业生态。中关村作为中国科技创新的重要基地,拥有浓厚的创新文化氛围和活跃的创业市场。众多高科技企业和初创企业在中关村这片热土上茁壮成长,为中国的经济发展注入了强劲动力。

1.3.6 创新与创业的国际合作日益紧密

在全球化的背景下,创新与创业活动越来越需要国际合作来共享资源、技术和市场。

国际间的创新合作和创业交流促进了全球创新生态的构建和发展。例如:中国新能源汽车的国际合作。中国新能源汽车企业在技术创新和创业实践方面取得了显著成就,并通过与国际知名企业的合作与交流,共同推动新能源汽车技术的全球化和标准化发展。这不仅提升了中国新能源汽车的国际竞争力,也为全球新能源汽车产业的发展贡献了中国智慧。再如:跨国企业的技术创新合作。众多跨国企业如IBM、微软、谷歌等通过与国际科研机构、高校和初创企业的技术创新合作,共同推动全球科技产业的发展。

总之,创新与创业如同一对孪生兄弟,相辅相成,共同推动着社会的进步与发展。创新为创业提供了源源不断的动力,而创业则将创新理念转化为现实生产力,二者在相互促进中不断成长。在全球化的今天,创新与创业的国际合作更是成为推动全球经济发展的重要力量。因此,我们应该积极营造创新文化,鼓励创业精神,加强国际合作,共同推动全球创新创业事业的繁荣发展。

1.4　创新创业的社会意义与个人价值

1.4.1　创新创业对国家和社会的意义

创新创业作为现代经济社会发展的核心驱动力之一,在国家和社会层面发挥着至关重要的作用。在习近平新时代中国特色社会主义思想的指导下,创新创业不仅推动了经济增长,促进了就业,还通过解决社会问题、培育创新文化、推动区域均衡发展等多个维度,为国家和社会的全面发展注入了新的活力。

1. 经济增长与促进就业

创业活动是推动经济增长的重要力量。新创企业通过开发新产品、开辟新市场,不仅增加了社会总产出和产值,还为社会财富的增长奠定了坚实的基础。更重要的是,这些新创企业成为就业的重要源头,特别是在缓解青年就业压力、提供灵活就业机会方面,展现出巨大的潜力。例如:京东商城作为一家电子商务平台,不仅自身创造了大量工作岗位,还带动了物流、电商运营等相关行业的发展,间接创造了数百万个就业机会。京东通过技术创新和服务优化,为众多中小企业提供了线上销售渠道,帮助它们扩大市场覆盖范围。美团外卖通过提供便捷的餐饮配送服务,为数百万配送员提供了灵活的就业机会,并通过平台的便利性提升了城市的餐饮服务质量。美团的业务还扩展到了酒店预订、电影票务等多个领域,为更多人提供了就业机会。

2. 技术创新与产业升级

创业企业作为技术创新的主体,通过尝试新技术、新业态、新模式,推动了产业结构的不断升级。这些企业通过技术创新与应用,加速了科技成果的转化,增强了国家和地区的核心竞争力。例如:宁德时代在新能源电池技术领域的持续投入与创新,使其在全球电动汽车电池市场上占据领先地位,推动了新能源汽车产业的发展。宁德时代的技术突破不仅提升了电池的能量密度,还大幅降低了生产成本,为新能源汽车的普及奠定了基础。商汤科技致力于人工智能技术的研究，通过图像识别、智能安防等领域的技术创新，推动了智慧城市、工业自动化等新兴产业的发展。商汤科技的人工智能解决方案已经广泛应用于安防监控、智能零售等多个场景，提升了社会管理的智能化水平。

3. 社会问题解决与公共福祉提升

众多创业者将目光投向了社会问题的解决，通过创业项目提供创新方案，改善公共服务，增进公共福祉。在环保、教育、健康、社区发展等领域，创业活动不仅缓解了社会痛点，还提升了民众的生活质量。例如：作业帮通过在线教育平台，让偏远地区的孩子能够接受优质的课后辅导服务，促进了教育公平。作业帮不仅提供了在线课程，还开发了智能作业批改系统，减轻了教师的工作负担，提高了教学效率。蚂蚁森林项目通过游戏化的方式吸引用户参与低碳生活，积累了"绿色能量"来兑换实体树苗种植，普及了环保理念，并促进了生态保护。蚂蚁森林已在全国范围内种下了数亿棵树，改善了生态环境。

4. 创新文化与创业精神培育

创业活动本身是对创新精神、冒险精神和企业家精神的最好诠释。它激励人们勇于尝试、敢于创新，塑造了积极进取的社会氛围。创业故事和成功案例的广泛传播，进一步激发了全社会的创新热情，推动了创新文化的形成与发展。例如：字节跳动创始人张一鸣的事迹，展现了从零开始创建一个全球知名品牌的历程，激励了无数创业者。拼多多创始人黄峥，通过独特的拼团购物模式，改变了人们的购物方式，树立了创新典范。拼多多通过社交电商模式，让更多的消费者享受到了优惠价格，同时也为中小商家提供了广阔的市场空间。

5. 区域经济发展与城乡均衡

创业活动在促进区域经济发展、缩小城乡差距方面也发挥了重要作用。通过优化资源配置、激活地方经济活力，创业企业为欠发达地区和乡村带来了新的发展机遇。特别是在乡村振兴战略的实施过程中，创业活动带动了当地产业发展，促进了城乡一体化和区域经济均衡发展。例如：苏州工业园区吸引了包括生物制药、高端装备制造在内的众多高新技术企业，不仅提供了大量的高技能岗位，还通过这些企业的快速成长和创新氛围，不断吸引着更多有志于科技创新的年轻人加入。苏州工业园区已成为长三角地区重要的创新中心之一。成都天府新区吸引了大量海内外高层次人才创业，形成了良好的"人才高地"效应，促进了地方乃至国家的人才竞争优势。成都天府新区通过提供优惠政策和优质服务，吸引了众多创新型企业和研发机构入驻，推动了区域经济的快速增长。

6. 提升国家科技竞争力与创新能力

在人工智能、大数据、云计算等新兴领域，创新创业加快了科技成果的转化应用，提高了国家整体科技水平。例如：科大讯飞在语音识别技术领域的研发投入，推动了智能语音助手、语音翻译等技术的应用，提升了我国在国际上的科技影响力。科大讯飞的技术已广泛应用于教育、医疗、客服等多个领域，提升了社会的服务质量和效率。华大基因在基因测序技术方面的突破，填补了国内空白，增强了国家在生命科学领域的自主可控能力。华大基因的基因检测技术已在全球范围内得到应用，为遗传病诊断、个性化医疗提供了强有力的支持。

7. 促进社会进步和文化繁荣

创新创业不仅对经济和技术发展起到了推动作用,还对社会进步和文化繁荣产生了深远影响。新兴的数字化、智能化创新创业项目,如大数据治理、智慧城市等,正在不断推动社会治理手段和模式的革新。同时,文化产业创新发展,如网络视听平台通过内容创新和商业模式创新,推动了数字文化产业发展,丰富了人民群众的精神文化生活,极大地促进了我国文化产业的繁荣与发展。例如:哔哩哔哩(B站)、腾讯视频等网络视听平台,通过内容创新和商业模式创新,推动了网络影视、网络文学、网络游戏等数字文化产业发展,丰富了人民群众的精神文化生活。B站通过二次元文化和原创内容的推广,培养了一大批忠实用户,推动了文化创意产业的繁荣发展。

创新创业在推动经济增长、促进就业、解决社会问题、培育创新文化、推动区域均衡发展、提升国家科技竞争力、促进社会进步和文化繁荣等方面,发挥着不可替代的作用,是推动国家和社会全面发展的强大动力。

1.4.2 创新创业对个人职业发展的作用

创新创业不仅为个人提供了实现自我价值、追求梦想的舞台,更是职业生涯中一次深刻的变革,在职业生涯中实现前所未有的突破。以下是创新创业对个人职业生涯发展的几个重要方面及其作用。

1. 职业生涯的重新定义与突破

创新创业让个人有机会跳脱传统职业框架的束缚,重新定义自己的职业道路。它鼓励创业者跳出舒适区,勇于尝试未知领域,从而在职业生涯中实现前所未有的突破。通过创新创业,个人可以更加自主地规划职业路径,追求真正热爱并擅长的事业。例如:罗永浩从一名英语老师转变为手机行业的创业者,创办了锤子科技。他凭借创新的设计理念和独特的营销策略,成功吸引了大量粉丝,虽然经历了多次失败,但最终在科技圈赢得了尊重。

2. 职业技能的全方位提升

创新创业过程中,个人将全面接触并实践一系列关键职业技能,包括但不限于市场调研、产品开发、品牌营销、财务管理、团队管理等。这些技能的掌握与运用,不仅有助于当前创业项目的成功,更为未来的职业生涯奠定了坚实的基础。创业者通过不断学习与实践,将逐渐成长为多面手,拥有更加宽广的职业发展空间。例如:刘强东从一名普通程序员起步,通过创办京东商城,逐步掌握了从供应链管理到电商平台运营的全套技能,最终将京东发展成为中国最大的自营式电商企业之一。他的成功正是不断创新的结果。

3. 职业网络的拓展与资源整合

创新创业让个人有机会接触并融入更为广泛的职业网络。在创业过程中,创业者需要与供应商、客户、投资人、合作伙伴等多方建立联系,这些联系将成为个人职业生涯中宝贵的资源。通过有效的资源整合与利用,创业者不仅能够推动当前项目的进展,还能为未来的职业发展铺平道路。例如:雷军在创办小米之前,就已经通过金山软件积累了广泛的行业人脉。小米的成功不仅得益于其创新的产品设计,还有赖于雷军本人深厚的人脉资源,使得小米在短时间内迅速崛起。

4. 领导力与团队协作能力的锻炼

创新创业是对领导力与团队协作能力的一次全面考验。在创业团队中,创业者需要扮演多重角色,包括决策者、激励者、协调者等。这些角色的扮演,将有助于创业者逐渐成长为具有强大领导力的领导者。同时,创业过程也要求团队成员之间的紧密协作与高效沟通,这将促使创业者在团队协作方面得到极大的锻炼与提升。例如:周航在创办易到用车期间,通过不断地调整策略、激励团队,最终克服重重困难,使易到用车成为国内领先的专车服务平台之一。他的经历证明了创新思维与团队协作的重要性。

5. 职业生涯的可持续发展与转型

创新创业为职业生涯的可持续发展提供了强大的动力。通过创新创业获得的经验、技能与资源,将使创业者在职业生涯中更加游刃有余地应对各种挑战与机遇。此外,创新创业还为个人提供了职业生涯转型的契机。当创业项目达到一定阶段或面临新的市场机遇时,创业者可以适时调整职业方向,实现职业生涯的顺利转型与升级。例如:柳传志从中国科学院计算所的一名研究人员转变为联想集团的创始人,通过不断的创新与转型,带领联想从一家计算机硬件制造商发展成为全球知名的IT企业。他的经历展示了创新与转型的力量。

总之,通过创新创业,个人将更加自信地面对职业生涯中的挑战与机遇,不断实现自我超越与突破。希望这些案例能够激发你的创新创业精神,让你在未来的创业道路上勇往直前!

1.4.3 经济转型与创新创业的关系

全球经济的飞速发展与深刻变迁驱使各国积极探索经济转型路径,旨在应对全球化竞争、科技进步加速、资源稀缺与环境保护等多维度挑战,以期达到更优的生活品质与经济绩效。经济转型的实质在于从传统资源与劳动密集型产业框架中跳出,转向构建以高科技、知识密集型及服务主导型产业为支柱的现代化经济体系。在此历史进程中,创新与创业两者携手并进,互为因果,共同激发了一场波澜壮阔的创新与创业浪潮,成为了经济结构变革的重要推手。

1. 创新与创业携手推动产业结构优化升级

在经济转型的关键节点上,创新与创业活动集中发力于信息技术、生物科学、绿色能源、智能制造业、现代服务业等前沿领域,通过新企业的建立、创新产品的面世和技术的革新应用,为产业结构的调整与升级铺设了坚实基础。知识经济时代的到来,标志着以大数据、物联网、人工智能等先进技术为特征的第四次工业革命正在席卷全球。例如:大疆在无人机技术上的创新,推动了智能制造业的迅猛发展。阿里云工业大脑通过人工智能技术帮助企业诊断并优化内部流程,提高生产效率与决策质量,助力制造业实现数字化转型。其创新解决方案已在宝钢股份、协鑫光伏等中国知名企业中广泛应用,推动了工业生产模式的革新。

2. 创新思维与创业行动激发市场需求与商业模式革新

创新与创业的紧密结合,犹如一双锐眼,精准识别并把握市场先机,创造出既满足现有需求又开辟全新市场的商品与服务。同时,它们勇于打破常规,采用革命性的商业模式,重构行业版图。知识经济时代,大数据与人工智能的应用使得企业能够更好地理解和预测市场需求,从而提供更加个性化的产品与服务。例如:滴滴出行通过共享经济模式,利用智能手机应用程序连接乘客与司机,彻底改变了传统出租车行业,展示了创新商业模式如何颠覆传统行业。

3. 创新与创业双轮驱动促进就业与社会稳定

创业的蓬勃发展,特别是创新型企业的成立,为社会创造了丰富的就业机会,尤其是为青年人群和高技能人才提供了广阔的舞台。这些新兴企业虽然刚开始时规模有限,但其快速增长的特性使其能够持续吸纳劳动力,有效缓解经济转型期间可能产生的就业压力,为社会稳定贡献力量。例如:阿里巴巴旗下的淘宝平台,为无数小微企业和个人创业者提供了创业机会,创造了大量的就业机会,尤其是在农村地区的电商发展中起到了重要作用。

4. 创新创业合作赋能政府财政与经济增长

创新与创业的繁荣,作为经济增长的新增长极,随着企业规模的扩大,不仅为政府带来了持续的税收来源,增强了财政实力,为公共设施与基础建设提供了资金支持,还通过吸引国内外资本,进一步催化了经济的扩张。例如:新加坡政府通过实施智慧国计划与创新友好政策,吸引了阿里巴巴、淡马锡等企业设立区域总部,不仅促进了本地经济的多元化,也显著提升了政府的财政收入。深圳市政府通过实施智慧城市建设与创新友好政策,吸引了众多大型企业的入驻,不仅促进了本地经济的多元化,也显著提升了政府的财政收入。上海市通过大力扶持人工智能产业,商汤科技、依图科技等高新企业在上海设立研发中心,不仅促进了本地经济的多元化,也显著提升了政府的财政收入,形成了良性循环。

5. 知识经济时代赋予创新创业的重要意义

知识经济时代,以知识和信息为核心生产要素,科技与创新成为驱动经济社会发展的关键动力。在这种背景下,创业活动在农业、工业、服务业、商务智能、数智化、互联网等领域展现出强大的变革力与创新价值,对推动各行业转型升级、经济增长、社会进步、个人发展等方面发挥了重要作用。例如:中化农业 MAP(Modern Agriculture Platform)利用物联网技术监测农田环境参数,结合大数据分析为农户提供精准灌溉、施肥建议,提高产量的同时减少资源浪费,推动农业向精准、高效、可持续方向转型。中化农业通过数字化工具帮助农民实现了科学种植,提升了农作物的品质与产量。三一重工利用物联网技术和大数据分析,对其工程机械设备进行远程监控与维护,实现了设备管理的智能化。三一重工的"树根互联"平台通过收集设备运行数据,提供预防性维护建议,大大降低了设备故障率,提高了生产效率。这一创新举措不仅优化了企业的内部管理,也为客户提供了更优质的服务。

在知识经济的大背景下,创新与创业构成了推动经济结构转型与社会发展的双引擎。知识经济强调信息、创意、技能与高科技在经济发展中的核心地位,而创新与创业恰是这一经济体系中最活跃的元素。它们不仅共同作用于产业结构的优化升级,通过开辟如数字经济、生物科技等新领域,引领经济向更加高技术密集和服务导向型转变,而且还通过不断发掘和创造市场需求,以新颖的商业模式打破传统边界,展现了知识经济时代下市场与行业的深刻变革。此外,创新与创业在知识经济框架内促进了人力资源的高效配置,特别是在解决经济转型期间的就业问题上,为年轻及高技能人才提供了广阔的发展空间,强化了社会稳定的基础。同时,这一过程中的财政贡献不容忽视,新兴企业和高增长的创业项目为政府提供了税收增长点,支持了公共投资和社会福利的提升,进一步吸引了全球资本的关注和流入,形成了知识经济环境下特有的正向反馈循环。创新与创业在知识经济时代中互为依存,相得益彰,共同塑造了一个创新驱动、高度灵活且具有韧性的经济生态系统,为全球各国应对挑战、实现可持续发展目标提供了关键途径。

1.4.4 政府和社会对创新创业的支持

习近平总书记指出:要善于运用新时代中国特色社会主义思想观察时代、把握时代、引领时代,更好统筹中华民族伟大复兴战略全局和世界百年未有之大变局,深刻洞察时与势、危与机,积极识变应变求变。创新创业与国家发展的关系密不可分,二者相互促进、相辅相成。我们可以看到创新创业以其多元化的形式和广泛的影响深度融入国家发展的各个层面,对经济增长、科技进步、社会公平及可持续发展等多个维度产生巨大的作用。

因此,政府和社会高度重视创新创业环境的培育和优化,国家政策层面积极构建有利于创新创业的良好生态,通过完善相关政策法规、加强科技研发投入、加强创新创业人才教育、完善配套的金融服务支持体系等方式,鼓励并引导社会各界积极参与创新创业活动,充分释放创新创业的巨大潜力,使其更好地服务于国家发展战略,推动国家实现全面协调可持续的发展。以下是不同国家在关键领域的战略实例,展示了如何通过各种措施激发创新创业活力。

1. 完善政策法规,营造优良环境

政府应制定并优化创新创业相关的法律法规,简化企业注册流程,减免税收,提供知识产权保护,营造一个鼓励尝试、宽容失败的政策环境。例如:新加坡政府推出的"起步新加坡"(Startup SG)计划,包括了一系列针对初创企业的财政补助、税收优惠、融资便利等措施,为创业初期的企业减轻负担,加速成长。

2. 加强科技研发投入

增加公共科研经费投入,支持基础研究和应用研究,为创新创业提供坚实的科技基础。以色列是一个典型例子,其政府对研发的高比例投入(约占 GDP 的 4.9%),加上独特的产学研合作机制,使得这个"创业之国"在高科技领域尤其是在网络安全、农业科技等方面,取得了全球瞩目的成就。

3. 教育与人才培养

加强对创新创业人才的教育与培训,建立多层次、多类型的教育体系,包括高等教育中的创业课程、创业孵化器内的实战训练以及面向社会公众的创业知识普及。美国斯坦福大学通过其著名的创业课程和斯坦福创业孵化器,培养了一大批成功的创业者,如谷歌、惠普、思科、微软、苹果、英伟达等公司的创始人,为硅谷乃至全球的科技创新输送了大量人才。

4. 金融服务与资本支持

建立健全的金融服务体系,包括风险投资、天使投资、众筹等多种融资渠道,降低创业者的资金获取难度。中国政府主导设立的国家新兴产业创业投资引导基金,通过引导社会资本共同投资于战略新兴产业,有效解决了初创企业融资难的问题,促进了新能源、新材料、生物技术等新兴产业的发展。

5. 构建创新生态与国际合作

推动创新集群的建设,如科技园区、孵化器、加速器等,形成产业聚集效应,同时加强国际交流与合作,吸引海外创新资源。英国剑桥科学园就是一个成功的案例,它不仅聚集了多家世界顶级的研究机构和高校,还吸引了众多高科技企业和创业公司,形成了一个集研发、教育、商业化为一体的创新生态系统。

通过上述措施,政府和社会共同努力,为创新创业营造了一个全方位的支持体系。这些实践不仅促进了本国经济的多元化和可持续发展,还提升了国家在全球创新版图中的地位。在全球化竞争日益激烈的今天,持续不断地优化创新创业环境,鼓励创新思维和实践,是确保国家长期繁荣和民族复兴的关键所在。各国的成功经验表明,政府的引导作用与社会的积极响应相结合,是激发创新创业潜力、推动国家迈向高质量发展的根本保障。

1.5 时代呼唤创新创业教育

1.5.1 创新创业教育强国的案例鉴借

在当今时代,创新创业教育作为国家发展战略的核心要素,对促进经济转型、产业升级和社会进步具有不可估量的价值。下面列举一些在创新创业教育领域表现出色的典型国家,这些国家的创新创业教育历程和现状表明,通过学术研究与教育、创业支持体系、产学研合作以及政府政策的支持,可以有效地培养出具有创新创业能力的人才,推动经济转型、产业升级和社会进步。创新创业教育已经成为推动全球发展的关键力量。

1. 创新创业强国案例

1）美国

美国的创新创业教育始于20世纪40年代,1947年哈佛商学院首次开设创业教育课程,标志着创新创业教育的正式起步。此后,美国政府通过一系列政策支持创新创业教育的发展,如建立斯坦福大学的d.school和麻省理工学院的MIT创业机构等机构,这些中心不仅提供了学术研究与实践指导,还构建了完善的创业支持体系,包括孵化器、加速器和风险投资基金等。美国的创新创业教育模式培养了众多改变世界的科技巨头,如惠普、英特尔、苹果、谷歌、微软等,极大地推动了美国的科技进步和经济增长。硅谷等全球创新高地的形成,不仅为美国经济注入了新的活力,也成为全球创新文化的象征。

2）德国

德国自20世纪90年代末开始在高等教育体系中强化创新创业教育。1999年,德国政府启动了"Exist"计划,旨在支持学生和科研人员创业,这一举措极大地促进了德国创新创业教育的发展。慕尼黑工业大学的Entrepreneurship Center等机构为学生提供了系统的创业教育,政府的支持与高校的紧密结合,推动了汽车、工程和环保技术等领域的创新。例如:西门子和SAP等企业的持续发展,不仅提升了德国在全球制造业的地位,还促进了社会的整体进步和发展。

3）瑞典

瑞典自20世纪90年代开始加强创新创业教育。1992年,瑞典政府制定了国家创新战略,鼓励高校设立创业中心,如KTH皇家理工学院和斯德哥尔摩大学等学府设立了创业中心,与政府的创新政策紧密结合。这些措施催生了Spotify等国际品牌,强化了国家在全球创新体系中的地位。瑞典的教育体系鼓励学生参与创业实践,开拓国际视野,参与国际合作与交流,为瑞典经济注入了新的活力,提升了国家的国际竞争力。

4）英国

英国的创新创业教育在20世纪末逐渐兴起。1998年,英国政府启动了"创业英国"项目,进一步促进了全国范围内的创新氛围。牛津大学的Said商学院和剑桥大学的Judge商学院通过设立创业中心、提供创业基金等措施,支持学生和教师的创业活动。这些举措推动了金融科技、生物科技等领域的快速发展,形成了良好的创新生态系统,为英国经济的持续增长提供了动力。

5）日本

日本在21世纪初开始重视创新创业教育。2001年,日本政府启动了"创业日本"计划,东京大学、京都大学等顶尖学府纷纷设立创业中心,政府通过一系列政策措施鼓励创业活动。日本的创新创业教育注重技术商业化,推动了机器人、清洁能源等领域的创新,为日本经济注入了新的活力。这些创新成果不仅提升了日本在全球科技领域的地位,还推动了社会各个领域的进步与发展。

6）韩国

韩国在21世纪初推出"创意经济"战略,加大了对创新创业教育的投入。2002年,韩国政府开始实施一系列支持政策,首尔大学和韩国科学技术院等高校成为创业教育的前沿阵地。政府通过设立创业基金、提供税收优惠等措施，支持了三星、LG等原有大企业之外的新兴企业成长，推动了信息技术和文化产业的繁荣。这些政策促进了韩国社会的全面进步与发展。

7）新加坡

新加坡在21世纪初推出"创业行动计划"和"起步新加坡"项目，标志着其创新创业教育体系的正式构建。2002年，新加坡政府启动了一系列支持创新创业的政策，新加坡国立大学和南洋理工大学等高校成为创新人才培养的摇篮。通过校企合作、创业比赛等形式，加速了高科技企业的孵化。例如：Grab的崛起，助力新加坡成为亚洲的创新中心，为经济注入了新的活力，推动了国家的全面发展。

2. 创新创业强国的成功经验

1）系统化教育体系：奠定创新创业基石的坚实平台

系统化的教育体系为创新创业教育奠定了坚实基础。各国高校纷纷设立创业中心、孵化器等实体机构，将创业理论与实践紧密结合，为学生和科研人员搭建了从创意萌发到市场实现的桥梁。这种教育模式不仅培养了学生的创业技能，更激发了他们的创新潜能，为社会的持续创新注入了不竭动力。

2）政策与资金支持：激发创业活力的源泉

政策与资金支持是创新创业教育的催化剂，直接影响着创业生态的活跃度和成功率。政府层面的积极参与不仅体现在资金上的直接投入，更在于通过一系列政策措施为创业者保驾护航。例如，通过设立创业投资引导基金，政府能够撬动社会资本参与早期创业投资，降低创业者的融资难度和成本。同时，税收优惠政策减轻了初创企业的财务负担，使其能够更专注于产品的研发和市场的拓展。此外，政府还制定了一系列有利于创新创业的法律法规，为创业者提供了更加公平、透明的市场环境和法律保障。

3）产学研深度融合：技术创新与产业升级的加速器

产学研深度融合是创新创业教育中不可或缺的一环，它打破了传统教育与产业之间的界限，实现了知识、技术和市场的无缝对接。通过加强高校、科研机构与产业界的合作，可以共同开展技术研发、人才培养和成果转化等工作。这种合作模式不仅促进了技术成果的有效转化，加速了新兴产业的崛起，还为企业提供了源源不断的技术支持和人才保障。同时，高校和科研机构也能从产业需求中汲取灵感，不断调整和优化教学内容和研究方向，实现教育与产业的良性互动。

4）国际视野与合作：全球竞争中的制胜法宝

在全球化的今天，拥有国际视野和开展国际合作已经成为创新创业的必然趋势。各国创新创业教育纷纷注重培养学生的全球视野和跨文化交流能力，使他们能够在国际市场中寻找机遇和应对挑战。通过与国际知名企业、高校和研究机构的合作，可以引进先进的理念、技术和管理经验，提升本土创新创业的水平。同时，跨国合作还能帮助企业拓展国际市场，实现全球化布局。这种国际视野和合作的模式，不仅增强了创新创业的竞争力，也为国家的对外开放和经济发展注入了新的活力。

5) 文化与生态构建：滋养创新精神的沃土

创新文化与生态的构建是创新创业教育的灵魂所在。一个鼓励冒险、容忍失败的创新文化能够激发人们的创造力和想象力，使他们敢于尝试、勇于创新。同时，一个开放包容的创新生态系统能够汇聚全球创新资源，为创新创业提供全方位的支持和服务。为了构建这样的文化与生态，各国纷纷采取了一系列措施，如设立创新创业园区、举办创新创业大赛、建立创新创业导师制度等。这些措施不仅营造了浓厚的创新氛围，还为创业者提供了交流学习、资源共享和合作发展的平台。

通过上述国家的创新创业教育实践，我们可以清晰地看到，将创新创业教育纳入国家战略，是推动国家持续发展和增强国际竞争力的关键途径。通过系统化的教育体系、政策与资金的支持、产学研的深度融合、国际视野与合作以及文化与生态的构建等多方面的努力，上述各国在创新创业教育方面取得了显著成效。这些成功经验不仅为他们自身的可持续发展提供了有力支撑，也为全球创新创业教育的发展提供了有益借鉴。这些国家的经验充分证明，通过系统、广泛、深度的创新创业教育，不仅可以培育出引领时代变革的企业和创新人才，还能有效应对经济全球化带来的挑战，把握发展机遇。创新创业教育是强国之路，是推动国家可持续发展的核心动力。加强对创新创业教育的投入与改革，构建更加高效、开放、国际化的创新创业生态系统，是实现国家长远发展目标的战略抉择。

1.5.2 我国创新创业教育的现状及发展

我国自21世纪初以来，便踏上了创新创业教育的快车道，特别是在"大众创业、万众创新"国家战略的引领下，创新创业教育在全国范围内蓬勃兴起。清华大学、北京大学等高校纷纷设立创业学院，成为创新创业人才培养的摇篮。同时，政府通过举办各类创业大赛、建设孵化器、提供政策扶持等多种手段，为创新创业营造了良好的生态环境。然而，在快速发展的同时，我们也应清醒地认识到，与全球创新创业教育强国相比，我国在系统性、实践性、国际视野以及与中国特色的融合方面仍有较大的提升空间。

1. 我国的创新创业教育现状分析

1）教育体系的系统性与深度不足

尽管我国在创新创业教育方面取得了显著进展，但教育体系的系统性和深度仍有待加强。部分高校过于注重理论教学，而缺乏足够的实践机会与真实的市场对接，导致学生创新思维和实际操作能力的培养受到限制。这与我国长期以来的教育模式有关，如何在保持传统教育优势的同时，加强实践教学的比重，是我们需要深入思考的问题。

2）校企合作与成果转化力度不强

虽然从中央到地方各级政府都在积极推动校企合作和科技成果转化落地工作，但在实际操作中，高校与企业之间的合作机制尚不完善，科研成果转化为现实生产力的效率不高。这与我国市场经济起步较晚、产学研合作机制尚未成熟等因素有关。我们需要创新校企合作模式,建立长期稳定的合作机制,推动科研成果的快速产业化。

3)创新创业的文化氛围不够浓厚

创新创业文化氛围相对薄弱,社会对失败的容忍度较低,这在一定程度上抑制了个体的创业意愿和冒险精神。相较于国外,我国创新创业生态系统中的风险投资机制、创业辅导服务等支持体系仍有待完善。同时,我们还应看到,我国悠久的历史文化和传统观念对创新创业教育的影响不容忽视。如何在传承文化精髓的同时,培养符合现代市场需求的创新创业人才,是我们面临的一大挑战。

4)国际视野与中国特色结合需要探索

在全球化背景下,我国创新创业教育在国际交流与合作方面仍有提升空间。我们需要加强与国际知名高校、研究机构和企业的合作,引入国际先进的教育理念和教学资源。同时,我们还应注重将国际经验与中国国情相结合,形成具有中国特色的创新创业教育模式。

2. 针对性的解决方案

对于上述的几个问题,以下是一些针对性的解决方案。

1)强化实践教学与市场对接

建立更多校内外的创业实践平台,如创业孵化器、加速器等,鼓励学生参与真实的创业项目和市场活动。通过实战经验提升学生的创业能力和市场适应性,同时加强与企业、行业协会等机构的合作,为学生提供更多实践机会和就业渠道。

2)深化校企合作模式

创新校企合作机制,建立长期稳定的产学研合作联盟。通过推动企业参与课程设计、实习实训、项目合作等方式,加强企业与高校之间的紧密联系。同时,建立健全的激励机制和成果转化机制,促进科研成果的快速产业化。

3)营造宽容失败的创新创业文化

通过政策引导和社会宣传,树立正确的创业价值观。提高社会对创业失败的接受度,鼓励创业者勇于尝试、敢于失败。同时,加强创业心理辅导和创业教育服务体系建设,为创业者提供全方位的支持和帮助。

4)拓宽国际视野与加强本土化融合

加强与国际知名高校、研究机构和企业的交流合作,引入国际先进的教育理念和教学资源。同时,注重将国际经验与中国国情相结合,形成具有中国特色的创新创业教育模式。通过举办国际创新创业论坛、开展跨国合作项目等方式,提升我国创新创业教育的国际竞争力和影响力。

5)结合中国特色元素

在创新创业教育中融入中国传统文化的精髓,如爱国敬业、勤劳勇敢、自强不息、诚信善良等价值观。通过举办传统文化与创新创业融合的主题活动、开设相关课程等方式,培养学生的文化素养和创新能力。同时,关注区域发展不均衡问题,加大对中西部地区的政策扶持和资金投入力度,促进创新创业教育的均衡发展。

我国创新创业教育在取得显著成效的同时,也面临着许多问题与挑战。通过强化实践教学、深化校企合作、营造宽容失败的文化氛围、拓宽国际视野与加强本土化融合以及结合中国特色元素等措施,我们可以进一步提升创新创业教育的质量和成效。这不仅有助于培养更多具有创新精神和实践能力的优秀人才,还将为我国经济社会发展注入新的活力和动力。在未来的发展中,我们应继续坚持创新驱动发展战略不动摇,努力构建更加完善、开放、包容、协调的创新创业生态系统。

【案例品鉴】 "中国制造"正在向"中国创造"坚实迈进

在历史的长河中,中国的科技创新与发明创造犹如璀璨星辰闪耀于世界天空。古代的四大发明——指南针、造纸术、印刷术和火药,它们既是中国古代科技文明中最璀璨的明珠,更是全球科技进步道路上的重要里程碑。而在当代,中国的创新步伐如浪潮般汹涌澎湃,不断突破国际上其他国家难以攻克的技术壁垒,展现出强大的创新实力与领先优势。这其中,青年大学生将肩负起更加重大的责任。从近年来的科技发展来看,有几个领域的成就备受瞩目,堪称中国在科技领域的杰出贡献。

先看高铁技术,中国高铁宛如一条腾飞的巨龙,近年来取得了举世瞩目的成就。在国内,纵横交错的高铁网络覆盖了广袤的大地;在国际上,积极参与全球高铁建设,向世界展示中国力量。其速度快如闪电,安全性坚如磐石,运行平稳似行云流水,已然成为中国一张耀眼的名片。

移动支付也是中国科技领域的一大亮点。以支付宝、微信支付为代表的移动支付技术在中国大地上遍地开花,深深融入人们的日常生活。它让纸币渐渐退出主流交易,支付效率瞬间提升,安全性也让用户感觉到十分安全可靠,引领全球支付方式开启新的篇章。

电子商务在中国更是发展得如火如荼,在全球范围内独占鳌头。阿里巴巴、京东等电商巨头如同行业巨擘,改变了人们传统的购物方式,物流、支付等相关行业也随之蓬勃发展。

共享经济,以共享单车、共享汽车、共享民宿等为代表的共享模式如雨后春笋般崛起。它提高了资源的利用效率,降低了使用成本,为人们的生活带来前所未有的便捷与环保体验,也为全球经济的可持续发展开辟了新思路。

除了这些被称为中国"新四大发明"的领域,中国在其他领域的成就也如繁星般闪耀。在航天领域,嫦娥探月工程、天问探火工程等项目成果斐然,青年大学生们应仰望星空,在浩瀚宇宙中追逐探索的梦想;在量子计算领域,中国科学家成功研制多台量子计算机原型机,这是一块充满未知与机遇的神秘领域,等待着青年大学生去探索和突破;在人工智能领域,中国企业在语音识别、图像识别等方面的技术已经站在世界前列,青年大学生可以在这一领域深耕,推动人工智能走向更智能、更人性化的新阶段;在新能源领域,中国大力发展风能、太阳能等可再生能源,为全球能源转型贡献中国智慧,青年大学生要在新能源的开发、利用和创新方面肩负起时代的使命。这些伟大的成就彰显了中国科技创新的强大实力,让中华民族的自信心和自豪感不断增强。这是中国从"中国制造"迈向

"中国创造"的坚实步伐,是无数创新者和创业者智慧与汗水的结晶。

在迈向"中国创造"的征途中,我国虽取得了很多显著成就,然而,仍然存在着很多短板与不足。相比而言,如德国的精密工程、美国硅谷的科技创新生态、日本的高端制造与服务业、瑞典的环保与可持续发展技术、法国的时尚与设计产业等,这些方面我国仍有较大的提升空间。大力培养创新创业人才、增强自主创新能力、深化改革开放、加强国际合作、引进先进技术、完善创新创业体系,补短板,强弱项,推动"中国制造"向"中国创造"的全面升级,这些都需要我们长期坚持不懈的奋斗。

青年大学生们应该站在时代的潮头,将创新创业的精神深深植入心中,以敢为人先的勇气、坚持不懈的毅力、开放包容的胸怀,在专业领域里拼搏奋进。因为创新创业宛如一台强大的引擎,在中国这片广袤的大地上持续发力,它需要青年大学生们的激情与才华去点燃,去推动中国在全球科技舞台上绽放出更加耀眼的光芒。青年大学生们,时代的接力棒已经交到你们手中,愿你们在创新之路上披荆斩棘,在创业之海中乘风破浪,为实现中华民族伟大复兴的中国梦贡献自己的青春力量!

思 考 题

扫描做习题

1. 什么是创新?创新与创业的关系是什么?

2. 创业的定义及其要素有哪些?

3. 你认为创业过程中面临的最大挑战是什么?

4. 如何构建一个支持创新创业的良好生态系统?

5. 如何将中国传统文化与创新创业有机结合?

6. 中国在哪些科技领域取得了显著成就?举例说明,并探讨其对全球科技发展的贡献。

7. 如何促进区域间创新创业教育的均衡发展?

【书香致远】

[1]《创新之路》主创团队. 创新之路[M]. 北京:东方出版社,2016.

[2] 彼得·德鲁克. 创新与企业家精神[M]. 魏江,陈侠飞,译. 北京:机械工业出版社,2023.

[3] 埃里克·莱斯. 精益创业2.0[M]. 陈毅平,译. 北京:中信出版社,2020.

【推荐观赏】

[1] 大型科技教育片《创新之路》(央视网版,共10期). 学习方法:打开"学习强国"APP客户端,搜索"创新之路"。

通过"学习强国"APP客户端,可以随时随地观看这部精彩的纪录片,非常适合对科技创新感兴趣的观众。

[2]《创新的力量》(央视网版,全8期). 学习方法:进入"学习强国"APP客户端,搜索"创新的力量"。

通过"学习强国"APP客户端观看《创新的力量》,可以让大家深入了解创新是如何推动社会进步的,同时也为个人的职业发展提供了宝贵的启示。无论是科研人员、企业管理者还是普通观众,都能从中获得启发和激励。

第2章　创新精神与创新思维

【创新创业语录】

创新是企业家精神的灵魂。

——约瑟夫·熊彼特

创新不是冒险,而是在市场竞争中生存下去的必要手段。

——任正非

不创新,就灭亡!

——亨利·福特

【学习目标】

1. 理解创新精神的概念与内涵。
2. 熟悉近代工业革命中的创新精神在不同阶段的异同点,以及创新精神的发展趋势。
3. 理解创新思维的概念与特征。
4. 培养突破创新思维障碍的能力。
5. 培养运用各种创新思维的能力,能够将它们应用于学习和实践过程之中。

【案例导入】 创新的力量——以富士与柯达为例

在数码摄影兴起之前,胶片市场几乎由两大巨头——美国的柯达和日本的富士所主导,并且柯达胶卷的质量、价格和市场占有率一直是领先于富士的。然而,随着数字技术的发展,传统胶卷产业面临着前所未有的挑战。在这个过程中,富士胶片通过积极转型实现了逆势增长,而柯达则因未能及时调整战略而陷入困境。下面详细对比分析这两个企业在面对行业变革时的不同表现。

富士:多元化发展与创新求变

富士面对数码革命并没有坐以待毙,而是采取了一系列前瞻性的措施来应对市场的变化。早在20世纪末期,该公司就意识到数字技术将会彻底改变摄影行业,于是开始着手准备转型。首先,富士胶片将业务扩展到了医疗影像、印刷、光电材料等多个领域,通过多元化经营分散风险,减少对传统相机胶片业务的依赖。这一战略不仅帮助公司在胶片市场萎缩的情况下维持了稳定的收入,还为其开辟了新的增长空间。在产品研发方面,富士充分利用了自身在图像处理方面的技术积累,开发出了高质量的数字相机及配件。例如,富士推出的 FinePix 系列的数码相机在市场上获得了良好的口碑。此外,该公司还加强了与外部企业的合作,共同研发新产品和服务。通过这种方式,富士不仅提升了自身的研发能力,还加速了新技术的应用速度,确保了自己在数码领域的竞争力。

柯达:抱残守缺与迟缓转型

相比之下,柯达对于传统胶卷业务的过分依赖以及对市场变化的反应迟钝,最终导致了公司的衰落。柯达未能及时认识到数码化是不可逆转的趋势,错过了最佳转型时机。公司经过了两次大的战略改革和转型,第一次是 2003 年至 2006 年,宣布实施战略性转变:放弃传统胶卷业务,重心向新兴的数字产品转移。第二次是 2007 年 12 月至 2011 年 12 月,宣布实施第二次战略重组,这是一个长达 4 年,耗资 34 亿美元的计划,该次重组过程中,裁员 2.8 万人,幅度高达 50%,目标明确:传统胶片向数码产品转变。尽管柯达在 21 世纪初也推出了自己的数码产品线,但由于起步较晚,加上缺乏明确的战略规划,难以与竞争对手抗衡。在市场营销和渠道建设方面,柯达同样落后于市场领导者。2012 年 1 月 19 日,柯达由于资不抵债,正式申请破产保护,这家创立于 1880 年的世界最大的影像产品及相关服务的生产和供应商折戟于数码时代。而事实上,具有讽刺意味的是:柯达早在 1975 年就发明了世界上第一台数码相机原型,但由于高层担心数码技术会冲击其核心的胶片业务,公司并未大力推广这项技术将其研发制造成产品推向市场。

富士与柯达的案例向我们展示了在面对行业巨变时,企业能否迅速调整战略方向至关重要。富士胶片凭借前瞻性的布局、持续的技术创新以及灵活的市场策略,成功地从单一的胶片制造商转型为涵盖多个领域的高科技企业。而柯达则由于对市场变化反应迟缓,没有及时、准确地进行变革,最终付出了沉重代价。在瞬息万变的市场环境中,拥有敏锐的洞察力、灵活的战略调整能力以及强大的创新能力是企业能够持续生存下去的根本性问题。对于每一个企业来说,保持开放的心态,勇于接受挑战,并不断探索新的增长点,是实现可持续发展的关键所在。无论是传统产业还是新兴产业,只有不断推陈出新,才能在激烈的竞争中立于不败之地;而忽视市场需求的变化和创新,必将付出惨痛的代价。

【问题思考】

1. 富士胶片的成功转型给了我们哪些关于企业创新和战略调整的重要启示?

2. 如果柯达能够在数码技术出现之初就采取行动,它需要做哪些具体的改变来避免最终的破产?

2.1 创新精神

2.1.1 创新精神的概念

创新精神是指个体或集体在已有知识、信息、技能和方法的基础上,提出新方法、新观点,并进行发明创造、改革、革新的思维能力和实践意志,它是一种深层次的心理特质和行为模式,它驱动个体或集体在面对挑战时勇于突破常规,追求新颖、独特的解决方案。创新精神不仅包含对未知领域的好奇心、对现状的不满足感,还涵盖了敢于冒险、持续学习以及将创意转化为实际成果的能力。

创新精神有以下几个作用。

1. 推动社会进步

创新精神是社会发展的原动力。从工业革命到信息时代,每一次重大的社会变革背后,都有创新精神的支撑。它激发了科技革新,促进了产业升级,提高了生产效率,丰富了人类生活方式。例如:托马斯·爱迪生凭借其不懈的创新精神,进行了上千次实验,最终发明了电灯,彻底改变了人类夜间活动的方式,极大地推动了社会文明的进步。

2. 增强竞争力

在全球化竞争日益激烈的今天,拥有创新精神的个人和企业更能适应市场变化,开发新产品,优化服务,从而在竞争中占据优势地位。例如:腾讯与社交媒体革新。腾讯公司通过其创新的社交媒体平台——微信,彻底改变了中国的社交和商业交易方式。这一技术不仅使微信成为中国最大的社交平台之一,还推动了整个互联网行业的发展,展现了创新对于提升企业竞争力的巨大影响。

3. 解决复杂问题

面对资源短缺、环境污染等全球性挑战,创新精神鼓励人们跳出传统框架,寻找可持续的解决方案。目前,中国已成为世界上最大的新能源汽车生产和消费国,并且是新能源汽车出口第一大国。在技术创新方面,国内企业在电池技术、驱动系统、智能网联等方面进行了大量研发投入,不断提高产品性能和质量。在产业链建设方面,加强上下游产业链整合,确保原材料供应稳定可靠,降低生产成本。在品牌建设方面,打造具有国际竞争力的品牌形象,积极开拓海外市场。中国新能源汽车品牌如比亚迪(BYD)、蔚来(NIO)、小鹏汽车(XPeng)等在国内外市场上取得了显著成就。

4. 促进个人成长

对于个人而言,创新精神能激发潜能,培养解决问题的能力,增强自信心和自我效能感,使个体在职业生涯和事业发展中都能不断进步。例如:华中科技大学计算机科学与技术学院2017级的学生王浩,在大学期间展现出了强烈的创新精神。他积极参与学校的创新创业活动,并组建了一个团队,通过市场调研发现,许多企业在图像识别方面面临着技术难题。于是,他们决定开发一款能够自动识别图像内容的深度学习软件。在研发过程中,他们遇到了算法优化和数据标注的难题,但团队成员保持创新思维,不断尝试新的解决方案,最终成功开发出了一款具有高准确率和实时性的图像识别软件。为了让更多的企业了解和使用他们的产品,王浩带领团队参加了多个创新创业大赛和展览会。他们的产品凭借其创新性和实用性获得了评委和观众的一致好评。此外,他们还积极寻求与投资者合作,以获得更多的资金支持来扩大生产规模。通过这次创新创业经历,王浩不仅提升了自己的专业技能和团队协作能力,还锻炼了自己的领导力和市场洞察力。

不论是个人、团体、企业、学校,还是其他社会组织,乃至民族、国家,都需要创新精神。创新精神不仅体现在科技突破和商业成功上,更深刻影响着我们的生活方式和社会结构。无论是历史上的伟大发明家,还是当代的企业家和创业者,他们的共同点在于拥有敢于挑战现状、勇于实践创新的精神。因此,培养和弘扬创新精神,对于构建一个更加繁荣、可持续发展的未来的美好世界至关重要。

2.1.2 创新精神的内涵

创新精神是一个多维度的概念,它涵盖了从好奇心到社会责任感的一系列关键要素。这些要素共同构成了推动个人和社会进步的动力源泉。

1. 好奇心与求知欲

创新始于对未知的好奇和强烈的求知欲。这种内在的驱动力促使人们不断探索、学习和理解世界,为创新提供源源不断的灵感。例如:中国科学家屠呦呦在研究抗疟疾药物的过程中,对中医药典籍进行了深入挖掘,最终发现了青蒿素,这一发现不仅挽救了无数人的生命,也体现了好奇心对于创新的重要性。

2. 批判性思维

创新精神要求具备批判性思维能力,即不盲目接受现状,敢于质疑既有规则和假设,通过逻辑分析和实证检验寻找新的解决方案。例如:中国的"两弹一星"工程中,科学家们在极其困难的条件下,通过批判性思考和不懈努力,成功研发出原子弹、氢弹和人造卫星,展现了中国科技人员的批判性思维和创新能力。

3. 风险承担与韧性

创新往往伴随着不确定性和失败的风险。拥有创新精神的人愿意承担这些风险,并在挫折面前展现出坚韧不拔的精神,将失败视为通往成功的必经之路。例如:华为公司在面对国际市场的竞争和技术封锁时,任正非带领公司坚持自主研发,不断投入研发资源,最终在全球通信设备市场占据了重要地位。

4. 跨界融合能力

在当今多元化的社会背景下,创新往往发生在不同领域、学科和技术的交叉点上。因此,创新精神还包括跨学科思考和整合资源的能力,以创造出前所未有的产品、服务或模式。例如:小米公司通过将互联网思维与传统制造业结合,推出了高性价比的智能硬件产品,开创了"互联网+制造"的新模式。

5. 社会责任感

真正的创新不仅仅是技术上的突破,更应关注其对社会、环境的影响,旨在解决实际问题,提升人类福祉,体现创新的社会价值。例如:比亚迪公司通过研发电动汽车,不仅推动了新能源汽车产业的发展,还致力于减少环境污染,展现了企业的社会责任。

6. 持续学习与适应能力

在快速变化的世界中,创新精神还要求个体具备持续学习和适应新环境的能力。这意味着要不断更新知识和技能,以便能够应对不断变化的挑战。例如:字节跳动公司通过不断学习和适应数字媒体的变化,推出了抖音等短视频平台,引领了新媒体的潮流。

7. 开放合作精神

创新往往不是孤立发生的,而是需要团队合作和开放交流的环境。拥有开放合作精神的创新者愿意与他人分享想法,共同解决问题。例如:腾讯公司通过建立开放的平台策略,鼓励第三方开发者在其生态系统内创新和发展,共同创造了一个繁荣的数字内容生态。

8. 用户导向思维

创新应以用户需求为中心,深入理解用户的痛点和需求,从而开发出真正有价值的产品和服务。这要求创新者具备用户导向的思维,始终从用户的角度出发进行创新。例如:美团点评通过大数据分析用户需求,提供了精准的本地生活服务推荐,极大地提升了用户体验和满意度。

在这个日新月异的时代,培养和弘扬创新精神,对于构建一个更加繁荣、可持续的未来至关重要。

2.1.3 从近代工业革命中解析创新精神

以史为鉴,可以知兴替。本节从近代的四次工业革命中,阐述和分析创新精神对于国家、民族发展的重要作用。

1. 第一次工业革命:蒸汽时代的曙光与创新精神的璀璨绽放

在历史的长河中,第一次工业革命无疑是人类文明进程中的一个重要里程碑,它不仅标志着人类生产方式由手工劳动向机器生产的巨大飞跃,更是创新精神在推动社会进步中的一次辉煌展现。

1) 年度与国家

第一次工业革命始于 18 世纪 60 年代的英国,随后逐渐扩散至法国、美国等其他国家。英国,这个曾经的"日不落帝国",凭借其独特的地理位置、丰富的煤炭资源以及相对开放的政治经济环境,成为了这场工业革命的策源地。

2) 关键人物与创新

约翰·凯伊与飞梭(1733 年):在工业革命的前夜,纺织业作为当时英国的重要产业之一,面临着提高生产效率的迫切需求。约翰·凯伊这位来自兰开夏郡的织布工人,敏锐地捕捉到了这一机遇。1733年,他发明了一种名为"飞梭"的织布工具。飞梭的引入极大地提高了织布的速度,使得一匹布的生产时间大大缩短。

詹姆斯·哈格里夫斯与珍妮纺纱机(1765年):随着织布速度的提升,纺纱业成为了制约纺织业发展的瓶颈。面对这一挑战,詹姆斯·哈格里夫斯这位来自兰开夏郡的木匠兼纺织工人,于1765年发明了一种名为"珍妮纺纱机"的纺纱工具。珍妮纺纱机能够同时纺出多根纱线,大大提高了纺纱效率。

詹姆斯·瓦特与改良蒸汽机(1765—1785年):如果说珍妮纺纱机是纺织业机械化的起点,那么詹姆斯·瓦特的改良蒸汽机则是整个工业革命的核心驱动力。瓦特原本是一名工程师和仪器修理工,他在修理纽科门蒸汽机的过程中发现了其效率低下的问题。从1765年开始,他对蒸汽机进行了一系列的改良和创新,引入了双作用机制、冷凝器等技术改进,使得蒸汽机的效率大幅提升。

3)创新精神解析

在第一次工业革命中,创新精神主要体现在以下几个方面。

(1)敢于突破传统:无论是约翰·凯伊的飞梭、詹姆斯·哈格里夫斯的珍妮纺纱机还是詹姆斯·瓦特的改良蒸汽机,这些发明都打破了传统的手工生产方式束缚,通过引入机械辅助工具来提升生产效率。这种敢于突破传统的精神是推动工业革命不断向前发展的重要动力。

(2)勇于尝试新技术:在工业革命时期,新技术层出不穷。发明家们勇于尝试各种新技术、新材料和新工艺来解决实际问题。他们不怕失败、敢于创新的精神为后续的技术革新提供了宝贵的经验。

(3)注重实践与应用:第一次工业革命中的发明创造大多来源于实践需求。发明家们通过深入生产一线了解实际需求,不断改进和完善自己的发明成果。他们注重实践与应用的精神使得这些发明成果能够迅速转化为现实生产力推动社会进步。

(4)跨学科融合:虽然第一次工业革命主要以纺织业和机械制造业为主导产业,但其中也不乏跨学科融合的例子。例如,瓦特在改良蒸汽机的过程中就借鉴了热力学、机械学等多个领域的知识和技术成果。这种跨学科融合的精神为后续的科技创新提供了重要的启示和借鉴。

第一次工业革命是人类历史上的一次伟大变革,它不仅标志着人类生产方式由手工劳动向机器生产的巨大飞跃,更是创新精神在推动社会进步中的一次辉煌展现。在这场革命中约翰·凯伊、詹姆斯·哈格里夫斯和詹姆斯·瓦特等杰出人物以他们敢于突破传统、勇于尝试新技术、注重实践与应用以及跨学科融合的精神为后续的工业革命奠定了坚实的基础。他们的发明创造不仅推动了纺织业、机械制造业等多个行业的发展,还促进了能源、交通运输等多个领域的革新,为人类社会的进步和发展做出了重要贡献。

2. 第二次工业革命:电气时代的辉煌与创新精神的深化

紧随第一次工业革命的浪潮,第二次工业革命在19世纪六七十年代至20世纪初席卷全球,特别是以欧美国家为中心,其中德国和美国成为了这次革命的领头羊。这一时期,科学理论与技术实践的结合更加紧密,创新精神在推动社会进步中发挥了更为显著的作用。

1) 年度与国家

第二次工业革命始于19世纪六七十年代,这一时期欧美国家经过第一次工业革命的积累,已经具备了较为雄厚的工业基础和技术实力。德国在统一后,迅速崛起为工业强国,而美国则凭借其广阔的市场和丰富的资源,成为了工业革命的重要参与者。

2) 关键人物与创新

迈克尔·法拉第与电磁感应现象(1831年):虽然法拉第的发现并不直接属于第二次工业革命时期,但他的电磁感应理论为后续的电力技术发展奠定了坚实的基础。法拉第通过实验证明了电磁感应现象的存在,即变化的磁场可以产生电流。这一发现为发电机的研制提供了理论依据,是电气时代到来的重要前提。

托马斯·爱迪生与电灯(1879年):在电力技术逐渐成熟的背景下,爱迪生对电灯的改良成为了第二次工业革命中的一大亮点。爱迪生通过大量的实验和改良,最终发明了耐用碳丝灯泡,实现了电力的照明应用。这一发明不仅极大地改善了人们的生活质量,还推动了电力工业的快速发展。

卡尔·本茨与汽车(1886年):在第二次工业革命中,交通运输领域也取得了重大突破。卡尔·本茨这位德国的工程师和发明家,于1886年设计并成功试制了世界上第一辆汽车。这辆汽车以内燃机为动力,实现了交通工具的革命性变革。

尼古拉·特斯拉与交流电系统(19世纪末):特斯拉是第二次工业革命时期另一位杰出的科学家和发明家。他在电力传输和分配方面做出了重要贡献,特别是交流电系统的推广和应用,为电力工业的发展开辟了新的道路。

3) 创新精神解析

在第二次工业革命中,创新精神主要体现在以下几个方面。

(1) 科学理论与技术实践的结合:与第一次工业革命相比,第二次工业革命更加注重科学理论与技术实践的结合。科学家们通过理论研究为技术发明提供了理论支持,而工程师们则通过不断的实践与创新将理论转化为现实生产力。这种结合使得技术创新更加有针对性和实效性。

(2) 跨领域的合作与交流:在第二次工业革命中,不同领域的科学家和工程师之间的合作与交流更加频繁。他们通过共同探讨问题、分享经验和知识,推动了技术的快速发展。这种跨领域的合作与交流为创新精神的发挥提供了更广阔的空间。

(3) 勇于面对挑战与失败:在第二次工业革命中,许多发明家都经历了无数次的失败和挫折。然而,他们并没有放弃,而是坚持不懈地追求目标,勇于面对挑战和失败。这种精神使得他们能够在不断尝试中积累经验,最终取得成功。

(4) 推动社会进步与改善生活:第二次工业革命中的许多发明创造都直接推动了社会进步和改善了人们的生活质量。例如,电灯的发明使得人们能够在夜晚享受光明,汽车的发明使得交通更加便捷高效。这些发明创造不仅提高了生产效率,还为人们带来了更多的便利和舒适。

第二次工业革命是电气时代的辉煌篇章,也是创新精神在推动社会进步中的深化体现。在这一时期,科学理论与技术实践的结合更加紧密,跨领域的合作与交流更加频繁,发明家们勇于面对挑战与失败,不断推动社会进步与改善生活。迈克尔·法拉第、托马斯·爱迪生、卡尔·本茨和尼古拉·特斯拉等杰出人物以他们的创新精神为电气时代的发展注入了强大的动力。他们的发明创造不仅推动了电力工业、交通运输等多个行业的快速发展,还为人们带来了更多的便利和舒适。

3. 第三次工业革命:信息技术革命与创新精神的新篇章

进入 20 世纪,人类社会迎来了第三次工业革命,这是一场以信息技术为核心,涵盖电子、计算机、通信等多个领域的深刻变革。与前两次工业革命相比,第三次工业革命在广度、深度和速度上都达到了前所未有的水平,创新精神在这一时期更是展现出了前所未有的活力与创造力。

1) 年度与国家

第三次工业革命大致从 20 世纪四五十年代开始,以美国为中心,随后迅速扩展至全球。这一时期,美国凭借其强大的科技实力和经济基础,成为了信息技术革命的主导者。同时,欧洲、日本等国家也紧跟其后,积极参与并推动了这场革命的发展。

2) 关键人物与创新

约翰·巴丁、威廉·肖克利与沃尔特·布拉顿与晶体管(1947 年):这三位科学家在贝尔实验室共同发明了晶体管,这是电子学领域的一次重大突破。晶体管的出现取代了传统的电子管,极大地缩小了电子设备的体积,提高了其可靠性和效率。这一发明为后续的计算机和集成电路的发展奠定了基础。他们的创新精神在于敢于挑战传统,勇于探索未知领域,通过跨学科的合作与研究,实现了技术的重大突破。

冯·诺依曼与计算机体系结构(20 世纪四五十年代):冯·诺依曼是计算机科学领域的奠基人之一,他提出了存储程序式计算机的概念,即"冯·诺依曼体系结构"。这一体系结构成为了现代计算机设计的基础,极大地推动了计算机技术的发展。冯·诺依曼的创新精神在于他敢于突破传统思维,提出了全新的计算机设计理念,为计算机科学的发展指明了方向。

罗伯特·诺伊斯、杰克·基尔比与集成电路(1958—1959 年):诺伊斯和基尔比分别独立发明了集成电路,这是电子技术领域的又一次重大革命。集成电路的出现使得电子元件可以集成在一块微小的芯片上,极大地提高了电子设备的性能和可靠性。这一发明为后续的计算机、通信等技术的发展提供了强大的支持。

蒂姆·伯纳斯-李与万维网(1989 年):伯纳斯-李是万维网的发明者,他提出了超文本传输协议(HTTP)和超文本标记语言(HTML),为互联网的普及和应用奠定了基础。万维网的出现使得信息可以更加方便地传播和共享,极大地推动了全球化进程。

3) 创新精神解析

在第三次工业革命中,创新精神主要体现在以下几个方面。

(1) 跨学科融合与协同创新:第三次工业革命涉及多个领域和学科,需要不同领域的专家和科学家进行跨学科的合作与交流。这种跨学科融合与协同创新的精神推动了技术的快速发展和突破。

(2) 敢于挑战传统与勇于探索未知:在第三次工业革命中,许多发明家都敢于挑战传统观念和技术路径,勇于探索未知领域和新技术。他们的创新精神使得他们能够不断突破技术瓶颈,实现技术的重大突破和革新。

(3) 注重实践应用与市场需求:第三次工业革命中的许多发明创造都注重实践应用和市场需求。发明家们通过深入了解市场需求和用户需求,不断改进和完善自己的发明成果,使得这些成果能够迅速转化为现实生产力并推动社会进步。

(4) 持续学习与不断创新:在第三次工业革命中,技术的更新换代速度非常快,需要人们不断学习新知识、新技能并不断创新。这种持续学习与不断创新的精神使得人们能够适应技术发展的需求并推动技术的不断进步。

第三次工业革命是信息技术革命的时代,也是创新精神展现新篇章的时期。在这一时期,跨学科融合与协同创新、敢于挑战传统与勇于探索未知、注重实践应用与市场需求以及持续学习与不断创新等精神成为了推动技术发展的重要动力。约翰·巴丁、威廉·肖克利、沃尔特·布拉顿、冯·诺依曼、罗伯特·诺伊斯、杰克·基尔比以及蒂姆·伯纳斯-李等杰出人物以他们的创新精神为信息技术革命的发展注入了强大的活力。他们的发明创造不仅推动了计算机、通信等多个行业的快速发展,还深刻地改变了人们的生活方式和社会结构。

4. 第四次工业革命:智能时代与创新精神的飞跃

进入 21 世纪,人类社会正经历着前所未有的变革,这便是被广泛认知为第四次工业革命的时代。这次革命以人工智能、物联网、大数据、云计算、区块链等先进技术为核心,正在深刻地改变着生产方式、生活方式乃至思维方式。与前三次工业革命相比,第四次工业革命在技术创新的速度、广度和深度上都达到了新的高度,创新精神在这一时期更是展现出了前所未有的活力和潜力。

1) 年度与国家

第四次工业革命始于 21 世纪初,其影响迅速席卷全球。这一次,不再是单一国家或地区主导,而是全球多国共同参与、相互竞争与合作。美国、中国、德国等国家在人工智能、物联网、大数据等领域取得了显著进展,成为了这次革命的重要推动者。

2) 关键人物与创新

杰弗里·辛顿、杨立昆与深度学习(20 世纪 80 年代至 21 世纪初):杰弗里·辛顿和杨立昆是深度学习领域的奠基人之一。他们提出的神经网络模型和算法,为人工智能的发展奠定了坚实基础。深度学习技术的突破,使得机器能够更准确地识别图像、语音等复杂信息,推动了人工智能在各个领域的应用。他们的创新精神在于敢于挑战传统算法,勇于探索新的技术路径,为人工智能的发展开辟了新的方向。

拉里·佩奇、谢尔盖·布林与谷歌搜索引擎(1998 年):虽然谷歌搜索引擎的诞生稍早于第四次工业革命,但其在信息检索和大数据处理方面的创新,为后续的智能技术提供了重要支撑。佩奇和布林通过创新的算法和技术,使得用户能够更快速、准确地获取信息,极大地提高了信息利用效率。他们的创新精神在于敢于挑战传统搜索引擎的局限性,勇于尝试新技术和新方法,为用户带来了更好的体验。

伊隆·马斯克与特斯拉电动汽车、SpaceX 火箭(21 世纪初):马斯克是科技创新领域的杰出代表,他在电动汽车和航天领域取得了显著成就。特斯拉电动汽车的出现,打破了传统汽车行业的格局,推动了电动汽车的普及和发展。而 SpaceX 火箭的成功发射,则降低了航天成本,使得私人企业也能够进入航天领域。

中本聪与比特币、区块链技术(2008 年):虽然中本聪的真实身份至今成谜,但他提出的比特币和区块链技术,却对金融领域产生了深远影响。区块链技术的出现,使得数据可以更加安全、透明地进行传输和存储,为金融交易提供了新的可能性。这一技术的创新,推动了数字货币、智能合约等领域的快速发展。中本聪的创新精神在于他敢于挑战传统金融体系,勇于提出新的技术解决方案,为金融行业的革新提供了重要思路。

3)创新精神解析

在第四次工业革命中,创新精神主要体现在以下几个方面。

(1)跨学科融合与跨界创新:第四次工业革命涉及多个领域和学科,需要不同领域的专家和科学家进行跨学科的合作与交流。同时,也需要企业、政府、科研机构等多方面的协同创新,以推动技术的快速发展和应用。

(2)敢于挑战传统与勇于探索未知:在第四次工业革命中,许多创新者都敢于挑战传统观念和技术路径,勇于探索未知领域和新技术。他们不畏失败,敢于尝试新的思路和方法,以推动技术的突破和革新。

(3)注重用户体验与市场需求:第四次工业革命中的许多创新都注重用户体验和市场需求。创新者通过深入了解用户需求和市场趋势,不断改进和完善自己的产品或服务,以满足用户的期望和需求。

(4)持续学习与快速迭代:在第四次工业革命中,技术的更新换代速度非常快,需要人们不断学习新知识、新技能,并快速迭代自己的产品或服务。这种持续学习与快速迭代的精神,使得创新者能够适应技术发展的需求,并推动技术的不断进步。

第四次工业革命是智能时代的开端,也是创新精神展现新飞跃的时期。在这一时期,跨学科融合与跨界创新、敢于挑战传统与勇于探索未知、注重用户体验与市场需求以及持续学习与快速迭代等精神成为了推动技术发展的重要动力。杰弗里·辛顿、杨立昆、拉里·佩奇、谢尔盖·布林、伊隆·马斯克以及中本聪等杰出人物以他们的创新精神为第四次工业革命的发展注入了强大的活力。他们的创新不仅推动了人工智能、物联网、大数据等多个领域的快速发展,还深刻地改变了人们的生活方式和社会结构。

5. 创新精神在四次工业革命中的异同点及未来发展趋势

1)共同点

(1)勇于挑战与突破:在四次工业革命中,创新精神的核心始终是对现状的不满和对未知的探索。创新者勇于挑战传统观念和技术限制,通过持续的尝试和突破,推动科技和社会的不断进步。

(2)持续学习与适应:随着科技的飞速发展,创新者必须具备持续学习的能力,以适应不断变化的环境和技术要求。这种学习精神不仅体现在对新知识的掌握上,更体现在对新技术、新方法的快速适应和应用上。

(3)跨界融合与协同创新:四次工业革命都涉及多个领域和技术的融合,创新者需要具备跨界思维和协同合作的能力,将不同领域的知识和技术进行整合,创造出新的价值。

(4) 用户导向与市场需求:创新精神始终围绕着满足用户需求和市场需求进行。创新者通过深入了解用户和市场,发现痛点,提出解决方案,从而推动产品或服务的创新。

2) 不同点

(1) 技术驱动与模式创新:早期工业革命主要以技术驱动为主,创新者通过发明新技术、新设备来推动生产方式的变革。而近期的工业革命则更加注重模式创新,如互联网、物联网等新兴技术的出现,推动了商业模式的变革和社会结构的重塑。

(2) 个体创新与团队协作:在早期的工业革命中,个体创新者往往能够凭借自己的才华和努力取得突破性的成果。然而,随着科技的发展,团队协作和集体创新逐渐成为主流,创新者需要更加注重团队建设和协作能力的培养。

(3) 速度与节奏:四次工业革命中,创新的速度和节奏逐渐加快。从蒸汽机的发明到互联网的普及,再到人工智能的兴起,每一次工业革命都以前所未有的速度推动着社会的进步。这要求创新者具备更快的反应能力和更强的执行力。

3) 未来的发展趋势

(1) 更加注重人文关怀:未来的创新精神将更加注重人文关怀,关注人的需求和体验。创新者需要在追求技术进步的同时,考虑人的情感、心理和社会需求,创造出更加人性化、智能化的产品和服务。

(2) 强调可持续发展:随着环境问题的日益严峻,未来的创新精神将更加强调可持续发展。创新者需要在推动经济增长的同时,注重环境保护和资源节约,实现经济、社会和环境的协调发展。

(3) 推动全球协作与创新:随着全球化的深入发展,未来的创新精神将更加注重全球协作与创新。创新者需要打破地域和文化的界限,加强国际交流与合作,共同应对全球性挑战。

(4) 培养创新生态系统:未来的创新精神将更加注重培养创新生态系统,包括创新文化、创新环境、创新人才和创新资源等。通过构建完善的创新生态系统,为创新者提供更好的支持和保障,推动科技和社会的持续发展。

(5) 强化数字技术与实体产业的融合:随着数字技术的不断发展,未来的创新精神将更加注重数字技术与实体产业的深度融合。创新者需要探索如何将数字技术应用于实体产业中提高生产效率、优化产品质量、降低成本,从而推动实体产业的转型升级和可持续发展。

总之,创新精神在四次工业革命中展现出了勇于挑战与突破、持续学习与适应、跨界融合与协同创新以及用户导向与市场需求等共同点,同时也呈现出技术驱动与模式创新、个体创新与团队协作以及速度与节奏等不同点。未来创新精神的发展趋势将更加注重人文关怀、可持续发展、全球协作与创新、培养创新生态系统以及强化数字技术与实体产业的融合等方面。

2.2 创新思维

2.2.1 创新思维的概念与特征

1. 创新思维的概念

思维,作为人类心智活动的基石,涵盖了信息的接收、处理及输出的完整流程。自幼年起,我们便通过观察周遭、学习新知与实践活动,持续地培育并塑造个人的思维模式。随着年岁的增长与经历的丰富,我们的思维体系逐渐趋向复杂与成熟。在这一演变过程中,创新思维作为一种别具一格的思考方式,开始日益凸显其重要性。

创新思维又称创造性思维或创新性思维,是指个体或团队在发现问题、解决问题、产生新思想、新方法或新产品时,能够突破传统思维模式的束缚,运用独特、新颖且富有成效的思考方式,创造出具有社会价值或个人价值的新成果的思维过程。它不仅仅是对现有知识的简单重组或应用,更是对未知领域的探索与创造,是推动社会进步和个人成长的重要动力。

2. 创新思维的特征

1) 新颖性

创新思维的核心在于"新",无论是观念、理论、方法还是产品,都必须是前所未有的或是对现有成果的显著改进。它要求思维者能够跳出常规框架,寻找独特视角,提出前所未见的解决方案。

2) 灵活性

创新思维不受固定模式或思维惯性的限制,能够灵活应对复杂多变的环境和问题。它鼓励思维者从不同角度、不同层次进行思考,迅速适应新情况,调整思维策略。

3) 开放性

开放的心态是创新思维的重要前提。它要求思维者保持对新知识、新观点、新技术的接纳和学习态度,勇于接受批评和挑战,不断拓宽认知边界,促进思维的多元化发展。

4) 风险性

创新往往伴随着不确定性和风险。创新思维要求思维者敢于尝试、勇于冒险,即使面对失败也能保持积极态度,从中汲取经验教训,继续探索未知。

5) 综合性

创新思维是一个综合运用多种思维方式和知识领域的过程。它要求思维者具备宽广的知识面和跨学科的视野,能够将不同领域的知识和技能融会贯通,形成综合性的解决方案。

6) 非线性

与传统思维的线性逻辑不同,创新思维往往呈现出非线性的特点。它可能通过跳跃式的联想、偶发的灵感或直觉的引导,突然产生新的创意或解决方案,而非按照固定的逻辑顺序逐步推导。

7) 持续性

创新思维不是一蹴而就的,而是一个持续不断的过程。它要求思维者保持对创新的热情和追求,不断反思、修正和完善自己的思考方式和成果,以适应不断变化的环境和需求。创新思维是一种具有高度创造性、灵活性、开放性和综合性的思维方式,是推动社会进步和个人发展的重要力量。在快速发展的现代社会中,培养和提高创新思维能力对于个人成长和组织发展具有重要意义。

3. 创新思维与传统思维

传统思维作为历史的沉淀与文化的传承,承载着稳定与秩序的价值,而创新思维则是新时代的先锋,引领我们突破界限,探索未知。以下是对这两种思维方式在更多维度上的比较。

1) 思维模式与框架

传统思维倾向于遵循既定的思维模式和框架,注重经验积累与规则遵循。它追求稳定性与可预测性,在熟悉领域内稳步前行。创新思维则勇于打破常规,不受现有框架束缚。它鼓励跳出传统思维模式的局限,以全新的视角审视问题,探索未知领域。

2) 问题解决策略的多样性

传统思维在解决问题时,多依赖过去的经验和固定的方法,通过逐步推理和验证来寻找答案。这种方法虽然稳妥,但可能限制了解题策略的多样性。创新思维则倡导多样化的解题策略,鼓励从不同角度、不同层面出发,结合跨界思维与跨学科知识,创造出更加高效、独特的解决方案。

3) 对变化的态度与适应能力

传统思维面对变化时,往往持保守态度,倾向于维护现有秩序和稳定,对未知的变化可能感到不安或抗拒。创新思维则积极拥抱变化,将其视为成长和发展的契机。它要求个体和团队具备高度的适应能力,能够迅速调整策略,应对不断变化的环境和需求。

4) 知识获取与应用的方式

传统思维倾向于依赖现有的知识体系,通过传承和学习来获取知识。在应用知识时,更注重稳定性和可靠性,较少尝试新的应用方式。创新思维则强调知识的创造与更新,鼓励对知识的质疑与探索。它要求个体和团队具备开放的学习态度,不断拓宽知识边界,并将新知识创造性地应用于实际问题的解决中。

5) 社会价值的实现路径

传统思维在实现社会价值时,多侧重于维护现有制度和秩序的稳定,通过循规蹈矩的方式贡献力量。创新思维则更加注重推动社会进步与变革。它鼓励个体和团队在创新过程中不断突破自我,创造出具有社会影响力的新思想、新技术或新产品,从而为社会带来更大的价值。

6) 心理特质的体现

传统思维在心理特质上可能表现为较为保守、谨慎和遵循规则。这种特质在一定程度上保障了社会的稳定和秩序。创新思维则更多地展现出勇气、冒险精神和好奇心。它要求个体和团队敢于挑战未知,勇于接受失败并从中汲取教训,持续保持对创新的热情与追求。

创新思维与传统思维在思维模式、问题解决策略、对变化的态度、知识获取与应用方式、社会价值的实现路径以及心理特质等方面均存在显著差异。在快速发展的现代社会中,创新思维已成为推动社会进步和个人成长的重要力量。因此,我们应当积极培养和提高创新思维能力,以更加开放、灵活和创造性的姿态迎接未来的挑战与机遇。

2.2.2 突破创新思维障碍

在追求创新的征途中,各种思维障碍如暗礁般潜伏,阻碍着前行的步伐。

1. 书本知识障碍

书本知识障碍是指过度依赖和拘泥于书本上的理论知识,而忽视了实际情况的复杂性和多变性,以及实践经验和灵活应用的重要性。这种障碍导致个体或组织在面对新情境或挑战时,难以做出有效的判断和决策,甚至可能因循守旧,错失创新和发展的机会。

在全球化竞争日益激烈的背景下,许多传统制造企业面临着转型升级的紧迫需求。然而,很多企业在这一过程中遭遇了书本知识障碍的困扰,过分依赖于传统生产管理书籍中的理论框架,如大规模生产、标准化作业等,却未能充分考虑到市场需求的多样化、消费者偏好的快速变化以及新兴技术的冲击。他们忽视了智能制造、定制化生产等新型模式的潜力,继续沿用旧有的生产模式和管理方式,导致产品同质化严重,市场竞争力下降。

当然,也有很多企业成功突破了书本知识障碍,积极推动客户关系管理、个性化生产、按订单定制及精益生产等模式,展现出了非凡的创新力与适应力,引领了行业的转型升级。如中国的海尔作为家电行业的领军企业,率先实施了以用户为中心的大规模个性化定制模式,其佛山工厂通过全程订单执行管理系统,结合物联网、大数据等技术,实现了设备、物料与人之间的全面互联,满足了消费者日益增长的个性化需求。海尔的这一转变不仅提升了生产效率和产品质量,还极大地增强了市场竞争力。格力电器作为中国空调行业的龙头企业,同样在转型升级的道路上取得了显著成果。格力不仅注重产品质量的提升,还积极探索智能制造和定制化生产。他们通过自主研发核心技术,掌握了空调制造的关键环节,提升了产品竞争力。在客户关系管理方面,格力注重售后服务和用户体验,建立了完善的售后服务体系,赢得了消费者的信赖和好评。同时,格力也通过精益生产模式降低成本、提高效率,实现了可持续发展。

2. 局部和短期利益障碍

局部和短期利益障碍是指个体或组织在决策过程中过分关注当前或特定部分的利益,而忽视了长远、全局的利益和发展。这种障碍导致资源分配不合理、战略方向偏离,以及长期竞争力的削弱。具体而言,局部利益往往是指某个部门、个人或项目短期的收益,而短期利益则是对近期目标实现的过分执着,忽视了对未来的规划和投入。

20 世纪 80 年代,美国汽车制造业因过分追求短期利润,如通用汽车坚持生产大型耗油车型,忽视了质量提升和技术创新,未能及时响应市场对小型节能车的需求,导致日本汽车品牌凭借高质量和低油耗迅速占领世界市场。至今,这种美国汽车高油耗的问题一直尚未根本扭转。

3. 经验主义障碍

经验主义障碍是指在面对新情况或挑战时,个体或组织过分依赖过去的经验,未能充分考虑当前环境的变迁和特殊情况的需求,从而导致的决策失误或策略僵化。尽管经验是宝贵的财富,但过度依赖经验可能会限制创新思维,使个体或组织错失适应变化的机会。

诺基亚曾是全球手机行业的领导者,在手机制造领域拥有丰富的经验和技术积累。然而,在智能手机市场迅速崛起的时期,诺基亚却未能及时摆脱对功能手机成功经验的依赖,未能迅速适应市场的变化。尽管诺基亚也尝试过推出自己的智能手机产品,但由于对安卓(Android)和 iOS 等新兴操作系统的忽视,以及对用户体验创新的不敏感,其产品在市场上逐渐失去了竞争力。最终,诺基亚的手机业务被微软收购,并在后续的发展中逐渐淡出了主流市场。

4. 权威思维障碍

权威思维障碍指的是个体或组织在决策和行动过程中,过度依赖或无条件服从权威人物、传统观念或既有的成功模式,而忽视了新的思考、实际情况以及多样化的声音。这种障碍会抑制创新精神和自主决策能力,导致错过发展机会或陷入僵化状态。

伽利略之前的时代,人们普遍深信亚里士多德这位权威先哲关于天体运动的理论,如行星围绕地球作匀速圆周运动、力是维持物体运动的原因等观点,这些在当时被视为不可动摇的真理。伽利略发现了许多与亚里士多德理论相悖的现象,打破了长期以来的学术禁锢。他通过望远镜观察天体,发现了木星的四颗主要卫星,支持了哥白尼的日心说。他还研究了运动物体的规律,提出了自由落体理论,指出在忽略空气阻力的情况下,所有物体无论质量大小,下落加速度相同。这些发现和理论对现代物理学产生了深远影响,虽然最初遭受了来自教会和学术界的强烈反对和打压,但随着时间的推移,越来越多的学者开始接受并认可他的观点。伽利略的工作不仅推动了天文学和物理学的发展,更重要的是,他强调了观察和实验在科学研究中的重要性,为后来的科学革命奠定了基础。

5. 资源限制障碍

资源限制障碍是指在追求目标或实施项目过程中,由于可用资源的有限性,导致无法充分满足需求或达到预期效果的一种制约因素。这种障碍无法支持创新创业活动。

一些国家因资源匮乏、直接导致主观上的资源稀缺感,缺乏创造性地利用资源的思维,放弃发展高科技产业,而忽视了通过创新和合作实现突破的可能性。新加坡是一个很好突破资源限制障碍的案例。作为一个小岛国,新加坡自然资源相对匮乏,土地面积有限,但通过政府的大力支持、教育体系的改革、科技创新以及国际化的营商环境建设,新加坡成功转型为一个全球领先的金融中心和技术创新中心。特别是新加坡政府在吸引外资、培养人才、促进科研成果转化等方面采取了一系列有效措施,打造了一个充满活力的创业生态系统,使得新加坡在生物技术、信息技术、清洁能源等多个高科技领域取得了显著成就。这表明,即便是在资源有限的情况下,通过有效的政策引导和社会各界的共同努力,也能够创造出有利于创新创业的良好环境。

6. 畏惧失败障碍

畏惧失败障碍是指在面对可能失败的情况时,由于过度担心失败带来的负面影响,而产生的强烈恐惧和逃避心理。这种心理障碍会限制和阻止尝试、探索、创新和成长,使得个体、团队、企业在面对挑战时犹豫不决,甚至放弃可能带来成功的机会。畏惧失败障碍在职业发展、学习进步、创新创业等多个领域都可能成为阻碍。

托马斯·爱迪生是著名的发明家和企业家,他一生中获得了超过1000项专利,其中广为人知的是他对电灯的发明和改进。在发明电灯的过程中,爱迪生经历了无数次的失败,但他从未被畏惧失败的心理所打倒。相反,他坚信"失败乃成功之母"。这种积极的心态使他在面对挑战时能够保持勇气和决心,不断尝试和创新,最终实现了自己的伟大目标。

阻碍创新的思维方式还有很多,如思维定式、风俗习惯、文化束缚、认知局限障碍等。要突破这些创新思维障碍,必须培养开放包容的心态、勇于尝试的精神、持续学习的态度以及灵活应变的思维方式,鼓励大家积极参加各类赛事、实验和社会实践,在实践中汲取营养。同时,还需要营造鼓励创新、容忍失败的文化氛围,为创新提供良好的土壤和环境。只有这样,我们才能在激烈的市场竞争中保持竞争力,实现持续的创新和发展。

【课堂互动】 如何突破各种创新思维障碍?表2-1中列举了一些方法。大家觉得还有需要补充的吗?请列举出来。

表2-1 突破各种创新思维障碍的思维方式和方法

序号	方法	具 体 解 释
1	转换视角	从不同的立场出发,往往能得出不同的结论和规则;想要打破规则,便要学会转换视角,从不同的角度来评判规则
2	突破传统知识	敢于质疑传统知识和规则的适用性和效用性,不唯书本
3	挑战权威	创新要敢于向权威挑战,不能盲信权威,要培养独立思考的意识
4	关注变化	密切关注行业的新动态,学会抓取具有变革意义的信息,并与旧信息、旧规则相比较
5	接受新思想	积极接受新思想,有新思想作为理论武器,才能看清旧规则的局限性
6	寻找新点子	打破权威需要新点子,有了"立"才能"破",有了新想法才能批判旧规则
7	突破行业限制	想要打破规则还需突破行业限制,站在新高度看待旧规则
8	不排斥外行	很多规则都是被外行人打破的;要学会从外行身上汲取新想法、新观点

2.2.3 常见的创新思维

创新思维要求人们跳出传统框架,勇于探索未知,创造新的价值。创新思维并非单一的分类方式,而是一个包含多种分类方式的复杂的复合体系,每种分类方式各有其独特视角与应用领域。例如:按照创新的幅度大小,可分为渐进式创新思维和突破性创新思维;基于思维性质,可分为直觉思维、逻辑思维和灵感思维等。这些分类模式及其类别共同构成了创新思维的丰富图景,展示了其多样化的特点和广泛的应用价值。本节归纳出常见的创新思维,引导大家利用这些思维,拓宽思维边界,激发创新潜能。

1. 正向思维与逆向思维

正向思维是指遵循事物发展的自然规律或既定逻辑顺序,通过逐步推导来寻找问题的答案。它强调顺序性、连续性和逻辑性,是解决问题的基础思维方式。正向思维有助于我们系统地理解问题,确保思考的全面性和完整性。例如:在药物研发中,科学家通常遵循正向思维,从已知的生物化学机制出发,逐步筛选、测试和优化化合物,以期发现具有治疗潜力的新药。这种系统化的研究方法确保了药物研发的科学性和有效性。

逆向思维则是一种打破常规、反其道而行之的思维方式。它不从问题的起点出发,而是从结果或目标倒推,寻找达成目标的非传统路径。逆向思维鼓励我们跳出固有框架,挑战传统观念,从而发现新的解决方案和机会。例如:在解决城市交通拥堵问题时,传统方法(正向思维)可能包括扩建道路、增加公共交通等。然而,新加坡政府采用了逆向思维,通过实施严格的车辆拥有政策(如拥车证制度)和高效的公共交通系统,有效减少了私家车数量,缓解了交通压力。这一创新策略不仅解决了交通拥堵问题,还促进了城市环境的可持续发展。

2. 发散思维与聚合思维

发散思维是一种开放性的思维方式,它鼓励个体从多个角度、多个层面去思考问题,追求思维的广度和多样性。发散思维有助于我们打破思维定势,产生大量的创意和想法,为解决问题提供丰富的素材和选择。例如:在产品设计过程中,设计师运用发散思维,从用户需求、市场趋势、技术可行性等多个角度出发,提出多种设计方案。通过头脑风暴、草图绘制等方式,设计师们不断激发创意,最终形成了多个具有创新性的产品原型。

聚合思维则是一种将众多信息、想法或观点整合起来,形成统一、明确结论或方案的思维方式。它强调对信息的筛选、分析和综合,以确保最终结果的准确性和实用性。聚合思维有助于我们在众多创意中筛选出最优解,实现创新成果的有效转化。例如:在苹果公司的产品开发过程中,团队首先通过发散思维产生大量创意和想法,然后在产品设计阶段,团队运用聚合思维将众多设计方案进行筛选、整合和优化,最终形成了具有统一风格和市场竞争力的产品。如 iPhone 的设计就体现了苹果公司在聚合思维方面的卓越能力,它将先进的技术、简洁的外观和卓越的用户体验完美地结合在一起。

3. 逻辑思维与直觉思维

逻辑思维是一种基于严格逻辑规则和推理程序的思维方式。它要求我们在思考问题时遵循一定的逻辑顺序和规则,通过推理、演绎或归纳等方法来得出结论。逻辑思维有助于我们确保思考的准确性和严密性,避免主观臆断和错误判断。例如:当星巴克决定进军中国市场时,他们运用逻辑思维分析了当地消费者的咖啡消费习惯、市场竞争格局以及文化适应性。他们发现中国消费者对于高品质休闲空间的需求日益增长,于是针对性地推出了适合中国口味的咖啡产品,并成功打造了独特的第三空间体验,赢得了市场的广泛认可。

直觉思维则是一种基于个人经验、直觉感知和创造性思维的快速判断方式。它不受逻辑规则的严格限制,能够迅速把握问题的本质和关键点。直觉思维往往具有高度的灵活性和创造性,能够在复杂多变的环境中迅速做出决策和判断。例如:在艺术创作中,艺术家常常依赖直觉思维来捕捉灵感、构思作品。如毕加索在创作《格尔尼卡》时,通过直觉感知和创造性想象将战争的残酷和人民的苦难以抽象的形式表现出来,这幅作品不仅具有深刻的艺术价值,还引发了人们对战争与和平的深刻思考。

4. 系统思维与还原思维

系统思维是一种综合性的思维方式,它强调将研究对象视为一个由多个相互关联、相互作用的部分组成的整体系统。在解决复杂问题时,系统思维要求我们不仅关注问题的各个部分,还要理解这些部分如何共同构成整体,以及它们之间的相互作用如何影响整体的功能和表现。通过系统思维,我们能够更全面、深入地理解问题,从而找到更加有效和持久的解决方案。例如:谷歌的 PageRank 算法是系统思维在搜索引擎优化中的典型应用。该算法不仅考虑了网页的内容相关性,还综合考虑了网页之间的链接关系、链接权重等多个因素,将整个互联网视为一个由网页相互连接而成的系统。通过分析这个系统的结构和动态变化,PageRank 算法能够准确地评估网页的重要性和排名,为用户提供更加准确和有用的搜索结果。

还原思维则是一种将复杂问题拆解为简单的组成部分,逐一进行分析和解决的策略性思维方式。它鼓励我们将复杂的问题分解成更小、更易管理的部分,以便更清晰地理解每个部分的本质和作用。在逐一解决这些问题后,再将它们重新组合起来,形成一个完整的解决方案。还原思维有助于我们降低问题的难度,提高解决问题的效率,同时也便于我们进行错误排查和修正。例如:在制造领域,丰田汽车的精益生产体系是还原思维的典范。丰田通过"准时制生产"(Just in Time,简称 JIT)方式、自动化与人为干预的结合等原则,将复杂的生产流程分解为一系列简单的操作步骤,并对每个步骤进行精细化的管理和优化。这种将大问题拆解为小问题逐一解决的方式,不仅提高了生产效率,还降低了库存和浪费,使丰田汽车在全球汽车制造业中保持领先地位。

5. 批判性思维与建设性思维

批判性思维是一种对既有观点、理论或方案进行理性审视、质疑、分析和评价的思维方式。它要求我们在面对信息时保持独立思考和判断力,不盲从、不轻易接受表面现象或未经证实的观点。通过批判性思维,我们能够揭示问题的本质,发现潜在的矛盾和不一致之处,并据此提出更为合理和可行的解决方案。例如:杂交水稻之父袁隆平院士通过批判性思维,对传统水稻种植技术提出质疑,并深入研究水稻杂交优势。他发现了提高水稻产量的关键路径,不仅解决了中国的粮食安全问题,也为全球粮食安全做出了贡献。

建设性思维则是在批判性思维的基础上,进一步提出改进意见或新方案,旨在以积极、建设性的方式解决问题的思维方式。它鼓励我们在指出问题的同时,也要提出解决问题的具体办法和措施,以实现问题的根本解决和整体优化。建设性思维强调创新思维和问题解决能力的结合,是推动社会进步和发展的重要动力。例如:海尔集团在工业4.0浪潮中采用建设性思维,不仅升级了生产线实现智能制造,而且还创新性地提出"人单合一"的管理模式,将员工与用户直接相连,提升了市场响应速度和产品竞争力,成为工业转型升级的典范。

6. 类比思维与联想思维

类比思维是一种通过比较两个相似但不同领域的事物,发现它们之间的共同点和规律,从而解决问题的思维方式。类比思维有助于我们跨越领域界限,将其他领域的成功经验和智慧应用到当前问题中,从而找到新的解决思路和方法。类比思维强调创新和灵活性,是推动知识迁移和跨界合作的重要工具。例如:在生物学领域,詹姆斯·沃森和弗朗西斯·克里克通过类比DNA结构与当时已知的晶体结构(如螺旋楼梯或螺旋楼梯扶手),提出了DNA双螺旋结构模型。这一模型不仅解释了DNA的遗传机制,还为后续的分子生物学研究奠定了基础。类比思维在这里帮助科学家们跨越了化学和生物学的界限,找到了解决问题的新途径。

联想思维则是由一事物想到另一事物,建立新的联系和组合,激发创意和灵感的思维方式。它要求我们在思考问题时能够打破常规思维定势,将看似不相关的事物联系在一起,从而创造出新的概念、产品或服务。联想思维强调想象力和创造力的发挥,是推动文化艺术、科技创新和社会进步的重要源泉。例如:在广告创意领域,苹果公司的"Think Different"广告口号就是联想思维的典范。这则广告通过一系列具有鲜明个性和创新精神的历史人物(如爱因斯坦、毕加索等)的形象展示,激发了消费者对苹果品牌创新精神的联想和认同。广告中的这些人物虽然来自不同的领域和时代,但他们都具有共同的特质——勇于突破传统、追求创新。这种联想思维不仅加深了消费者对苹果品牌的印象和好感度,还激发了他们对创新和个性表达的追求。

7. 演绎思维与归纳思维

演绎思维是一种从一般到特殊的逻辑推理方法。它始于一个普遍接受的原理、规则或假设,结合一个特定的情境或实例,通过逻辑推理得出一个具体的结论。演绎思维的优点在于其结论的必然性,只要前提为真,结论就必然为真。在科学研究、法律推理和日常决策中,演绎思维都发挥着重要作用。例如:烟台明远创意生活科技股份有限公司从"设计创新引领家纺业发展"的普遍理念出发,结合国际市场需求和自身技术实力,每年研发设计2000余种新面料,推出600余种新纤维、新面料,不仅提升了市场竞争力,还连续多年保持纯棉类床上用品全国出口第一。

归纳思维则是一种从特殊到一般的思维过程。它通过观察和分析多个个别案例或事实,发现它们之间的共性和规律,从而概括出一个普遍性的原理或规则。归纳思维的优点在于其灵活性和创新性,它允许人们从具体现象中发现新的知识和提出新的见解。然而,归纳思维也存在局限性,即其结论的可靠性取决于观察样本的广泛性和代表性。在科学研究中,归纳思维常被用于提出假设和构建理论框架;在日常生活中,人们也常用归纳思维来总结经验教训,指导未来的行动。例如:在医学领域,疫苗的研发过程体现了归纳思维的力量。科学家们首先观察到某些疾病在人群中的传播规律和特点,然后通过实验手段对病原体进行研究。在积累了大量关于病原体特性、感染机制和免疫应答等个别事实的基础上,科学家们归纳出一般性的规律,即通过接种疫苗刺激人体产生免疫力,从而预防疾病的发生。这一归纳推理为疫苗的研发和应用提供了科学依据,极大地改善了人类的健康状况。

8. 横向思维与纵向思维

横向思维是一种跨越领域、突破常规的思考方式。它鼓励人们打破传统的思维框架和限制,从全新的角度审视问题,寻找不同领域、不同背景之间的关联和共通点。横向思维有助于激发创新思维和创意灵感,帮助人们发现新的解决方案和机会。在艺术创作、科技创新和商业模式创新等领域,横向思维都发挥着重要作用。例如:比亚迪在新能源汽车领域的崛起,是横向思维的一个生动案例。比亚迪原本是一家电池制造商,但公司决策者跨越了传统汽车行业的界限,将电池技术与汽车制造相结合,成功推出了多款新能源汽车。这种跨越领域的思考方式不仅打破了传统汽车行业的格局,也为比亚迪开辟了新的市场蓝海,展现了横向思维在推动产业创新方面的巨大潜力。

纵向思维则是一种深入探究问题本质和根源的思维方式。它要求人们沿着问题本身的逻辑线索进行层层剖析,挖掘出更深层次的原因和解决方案。纵向思维强调对问题的全面理解和深入分析,有助于人们把握问题的本质和规律,从而提出更加精准和有效的解决方案。在科学研究、工程设计和企业管理等领域,纵向思维都是不可或缺的思维方式。例如:蔚来汽车以用户为核心,从电动车设计到充电网络构建,再到用户体验优化,全方位纵向布局。其独特的电池换电模式及用户服务体系,展现了新创企业在制造业中的纵向思维,以创新和用户体验驱动企业发展。

9. 形象思维与抽象思维

形象思维是一种依赖图像、符号等具体形象进行思考和表达的方式。它强调直观性和形象性,通过具体形象来理解和解释抽象概念和问题。在艺术创作、广告设计和教育教学中,形象思维都发挥着重要作用。它帮助人们将抽象的思想和概念转化为易于理解和接受的形式,从而增强表达的效果和感染力。例如:在广告设计中,形象思维的应用非常广泛。广告设计师常常通过生动的图像、鲜明的色彩和富有创意的构图来吸引消费者的注意力,并传达产品的特点和优势。如某款冰淇淋的广告设计中,设计师可能会用五彩斑斓的冰淇淋球、欢快的笑容和清凉的海滩背景来构建一个生动形象的场景,让消费者在视觉上感受到产品的美味和愉悦。这种形象思维的运用,不仅让广告更加吸引人,也有效地传达了产品的核心价值,促进了销售。

抽象思维则是通过概念、判断和推理等抽象形式进行思考和表达的方式。它要求人们从具体事物中抽取出普遍性和本质性的特征,形成概念和原理,并通过逻辑推理来把握事物的本质和规律。在科学研究、哲学思考和逻辑推理等领域,抽象思维都是不可或缺的思维方式。它帮助人们深入探究事物的本质和内在联系,推动学科理论的发展和完善。例如:在经济学领域,抽象思维的应用尤为关键。经济学家通过抽象出市场、供需、价格等基本概念,建立起复杂的经济模型,来分析和预测经济运行的趋势和规律。例如,在研究国际贸易政策的影响时,经济学家会首先抽象出国家、商品、关税等要素,然后通过构建数学模型和逻辑推理,分析不同政策下市场的反应和结果。这种抽象思维的运用,使得经济学家能够深入探究经济现象的本质和内在联系,为政策制定者提供有力的理论依据和决策支持。

10. 探索性思维与验证性思维

探索性思维是一种积极主动、不拘泥于现状、勇于挑战未知领域的思维方式。它鼓励个体或团队超越传统框架,敢于设想未曾有过的可能性,并通过实践来不断试错和调整。探索性思维的核心在于"创造未知",它要求人们不断提出新问题,设计新方案,采用新方法,以期在未知领域中发现新的规律、原理或应用。这种思维方式往往伴随着高度的风险意识,但同时也孕育着巨大的创新潜力。探索性思维不仅推动了科学技术的进步,也促进了社会文化的繁荣和变革。例如:中国航天探月工程展现了卓越的探索性思维。面对未知月球,科研人员勇攀科技高峰,自主研发长征火箭与"嫦娥"探测器,实现从绕月到落月、采样返回的壮举。不断挑战技术极限,提出创新方案,为人类认知月球贡献力量,彰显中国航天勇于探索、敢于突破的精神。

验证性思维则是一种更为稳健、注重实证的思维方式。它强调对已有的想法、假设或方案进行严格的验证和测试,以确保其在实际应用中的可行性和有效性。验证性思维的核心在于"证明已知",它要求人们通过收集数据、设计实验、分析结果等手段,来验证某个观点或方案的正确性和实用性。验证性思维对于科学研究、工程设计、产品开发等领域至关重要。它有助于减少盲目性,提高决策的科学性和准确性。在验证性思维过程中,人们需要遵循严谨的逻辑和科学的方法论,确保每一步推理和结论都基于可靠的数据和证据。同时,验证性思维也要求人们具备批判性思维和反思能力,以便在验证过程中及时发现并纠正错误。例如:中国空间站建设彰显了严谨的验证性思维。为确保空间站各系统安全可靠,科研人员对设计、制造、测试等环节进行严格验证。通过模拟太空环境、地面实验、联合测试等手段,全面评估结构强度、生命保障系统等,不断优化提升。这一过程不仅体现了中国航天的高标准严要求,更为全球航天科研提供了坚实平台。

通过这些案例,我们可以看到不同思维方式在各个领域中的创新应用。无论是正向思维还是逆向思维、演绎思维还是归纳思维、横向思维还是纵向思维,亦或是形象思维、抽象思维等,它们都是人类智慧的结晶,是推动社会进步和发展的重要动力。在实际工作和生活中,我们应该灵活运用这些思维方式,不断挑战传统观念,探索新的可能性,为创新和发展贡献自己的力量。

2.3.4 创新思维在实践中的应用

创新思维作为一种高级认知能力,其应用范围广泛,涵盖了产品创新、企业管理、社会问题解决、教育改革、技术研发、市场营销、医疗服务、环境保护等诸多领域。以下将选取其中几个代表性行业,详细介绍创新思维如何在实践中发挥作用,并通过案例加以阐述。

1. 产品创新与设计

产品创新与设计是指运用创新思维,对产品进行功能、形态、材料、交互等方面的创新,创造出满足用户需求、引领市场趋势的新产品。

2. 企业管理与战略制定

企业管理与战略制定是指运用创新思维,对企业管理模式、运营流程、市场策略等方面进行创新,以提升企业效率、适应市场变化、赢得竞争优势。

3. 社会问题解决与公共政策制定

社会问题解决与公共政策制定是指运用创新思维,对社会问题进行深入剖析,提出创新性的解决方案,或制定创新性的公共政策,以推动社会进步。

4. 教育改革与教学创新

教育改革与教学创新是指运用创新思维,对教育理念、教学模式、课程内容等方面进行创新,以提升教育质量,适应社会与技术的发展。

5. 技术研发与创新

技术研发与创新是指运用创新思维,对技术原理、技术路线、技术应用等方面进行创新,以推动科技进步,解决技术难题,创造新的技术产品或服务。

6. 市场营销与商业模式创新

市场营销与商业模式创新是指运用创新思维,对营销策略、营销手段、商业模式等方面进行创新,以提升市场竞争力,创造新的商业价值。

7. 医疗服务与健康管理创新

医疗服务与健康管理创新是指运用创新思维,对医疗服务模式、医疗技术、健康管理方法等方面进行创新,以提升医疗服务效率与质量,改善公众健康状况。

8. 环境保护与可持续发展创新

环境保护与可持续发展创新是指运用创新思维,对环保技术、环保政策、可持续发展模式等方面进行创新,以应对环境问题,实现经济社会与生态环境的和谐共生。

创新思维在产品创新与设计、企业管理与战略制定、社会问题解决与公共政策制定、教育改革与教学创新、技术研发与创新、市场营销与商业模式创新、医疗服务与健康管理创新、环境保护与可持续发展创新等多个实践领域中发挥着重要作用。通过创新思维的应用,可以有效解决实际问题,推动各领域的变革与发展,实现更高的价值创造与社会进步。在探索创新思维的旅程中,我们深刻理解到创新思维始终是推动社会发展的核心动力。它不仅要求我们跨越界限,整合多元知识,更需我们勇于尝试,敢于失败,不断迭代优化。未来属于那些能够敏锐洞察趋势,灵活应对挑战,以用户为中心,持续创造价值的创新者。让我们携手前行,用创新思维点亮未来的无限可能,共同构建一个更加繁荣、可持续发展的世界。

2.3.5 创新思维的培养

培育青年大学生的创新思维需要整体化解决方案,下面阐述关键途径。

1. 树立正确的观念与终身学习

青年大学生应保持开放心态,接受新事物,视失败为成功之母,并秉持终身学习理念,通过多种途径更新知识体系,紧跟时代发展。

2. 积极参与实践与跨学科学习

学生应参与创新创业竞赛、科研团队或社团活动及实习,获取实战经验,同时进行跨学科学习以拓宽视野和促进学科交叉融合。

3. 发展软技能与批判性思考

除了专业知识,学生还需培养沟通、领导力和时间管理等软技能,以及批判性思考能力,以便在复杂问题面前提出创新解决方案。

4. 构建强有力的支持网络

建立导师关系,拓展人脉资源,利用校友资源,通过各种活动扩大社交圈,为创新之路提供支持和反馈。

5. 持续自我反思与调整

设定职业发展目标,定期评估进展,记录问题和解决方案,征求外界反馈,及时调整策略,以促进个人成长和创新能力的提升。

6. 参与国内外交流项目

体验不同教育和文化环境,丰富个人经历,获得全球视野,了解国际创新趋势和发展模式,为创新思维注入多元化元素。

7. 利用在线平台和专业网络

加入在线学习平台和订阅专业期刊,掌握最新研究成果和技术,利用社交媒体和专业网络平台建立联系,关注行业动态,发现合作机会,创立个人品牌。

8. 加入创业加速器或孵化器

参与创业加速器或孵化器的培训指导,获得行业资源和支持,降低创业风险,提高成功率,与伙伴组成团队共同探索未知领域。

大家可以在日常学习和生活中有效地培养创新思维,不仅为应对快速变化的世界做好准备,也为未来的职业生涯和个人发展打下坚实的基础。希望大家都能勇敢迈出第一步,成为具有创新精神的新时代人才,迎接未来的挑战。

【案例品鉴】 如果信念有颜色,那一定是中国红!

——记徐卫林院士团队研发"嫦娥五号""嫦娥六号"月面国旗的历程

在中国航天史上,"嫦娥五号"与"嫦娥六号"任务的成功实施不仅是我国探月工程的一个重要里程碑,更是展现中国科技创新实力的象征。在这背后,有一群默默奉献的科研工作者,譬如武汉纺织大学徐卫林院士领导下的科研团队,他们的工作不仅仅是技术上的突破,更是将"中国红"的信念与家国情怀融入到每一块材料之中的精神体现。

1. 前期研究工作的积累

徐卫林院士作为纺织材料领域的领军人物,其团队在月面国旗相关材料的研发上已积淀了十几年的宝贵经验。从基础理论研究到实际应用探索,团队攻克了一个又一个技术难关,为后续的科研任务奠定了坚实的基础。当接到为"嫦娥五号""嫦娥六号"研发月面国旗材料的任务时,徐卫林院士带领团队迅速响应,以高度的使命感和责任感投入到紧张的研发工作中。

2. "嫦娥五号"和"嫦娥六号"月面国旗的研发历程

"嫦娥五号"月面国旗的研发历时约两年时间。为了确保国旗能够在月球表面复杂的环境中保持鲜艳的颜色,团队采用了特殊材料和先进的染色技术。嫦娥五号所携带的五星红旗需要能够耐受±150℃的极端温差,这意味着材料必须具备极高的热稳定性。为了攻克这一技术难题,团队首先选择了具有高热稳定性的材料作为国旗的基材,并在团队无数次的实验下,研发了针对太空高低温、高真空和强紫外极端环境条件下的国旗颜色构建技术,确保国旗闪耀月球。

在"嫦娥六号"任务中,武汉纺织大学团队再次承担了月面国旗的设计与制作任务,这次的研发工作历时约四年时间,图 2-1 为徐卫林院士团队研发"嫦娥六号"月面国旗的场景。"嫦娥六号"月面国旗采用了无机高性能材料——玄武岩丝作为国旗的基材。玄武岩丝是一种从玄武岩熔融物中拉制而成的纤维,具有极高的强度、耐热、耐酸碱腐蚀、低导热系数等,非常适合用于制作需要在极端条件下使用的纺织品,因此被选作"嫦娥六号"月面国旗的主要材料之一。玄武岩丝的纺纱过程要求极高,需要精确控制温度和湿度条件,以确保纤维的均匀性和强度。由于玄武岩丝的特殊性质,传统的染色方法难以奏效。团队需要解决在太空极端环境条件下超细玄武岩丝与颜色间的界面牢度难题。在徐卫林院士的带领下,研制团队不仅解决了材料和工艺上的技术难题,还确保了国旗能够在月球表面展示时达到最佳效果。"嫦娥六号"月面国旗的展示图如图 2-2 所示。

图 2-1　徐卫林院士(左二)与曹根阳(左一)、王运利和盛丹老师研讨"嫦娥六号"月面国旗的技术问题

第 2 章 创新精神与创新思维

图 2-2 "嫦娥六号"月面国旗的展示图
（图片来源于央视网）

3. 学生团队的培养与成长

在徐卫林院士团队老师的指导下，学生团队由夏泓蕙、陈欣等众多优秀学生组成。他们中既有理论基础扎实的学术新星，也有实践经验丰富的科研骨干。面对月面极端环境对国旗材料提出的特殊要求，学生们不畏艰难，勇于创新，经过无数次的试验与改进，终于成功研发出符合要求的月面国旗材料。在研发过程中，学生们不仅学到了专业知识，更培养了严谨的科学态度、坚韧不拔的毅力和团队协作的精神。夏泓蕙回忆道：从洗烧杯开始学习做实验，到参与整个项目的研发，我深刻体会到了科研的艰辛与乐趣。每当看到国旗在月球上成功展示，所有的努力和付出都化作了无比的自豪和成就感。在团队老师的指导下，同学们深入研究了现有高温防护以及特殊环境等领域的功能面料性能的不足，进行了大量实验，成功实现了升级版好纱好线好色浆技术的突破，并顺利攻克了聚酰亚胺染色等一系列难题。该项目不仅应用于"嫦娥五号"月面国旗的研发，还成功扩展到消防、冬奥训练服等领域，为地球极端环境防护面料提供了新的选择。2022年，在第十七届"挑战杯"全国大学生课外学术科技作品竞赛中，《月面国旗研制技术及衍生功能化制品的开发》项目最终获得了国赛特等奖，这是对他们科研成果的高度认可。

4. 教师团队的理念与实践

曹根阳教授作为徐卫林院士团队的主要成员之一，他还是纺织科学与工程学院的各种创新创业赛事和实践训练指导项目的负责人。他一直致力于将创新与创业相结合的研究与实践。他强调"创新"与"创业"两条腿走路的重要性，希望通过科研成果的转化和应用，让更多的高科技材料惠及更广泛的民生；并且，锻炼学生的"创业"精神和能力与"创新"精神和能力同样重要。在曹教授的指导下，学生们不仅掌握了扎实的专业知识，还具备了良好的创业素养和能力。他们已经开始尝试将各种科研成果转化为各种实际产品，为社会创造更大的价值。

5. 习近平总书记的接见与嘱托

2021年2月22日,习近平总书记等党和国家领导人在北京人民大会堂会见探月工程"嫦娥五号"任务参研参试人员代表并参观月球样品和探月工程成果展览,徐卫林院士作为参研参试人员代表参加了会见。谈到受邀参与会见,徐卫林说:很激动,也深受鼓舞。感受到了党中央对科技创新的高度重视。科技工作者要想国家之所想,急国家之所急,在服务国家发展大局中不断创新创造,勇攀科技高峰。2024年9月23日,习近平总书记等党和国家领导人在人民大会堂接见探月工程"嫦娥六号"任务参研参试人员代表并参观月球样品和探月工程成果展览,并发表重要讲话。徐卫林院士作为代表参加会见。习近平总书记说:中华民族是勇于追梦的民族,党中央实施探月工程,圆的就是中华民族自强不息的飞天揽月之梦。从无到有、从"蓝图绘梦"到"奋斗圆梦",我国一代代航天人坚持自力更生、自主创新,推动航天事业实现历史性、高质量、跨越式发展!

6. 家国情怀:信仰的力量

如果信念有颜色,那一定是中国红!图2-3为团队成员参加"挑战杯"赛事的路演PPT的总结语。

图2-3 团队成员参加"挑战杯"赛事路演PPT的总结语

这句话不仅表达了武汉纺织大学师生们对国家的深厚情感,也是他们学习、科研和实践工作背后的强大动力。在每一个实验数据的背后,在每一次技术突破的背后,都有着对国家繁荣昌盛的美好愿望。正是这份家国情怀,激励着他们不断前行,用实际行动践行着习近平总书记的讲话精神"创新是一个民族进步的灵魂,是一个国家兴旺发达的不竭动力,也是中华民族最深沉的民族禀赋",为祖国的科技进步贡献自己的力量。徐卫林院士团队与学生团队的实践,充分体现了创新的力量和家国情怀的融合,激励着更多学子投身于科学事业,为实现中华民族伟大复兴的中国梦而奋斗。

思 考 题

扫描做习题

1. 除了教材中阐述的具体的创新精神，你心目中的创新精神还包括哪些内涵？
2. 在日常学习和实践中如何培养创新精神？
3. 近代工业革命中创新精神是如何演化的，其原因是什么？
4. 创新思维的特征有哪些？请结合实际案例说明这些特征如何在创业过程中发挥作用。
5. 举例说明跨界创新思维如何促进不同行业间的融合与进步？
6. 分析在教育领域应用用户中心创新思维的具体策略。
7. 探讨创新思维在企业转型升级中的作用机制。
8. 阐述持续学习对个人创新思维能力提升的重要性。
9. 试任选三种教材中阐述的常见创新思维解决日常生活中问题的方案。

【书香致远】

[1] 吴军. 全球科技通史[M]. 北京：中信出版社，2019.

[2] 詹姆斯·E·麦克莱伦第三，哈罗德·多恩. 世界科学技术通史[M]. 3版. 王鸣阳，陈多雨，译. 上海：上海科技教育出版社，2020.

[3] 彼得·蒂尔，布莱克·马斯特斯. 从0到1：开启商业与未来的秘密[M]. 高玉芳，译. 北京：中信出版社，2015.

[4] 刘圻. 创新的逻辑[M]. 北京：清华大学出版社，2018.

第3章　创新方法与创新能力

【创新创业语录】

　　一些陈旧的、不切合实际的东西，不管那些东西是洋框框，还是土框框，都要大力地把它们打破，大胆地创造新的方法、新的理论，来解决我们的问题。

——李四光

　　我觉得对中国这样一个有五千年厚重历史的国家，创新之路真的很值得去探索，我鼓励我们所有的人，都心胸开阔一点，对于这些勇于创新的人，多一点容忍，多一点支持。

——施一公

【学习目标】

1. 理解创新方法的概念、特点和分类。
2. 掌握头脑风暴法、奥斯本检核表法、六帽思考法、创意列举法、5W2H法与和田十二法这6种常见的创新方法。
3. 熟悉自己专业领域的创新工具与技术。
4. 理解创新能力的概念、特点和分类。
5. 培养运用各种创新方法和工具进行创新创业实践的能力。

【案例导入】　创新方法与创新能力——"绿色科技"大学生团队的创新实践

　　当今社会，创新能力被视为推动科技进步和社会发展的重要力量。而在教育领域，尤其是高等教育阶段，如何培养学生的创新方法与实践能力已经成为一个备受关注的话题。以下是关于一支中国大学生创新团队的故事，来看看他们是如何运用创新的方法，锻炼自己的创新能力，并最终取得成功的。

绿色科技——智能环保监测系统

　　2021年秋季，来自中国南方某著名大学的5位学生组成了一个名为"绿色科技"的跨学科团队。他们的目标是开发一款智能环保监测系统，旨在实时监测城市空气质量和水质状况，并通过大数据分析预测环境污染趋势，为政府决策提供依据。

1. 发现问题与确定目标

团队成员首先进行了广泛的市场调研和社会调查。他们发现,随着工业化进程的加快,环境污染问题日益严重,尤其是在北京、上海等大都市,空气质量经常达到不健康水平。与此同时,水质污染也成为困扰人们生活的一大难题。然而,现有的监测手段存在诸多不足,比如数据更新慢、覆盖面窄、成本高等问题。基于此,他们在2022年初确立了开发一款高精度、实时性强的智能环保监测系统的项目目标。为了更好地理解市场需求,团队成员还专门前往北京市环保局和上海市水务局进行实地考察。在那里,他们了解到政府部门在环保监测方面的迫切需求,并获得了宝贵的建议。这些信息为后续产品的设计提供了重要的参考依据。

2. 创新方法的应用

为了实现这一目标,该团队采用了多种创新方法。

1) 头脑风暴法

每周五下午,团队成员都会聚在一起召开头脑风暴会议,鼓励每个人提出各种想法,不论大小或成熟度。在轻松愉快的氛围中,大家畅所欲言,许多创意就是在这样的碰撞中诞生的。例如,最初关于传感器设计的想法就是在一次头脑风暴中提出的。通过这种方法,团队不仅激发了成员们的创造力,还促进了彼此之间的相互启发。

2) 原型制作法

利用学校实验室提供的先进设备,如3D打印机和激光切割机,团队成员快速制作出了监测设备的原型,并在校园内进行了初步测试。通过多次迭代改进,最终使产品具备了更高的可靠性和实用性。他们还特别注重用户体验,设计了简洁易用的操作界面,使得非专业人士也能方便地使用该系统。

3) 用户反馈法

团队成员走访了当地环保局,与工作人员交流,了解实际需求,并根据反馈调整设计方案。他们还邀请了一些社区居民参与体验活动,收集普通民众的意见,以确保产品能够真正满足用户的实际需求。通过这种方式,团队能够及时发现潜在的问题并加以改进。

4) 敏捷开发法

采用敏捷开发模式,将项目分为多个迭代周期,每个周期结束后评估成果并调整计划。这种方式让团队能够及时发现并解决问题,同时也保证了项目的进度。例如,在软件开发过程中,团队遇到了数据同步延迟的问题,通过敏捷开发的方法,他们迅速定位问题所在,并在下一个迭代周期中解决了这一难题。

3. 能力锻炼

在项目实施过程中,团队成员不仅学习了相关领域的专业知识,还在以下几个方面得到了锻炼。

1) 跨学科合作的能力

团队成员分别来自计算机科学、环境工程、机械工程等多个专业。通过密切合作,他们提高了沟通协调能力。例如,在编写监测系统软件时,计算机专业的王浩与机械工程专业的赵雷紧密配合,解决了多个技术难题。这种跨学科的合作不仅提升了项目的整体质量,也让团队成员在实践中学会了如何更好地与不同背景的人共事。

2）独立解决问题的能力

面对技术难题时,团队成员学会了如何查找资料、寻求专家指导,并最终找到解决方案。例如,在优化数据传输效率方面,他们请教了学校的通信工程教授,获得了宝贵的建议。此外,他们还利用网络资源,参加了在线课程和论坛讨论,拓宽了知识面,增强了独立解决问题的能力。

3）项目管理的能力

从立项到结题,每个人都参与到项目的不同环节中,积累了丰富的实践经验。特别是在时间管理和任务分配上,团队形成了高效的运作机制。张晓负责制定详细的项目计划,并监督执行情况,确保各项任务按时完成。这种严格的项目管理不仅保证了项目的顺利进行,也为团队成员今后的职业生涯打下了坚实的基础。

4. 成果与展望

经过近一年的努力,"绿色科技"成功开发出了智能环保监测系统,并在教育部认可的创新创业赛事中获得了国家级二等奖和省级特等奖。此外,该项目还引起了多家企业和投资机构的关注,其中包括专注于环保领域的创业孵化器,他们表示有意提供资金支持,帮助团队将项目推向市场。在大赛之后不久,该团队便与某环保基金公司签订了合作协议。这家基金的负责人刘先生表示:我们非常看好该团队的潜力,他们的产品不仅能解决当前环保监测中存在的问题,还有助于提高公众的环保意识。根据协议,该环保基金公司将提供为期两年的资助,用于支持产品的进一步研发和完善。同时,双方还将共同探索市场推广策略,争取在未来五年内在全国范围内推广使用这套智能环保监测系统。

"绿色科技"的成功充分展示了创新方法与创新能力的重要性。它告诉我们,创新不是盲目的,它不仅仅是一个结果,更是一个过程。在这个过程中,我们需要不断学习科学的创新方法、勇于探索、不断尝试,并且善于利用各种方法和工具来解决实际问题。作为当代大学生,我们应该时刻保持对未知世界的好奇心,积极投身于创新实践中去。相信只要我们敢于梦想、善于学习、勤于实践,就一定能创造出更多有价值的成果。该案例还告诉我们,创新并非孤立的行为,而是一个需要多方合作的过程。在这个过程中,团队成员之间需要相互信任和支持,外部资源也需要有效整合。正是通过这样一种开放合作的方式,"绿色科技"才能够在短时间内取得如此显著的成绩。让我们一起努力,用我们的智慧和汗水书写属于自己的创新篇章。

【问题思考】

1. "绿色科技"团队如何通过跨学科合作来克服项目开发中遇到的技术难题的?这种合作对团队整体能力的提升有何影响?

2. 该团队采取了哪些措施来确保项目按时完成,并保持高效运作?这些措施对项目成功起到了哪些关键作用?

3. 该团队的成功经验对于其他大学生创新团队有何启示?特别是在创新方法应用、团队建设和外部资源整合方面。

3.1 创新方法

3.1.1 创新方法的概念与特点

1. 创新方法的概念

创新方法是指人们在各种实践活动中,为解决问题、创造新产品、优化服务流程或推动科学技术进步所采用的一系列系统化、科学化的思考方式和实践路径,是经过归纳、分析和总结找出的一些带有普遍规律性的原理、方法和技巧。它涵盖了从灵感激发、创意生成到具体实施和后期评估的全过程,旨在通过这些思维模式和操作技巧,寻找新的解决方案、理念、流程、产品和服务,以解决现有问题或有效地满足市场需求。

2. 创新方法的作用

1) 激发创新思维

创新方法通过提供多样化的思考工具和策略,帮助大学生打破常规思维束缚,激发创新灵感和创造力。它鼓励学生们从不同角度审视问题,探索新的解决方案。

2) 提升解决问题的能力

面对复杂的创新创业挑战,创新方法能够引导学生们系统地分析问题、识别关键要素、制定解决方案,并有效地实施和评估。这一过程不仅锻炼了学生们的逻辑思维和批判性思维能力,还提升了他们的实践操作能力和应变能力。

3) 促进团队协作

创新方法强调团队合作和跨学科交流的重要性。在创新创业过程中,不同专业背景的学生需要共同协作,利用各自的专业知识和技能解决问题。创新方法为他们提供了一个共同的语言和框架,促进了团队成员之间的有效沟通和协作。

4) 推动成果落地

创新方法不仅关注创意的生成,更注重创意的落地实施。它提供了一套从创意到产品的完整流程,包括市场调研、产品设计、原型制作、测试验证等环节,帮助学生们将创新想法转化为实际成果。

3. 创新方法的特点

1) 系统性与科学性

创新方法遵循一定的逻辑顺序和规则,具有系统性和科学性。它要求人们在创新过程中,按照既定的步骤和方法进行操作,以确保创新活动的有序进行和高效完成。

2) 灵活性与多样性

创新方法不是一成不变的,而是随着时代的发展和技术的进步不断演变和完善的。它涵盖了多种不同的方法和技巧,如头脑风暴法、设计思维法、敏捷开发法、跨界创新法等,为大家提供了丰富的选择空间。

3) 实践性与可操作性

创新方法强调实践操作和可实施性。它要求学生们在掌握理论知识的基础上，积极参与实践活动，通过动手操作来验证和改进自己的想法。这种实践性的特点使得创新方法更加贴近实际、更加有效。

4) 持续性与迭代性

创新方法不是一蹴而就的，而是一个持续迭代和优化的过程。在创新创业过程中，学生们需要不断地收集反馈、调整方案、优化流程，以确保创新活动的持续性和有效性。这种迭代性的特点使得创新方法具有强大的生命力和适应力。

4. 创新方法的分类

随着理论研究和实践经验的积累，创新方法的数量日益丰富。这些方法可以根据不同的标准进行分类，以帮助我们更好地理解和应用它们。以下是常见的创新方法分类方式及具体方法的举例。

1) 按创新过程阶段分类

（1）创新启动阶段：此阶段标志着创新的初步启动，旨在打破固有的思维框架，激活团队的创造潜能。例如：头脑风暴法通过集思广益、无限制的集体讨论，迅速汇聚并激发出大量的创意火花；随机词汇法则巧妙利用随机挑选的词汇组合，刺激参与者跳出常规思维，产生新颖的联想与创意。这些手段共同助力在创新初期构建起一个充满活力与可能性的创意环境。

（2）创新的比较与筛选阶段：此阶段侧重对众多创意进行系统的比较与评估，以期筛选出最具潜力和可行性的方案。例如：德尔菲法通过匿名征集并整合专家意见，逐步收敛至最优创意；成本效益分析法则严谨地评估每个创意的经济可行性和潜在收益，确保选择的创意能够在实践中落地并带来预期价值。

（3）创新的实施与验证阶段：此阶段聚焦于将经过筛选的创意转化为实际行动，并通过实践验证其可行性与有效性。例如：原型制作法通过将创意具象化为实体模型或初步产品，便于进行直接的操作测试与反馈收集；迭代开发法则在此基础上通过连续的试错、调整与优化，不断完善实施方案，直至达到满意的效果。这一过程不仅确保了创意的顺利落地，还促进了产品或服务的持续优化与升级。

2) 按创新方法性质分类

（1）定性分析方法：此类方法聚焦于对创新问题的深入理解和非量化分析。例如：设计思维法紧密围绕用户体验，运用同理心来深刻洞察用户需求，随后明确问题边界，创造性地构思解决方案，并通过原型制作与测试不断迭代优化，最终推出贴近市场需求的产品或服务；案例研究法也属此类，它通过对成功与失败案例的细致剖析，提取可借鉴的经验与教训，为创新实践提供方向性指导。

（2）定量分析方法：定量分析方法则侧重于数据的收集、处理与统计分析。例如：数据分析法利用先进的统计学原理和数据挖掘技术，从庞大的数据集中挖掘出隐藏的模式、趋势与关联性，为创新决策提供坚实的数据支撑；而 A/B 测试法则通过在实际环境中对比不同方案的效果，运用统计学原理评估各方案的优劣，从而科学地选择出最佳实施路径。这些定量分析方法有效降低了创新过程中的不确定性,提升了创新项目的成功率与执行效率。

(3) 定性定量相结合的方法:面对日益复杂的创新挑战,融合定性分析与定量分析优势的综合方法显得尤为重要。发明问题解决理论(TRIZ)便是其中的杰出代表,它不仅关注技术矛盾的深入分析,还结合了系统思维与解题技巧,为技术创新提供了一套科学的方法论。同时,开放式创新法也强调定性与定量的融合,通过跨组织、跨领域的合作与资源共享,促进知识、技能与创意的广泛交流,从而在更广阔的视野下寻求创新突破。

3) 按创新主体分类

(1) 个人创新方法:个人作为创新的基本单位,其创新方法注重个人思维能力和创造力的提升。例如:思维导图法通过图形化的方式帮助个人整理思绪、激发创意灵感;个人日记法则鼓励个人记录日常想法和灵感,形成创新素材的积累库。

(2) 团队创新方法:团队创新强调成员间的互动与合作。例如:小组讨论法为团队成员提供了一个集思广益的平台,通过共同讨论问题、分享想法来激发团队的创新潜力;角色扮演法则通过模拟不同情境下的角色行为,帮助团队成员更深入地理解问题和需求,从而促进团队内部的沟通与协作。

(3) 组织创新方法:组织作为创新活动的载体,其创新方法旨在营造创新氛围、激发组织成员的创新热情。例如:创新工作坊通过组织内部或跨组织的创新活动,促进知识共享和创意碰撞,为组织成员提供学习和交流的平台;创新竞赛法则通过竞赛的形式激发组织内部的竞争意识和创新动力,促使组织成员积极投入到创新实践中去。

4) 按创新的目的分类

(1) 产品设计创新法:此方法聚焦于产品设计的创新,旨在通过独特的设计理念、材料应用或技术突破来创造出具有差异化竞争优势的产品。其目标是满足消费者对产品外观、功能、性能等方面的新需求和新期待。

(2) 服务流程创新法:此方法旨在优化和提升服务过程中的各个环节,以提高服务效率、降低服务成本并增强客户满意度。通过引入新技术、新方法或重构服务流程等方式来实现服务质量的持续改进和升级。

(3) 商业模式创新法:该方法涉及企业如何创造价值、传递价值和获取价值等多个方面。通过重新设计或优化企业的商业模式,企业可以在激烈的市场竞争中脱颖而出,实现企业持续的增长和盈利。这类创新方法包括但不限于平台化运作、共享经济模式、定制化服务等新兴商业模式的应用和探索。

创新方法是创新创业实践中不可或缺的重要工具和手段。它通过激发创新思维、提升问题解决能力、促进团队协作和推动成果落地等方面发挥着重要作用,并具有系统性、科学性、灵活性、多样性、实践性和持续迭代性等特点。深入学习和掌握创新方法对于培养大家的创新能力、提升创新的效果和效率具有重要意义。

3.1.2 常见的创新方法

本节介绍几种最常见且容易掌握的创新方法,帮助大家提升创新能力和实践效果。

1. 头脑风暴法

头脑风暴法(Brainstorming)由美国广告业先驱亚历克斯·奥斯本(Alex F. Osborn)在1939年首次提出,并于1953年正式发表。作为一种集体创新技法,因其能够有效激发团队成员的创造力和思维活跃度,而被广泛应用于创新创业实践中。该方法旨在通过召集团队成员,在无压力、无批判的环境中,快速产生并记录尽可能多的想法,以激发创新思维,寻找问题解决方案。它强调数量重于质量、鼓励异想天开、禁止即时评价,从而打破思维定势,促进团队创造力的发挥。该方法的优点是能够迅速产生大量创意,打破思维定势,促进团队合作和交流;缺点是可能产生大量不切实际的想法,需要后续的较长时间的深入筛选和评估工作。

头脑风暴法的实施通常遵循以下步骤。

(1)组织团队:召集具有不同背景和专业知识的团队成员,以确保多元视角和创意碰撞。

(2)明确议题:清晰界定讨论的主题或问题,确保团队成员有共同的目标和焦点。

(3)营造氛围:创造一个轻松、无压、无批判的环境,鼓励自由发言和创意表达。

(4)自由发言:团队成员围绕议题自由发表观点,无论多么奇特或不合常规,都应被记录下来。

(5)记录想法:由专人负责记录所有提出的想法,确保不遗漏任何创意。

(6)分类与评估:会议结束后,对记录的想法进行分类和评估,筛选出可行的、有价值的创意。

案例:面对日益严峻的环保问题,某高校的一群大学生决定开发一款"智能垃圾分类APP",旨在通过科技手段提高公众的垃圾分类意识与效率。项目初期,团队面临如何设计一款用户界面友好且高效精准的垃圾分类指南APP的挑战。实施过程如下:团队召集了来自计算机科学、环境科学及用户体验设计等多个专业的成员,采用头脑风暴法激发创意。在无压力的环境中,成员们自由发言,提出了多种创新思路,例如:AI图像识别,即利用深度学习算法,让用户通过拍照即可自动识别垃圾类别,并提供正确的投放建议;游戏化激励机制,即通过设置积分等形式鼓励用户持续自觉参与垃圾分类,并可用积分兑换环保商品或服务;社区互动平台,即建立用户社区,分享垃圾分类经验,解答疑惑,形成互帮互助的良好氛围。在筛选与评估阶段,团队最终确定了以AI图像识别为核心功能,结合游戏化激励与社区互动的设计方案。该APP上线后,迅速获得了广大用户的喜爱与认可,有效提升了垃圾分类的准确率和参与率,为推动社会环保事业做出了积极贡献。

2. 奥斯本检核表法

奥斯本检核表法,又被称为分项检查法,是以提问的方式,根据创新或解决问题的需要列出有关问题,并形成检核表,然后对问题逐个进行核对讨论,从而发掘出解决问题的大量设想的一种方法。奥斯本检核表法的9个维度及案例如表3-1所示。

表 3-1　奥斯本检核表法的 9 个维度

核检类目	含义	自行车案例
能否他用	现有事物除了大家公认的功能之外，是否还有其他的用途	其他功能，如健身、举重、竞赛
能否借用	能否将其他事物中的原理、结构、方法、材料等方面移植过来，为我所用	能在水中行驶的自行车、飞翔的自行车、滑雪自行车
能否改变	改变现有的形状，改变制作工艺，改变物品的结构，如把原来方形的改成圆形的，把直的改成弯的，把红色的改成蓝色的，把无味的改成有味的等	不同颜色的自行车、三轮自行车、方轮车、三角车轮自行车
能否扩大	现有事物能否扩大面积、扩大声音、扩大距离、延长时间、延伸长度、加高高度、增加数目等	双人自行车、多人自行车
能否缩小	现有事物能否缩小、缩短、减少、减轻、分解、折叠、卷曲、删减	独轮车、自行车模型玩具、儿童自行车
能否替代	现有事物能否用其他物品、材料、元件、结构等代替	用木材或复合材料制作自行车
能否调整	现有事物或事物的一部分能否变换排列顺序、位置、型号、材料等	变速自行车、折叠自行车、变形自行车
能否颠倒	现有的事物能否从功能、结构、原理、内外、上下、左右、前后、横竖、因果等角度颠倒过来用	反着骑的自行车、背靠背的自行车、慢骑自行车、跳跃的自行车
能否组合	能否进行原理组合、材料组合、部件组合、形状组合、功能组合、目的组合	带音响的自行车、带伞的自行车、带车棚的自行车、打扫垃圾的自行车

优点：使思考问题的角度具体化，有助于突破思维惰性和惯性，系统性和全面性较强，能够涵盖多种可能的创新路径。该方法广泛应用于产品设计、服务创新、流程优化、市场营销等多个领域。

缺点：需要对每个维度进行深入思考，过程较为烦琐，对于初学者而言，需要一定的时间来熟悉和掌握。

奥斯本检核表法的实施步骤如下：

（1）根据创新对象明确需要解决的问题；

（2）参照表 3-1 中列出的问题，运用丰富想象力，强制性地逐个核对讨论，写出新设想；

（3）对新设想进行筛选，将最有价值和创新性的设想筛选出来。

奥斯本检核表法的注意事项如下：

（1）对所列举的事项逐条核检，确保不遗漏；

（2）尽量多核检几遍，以确保较为准确地选择出所需创新、发明的方面；

（3）进行检索时，可将每一大类问题作为一种单独的创新方法来运用；

（4）核检方式可根据需要进行多种变化。

3. 六顶思考帽法

六顶思考帽法（Six Thinking Hats）是由英国心理学家爱德华·德·博诺博士在1985年提出的。爱德华·德·博诺是一位著名的认知心理学家，他的工作主要集中在创造性思维和解决问题的方法上。六顶思考帽法是一种促进团队协作和决策制定的工具，通过象征性地戴上不同颜色的帽子，引导参与者从6个不同的思考角度审视问题。每种颜色的帽子代表一种特定的思考方式：① 白帽（White Hat），代表事实与信息，关注的是可用的数据和信息；② 红帽（Red Hat），代表情感与直觉，关注的是个人的感受、直觉和情绪反应；③ 黑帽（Black Hat），代表批判与质疑，关注的是逻辑上的负面因素和风险；④ 黄帽（Yellow Hat），代表乐观与积极，关注的是正面的因素、机会和好处；⑤ 绿帽（Green Hat），代表创新与建议，关注的是创造性的想法、新的观点和建议；⑥ 蓝帽（Blue Hat），代表控制与总结，负责协调和管理讨论进程，确保所有思考角度都被充分考虑。

六顶思考帽法适用于商业决策、团队会议、项目管理、产品开发等多种领域、范围和情境。六顶思考帽法的6个思考角度如表3-2所示。

表3-2 六顶思考帽法

思考角度	含义、功能、特点	承担创新工作任务
白色思考帽	白色代表事实与信息。戴上白色思考帽，人们只是关注事实和数据	陈述问题事实
红色思考帽	红色代表情感与直觉，使用时不需要给出证明和依据。戴上红色思考帽，人们可以表现自己的情绪，还可以表达直觉、感受、预感等方面的看法	对方案进行直觉判断
黑色思考帽	黑色代表批判与质疑。戴上黑色思考帽，人们可以运用否定、怀疑、谨慎、质疑的看法，合乎逻辑地进行批判，尽情发表负面的意见，找出逻辑上的错误，进行逻辑判断和评估	列举该方案的缺点
黄色思考帽	黄色代表乐观与积极。戴上黄色思考帽，人们从正面考虑问题，表达乐观、满怀希望、建设性的观点	评估该方案的优点
绿色思考帽	绿色代表创新与建议，寓意创造力和想象力，具有创造性思考、头脑风暴、求异思维等功能。戴上绿色思考帽，人们不需要以逻辑性为基础，可以帮助人们寻求新方案和备选方案，做出多种假设，并为创造力的尝试提供时间和空间	提出如何解决问题的建议
蓝色思考帽	蓝色代表控制与总结，负责控制各种思考帽的使用顺序，规划和管理整个思考过程，并负责做出决策。戴上蓝色思考帽，人们可以集中思考和再次集中思考，指出不合适的意见等	总结陈述，做出决策

优点：通过6个不同的思考角度，确保了问题可以从多个层面来考虑；每种思考方式都有其特定的功能，这有助于避免单一视角的局限性；明确的角色分工有助于团队成员之间的交流，使得每个人都能贡献自己的优势；有组织的讨论流程有助于提高会议的效

率,避免偏离主题。

缺点:该方法的有效性依赖于团队成员的理解和接受程度,如果团队不熟悉或不愿意采用这种方法,效果可能不佳;过于结构化,对于某些需要灵活处理的情况,过于严格的结构化思考可能会限制创造力。

案例:某食品公司在开发新型健康零食时,运用六项思考帽法进行产品研发讨论。团队成员轮流戴上不同颜色的帽子,从白帽角度分析市场数据与消费者需求,红帽表达对新产品的个人感受,黑帽提出可能存在的问题与风险,黄帽设想产品的市场前景与竞争优势,绿帽提出创新配方与包装设计,最后蓝帽汇总各方观点,形成产品研发决策。这一过程帮助团队全面考虑各种因素,有效推动了创新产品的成功研发。六项思考帽法是一个实用而有效的工具,通过明确界定不同的思考角色,帮助团队和个人在面对复杂问题时进行全面、深入、有序的讨论,从而提升决策的质量。

4. 创意列举法

创意列举法通过列举事物的特性、缺点或希望点等,来发现改进和创新的机会,激发改进和创新的灵感。它主要分为属性列举法、希望点列举法、优点列举法和缺点列举法,如表3-3所示。

表 3-3 创意列举法

类 型	具 体 解 释	说 明
属性列举法	先观察和分析属性特征,再针对每项特征提出创新构想	这种方法是一种创新思维策略。强调人们在创造的过程中,先观察和分析事物或问题的属性特征,然后再针对每项特性提出相应的改良或改变的构想
希望点列举法	不断地提出理想和愿望,针对希望和理想进行创新	这种方法是指人们不断地提出期望,针对这些期望,寻找解决问题的对策及其实现方法
优点列举法	逐一列出事物优点,进而探求解决问题的方法和改善的策略	这种方法指的是人们通过逐一列出事物的优点,从而寻求解决问题、提出改善对策的方法
缺点列举法	列举和检讨缺点和不足之处,找出解决问题的方法和改善的策略	与优点列举法相对应,这种方法是人们针对一项事物,不断地列举出其缺点和不足之处,然后分析这些缺点,从而找出解决问题和改善策略的方法

【课堂互动】 请3~5名同学组团,选择生活中的某一种物品,利用上述4种列举法进行实践,记录并整理研讨方案。

5. 5W2H法

5W2H法也称为七何分析法,是一种结构化的问题分析方法,通过7个方面的问题来全面清晰地审视和剖析一个议题、项目或问题,以便更好地理解和解决它。

(1) Who(谁):涉及的人员或主体是谁?他们的角色、职责和关系如何?

(2) What(什么):具体要解决或讨论的核心问题或目标是什么?

(3) Where(哪里):问题发生的地点或情境在哪里?这个地点对问题有何影响?

(4) When(何时):问题发生的时间或需要行动的时间节点是什么?

(5) Why(为什么)：问题或需求产生的原因是什么？背后的动机和目的是什么？

(6) How(如何)：解决问题或实现目标的具体方法、步骤或策略是什么？

(7) How much/many(多少)：解决问题所需的资源、成本或数量是多少？达到目标所需的时间或程度是多少？

优点：能够全面理解和分析问题，提出创新性的解决方案。

缺点：可能需要较多的时间和准备来设计有效的问题。

案例：一个位于江苏省的中型制造企业，主要生产电子产品配件。2023年，该企业面临一个生产效率低下和产品合格率下降的问题。为了找出根本原因并制定有效的解决方案，企业决定使用5W2H法来进行问题分析。

(1) Who：谁受到了这个问题的影响？质量控制部门报告了更多的次品，生产线上的工人反馈说设备经常出现故障，导致生产延误。需要哪些人来解决这个问题？质量控制经理、生产主管、设备维护工程师和技术顾问。

(2) What：核心目标是什么？提高产品质量，将合格率提升至95%以上，并且减少生产延误。具体问题是什么？产品合格率下降到了85%，远低于行业标准和公司目标。

(3) Where：问题发生在哪个具体的生产线或工厂区域？问题主要出现在装配线A和B上。这个地点对问题有何影响？装配线A和B是新引进的自动化生产线，但是由于安装调试不完善，导致了一些技术性问题。

(4) When：问题什么时候开始变得明显？从2023年初开始，随着产量的增加，问题逐渐显现。需要在什么时间节点前解决问题？希望在未来三个月内找到并实施解决方案。

(5) Why：问题或需求产生的原因是什么？初步调查发现可能是由于设备供应商提供的设备参数与实际生产线不匹配，以及员工培训不足导致操作失误。背后的动机和目的是什么？提高客户满意度，保持竞争力，并且避免因质量问题造成的退货和投诉。

(6) How：如何解决问题或实现目标？首先，与设备供应商重新协商来调整设备参数，并派遣工程师进行现场调试；其次，为一线工人提供额外的操作技能培训；最后，建立一套更为严格的质量控制系统。

(7) How much/many：解决问题所需的资源、成本是多少？预计需要投入20万元左右用于设备调试、员工培训以及改进质量控制系统。达到目标所需的时间是多少？预计在三个月内可以完成所有调整，并观察是否达到了预期的效果。

通过这样的分析，这家企业不仅找到了问题所在，还明确了下一步的行动计划，从而能够有效地解决问题并持续改善生产流程。

6. 和田十二法

和田十二法是由我国的创造学者许立言、张福奎等在奥斯本检核表法基础上，借用其基本原理，加以创造而提出的一种思维技法。它既是对奥斯本检核表法的一种继承，又是一种大胆的创新，并在上海和田路小学试验，提出了创造发明的"和田十二法"，也叫聪明十二法，它通过对事物进行12个维度的思考来启发创新思维，如表3-4所示。

表 3-4　和田十二法

项　目	含　义
加一加	能不能在既有物品上面添加什么，加高、加厚，增加时间、次数，与其他物品进组合会怎样
减一减	能不能在既有物品上面减去什么，减高、减轻，减去时间、次数，能不能直接省略或者取消一部分
扩一扩	把既有的物品扩展或放大会怎样
缩一缩	把既有的物品压缩或缩小会怎样
变一变	改变既有物品的形状、颜色、音响、味道、气味、次序会怎样
改一改	既有物品有什么缺点或不足，使用是否不便，如何改进
联一联	既有事物的结果与原因有何联系，对解决问题会产生什么帮助，把某些事物联系在一起会怎样
学一学	通过模仿一些事物的结构和形状会产生什么构想，学习其技术、原理会怎样
代一代	既有事物能不能用另一种去替代，替代后会产生什么结果
搬一搬	既有事物挪到其他位置会怎样，还能发挥效用吗，能产生其他新的效用吗
反一反	把一件事物上下、前后、左右、内外、反正进行颠倒，会有什么改变吗
定一定	要改变某个事物或者解决某个问题，或者防止危险发生，或者提高效率，需要做出什么规定吗

优点：全面性、系统性、实用性和灵活性。

缺点：依赖个人素质，可能陷入形式化，而忽略了实际问题的本质，导致偏离实际需求。

和田十二法适用于各个行业和领域，包括但不限于产品设计、市场营销、教育培训、企业管理、艺术创作、日常生活等。总之，该方法作为一种独特的创新思维方式，具有广泛的适用性和强大的实用性。它不仅可以应用于各个行业和领域，还可以帮助人们从多个角度思考问题，找到有效的解决方案。然而，在应用过程中也需要注意避免形式化和创新风险等问题。

和田十二法的运用举例如下。

1）加一加

智能手机是"加一加"方法的经典体现。它将传统手机的功能（通话、短信）与多种其他功能（如上网、拍照、视频、音乐播放、GPS 导航等）相结合，创造了一个全新的、功能强大的设备。

2）减一减

在移动电源出现之前，人们需要携带多个充电器和备用电池来为不同的电子设备充电。便携式充电宝通过"减一减"的方法，将多个充电器的功能整合到一个轻便的设备中，大大减轻了携带的负担。

3）扩一扩

从简单的手表到智能手环，是"扩一扩"的生动展现。它不仅是时间的记录者，更集成了健康监测、消息提醒等各种功能，小巧轻盈，佩戴无感。轻轻一触，健康数据一目了然，生活助手随身相伴，让科技以更贴心的方式融入日常，引领健康时尚新潮流。

4）缩一缩

随身听的设计就是从微型录音机缩小而来的，体积更小，便于携带；电热杯也是由热水壶缩小而来，更加轻便；U盘也是从移动硬盘"缩"来的。

5）变一变

变形家具如沙发床、折叠桌等，通过"变一变"的方法，将家具的多种功能结合在一起，以适应不同的使用场景和空间需求。这种设计既节省了空间，又提高了家具的实用性。

6）改一改

金属眼镜架改为钛合金的，更加轻便且耐腐蚀；玻璃眼镜片改进为树脂镜片，更轻且不易破碎。这些都是通过改进产品的材质或设计来提高用户体验。

7）联一联

褪色打印机的灵感来自褪色笔，纸张可重复利用。这种打印机通过特殊墨水使打印内容在一定时间后褪色，从而实现了纸张的循环利用。

8）学一学

仿生机器人通过"学一学"的方法，模仿自然界中生物的运动方式和行为模式，设计出具有更高灵活性和适应性的机器人。例如，四足机器人模仿了动物的行走方式，能够在复杂地形中稳定移动。

9）代一代

PVC管道代替了铸铁水管，因为PVC管道具有重量轻、耐腐蚀、安装方便等优点。

10）搬一搬

便携式咖啡机通过"搬一搬"的方法，将原本只能在咖啡馆或家中使用的咖啡机缩小并设计成便携式，让人们可以在户外或旅行中也能享受到美味的咖啡。

11）反一反

电风扇原用于吹风送爽，运用"反一反"思维，可将其制作成抽油烟机，空气较为浑浊场所，如超市、医院等地的抽风机，这样的"反向电风扇"将有效抽出油烟和污浊空气，实现环境净化。

12）定一定

在工业制造中，标准化各种零部件和产品，如螺丝与螺母、灯头与接口、插头与插座等，通过"定一定"的方法，规定了统一的尺寸和规格，使得不同厂家生产的产品可以互换使用。这种标准化不仅提高了生产效率，也降低了生产成本和维修难度。管理中，还有质量标准、时间标准等。

【小贴士】 这里看似简单的"加减"等操作是对于用户而言的，而对于创新者和生产者而言，很多产品的创新改变所采用的理论和技术是完全不同的。

创新的方法种类繁多,常用的方法还有用户中心设计法、思维导图法、快速原型法、精益创业法、德尔菲法、TRIZ创新理论等。各种方法各有特点,适用于不同的情境和问题。需要注意的是,各种创新方法并非孤立存在,它们往往相互关联、相互补充。在创新创业实践过程中,可根据具体情境、目标、问题和需求,灵活选择合适的方法或组合使用,以激发创意、寻找解决方案,并不断提升自己的创新能力。

例如:用户中心设计法、快速原型法和精益创业法虽然都是现代产品开发和创新过程中的重要方法,但它们各有侧重,解决的问题也不尽相同。

用户中心设计法是一种以人为本的设计方法,强调在整个产品开发过程中将用户的需求、能力和限制放在首位,这种方法要求创新者深入了解用户的行为、需求和动机,并以此为基础来设计产品或服务,其目标是创造易于使用、高效且令人满意的用户体验。

快速原型法则是一种产品开发策略,它强调快速创建产品的初步版本(即原型),以便尽早得到反馈并进行改进,该方法可以迅速测试概念,减少不必要的开发时间和成本,通过迭代设计过程,可以快速发现和修正问题,从而提高产品质量和市场适应性。

精益创业法是一种用于发展业务和产品的新方法,它特别适用于初创公司,其核心思想是通过最小化可行产品(MVP)来测试商业假设,并根据客户反馈进行迭代,它强调快速学习和验证,以降低创业失败的风险,同时加快成功的速度。

尽管这三种方法各有侧重,但它们之间存在相互补充的关系:用户中心设计法可以用来指导产品的设计方向,确保产品满足用户的真实需求;快速原型法可以帮助团队快速验证设计想法,通过用户反馈进行迭代改进;精益创业法则提供了一个框架,用于测试商业模式的有效性,并通过不断的试验和学习来优化产品和服务。在实际应用中,很多团队会结合使用这些方法,以达到最佳的效果。如在精益创业的过程中,团队可能会采用用户中心设计的原则来定义最小化可行产品的功能,并使用快速原型法来快速构建和测试这些功能,然后再不断优化。这样,结合多种方法可以更有效地开发出符合市场需求的产品。

随着创新创业领域的不断发展,新的创新方法也在不断涌现和演进。

3.1.3 创新的工具与技术

创新的工具与技术为创新实践提供了强大的辅助手段,涵盖了从创意生成、协作交流到项目管理等多个环节。本节介绍三种创新实践中广泛应用的工具与技术,包括思维导图软件、在线协作平台和人工智能辅助创新工具,阐述其基本概念、起源背景,并通过经典案例展示其在实际应用中的价值。

1. 思维导图软件

思维导图的概念由英国心理学家托尼·博赞(Tony Buzan)于20世纪70年代提出,而思维导图软件则随着计算机技术的发展逐渐兴起。思维导图软件是一种图形化思维工具,通过分支结构将关键词、图像、颜色等元素有机连接,直观呈现思维过程与知识结构。思维导图软件则将这一方法数字化,提供丰富的编辑功能,便于用户创建、编辑、分享和协作处理思维导图。早期的软件如 MindManager、FreeMind 等开启了数字化思维导图的时代,近年来涌现出更多在线协同型思维导图工具,如 XMind、Miro 等。思维导图软件的核心特点包括以下几点。

(1)可视化:以图形化方式展现复杂的思维过程,提高信息理解和记忆效率。

(2)结构化:通过分支关系组织信息,清晰呈现主题间的层级与关联。

(3)灵活性:支持自由添加、移动、修改节点,适应思维的发散与收敛过程。

(4)协作性:支持多人在线协作编辑,促进团队成员间的思想碰撞与知识共享。

案例:Airbnb 公司创建了全球领先的旅行住宿平台,巧妙地将思维导图软件融入其日常运营和战略规划之中,以此作为推动创新、优化项目管理和增强团队协作的得力工具。在 Airbnb,思维导图不仅是抽象概念的可视化载体,更是促进内部知识共享、激发创新思维的高效媒介。通过绘制包含用户旅程、业务流程、营销策略等多维度信息的思维导图,Airbnb 团队能够直观地分析问题、梳理解决方案,以及规划未来发展路径。这种方式不仅促进了从产品开发到营销活动策略的全方位创新,如成功推出"体验"服务、优化用户界面设计,还助力了像"任意居住"这样的全球性倡议,确保了营销活动的精准执行与广泛影响。在组织内部,思维导图成为优化结构与流程的有力助手,尤其是在公司向区域化运营模式转型期间,它帮助简化工作流程,确保组织变更的顺利实施。对于新员工而言,人力资源部门利用思维导图构建的入职培训资料,以高度直观的方式介绍了公司架构和文化,加速了新成员融入团队的过程,同时,这些工具在设计培训课程时,确保了课程内容的条理性和易理解性。在跨部门合作方面,思维导图成为各部门之间沟通的桥梁,尤其是在应对 COVID-19(一种名为 SARS-CoV-2 的新型冠状病毒所引起的传染病)这样的全球性挑战时,它促进了运营、法律、产品和客户服务团队之间的高效协作,共同制定了详尽的安全规程,确保了公司的快速响应和全面适应。通过这些实践,Airbnb 不仅在快节奏的旅游业中保持了高度的灵活性和适应性,还持续推动了创新,巩固了其在全球共享经济领域的领导地位,为全球旅行者带来了前所未有的住宿体验。

具体应用与成效包括以下几个方面。

(1)产品开发与功能提升:在新功能或平台改进的构思与规划阶段,Airbnb 的产品团队利用思维导图软件来可视化和组织他们的想法。通过绘制用户旅程、识别痛点以及头脑风暴潜在解决方案,团队成员能够有效地将复杂的想法和关系结构化,从而对问题空间形成更全面的理解。这种方法促进了诸如"体验"、"线上体验"和"Airbnb 精选"等创新功能的开发,显著扩展了公司的产品线,并巩固了其在共享经济中的领导地位。

(2)营销活动策略与执行:在规划营销活动时,Airbnb 的营销部门运用思维导图软件来规划活动目标、目标受众、信息传递策略和分销渠道。这种视觉表现形式使团队能够统一地表达观点、预见潜在的挑战,并确保活动各方面的协同效应。在 Airbnb"任意居住"倡议的启动过程中,公司创建了一份详尽的思维导图,以概述各种接触点、内容片段和合作机会,确保全球范围内的顺利发布与强大影响力。

(3)组织结构调整与流程改进:随着 Airbnb 的不断发展与演变,公司会定期进行组织结构调整和流程优化。思维导图软件在此过程中发挥了巨大作用,使领导层能够描绘现有结构、识别低效之处并提出精简的工作流程。在公司最近转向更加分散、以区域为重点的运营模式时，思维导图对于可视化拟议变更、促进利益相关者讨论以及确保平稳过渡至关重要。

(4) 员工入职与培训：为了确保新员工快速融入 Airbnb 文化并理解公司复杂的生态系统，人力资源团队创建了详细的思维导图，概述关键部门、角色、流程和工具。这些视觉辅助资源作为互动学习资源，帮助新员工了解组织架构并在更大背景下理解自己的角色。此外，思维导图也被用于设计和构建培训项目，确保内容逻辑清晰且易于理解。

(5) 跨部门协作：当创新源自跨学科团队合作时，有效的沟通和想法分享至关重要。思维导图软件充当了共享工作空间，使来自不同部门的团队能够共同进行头脑风暴、对目标达成一致并追踪联合项目进度。在制定应对 COVID-19 的新安全规程时，来自运营、法律、产品和客户服务部门的代表使用协作思维导图来列出要求、责任和实施时间表，确保了协调一致且全面的响应。

Airbnb 成功地在业务的多个方面融入思维导图软件，从而提升了项目规划能力，改善了跨部门协作，并加速了创新解决方案的开发。通过利用视觉思维和知识组织的力量，该公司在快节奏的旅游行业中保持了敏捷性和适应性，持续为全球用户群提供突破性的产品和服务。

2. 在线协作平台

在线协作平台是一种基于云计算的软件服务，为远程或跨地域团队提供实时、同步的协作环境，支持文档编辑、项目管理、会议沟通、任务分配等多种功能。早期的协作工具如 Microsoft Office 365 等开启了在线协作的先河，而近年来涌现出更多专注于特定协作场景的平台，如 Slack（即时通讯与文件共享）、Asana（任务与项目管理）、Notion（一体化工作空间）等。在线协作平台的核心优势包括以下几点。

(1) 实时同步：所有成员对同一文档或项目进行实时编辑，即时查看他人改动。

(2) 跨设备访问：支持多种设备（PC 端、移动端）和操作系统，实现随时随地工作。

(3) 集成化：集成了多种协作工具，如聊天、视频会议、日历等，一站式满足团队协作需求。

(4) 权限管理：灵活设置访问、编辑权限，确保数据安全与团队协作秩序。

案例：Shopify 是一家全球领先的电子商务 SaaS 平台提供商，其内部拥有分布于世界各地的研发、设计、运营等多个团队。为了高效管理跨部门、跨地域的复杂项目，Shopify 选择了在线协作平台 ClickUp 作为其主要协作工具。应用情况：在 ClickUp 中，Shopify 的团队创建了专属的工作空间，将各个项目、任务、文档和讨论区有序组织起来。团队成员不仅能在平台上实时协同编辑文档、讨论问题，还能便捷地分配任务、设定优先级、跟踪进度、设定提醒和截止日期，确保项目按计划推进。ClickUp 的多视图特性（如列表视图、看板视图、日历视图等）满足了团队在不同场景下的任务管理需求，让每个人都能按照自己偏好的方式查看和管理工作。此外，ClickUp 的集成能力使得 Shopify 团队能够轻松接入常用的第三方工具，如 GitHub、Slack、Google Drive 等，进一步强化了协作效率。通过精细的权限设置，Shopify 确保了敏感信息的安全共享，同时维护了团队内部协作的透明度与秩序。借助 ClickUp 的在线协作平台，Shopify 成功实现了全球团队的无缝对接，大大加快了产品创新、技术研发与市场响应的速度。

3. 人工智能辅助创新工具

人工智能辅助创新工具是指利用人工智能技术，如机器学习、自然语言处理、计算机视觉等，来支持创新过程的软件工具，其发展得益于近年来人工智能技术的突飞猛进。随着数据量的增长、算法的进步以及计算能力的提升，各类 AI 创新工具如 GPT-4（文本生成）、IBM Watson（认知计算）、Crayon（市场情报）等应运而生，广泛应用于各行各业的创新实践中。它们可以用于创意生成、趋势分析、市场预测、用户研究等多个环节，帮助创新者快速获取洞见、优化决策。人工智能辅助创新工具的核心功能包括以下几个方面。

（1）大数据分析：处理海量数据，揭示隐藏的趋势、模式和关联，为创新决策提供数据支持。

（2）智能推荐：基于用户偏好、历史数据等信息，推荐创新方向、合作伙伴或技术解决方案。

（3）自动化处理：自动执行重复性任务，如文本摘要、情绪分析、图像标注等，提高工作效率。

（4）虚拟助手：通过自然语言交互，协助用户进行信息查询、知识检索、创意激发等。

案例：小米科技是中国知名的消费电子产品制造商，近年来积极运用人工智能辅助创新工具推动产品研发与市场策略创新。其中，小米与国内 AI 创新平台阿里云创新中心深度合作，利用其提供的 AI 辅助创新工具进行产品设计优化与市场趋势预判。具体而言，小米借助阿里云创新中心的 AI 数据分析工具，对全球范围内的用户评论、社交媒体讨论、行业报告等海量数据进行深度挖掘，精准把握消费者对智能手机、智能家居等产品的功能需求、审美偏好以及痛点反馈。这些洞察有助于小米的产品团队精准定位产品改进方向，如屏幕显示技术、摄像头性能、电池续航、人机交互设计等，确保新产品的研发更贴近市场需求。同时，小米还利用阿里云创新中心的 AI 预测模型进行市场趋势分析，预测未来技术发展趋势、消费行为变化以及潜在的市场机会。比如，通过对 5G 通信、物联网、可穿戴设备等相关领域的前沿研究成果和市场动态的实时监测，小米得以提前布局相关产品线，抢占市场先机。此外，小米还利用 AI 虚拟助手进行内部知识管理与创新灵感激发。员工可以通过自然语言与 AI 助手互动，快速查找公司内部的技术文档、设计素材、市场研究资料等，同时，AI 助手还能根据员工的查询历史和当前工作内容，推送相关的创新案例、行业资讯、技术动态等，激发新的创意火花。

通过与阿里云创新中心的合作，小米科技成功将人工智能辅助创新工具融入其产品创新体系，极大地提升了创新效率与精准度，助力其持续推出引领市场潮流的智能硬件产品，巩固并扩大其在全球消费电子市场的竞争优势。

思维导图软件、在线协作平台和人工智能辅助创新工具等作为当代创新实践中不可或缺的技术支撑，分别在思维可视化与整理、团队协作与项目管理、数据驱动决策等方面发挥着重要作用。通过合理应用这些工具与技术，创新者能够更高效地激发创意、组织资源、优化流程，从而提升创新项目的成功率。

3.1.4　创新方法与技术的发展趋势

1. 数字化与智能化融合

随着人工智能、大数据等技术的发展,创新方法将更加依赖于数据驱动,利用智能工具辅助决策,提高创新效率和精准度。

2. 跨学科方法的融合

现代创新越来越强调跨学科合作,通过融合不同领域的专业知识,创造出前所未有的创新成果。如结合心理学、设计思维、计算机科学等多领域知识,促进更深层次的创新。

3. 用户共创与开放创新

企业将更频繁地与用户、供应商、研究机构等外部伙伴合作,采用众包、开放式创新平台等模式,共同推动创新。创新工具将促进更广泛的开放创新和协作,通过开源和共享平台连接全球创新者。

4. 可持续性与社会责任

面对全球性挑战如气候变化,创新方法将更加注重可持续性,强调环境友好和社会责任,推动绿色创新和循环经济的发展。

5. 灵活应变与韧性建设

在快速变化的商业环境中,创新方法将强调灵活性和韧性,帮助企业快速适应市场变动,抵御外部冲击,确保长期生存与发展。

6. 用户体验优化

创新工具的设计将更加注重用户体验,使其更直观、易用,降低使用门槛。为了让更多人参与到创新中来,创新工具的设计越来越注重用户体验,力求做到简洁、直观、易用。

创新方法与工具的多样性为各行各业提供了无限可能,它们跨越了从传统制造业到现代服务业,从科技前沿到日常生活,不断地推动着产品、服务乃至商业模式的革新。随着技术的不断进步和社会需求的持续演进,新的创新方法与工具还将不断涌现,持续赋能各行业,激发无限创新潜能。未来的创新方法和辅助工具将更加注重跨学科整合、智能化应用和可持续发展,激励企业和个人在创新道路上不断前行,共创更加繁荣的创新生态。

3.2　创新能力

3.2.1　创新能力的概念及特点

1. 创新能力的概念

创新能力是指主体在创造性的变革中表现出来的能力整合,是技术和各种实践活动领域中不断提供具有经济价值、社会价值、生态价值的新思想、新理论、新方法和新发明的能力。这种能力不仅体现在从产生新思想到创造新事物,再到将这些新事物推向社会并使其受益的系列变革活动中,还涵盖了创新主体所具备的本领和技能。创新能力也被广泛称为创新力,是民族进步的灵魂、经济竞争的核心。

2. 创新能力的特点

1) 敏锐的观察力

创新能力强的个体能够注意到细节和潜在的机会,发现问题和需求。他们不仅观察表面现象,更能洞察背后的深层次原因和潜在趋势。

2) 深刻的思考力

创新者不仅停留在问题的表面,而是能够深入思考问题的本质和内在联系,从而找到问题的根源并提出有效的解决方案。

3) 灵活的思维方式

创新能力要求个体具备灵活的思维模式,不拘泥于旧有的观念和框架,能够从不同角度审视问题,寻找创新的解决路径。

4) 强烈的好奇心

对未知事物和新知识保持持续的好奇心是创新能力的重要驱动力。创新者总是渴望探索未知,不断学习新知识,以丰富自己的知识储备和视野。

5) 敢于冒险的素质

创新往往伴随着风险和不确定性。创新能力强的个体敢于尝试新的思想和方法,即使有可能失败,也愿意承担风险并寻求突破。

6) 良好的沟通能力

创新过程中需要与不同背景的人进行合作和交流。良好的沟通能力有助于创新者表达自己的想法,并倾听他人的意见和建议,从而汇聚集体智慧,推动创新进程。

7) 跨领域的知识

创新能力要求个体具备多领域的知识背景,能够进行跨学科的思考和创造。这种跨领域的知识储备有助于创新者从多个角度审视问题,提出更具创新性的解决方案。

8) 持续的实践能力

创新能力不仅体现在提出创新的想法上,更在于将想法付诸实践并持续改进。实践能力强的个体能够迅速将创新想法转化为实际成果,并在实践中不断优化和完善。

9) 高度的专注力

在创新过程中,需要集中精力持续投入。创新能力强的个体能够保持高度的专注力,在复杂多变的环境中保持清醒的头脑和敏锐的洞察力。

10) 应变能力

面对变化和挑战时,创新能力强的个体能够迅速调整思路和策略,以适应新的环境和条件。这种应变能力有助于创新者在存在不确定性和有风险的情况下保持竞争力和创造力。

总之,创新能力是一种综合性的能力体系,涵盖了观察力、思考力、思维方式、好奇心、冒险精神、沟通能力、跨领域知识、实践能力、专注力和应变能力等多个方面。这些特点共同构成了创新能力的核心要素,是推动个人和组织不断向前发展的强大动力。

3.2.2 创新能力的分类

创新能力作为一种复杂而多维的能力体系,可以根据其表现形式、应用领域及影响范围等不同维度进行分类。以下是对创新能力几种主要分类方式的阐述。

1. 按表现形式分类

(1) 原始创新能力:指通过基础研究、原始性技术发明和理论创新等方式,首次创造出全新的科学发现、技术发明或理论体系的能力。这种创新能力通常具有高度的原创性和突破性,是推动科技进步和产业升级的核心力量。

(2) 集成创新能力:指将已有的知识、技术、信息、人才等资源进行有效整合,通过系统集成和再创新,形成具有市场竞争力的新产品、新技术或新服务的能力。这种创新能力强调对现有资源的优化配置和综合利用,是提升企业核心竞争力和实现产业升级的重要途径。

(3) 引进消化吸收及再创新能力:指在引进国外先进技术或产品的基础上,通过消化吸收和再创新,形成具有自主知识产权的新技术或新产品的能力。这种创新能力有助于缩小与发达国家的技术差距,加速技术升级和产品更新换代。

2. 按应用领域分类

(1) 技术创新能力:主要体现在新产品开发、工艺流程改进、生产设备升级等方面,是推动企业技术进步和产品更新换代的关键因素。

(2) 管理创新能力:涉及企业组织结构、管理模式、业务流程等方面的创新,旨在提高管理效率、降低运营成本、增强组织适应性和竞争力。

(3) 市场创新能力:包括市场定位、营销策略、品牌建设等方面的创新,旨在更好地满足市场需求、提升品牌形象、拓展市场份额。

(4) 文化创新能力:指企业在企业文化、价值观、精神风貌等方面的创新,旨在构建积极向上的企业文化氛围,增强员工的归属感和凝聚力,为企业的持续发展提供精神动力。

3. 按影响范围分类

(1) 微观创新能力:主要关注个体或小型团队的创新活动,如研发人员的新产品设计、销售人员的新营销策略等,其影响范围相对有限,但对于提升个体或团队的竞争力和工作效率具有重要作用。

(2) 中观创新能力:聚焦于企业或部门层面的创新活动,如企业的技术创新、管理创新等,其影响范围扩展到整个企业或部门内部,对于提升企业的整体竞争力和市场地位具有关键作用。

(3) 宏观创新能力:涉及国家、行业或区域层面的创新活动,如国家创新体系的建设、行业标准的制定与推广、区域创新环境的营造等,其影响范围广泛,对于推动经济社会发展和产业升级具有深远影响。

以上分类方式并非孤立存在,而是相互交织、相互促进的。在实际应用中,可以根据具体需求和情境选择合适的分类方式,以更全面地理解创新能力和进行创新实践。

3.2.3 创新能力的培养

大学生创新能力的培育和提升是一个多维度、系统性的工程,涉及课程体系建设、学生知识积累、创新思维拓展、创新实践锻炼等多个方面。

1. 我国大学对大学生创新能力的培养方法及实践

1) 构建多层次创新课程体系

为了全面培养大学生的创新能力,高校应构建一套多层次、系统化的创新课程体系,可以设置以下课程:

(1) 基础理论课程,如创新创业基础、创新思维与方法等,旨在培养学生的创新思维和创业意识;

(2) 实践导向课程,如创新创业案例分析、创新创业项目策划、创新创业赛事指导等,旨在通过真实案例分析和模拟实践等方式,提升学生的项目策划和实际操作能力;

(3) 深入的课程设置,如科技创新创业前沿、商业模式设计、创新管理、创业管理等;

(4) 专创融合的课程设置,如人工智能与创新创业、行业本质分析与创新创业等,针对不同专业的学生、有潜力的学生进行深度培养和指导。

例如:上海交通大学安泰经济与管理学院自2010年起,推出了"安泰·交大创业营"项目,并配套建立了多层次的创新课程体系。该课程体系不仅涵盖了基础的创业理论课程,还设置了多个实践模块,如创业工作坊、创业挑战赛等,让学生在实践中学习创新。此外,学院还定期邀请成功企业家和投资人作为客座讲师,为学生提供前沿的行业洞察和实战经验分享。

2) 强化创新创业实践平台

高校应建立或加强与现有创新创业实践平台的合作,为学生提供从创意到产品、从项目到企业的全链条支持。这包括创业孵化器、创业加速器、创新创业实验室等,为学生提供场地、资金、导师等资源支持。同时,鼓励学生参与各类创新创业竞赛,以及全国大学生创新创业训练计划项目等,通过竞赛锻炼团队协作、项目策划和执行能力。

例如:深圳大学自2008年起建立了"深圳大学创业园",为学生提供了一个集创业孵化、项目加速、资源共享等功能于一体的项目孵化与实践平台。创业园不仅为学生提供了优质的创业环境和资源支持,还定期举办创业沙龙、创业讲座等活动,促进学生之间的交流与合作。多年来,创业园成功孵化了多个具有市场潜力的创业项目,为深圳的创新创业生态贡献了力量。

3) 实施导师制与校企合作

高校应建立创新创业导师制度,邀请校内外具有丰富创业经验和行业资源的导师,为学生提供一对一或小组形式的指导。导师可以帮助学生明确创业方向、优化项目方案、对接市场资源等。同时,加强与企业的合作,通过实习实训、联合研发、项目合作等方式,让学生深入了解行业动态和市场需求,提升创新能力和实践能力。学校与企业的深度融合有助于形成产学研用一体化的创新生态系统的良性循环。

例如：复旦大学近年来积极实施"复旦-硅谷创新创业导师计划"与校企合作项目,近年来持续推动,他们邀请硅谷地区的成功企业家和投资人作为导师,为学生提供远程或面对面的指导。同时,学校还加强了与国内外知名企业的合作,建立了多个校企合作项目。如与某科技公司合作开展的人工智能研发项目,不仅为学生提供了前沿的技术支持和实践机会,还促进了科技成果的转化和应用。再如：武汉大学近年来深化了与企业的合作,建立了"珞珈创谷"这一校企合作平台。该平台不仅为学生提供了实习实训的机会,还与企业共同开展联合研发和项目合作。通过与企业的紧密合作,学生们能够接触到最前沿的技术和行业趋势,将所学知识与实际应用相结合。同时,企业也从中获得了优秀的人才和创新资源,实现了双赢的局面。

4）营造浓厚的创新创业文化氛围

高校应通过多种方式营造浓厚的创新创业文化氛围,激发学生的创新创业热情。这包括举办创新创业讲座、论坛、沙龙等活动,邀请成功企业家和投资人分享经验；设立创新创业奖学金、优秀创业项目展示等激励机制；建设创新创业社团、兴趣小组等学生组织,为学生提供交流学习、共同成长的平台。此外,还可以通过校园媒体、网络平台等渠道宣传创新创业典型事迹和成功案例,形成积极向上的创新创业风尚。

例如：清华大学长期以来致力于营造浓厚的创新创业文化氛围。定期举办"清华创客日"活动,这是一个集创新创业展览、项目路演、创业沙龙、创业讲座等多元化活动于一体的盛会。在"清华创客日"上,学生们可以展示自己的创新项目和创业成果,与业界导师、投资人面对面交流,获取宝贵的建议和资源。同时,学校还通过校园广播、校报、校园网等多种渠道宣传创新创业典型事迹和成功案例,如"清华系"创业企业的崛起历程,以及校友们的创业心得和感悟,进一步激发了全校师生的创新创业热情。再如：北京大学定期举办的"创新创业文化节",通过举办创业大赛、创业沙龙、创业讲座等活动,激发学生的创新创业热情。同时,学校还充分利用校园媒体和网络平台等渠道宣传创新创业典型事迹和成功案例,如通过校报、校园网、微信公众号等平台发布创业故事和经验分享文章,形成了良好的创新创业舆论氛围。

总之,通过构建多元化创新课程体系、强化创新创业实践平台与项目孵化、实施导师制与校企深度融合,以及营造创新创业文化氛围等多种方法,为他们的创新创业之路提供坚实的支撑和保障。当然,鼓励同学们参加各种级别的创新创业大赛和建立完善的竞赛激励制度等也可以有效地培养大学生的创新能力。

以上阐述的是"大学"应该怎么做？而对于广大青年学子,应该自我培养创新能力。因为优秀的学生从来都不是老师"教"出来的,而是自己通过理论学习,然后在实践中"摸爬滚打"地领悟出来的。

【课堂互动】 游泳是教练教出来的吗？开车是教练教出来的吗？

2. 广大青年学子培养创新创业能力的常用方法

1）加强基础知识学习

扎实的基础知识是创新能力的基石。大学生应认真学习专业知识,不断提升自己的学习水平。通过课堂学习、阅读专业书籍、参加学术讲座等方式,不断拓宽知识面,深化对专业领域的理解。

2)培养积极思考的习惯

时刻保持对周围事物的好奇心,关注社会和市场的变化,积极探索未知领域。积极思考问题并寻找解决方案,为创新提供更多的素材和灵感。参与课堂讨论,提出自己的观点和疑问;关注行业动态,思考其背后的原因和影响。

3)多实践、多尝试

创新需要经验积累,同学们应积极参加实践活动,尝试新的方法和工具。参与科研项目、学科竞赛、社会实践等,通过实际操作来验证和完善自己的想法。通过参与科研项目,能够锻炼自己的科研能力和创新思维,将理论知识应用到实际研究中。创新创业竞赛为大学生提供了一个展示创新成果和锻炼创新能力的平台。在竞赛过程中,能够与其他团队交流竞争,激发自己的创新潜力。这就是专家们常说的"以赛促教""以赛促学""以赛促创""以赛促改""赛教融合"。

4)跨学科学习

在学有余力的情况下,多选修跨学科的课程,拓宽知识面,激发创新思维的火花。选择与自己专业相关的跨学科课程,如计算机科学专业的学生可以选择学习经济学或心理学课程,以拓宽视野。

5)关注前沿动态

了解所学专业的前沿动态和技术趋势,有助于激发创新思维。定期浏览专业期刊、参加学术会议、关注行业报告等,保持对新技术、新理念的敏感性。

6)培养团队合作精神

学会与他人协作,在创新过程中往往需要与他人合作,共同完成一个项目或解决一个问题。学会倾听他人的意见和建议,发挥各自的优势,能够提高创新的效率和质量。建立良好的人际关系网络,广泛的人际关系网络能够为创新提供更多的资源和信息。与同学、老师、行业专家等建立良好的关系,能够获取不同的观点和建议,拓宽创新思路。

7)自我营造自由开放的学术氛围

自由开放的学术氛围有助于大学生敢于挑战权威,提出创新性观点。大学生应积极营造这样的氛围,鼓励大家自由讨论、自由思考、主动参与,与他人交流分享自己的想法。

案例:本教材主编比较喜欢在线下大教室或会议室与同学们一起自由开放地讨论各种赛事的选题、创新点、写作逻辑及演讲技巧,他会购买一些零食、饮料等,如同举办几十人的"双创赛事联欢会"。研讨过程中,很多团队提出的选题和创新点大部分都被其他团队的同学否定了,大家又重新给他们提出新的意见。一次、两次,作者觉得匪夷所思,后来才顿悟:团队成员作为"设计者和生产者",自己当然觉得自己的产品和服务"完美无缺";但换个角度,其他团队成员作为"消费者",提出的各种近乎尖锐的批评,正是我们所需要的。感悟:学习和实践过程中,换位思考和反思能力很重要,否则就不会有那么多采用高新技术生产出来的产品和服务得不到市场认可了。"以赛促教""以赛促学"并非空话,老师们更需要学习!

【案例品鉴】 中国新能源汽车企业的创新能力与国际竞争力分析

在全球汽车产业加速向电动化、智能化转型的背景下,中国新能源汽车产业以其独特的创新方法和强大的创新能力,不仅在国内市场占据了主导地位,也在国际舞台上展现出强劲的竞争实力。2023年,中国新能源汽车销量达到约949.5万辆,同比增长超过37.9%,连续9年位居全球第一。市场渗透率方面,新能源汽车在国内新车销量中的占比已突破31.6%,显示出强劲的市场接受度。此外,2023年中国新能源汽车出口量超过120万辆,同比增长77.6%,位居世界第一,为全球新能源汽车市场带来了新的活力与机遇。下面列举几个典型的新能源汽车制造企业的案例进行分析。

1. 技术创新引领产业升级

1)比亚迪:电池技术的突破者

比亚迪作为中国新能源汽车产业的领军者之一,其创新方法的核心在于技术突破。比亚迪自主研发的"刀片电池"技术,通过优化电池结构设计和材料选择,显著提高了电池的能量密度和安全性。此外,比亚迪还不断探索固态电池等前沿技术,以进一步提升电池性能。这种持续的技术创新,不仅满足了消费者对新能源汽车性能提升的迫切需求,也为比亚迪在全球市场的竞争中赢得了先机。

2)蔚来汽车:智能化技术的先行者

蔚来汽车在智能化技术方面展现出了强大的创新能力,其自主研发的NAD智能驾驶系统和智能座舱技术,为用户提供了更加便捷、智能的驾驶体验。蔚来汽车还通过OTA升级等互联网思维的应用,不断优化产品性能和用户体验,使车辆始终保持最新状态。这种以用户为中心的创新方法,不仅提升了蔚来汽车的品牌形象和市场竞争力,也满足了消费者对智能网联汽车的期待。

3)小鹏汽车:驱动电机与电控系统的优化者

小鹏汽车在驱动电机与电控系统方面同样取得了显著进展,其驱动电机的高效化和轻量化设计,提升了新能源汽车的动力性能和能效比。同时,小鹏汽车还通过智能化的电控系统实现了对车辆动力系统的精准控制,提高了车辆的驾驶稳定性和安全性。这种在关键技术领域的持续创新,使小鹏汽车在市场上脱颖而出,成为消费者关注的焦点。

除上述三家企业外,其他销量占比排名高的企业,如吉利汽车、广汽埃安、长城汽车、理想汽车等也在技术创新方面做出了显著贡献。例如,广汽埃安推出了多款针对不同市场需求的新能源汽车,通过多样化的产品线满足了不同消费者的偏好;理想汽车则专注于打造高性能的增程式电动汽车,并在用户体验方面进行了大量创新。

2. 市场策略与产品布局的创新

多元化产品线布局:面对不断变化的市场需求和竞争环境,中国新能源汽车企业通过市场策略与产品布局的创新来应对挑战。比亚迪通过多元化产品线布局和全球化战略的实施,成功满足了不同市场和消费者的需求。蔚来汽车则通过独特的用户企业模式和高端品牌塑造策略,赢得了消费者的广泛认可和好评。小鹏汽车则凭借其年轻化的品牌定位和互联网思维的应用,吸引了大量年轻消费者的关注和支持。

3. 产业链协同与生态构建的创新

构建完整的生态系统：中国新能源汽车企业还注重产业链协同与生态构建的创新。通过加强与产业链上下游企业的合作与协同，共同推动新能源汽车产业的发展。同时，企业还积极构建以新能源汽车为核心的生态系统，包括充电设施、智能网联、售后服务等多个环节。这种产业链协同与生态构建的创新方法，不仅提升了整个产业的竞争力和抗风险能力，也为消费者提供了更加完善的服务和体验。

4. 政策支持与国际合作

政策引导与支持：充分利用国家政策的引导和支持作用，推动新能源汽车产业的发展；加大对新能源汽车技术研发、市场推广等方面的资金投入和政策扶持力度。

国际合作与交流：加强与国际汽车企业和科研机构的合作与交流，共同推动新能源汽车技术的创新与发展。积极参与国际标准和规则的制定工作，提升中国新能源汽车产业的国际影响力和话语权。

然而，期待"换赛道领跑"一直持续下去并非易事，我们仍然面临国外特别是德国、美国、日本等国家的汽车企业的竞争压力。

（1）技术竞争：国外新能源汽车企业在技术创新方面同样具有较强的实力，如特斯拉公司在电池技术、智能驾驶等方面处于领先地位。

（2）品牌影响：国外新能源汽车品牌在全球范围内具有较高的知名度和美誉度，如奔驰、宝马等老牌汽车生产企业也转型到新能源汽车领域。

（3）贸易壁垒：一些国家和地区为保护本土汽车产业可能会设置贸易壁垒，如关税、非关税壁垒等限制中国新能源汽车的进入。

面对国外竞争对手的竞争压力，中国新能源汽车企业采取了一系列有效的应对策略，以巩固国内市场并开拓国际市场。

（1）加大研发投入，推动技术创新：中国新能源汽车企业深知技术创新是核心竞争力，因此应持续加大在电池技术、智能驾驶、车联网等领域的研发投入。通过建立研发中心、合作研发、引进先进技术、引进高端人才等方式，不断提升自身技术实力，加速自身技术进步和产业升级，确保在关键技术上保持领先地位。

（2）优化产品结构，满足市场需求：密切关注市场变化，积极调整产品结构，以满足不同消费群体的需求。通过推出多款新车型，覆盖从经济型到豪华型、从轿车到SUV、从家用到商用等多个细分市场，提高市场占有率和品牌影响力。

（3）加强品牌建设，提升品牌形象：品牌建设是企业发展的重要支撑，通过加大品牌宣传力度、提升产品质量和服务水平、积极参与国际展会和赛事等方式，不断提升品牌形象和知名度。同时，注重品牌文化的塑造和传播，增强消费者对品牌的认同感和忠诚度。

（4）继续拓展国际市场，实现全球化布局：在巩固国内市场的基础上，积极拓展国际市场。通过设立海外研发中心、生产基地和销售网络，加强与当地政府和企业的合作，逐步融入当地市场。许多国家和地区为鼓励新能源汽车的发展出台了多项政策措施，为中国新能源汽车企业进入国际市场提供了有利条件。同时，通过参与国际竞争和交流合作，有利于提升我们在全球市场中的地位和影响力。

(5) 加强供应链管理，提高抗风险能力：供应链管理是新能源汽车企业的重要环节，注重与供应商建立长期稳定的合作关系，引进先进的管理经验，加强供应链管理信息化建设，提高供应链的透明度和可控性。同时，积极寻求多元化供应渠道，降低对单一供应商的依赖度，提高抗风险能力。

总之，中国新能源汽车产业在创新方面取得了显著成就并展现出强大的发展潜力。面对挑战与机遇并存的环境，中国新能源汽车企业将继续保持创新精神和进取意识。未来，随着技术创新的持续深化、竞争力和品牌影响力的不断提升、市场的不断扩大和市场结构的优化、国际合作更加紧密、政策支持力度加大，中国新能源汽车产业将继续保持快速发展的势头，在全球市场中扮演更加重要的角色，为全球新能源汽车产业的发展贡献更多力量。

思 考 题

扫描做习题

1. 举例说明如何在实际工作中应用5W2H法进行问题分析。

2. 试运用和田十二法对日常学习和生活中的问题和痛点进行创新设计。

3. 试用奥斯本检核表法对某种产品进行创新。

4. 如果你的团队正在使用六项思考帽法来开发一个新的产品，你将如何合理安排讨论流程？

5. 创意列举法中的"希望点列举法"适用于什么样的情境？请举一个例子说明。

6. 在使用诸如5W2H法、和田十二法等创新工具时，有哪些常见的陷阱或误区应该避免？

7. 蔚来汽车和小鹏汽车在技术创新方面的侧重点有何不同？这些差异如何影响了它们各自的品牌形象？

【书香致远】

[1] 托马斯 L. 萨蒂. 创造性思维：问题处理与科学决策[M]. 石勇，李兴森，译. 北京：机械工业出版社，2017.

[2] 王亚东，赵亮，于海勇. 创新思维与创新方法[M]. 北京：清华大学出版社，2018.

[3] 埃尔文·特纳. 创新从0到1：激活创新的6项行动[M]. 陈劲，姜智勇，译. 北京：电子工业出版社，2022.

[4] 北京联合大学管理学院. 创新思维：基础、方法与应用[M]. 2版. 北京：清华大学出版社，2024.

第4章　创业者与创业团队

【创新创业语录】

大成功靠团队，小成功靠个人。

——比尔·盖茨

最好的CEO是构建他们的团队来达成梦想，即便是迈克尔·乔丹也需要队友来一起打比赛。

——查尔斯·李·布朗（美国电话电报公司前董事长）

企业发展就是要发展一批狼。狼有三大特性：一是敏锐的嗅觉；二是不屈不挠、奋不顾身的进攻精神；三是群体奋斗的意识。

——任正非

【学习目标】

1. 理解创业者的概念，创业精神、素养与能力。
2. 熟悉创新型人才的素质要求。
3. 熟悉创业动机的含义与类型。
4. 理解创业团队的概念及其重要性。
5. 掌握组建和管理创业团队的方法和技巧。
6. 了解创业者与创业团队持续发展的方法和途径。

【案例导入】　美团点评——中国互联网独角兽的团队构建与持续发展

美团点评的创始人王兴，是一位典型展现创业精神的企业家。在创办美团之前，王兴已有数次创业经历，体现了他不断尝试、不畏失败的坚韧精神。美团点评的成功，正是源于王兴对互联网市场的深刻洞察和对创业机会的敏锐捕捉。美团点评从最初的团购业务出发，逐步扩展到外卖、酒店预订、旅游、出行等多个领域，这背后是对创新的不断追求和对市场需求的快速响应，充分体现了创业精神中的创新意识、冒险精神和持续学习的素养。

创业团队的组成与管理：美团点评的团队构建遵循了多元化和互补性原则。王兴作为团队的核心,负责制定公司愿景与战略,同时吸引了一大批来自互联网、技术、运营、市场等领域的顶尖人才,如穆荣均、王慧文等,他们在团队中各自发挥专长,共同推动公司成长。在团队管理上,美团点评注重建立开放、平等、高效的工作氛围,实施扁平化管理,鼓励内部创业和快速迭代,通过设立合理的激励机制,激发团队成员的创新活力和工作热情。

创业者与团队的持续发展:美团点评的成长过程中,王兴作为领导者,始终坚持用户至上和长期主义,不断调整战略,从"千团大战"中脱颖而出,再到后来与大众点评的合并,展现了其卓越的领导力和决策能力。在团队持续发展中,美团点评注重员工的个人成长和团队建设,通过内部培训、晋升机制以及文化建设,构建了一支既稳定又富有战斗力的团队。美团还通过科技创新,如大数据、人工智能等技术的应用,不断优化服务,提升用户体验,保持了其在市场中的领先地位。

美团点评之所以能够成功,首先在于其创始人及团队具备强烈的创业精神,勇于探索未知领域,敢于面对并克服挑战。其次,团队构成的多样性与互补性,以及高效的团队管理机制,为美团点评提供了强大的组织保障。再者,美团点评注重持续创新与适应市场变化,不断调整策略以适应竞争激烈的市场环境,同时注重团队的长期发展与人才培养,为企业的可持续发展奠定了坚实的基础。美团点评的案例启示我们,创业成功不仅需要敏锐的市场洞察力和创新的产品服务,更需要一个有共同愿景、互补性强、管理高效的团队。企业应注重团队建设,构建开放包容的企业文化,同时保持对技术与市场的敏感性,不断学习与创新,以应对日益变化的商业环境。此外,长期主义视角和对员工成长的投资,也是确保企业持续发展的关键。

【问题思考】
1. 创业者的个人特质如何影响创业团队的组建与发展?
2. 如何构建一个多元化且互补性强的创业团队,以促进企业的全面发展?
3. 创业者如何引领团队在快速变化的市场环境中持续学习和创新?

4.1 创业者与创业精神

4.1.1 创业者的概念

创业者(entrepreneur)是指那些发现创业机会并组织资源去实现商业价值的个体或团队,是创业活动的发起者、组织者、推进者和实施者。他们通常具备创新思维,愿意承担风险,并具备将想法转化为实际产品或服务的能力。创业者分为狭义的创业者和广义的创业者。

狭义的创业者指的是在创业之初那些直接参与创业活动、做出关键决策、引领企业发展的核心人物。这些核心人员通常是企业的创始人、首席执行官或其他高级管理人员,他们在企业的战略规划、资源配置、市场开拓等方面发挥着决定性的作用。例如:乔布斯在苹果公司的角色就是一个典型的狭义创业者,他不仅在产品设计和市场营销上拥有决定权,而且在公司文化和创新理念上留下了深刻的个人印记。

广义的创业者定义涵盖了所有参与创业活动的个体,无论其在企业中的职位高低或职责大小。这种定义强调的是创业过程中的集体努力和团队协作,认为每一个团队成员都对企业的创立和发展有所贡献,无论是研发、销售、客服还是后勤支持,还包括外聘人员、创业导师、企业顾问等。在这种视角下,创业不再是少数人的专利,而是所有参与者共同的事业。例如:华为公司的成功就是全体华为人共同努力的结果,从研发团队到销售团队,再到全球的服务网络,每个成员都在各自的岗位上为公司的发展壮大做出了贡献。

在实际的创业过程中,狭义的创业者往往需要承担更高的风险,因为他们在企业中扮演着更为关键的角色,他们的决策和行动直接关系到企业的生死存亡。相应地,当企业取得成功时,狭义的创业者也往往能够获得更多的收益,包括经济利益、社会声誉和个人成就感。而广义的创业者虽然可能不会直接参与重大决策,但他们的工作同样重要,他们的努力和创新也是推动企业发展的重要力量。在许多成功的创业故事中,我们可以看到,无论是狭义的还是广义的创业者,他们共同构成了企业的核心竞争力,推动着企业不断向前发展。本教材主要研究的是狭义的创业者。

4.1.2 创业者的角色与责任

在创业的征途中,创业者不仅是企业的领航者,更是推动组织不断前行的核心力量。他们身兼数职,每个角色都对企业的发展至关重要。以下是对创业者核心角色的阐述及案例。

1. 创业者作为愿景制定者

创业者是企业的梦想家,他们设定清晰、鼓舞人心的长远目标,为团队指明方向。通过不懈的努力和坚定的信念,他们推动企业朝着既定目标稳步前进。例如:李斌与蔚来汽车。李斌提出的"打造智能电动汽车"愿景,不仅激发了团队的斗志,也赢得了市场的认可,推动了蔚来汽车在新能源汽车领域的快速发展。

2. 创业者作为资源整合者

资源整合是创业者必备的能力之一。他们能够有效识别并整合各种资源,包括资金、人才、技术和市场资源,以支持企业的日常运营和长远发展。例如:何小鹏与小鹏汽车。何小鹏通过整合技术、资金和人才等资源,推动了小鹏汽车在智能汽车领域的迅速崛起,成为行业内的佼佼者。

3. 创业者作为团队建设者

优秀的团队是企业成功的关键。创业者作为团队建设者,需要招募并培养一群志同道合的伙伴,共同为实现企业目标而努力。例如:罗永浩与锤子科技。罗永浩在锤子科技的发展过程中,注重团队文化的建设和团队成员的培养,虽然公司最终未能成功,但其团队精神和产品设计仍受到业界的赞誉。

4. 创业者作为风险承担者

创业是一场充满未知与挑战的旅程,创业者需要勇于承担各种风险,包括市场风险、技术风险、资金风险等。他们以无畏的精神和坚定的决心,引领企业穿越风雨,寻找成功的曙光。例如:周鸿祎与360公司。在周鸿祎创立360公司之初,网络安全市场尚未完全成熟,且竞争异常激烈。他面对的是国际巨头的强大压力和国内市场的诸多不确定性。然而,周鸿祎没有畏惧,他坚持"用户至上"的理念,不断推出创新的安全产品和服务,逐步赢得了用户的信任和支持。在创业过程中,他多次面临生死存亡的考验,但每次都凭借果断的决策和坚韧不拔的精神挺了过来。最终,360公司不仅在国内市场占据了一席之地,还成为了全球知名的网络安全品牌。周鸿祎的勇气和担当精神,是360公司能够在风险中稳步前行的重要保障。

5. 创业者作为变革推动者

随着市场和技术的不断变化,创业者需要不断推动企业进行变革和创新,以适应新的环境和发展趋势。他们敢于打破常规,尝试新的商业模式和策略,引领企业走向更加广阔的未来。例如:陈欧与聚美优品。陈欧作为聚美优品的创始人,敏锐地捕捉到了中国化妆品市场的巨大潜力以及电商行业的兴起趋势。他创新性地推出了"限时特卖+正品保障"的商业模式,打破了传统化妆品销售渠道的壁垒,让消费者能够以更实惠的价格购买到正品化妆品。陈欧不仅推动了聚美优品的快速发展,更在行业内引发了一场商业模式的变革,为中国电商行业的发展贡献了重要力量。他的变革精神,不仅让聚美优品成为了行业的佼佼者,更为后来的创业者树立了榜样。

创业者的角色是多元且复杂的。他们既是愿景的制定者,也是资源的整合者;既是团队的建设者,也是风险的承担者;更是变革的推动者。每个角色都承载着重要的责任和使命,共同推动着企业不断向前发展。在创业的道路上,创业者需要不断学习和成长,以应对各种挑战和变化,只有这样,他们才能引领企业走向更加辉煌的未来。

4.1.3 创业者的素质与能力

创业者需要具备的素质和能力包括领导力、影响力、决策能力、风险管理能力、创新能力和团队建设能力,等等。

1. 创业者的领导力与影响力

领导力是指创业者引导和激励团队实现共同目标的能力。影响力则是指创业者影响他人行为和决策的能力,这通常通过个人魅力、专业知识和沟通技巧体现。例如:快手的联合创始人之一宿华通过强大的领导力和对短视频行业的深刻理解,带领快手成为中国最大的短视频社交平台之一。

2. 创业者的风险承担与决策风格

创业者往往需要面对不确定性和风险,他们必须具备评估和管理风险的能力,并能够在风险中做出果断的决策。决策风格可以是保守或激进,但成功的创业者通常能够平衡风险和机会,做出合理的选择。例如:拼多多的创始人黄峥通过独特的团购模式和对市场风险的精准把握,迅速将拼多多发展成为中国领先的电商平台之一。

3. 创业者的创新能力

创业者的创新能力是指创业者在面对市场变化和挑战时,能够提出并实施新想法、新技术、新产品或新服务的能力,这涉及对现有知识的独特理解、对新趋势的敏锐洞察,以及将创意转化为实际可行方案的能力,创新能力保证了企业能够在激烈的市场竞争中保持领先。例如:饿了么的创始人之一张旭豪在大学时期与团队注意到校园内外卖需求的巨大潜力,通过创新的在线订餐平台解决了用户和餐厅之间的信息不对称问题。饿了么的创新不仅在于其商业模式,还包括对物流配送系统的优化,这些都大大提升了用户体验和运营效率。

4. 创业者的团队建设能力

创业者的团队建设能力是指创业者在组织内部构建、管理和发展高效团队的能力。这包括识别和招募具有所需技能的人才、建立团队合作精神、制定明确的团队目标和激励机制,以及有效解决团队内部的冲突和问题。团队建设能力确保了企业拥有实现创新目标的人才和团队基础。例如:跟谁学的创始人陈向东在团队建设方面展现出卓越的能力,他不仅重视团队成员的个人成长,还注重团队文化的塑造,鼓励团队成员之间的交流与合作。跟谁学在陈向东的领导下,快速聚集了一批优秀的教育和技术人才,共同推动了公司在在线教育领域的发展和创新。

4.1.4 创业动机的含义与分类

创业动机是指驱使个体或团队投身创业活动,创建并运营新企业的内在动力和目的。它是创业者决定开启创业旅程的心理动因,决定了创业行动的方向、强度与持久性。创业动机具有多样性与复杂性,可以从多个角度进行分类。以下将从个人价值观、经济收益、社会影响力、自我实现、问题解决与创新五个角度对创业动机进行分类,并通过案例加以阐述。

1. 个人价值观驱动

创业者受到个人信念、价值观、道德观的深刻影响,希望通过创业实现某种社会使命、倡导某种生活方式或推动某种社会变革。例如:绿领农业,成立于2016年的中国大学生创业团队,致力于推广生态友好型农业实践。团队成员深受环境保护理念的影响,决定通过创业减少化学农药和化肥的使用,转而采用生物防治和有机耕作方法,生产健康安全的农产品。通过建立"绿色农场",他们不仅提升了农产品的品质,还向消费者传播了可持续农业的理念,促进了生态环境的保护。

2. 经济收益追求

创业者期望通过创业活动获取经济回报,实现个人财富积累,提高生活质量,或者为家人、后代提供更好的经济保障。例如:微电商平台"微果",由一群热衷于电子商务的大学生在2017年创立。他们发现了水果市场中存在分销渠道长、价格波动大等问题,决定打造一个直接连接农户和消费者的电商平台。他们通过微电商模式,减少了中间环节,使得农户能获得更高利润,同时也让消费者享受到更实惠的价格和新鲜的水果,实现了经济价值的双增长。

3. 社会影响力渴望

创业者希望通过创业活动对社会产生积极影响,解决社会问题,提升社区福祉,或在特定领域树立行业标准,引领行业发展。例如:乡村图书馆,成立于2018年的大学生创业项目,旨在解决偏远地区教育资源匮乏的问题。团队成员深入调研后发现,许多乡村学校缺乏图书资源,孩子们的阅读机会有限。他们利用众筹和志愿者服务,建立了流动图书车和线上数字图书馆,为乡村儿童提供了丰富多样的阅读材料,同时通过组织读书会等活动,激发了孩子们的阅读兴趣,提升了他们的知识水平和社会参与度。

4. 自我实现需求

创业者的征途往往源自对个人潜能极致发挥的渴望,他们通过创业实践来追求职业梦想,展示个人才华,并从中获得无与伦比的成就感与心灵满足。例如:智能养老服务平台"银发助手",由一群关注老年人生活需求的大学生在2019年创立。团队成员通过观察和调研,发现市场上缺乏专门针对老年人的智能科技产品和服务。他们设计了一款集健康监测、紧急呼救、亲情沟通等功能于一体的智能手表,解决了老年人的健康管理难题,同时也增强了家庭成员之间的联系,实现了自我价值的实现和对社会的贡献。

5. 问题解决与创新

解决问题与创新驱动的创业动机体现在那些能够敏锐识别市场缺口、行业痛点和社会挑战的个体身上。他们被强烈的创新意念所驱动,力求运用新颖思路和技术方案填补这些空白,满足未被充分服务的需求,甚至开创新的价值领域。例如:"AI智能客服"(SmartAI)是一家成立于2015年的中国人工智能公司,致力于为企业提供高效、智能化的客户服务解决方案。在传统的客服体系中,人工客服存在响应速度慢、效率低下等问题。SmartAI通过自主研发的AI算法和自然语言处理技术,构建了一个能够24小时不间断服务的智能客服系统。该系统不仅能快速、准确地解答客户提出的常见问题,还能通过学习和理解用户反馈不断优化服务策略,极大地提高了客户满意度和企业的运营效率。SmartAI的出现不仅解决了传统客服体系中的诸多痛点,也推动了人工智能技术在企业服务领域的广泛应用,为各行各业的数字化转型提供了有力支撑。

创业动机可以从个人价值观、经济收益、社会影响力、自我实现、问题解决与创新等多个角度进行分类。这些动机相互交织,共同构成了创业者开启创业旅程的强大动力。理解并明确创业动机对于创业者制定战略、凝聚团队、应对挑战具有重要意义,也是评估创业项目潜力、预测创业行为的重要依据。

4.1.5 创业精神的本质、来源、作用与培育

1. 创业精神的本质

创业精神,作为一种内在的精神特质和行为倾向,体现了创业者在面对不确定性和风险时,敢于挑战、勇于创新、坚韧不拔、追求卓越的价值取向与行为风格。其本质内涵

包括以下几个方面。

（1）创新意识：敢于突破传统思维，积极探索新观念、新技术、新模式，寻求创新解决方案，创造新价值。

（2）冒险精神：勇于承担风险，敢于在不确定性中寻求机会，面对困难与挫折时仍能坚持前行。

（3）坚韧毅力：具备持久的专注力与抗压能力，面对创业过程中的困难与挫折，能够坚持不懈，直至成功。

（4）责任担当：对社会、团队、客户及自身事业怀有高度责任感，致力于解决社会问题，提升生活质量，实现个人价值与社会价值的统一。

（5）合作共赢：善于与他人合作，懂得分享资源与成果，构建和谐共赢的创业生态，实现个人与团队、企业与社会的共同发展。

2. 创新精神与创业精神的区别

尽管创新精神与创业精神紧密相连，且在实际创新创业过程中常常相辅相成，但它们各自有着独特的侧重点与表现方式。下面详细分析几点关键区别。

1）核心焦点不同

创新精神的核心在于对现有观念、技术、产品或服务的突破性改造或全新创造。它强调对未知的探索、对传统的挑战，以及通过创新来解决问题或提升效率。创新精神更侧重于"新"的生成，是创造新知识的源泉。例如：谷歌的 AlphaGo 项目展示了创新精神在人工智能领域的卓越表现。通过深度学习和算法创新，AlphaGo 成功击败了人类围棋世界冠军，这不仅是技术上的突破，更是对人工智能潜能的深刻探索。创业精神则更广泛地涵盖了从创新到实践的全过程，它不仅要求创新，还要求将这些创新转化为产品或服务，并成功推向市场。例如：宁德时代作为新能源领域的领军者，自 2011 年成立以来，展现了卓越的创业精神。在全球能源转型的大潮中，它敏锐捕捉到动力电池的市场机遇，整合技术、资金与人才资源，不断推动技术创新。面对行业高风险与激烈竞争，坚持技术创新与市场需求导向，实现了从初创到全球领先的跨越。其高性能电池产品赢得了广泛认可，并积极探索智能制造与绿色生产，为行业树立了典范。宁德时代的成功，是创业精神在新能源产业实践的生动诠释。

2）行动导向不同

创新精神更倾向于理论研究、技术实验和科学探索，其成果可能表现为学术论文、专利发明或技术原型，而这些成果不一定会立即转化为产业而获得经济效益。相比之下，创业精神则强调实践性和市场导向，它要求创业者迅速将创新转化为可销售的产品或服务，并通过市场反馈不断优化和调整，通过商业运作实现盈利和可持续发展。例如：比亚迪不仅在电动汽车技术上进行了大量研发投入，成功掌握了电池、电机、电控等核心技术，还通过实际生产和销售，将电动汽车产品推向市场，实现了从技术创新到商业运作的成功转化。

3）风险承担不同

创新精神虽然也涉及风险，但主要集中于科研或实验失败的风险，且这种风险通常可由科研机构或企业研发团队承担。然而,创业精神则要求创业者直接面对市场的严酷考验,包括市场接受度的不确定性、竞争压力以及可能的财务困境。这种风险承担不仅更加复杂多变,而且责任绝大部分落在创业者个人或团队肩上。

总之,创新精神与创业精神在核心焦点、行动导向和风险承担等方面存在显著差异。创新精神是创业精神的重要组成部分,但创业精神还需要将创新转化为实际成果,并承担更高的市场风险。两者相辅相成,共同推动着社会的进步与发展。

3. 创业精神的来源

(1) 个人特质:创业者自身的性格特质、价值观、生活经历等内在因素,如好奇心、求知欲、责任感、冒险倾向等,构成创业精神的基础。

(2) 社会环境:国家政策支持、创新创业氛围、市场需求变化、科技进步等外部环境,为创业精神的孕育与成长提供土壤。

(3) 教育培养:学校教育、家庭教育、社会教育等通过传授创业知识、提供实践机会、塑造正确价值观,对创业精神进行系统培养。

4. 创业精神的作用

(1) 驱动创业行动:创业精神激发创业意愿,提供克服困难的动力,引导创业者在不确定环境中做出决策,推动创业项目的启动与实施。

(2) 塑造创业文化:创业精神渗透于企业文化之中,塑造积极进取、勇于创新、团结协作的企业氛围,提升团队凝聚力与执行力。

(3) 推动社会进步:创业精神驱动创新成果的涌现,解决社会问题,创造就业机会,促进经济社会发展,对社会进步具有积极推动作用。

5. 创业精神的培育

(1) 政策引导与支持:我国政府高度重视创新创业,出台了一系列政策措施,如设立创业基金、提供税收优惠、搭建创业服务平台等,为创业精神的培育营造良好的政策环境。

(2) 教育体系改革:将创业教育纳入高等教育与职业教育体系,开设创业课程,举办创业大赛,提供创业实训,培养学生的创新思维、创业技能与创业精神。

(3) 课程思政融入:在创业教育中融入思政元素,引导学生树立正确的世界观、人生观、价值观,培养其社会责任感、家国情怀与全球视野,使创业精神植根于深厚的道德根基之上。

(4) 校企合作与社会参与:加强学校与企业、社会组织的合作,搭建产学研用一体化平台,让学生在真实创业环境中锻炼与成长,同时引入成功企业家、投资人等社会力量参与创业教育,分享实践经验,激发创业精神。

(5) 弘扬优秀创业文化:宣传报道创业成功案例,表彰优秀创业者,弘扬创业精神,营造全社会尊重创新、鼓励创业的良好风尚。

创业精神是推动创业成功的关键因素,其本质包括创新意识、冒险精神、坚韧毅力、责任担当与合作共赢。创业精神来源于个人特质、社会环境与教育培养,对驱动创业行动、塑造创业文化、推动社会进步具有重要作用。在我国国情下,应通过政策引导与支持、教育体系改革、课程思政融入、校企合作与社会参与、弘扬优秀创业文化等途径,系统培育创业精神,为创新创业事业注入强大动力。

4.1.6 创新型人才与大学生创业特质的培养

1. 创新型人才的素质要求

创新型人才作为新时代推动社会进步和经济发展的核心动力,不仅承载着技术突破、产品革新的重任,还是推动文化、制度等方面创新的重要力量。因此,创新型人才的素质要求相较于传统人才而言更为全面和多元。创新型人才应具备下面的主要素质。

1) 深厚的知识基础与持续学习能力

创新型人才首先应具备扎实的专业知识基础,这是进行创新活动的基石。同时,还应具备广泛的知识面和跨学科的学习能力,能够跨越领域边界,融合不同学科的知识进行创新思维。持续学习能力尤为重要,因为创新往往发生在知识的交叉点上,只有不断学习,才能紧跟时代步伐,捕捉创新机遇。

2) 敏锐的观察力与洞察力

创新源于对现实问题的深刻洞察。创新型人才应具备敏锐的观察力,能够迅速捕捉到周围环境、市场趋势、技术动态等方面的细微变化。同时,他们还应具备深刻的洞察力,能够从复杂的信息中提炼出有价值的线索,洞察问题的本质和未来的发展趋势,为创新提供方向指引。

3) 强烈的创新意愿与冒险精神

创新往往伴随着风险和不确定性。创新型人才应具备强烈的创新意愿,勇于挑战现状,不满足于既有成就,不断追求新的突破。同时,他们还应具备冒险精神,敢于承担创新过程中可能出现的失败和风险,将挑战视为成长的契机。

4) 良好的批判性思维能力

批判性思维是创新的重要工具。创新型人才应具备独立思考、质疑权威的能力,不盲目接受既有观念和结论。他们应能够运用逻辑分析、假设验证等方法,对问题进行深入剖析,提出新颖独到的见解和解决方案。

5) 出色的团队合作与沟通能力

创新往往不是一个人的战斗。创新型人才应具备出色的团队合作精神,能够与不同背景、不同领域的人员有效协作,共同解决问题。同时,他们还应具备良好的沟通能力,能够清晰表达自己的想法和观点,倾听他人的意见和建议,促进团队成员之间的交流与融合。

6) 良好的心理素质与抗压能力

创新过程中难免会遇到挫折和困难。创新型人才应具备强大的心理素质和抗压能力,能够保持积极乐观的心态,面对挑战不退缩、不放弃。同时,他们还应具备自我调节能力,能够在高压环境下保持冷静、理性的思考,寻找解决问题的途径。

总之,创新型人才的素质要求是多方面的、综合性的。只有具备这些素质的人才,才能在快速变化的时代中脱颖而出,成为推动社会进步和经济发展的重要力量。

2. 大学生创业特质的培养

大学生创业特质的培养是一个多维度的过程,涉及个人能力的提升、心理素质的锻炼以及社交网络的构建等方面。以下列举了常见的培养方法和途径。

1)理论教育与知识学习

开设创业课程:大学应设立创业管理、创新思维、市场营销、财务管理等专业课程,系统传授创业所需的知识与技能,帮助学生建立完整的创业知识体系。

举办创业讲座与研讨会:定期邀请企业家、投资人、创业导师等进行专题讲座,分享创业经验、行业动态与前沿趋势,拓宽学生视野,激发创业兴趣。

2)实践锻炼与实战模拟

创业竞赛与项目孵化:鼓励学生参加中国国际大学生创新大赛、"挑战杯"大赛、全国大学生创业实训大赛等各类创业竞赛,通过实战演练提升创业能力。同时,设立校园创业孵化器,为优秀创业项目提供场地、资金、导师指导等支持。

创业实习与兼职:引导学生进入创业公司实习,或在校内、校外兼职创业项目,亲身体验创业过程,积累实践经验。

3)导师指导与团队协作

建立创业导师制度:聘请企业家、投资人、创业成功校友等担任创业导师,为学生提供一对一指导,解答创业困惑,提供实战建议。

强化团队协作训练:通过团队项目、小组作业等形式,培养学生的团队协作能力、沟通协调能力与领导力,为组建创业团队奠定基础。

4)心理素质与抗压能力培养

开设创业心理辅导课程:针对创业过程中的心理压力与挑战,提供创业心理辅导课程,教授压力管理、情绪调节、决策心理等知识,提升学生的心理素质。

开展创业心理咨询服务:设立创业心理咨询服务,为面临创业困扰的学生提供个体咨询与团体辅导,帮助他们调整心态,增强创业信心。

培养大学生创业者特质需要通过理论教育与知识学习、实践锻炼与实战模拟、导师指导与团队协作、心理素质与抗压能力培养等多途径、全方位进行。通过这些方法与途径,有助于大学生积累创业知识与技能,提升实践能力,锻炼心理素质,为成功创业打下坚实的基础。

4.2 创业团队组成及管理

4.2.1 创业团队及其对创业的重要性

1. 创业团队的概念

创业团队作为创业活动的核心驱动力,是指一群志同道合的个体,他们因共同的愿景和明确的目标而聚集在一起,共同承担创业的风险,共享创业的成果。这种紧密的合作关系,使得创业团队能够在复杂多变的商业环境中保持高效运转,不断向前发展。

2. 创业团队对创业的重要性

1) 提升创业成功的可能性

以拼多多为例,其成功背后离不开一个由技术、运营、市场等多领域专家组成的强大创业团队。面对当时电商市场的激烈竞争,拼多多团队凭借创新的社交电商模式和强大的执行能力,迅速吸引了大量用户,实现了快速增长。这个团队不仅具备敏锐的市场洞察力,还能够快速响应市场变化,调整策略,从而提升了创业成功的可能性。

2) 提高创业效率

特斯拉公司创始人埃隆·马斯克领导的创业团队集合了来自汽车制造、能源技术、软件工程等多个领域的顶尖人才。这些成员在各自的领域内都拥有深厚的专业知识和丰富的实践经验,他们通过紧密协作,共同攻克了电动汽车续航、自动驾驶等一系列技术难题。这种专业知识的互补性和技能的多样性,使得特斯拉公司能够在短时间内推出多款具有竞争力的产品,大大提高了创业效率。

3) 增强团队成员的归属感和成就感

以 Airbnb 为例,这个在线短租平台的诞生和发展,离不开其创始人布莱恩·切斯基、乔·杰比亚和内森·布莱卡斯亚克三人的紧密合作。在创业初期,他们面临着资金短缺、法律诉讼等一系列挑战,但正是团队成员之间的相互支持、共同努力,才使得 Airbnb 逐渐成长为全球领先的住宿分享平台。在这个过程中,团队成员们共同经历了创业的艰辛与喜悦,形成了深厚的情感纽带,增强了彼此的归属感和成就感。

3. 团队与群体的区别

在探讨创业过程中所需的组建形态时,团队与群体之间的区别显得尤为重要。这不仅关乎形式的选择,更直接关系到创业成功的可能性大小。群体,作为个体集合的初级形态,通常指的是一群相互依赖、相互作用的个体,但他们之间不一定有共同的目标或明确的分工。在群体中,成员的角色往往具有可互换性,即专业知识、能力、素养、见识等基本是趋同的。然而,这也导致了群体在面临复杂任务时,因缺乏专业化和互补性而效率不高。

团队与群体的关键区别有以下几点。

(1) 角色的互补性:团队的核心特征在于其成员的角色互补性。这不仅仅体现在知识、技能和专业素养上,更深入到性格层面。团队成员各自拥有独特的优势和特长,能够相互补充,形成强大的合力。相比之下,群体的角色往往具有可互换性,缺乏这种深层次的互补性。在创业过程中,这种互补性至关重要,因为它能够确保团队在面对各种挑战时,都能拥有足够的知识储备、技能支持和性格匹配来应对。

(2) 共同的目标与愿景:团队拥有明确的共同目标和愿景,这是激发成员凝聚力和创造力的关键,而群体则可能因缺乏共同目标而显得松散无力。在创业过程中,一个清晰且令人振奋的目标和愿景能够激励团队成员齐心协力,共同为实现这一目标而努力。

(3) 高效的协作与分工:团队中的成员通常具有明确的角色定位和职责分工,这使得团队能够高效运转,避免资源浪费和冲突,而群体则可能因缺乏这种明确的分工而陷入混乱。在创业这一高度复杂和多变的环境中,高效的协作与分工是确保项目顺利进行的必要条件。

因为创业过程需要大量的各种互补的知识、技能、专业素养,甚至性格互补来共同应对挑战、实现目标,而团队正是通过其成员间的紧密协作和互补性优势来确保这一点的实现。因此,对于创业者而言,构建一个高效运作、优势互补的创业团队是通往成功的关键一步。

4.2.2 创业团队的优劣势分析

1. 与个人创业者相比,创业团队的优势

(1) 创新能力:创业团队往往由具有共同愿景和热情的个体组成,这种内在动力激发了团队成员的创造力,使团队能够在面对市场和技术挑战时提出新颖的解决方案。

(2) 高效执行:创业初期,团队规模相对较小,沟通渠道短,这使得从想法到实施的过程更为迅速和灵活。

(3) 良好的协作:团队成员之间通常会形成紧密的合作关系,有助于共享资源、知识和技能,从而提高整体效率。

(4) 资源整合能力:尽管初创企业可能缺乏资金,但团队成员可以通过个人网络和社会资本吸引外部资源,包括资金、人才和客户。

2. 创业团队的劣势

(1) 成员间的磨合成本:由于背景、经验和个性的不同,成员之间可能会出现摩擦,需要时间和耐心来建立相互理解和支持的关系。

(2) 决策过程:虽然多元化的观点可以带来更全面的视角,但在达成共识之前,讨论可能会变得冗长,甚至导致僵局。

(3) 内部冲突:不同的观点和利益可能导致团队成员之间的冲突,如果不妥善处理,会影响团队士气和效率。

(4) 沟通成本增加:随着团队规模的增长,保持信息流通和确保所有成员都在同一情境中的难度也会增加,这个无疑需要更多的沟通时间和精力。

(5) 协调一致性:保持团队目标一致性是一项持续的挑战,尤其是在快速变化的环境中。

3. 发挥创业团队优势,避免劣势的方法

(1) 设定共同目标:确保所有成员都理解并致力于实现企业的长期愿景和短期目标。

(2) 建立明确的角色和责任分配:明确每个人的职责范围,减少职责重叠带来的摩擦。

(3) 强化沟通机制:定期举行会议,开放沟通渠道,鼓励透明度,及时化解误解和冲突。

(4) 培养信任文化:通过团建活动和个人交流加强成员之间的信任感,促进更高效的协作。

(5) 灵活调整决策流程:根据团队规模和项目的复杂程度灵活地调整决策机制,必要时引入外部咨询以提供客观建议。

例如:谷歌的创始人拉里·佩奇和谢尔盖·布林,在公司发展的早期阶段就面临过关于公司战略方向的不同看法,但他们通过积极的对话和妥协,最终找到了平衡点,共同推动了谷歌的发展。这样的案例表明,即使存在分歧,通过有效的沟通和团队合作,也可以克服障碍,实现团队的成功。

4.2.3 创业团队领导的角色与素养

创业团队的领导者在企业的发展过程中扮演着至关重要的角色。他们不仅需要具备战略规划能力,还要拥有卓越的人际交往能力和团队管理技巧,以带领团队克服挑战,实现企业的目标。以下是创业团队领导者需担任的关键角色及所需具备的素养。

1. 领导力

设定明确的愿景,并将其转化为实际可行的目标;激励团队成员,激发他们的潜能,使他们为共同的目标而努力;调配资源,优化配置,确保团队运作高效。

2. 决策力

在复杂的市场环境下做出迅速且合理的决策;依据市场动态调整战略方向,保证团队能够适应变化;在关键时刻展现果断和毅力。

3. 沟通能力

与团队成员保持有效的沟通,了解他们的需求和想法;清晰地传达信息,确保每个人都能理解自己的职责;解决沟通中的障碍,确保信息传递的准确性。

4. 构建团队的协作能力

建立相互信任和支持的团队文化,促进成员之间的合作;处理团队内的冲突,维持和谐的工作氛围;鼓励跨部门合作,促进信息共享和资源整合。

5. 创新与学习能力

鼓励创新思维,勇于尝试新事物和新方法,引领团队不断突破自我,保持竞争优势;具备持续学习的意愿和能力,紧跟行业发展趋势,吸收新知识、新技能,为团队提供前瞻性的指导。

6. 风险管理与危机应对

能够识别和评估潜在风险,制定有效的风险管理策略,降低不确定性对团队的影响;在危机发生时,保持冷静和清醒,迅速做出决策,带领团队有效应对,化危为机。

7. 战略眼光与全局观念

具备长远的战略眼光,能够洞察行业发展趋势和市场需求变化,为团队制定符合长远发展目标的战略规划;保持全局观念,考虑所有相关利益方的需求和利益,平衡短期利益与长期发展目标之间的关系。

8. 人才识别与培养

善于发现人才,通过面试、观察等多种方式准确评估候选人的能力和潜力;重视团队成员的成长和发展,提供培训机会和职业发展路径,激发团队成员的积极性和创造力;建立人才梯队,确保团队在不同发展阶段都有合适的人才支撑。

9. 自我反思与持续改进

具备自我反思的能力,勇于承认自己的错误和不足,并从中吸取教训,不断完善自己;鼓励团队成员提出意见和建议,积极倾听并采纳合理建议,推动团队持续改进和提升。

10. 适应性与灵活性

面对快速变化的市场环境和技术趋势,能够迅速调整团队策略和行动计划,保持灵活性和适应性;鼓励团队成员适应变化,培养他们的应变能力和解决问题的能力,共同应对不确定性和挑战。

总之,创业团队的领导者扮演着多方面的角色,需要具备多方面的素养,他们不仅是战略家、决策者、沟通者,更是创新者、风险管理者、人才培养者以及持续学习者和适应者。这些角色与素养的有机结合,将帮助他们带领团队克服各种困难,实现企业的长远发展目标。

案例1:刘永好是中国著名的民营企业家之一,他创立的新希望集团是中国农业产业化国家重点龙头企业。刘永好以其稳健的领导风格和对农业现代化的深刻理解,成功带领新希望集团实现了从饲料生产到食品加工全产业链的发展。在刘永好的领导下,新希望集团不仅注重科技创新,还非常重视社会责任,积极参与扶贫助困、乡村振兴等公益活动。刘永好强调"以人为本",关注员工的成长和发展,建立了完善的培训体系和激励机制,增强了团队的凝聚力。通过这些举措,刘永好展现了卓越的领导力,使新希望集团成为了中国农业领域的一面旗帜。

案例2:赵海伶是一位典型的大学生创业者,她在大学期间就开始探索电商领域的机会,并成功创办了自己的电商平台。她的创业经历充分展示了年轻一代在农业电商领域的创新精神。赵海伶通过电商平台连接了农户与消费者,解决了农产品销售难的问题,同时也提高了农户的收入水平。她深知团队的重要性,因此在创业过程中特别注重团队建设,通过有效的沟通和激励机制,激发团队成员的积极性。赵海伶还积极参与社会公益活动,用自己的行动践行社会责任。她的成功经历证明了即使是在农业这样的传统产业中,通过互联网技术和创新思维也能开辟出一片新天地。

通过以上两个案例,我们可以看到不同行业背景下,无论是传统农业还是新兴电商领域等,优秀的团队领导者都能够凭借清晰的愿景、高效的决策力、出色的沟通能力和卓越的团队协作能力,带领团队实现目标,并为社会创造价值。

4.2.4 组建创业团队的方法

组建一个高效的创业团队是创业成功的关键之一。一个理想的创业团队应该是一个互补性强、能够相互支持并共同实现目标的集体。

1. 组建创业团队的注意事项

1）共同的愿景和使命

明确团队的核心价值观和长期目标,确保每个成员都有共同的方向感。这些愿景和使命应该能够激发成员的激情,使他们在遇到挑战时不轻易放弃。

2）知识与技能角色的互补性

招募具有不同专业背景的成员,确保团队在技术、市场、财务等方面都有足够的支持。评估每位成员的专长,并根据团队的需求合理分配角色。

3）性格角色的多样性与互补性

寻找具备不同性格特点的成员,如有些人善于细节管理,而另一些人则擅长宏观规划。强调团队成员之间的互补性,确保团队在面对各种情况时都有应对之策。

4）积极主动的态度

注重选拔那些具有积极心态和主动精神的成员,因为这类人在面对困境时更能坚持下去。鼓励团队成员提出创意和改进方案,营造一个开放和包容的工作环境。

5）多元化的人才招募渠道

利用社交媒体、职业社交平台、行业会议等多种途径寻找潜在的团队成员。开展实习项目和短期合作,为有潜力的人才提供深入了解团队的机会,同时也为团队评估候选人提供了基础。

案例1:大学生"爱回收"创业团队,是由陈雪峰在大学期间创立的二手电子产品回收及再利用平台。陈雪峰在大学就读期间,就已经开始关注环保和资源回收领域。他意识到随着科技产品的更新换代速度加快,废旧电子产品处理已成为一个亟待解决的问题。于是,他和同学们一起成立了"爱回收"创业团队。陈雪峰及其团队成员来自不同的专业背景,包括环境科学、信息技术和市场营销等。他们共同的目标是通过提供专业的二手电子产品回收服务,促进资源循环利用,并减轻电子垃圾对环境造成的负担。团队成员之间的互补性使得他们能够从技术开发、市场拓展到客户服务等多个方面展开工作。"爱回收"通过线上线下相结合的方式,搭建了一个方便快捷的回收平台。用户可以通过网站或手机应用程序预约上门回收服务,或者将废旧电子产品送到指定的回收点。陈雪峰非常重视团队内部的沟通与协作,确保每个环节都能顺利进行。经过多年的努力,"爱回收"已经发展成为中国领先的二手电子产品回收平台之一。

案例2:莫卢索餐饮创业团队。2023年5月,由李斌(市场营销中加专业,该专业由中方高校和加拿大一些高校合作举办,采用跨国合作、联合办学的模式)、楼佳祺(市场营销中加专业)、刘雨坤(市场营销中加专业)及吴马永晋(市场营销专业)组成的大学生"莫卢索"创业团队正式成立。团队起源于一次贵州之旅,李斌、楼佳祺和刘雨坤在刘雨坤家族企业的影响下,决定在家装和餐饮领域创业。面对行业困境,他们结合前期房屋设计与后期维护保养,打造莫卢索整装4S店,同时开设莫卢索餐饮服务有限公司,主打西餐文化。通过克服资金链短缺、团队不稳定等挑战,以及提升服务意识、把控菜品口味和卫生监督,莫卢索餐饮已成为"大众点评必吃榜"第一西餐厅。此案例展现了大学生如何通过组建具有共同愿景、互补性技能和充满活力的团队,成功在家装和餐饮领域实现创业梦想。

这两个创业案例展示了大学生如何通过组建一个具有共同愿景、互补性知识技能和性格特点,并且充满活力的团队来实现创业梦想,成功开展创业活动的情景。这样的案例还有很多,无论是通过资源循环利用技术解决环保问题,或是通过提供健康食品满足市场需求,还是通过互联网技术帮助农民拓宽销售渠道等,这些创业团队在各自的领域都取得了显著的成绩。

【小贴士】 创业团队组建的五个基本要素即目标(Purpose)、定位(Place)、权限(Power)、计划(Plan)和人员(People),简称为"5P"。这一观点广泛被应用于创业团队建设与管理的研究与实践中。

(1) 目标:团队的目标为成员提供了方向和动力,是团队存在的核心价值所在。一个清晰、具体且可衡量的目标能够激发团队成员的积极性和创造力,促使他们为实现这一目标而共同努力。目标是团队的灵魂,它指引着团队的前进方向,确保所有成员都朝着同一个目标迈进。没有目标的团队往往缺乏凝聚力和方向感,难以形成有效的协作和合力。

(2) 定位:定位包括团队在组织中的位置、角色和职责,以及成员在团队内部的角色分配和职责划分。它决定了团队的工作范围、权力边界和责任区域。明确的定位有助于团队成员清晰地了解自己的位置和职责,减少角色冲突和职能重叠,提高团队的工作效率和协作能力。同时,它也有助于组织对团队进行有效的管理和控制,确保团队的目标与组织的目标相一致。

(3) 权限:团队的权限是指其被赋予的职责范围和相应的权力大小,包括决策权、执行权、监督权等。合理的权限配置能够激发团队的积极性和创造力,促进团队目标的实现。权限是团队工作的基础和保障。赋予团队适当的权限可以使其在工作中更加自主和灵活,能够更快地响应市场变化和组织需求。同时,它也有助于增强团队的责任感和使命感,推动团队不断向前发展。

(4) 计划:计划是团队为了实现目标而制定的一系列行动步骤和时间安排。它包括了团队的工作流程、资源分配、风险评估和应对措施等内容。计划是团队工作的蓝图和指南。一个详尽、可行的计划能够帮助团队清晰地了解自己的工作任务和时间节点,确保团队成员之间的协作和配合。同时,它也有助于团队及时应对风险和挑战,确保目标的顺利实现。

(5) 人员:人员是团队的基本组成单元,是团队目标和计划的具体执行者。一个优秀的团队需要具备不同背景、技能、经验和个性的成员,以便在工作中相互补充、相互支持。人员是团队成功的关键。一个高效的团队需要拥有高素质的成员和合理的结构安排,以便在工作中充分发挥每个人的长处和优势。同时,团队还需要注重成员之间的沟通和协作,培养良好的团队氛围和团队精神,以便更好地应对各种挑战和机遇。

总之,"5P"要素之间相互依存、相互影响,共同构成了团队的核心竞争力和发展动力。在实际的团队建设和管理工作中,需要根据具体情况灵活运用这些要素,不断优化和完善团队的各项管理工作,以推动团队和组织的持续发展。

2. 团队组建形式的选择

在创业过程中，选择合适的团队组织形式对于企业的成功至关重要。常见的团队组织形式包括星状创业团队、网状创业团队和虚拟星状创业团队。每种形式都有其优点和缺点，下面将分别进行阐述。

1）星状创业团队

星状创业团队是指在团队中有一个明确的核心主导人物，充当领军角色，其他成员则作为支持者。这种团队通常在形成之前，由核心主导人物提出创业想法，并根据自己的设想组织团队。

星状创业团队的优点如下。

（1）组织结构紧密：团队成员之间的关系明确，向心力强，主导人物的行为对其他个体影响巨大。

（2）决策程序简单：由于只有一个核心领导者，决策过程相对快速且高效，有助于快速响应市场变化。

（3）职责明确：每个成员在团队中都有明确的职责和任务，有助于保持团队的稳定性和一致性。

星状创业团队的缺点如下。

（1）权力过分集中：决策风险增加，因为所有决策都依赖于一个核心领导者，缺乏集思广益。

（2）团队凝聚力不足：其他成员可能缺乏参与感和归属感，难以形成共同的创业想法。

（3）成员冲突：当其他成员与主导人物发生冲突时，可能因核心主导人物的权威而处于被动地位，严重时可能导致成员离队。

2）网状创业团队

网状创业团队由多个成员组成，成员之间通常具有密切的关系（如同学、亲友、同事等），并在交往过程中共同认可某一创业想法而组成团队。这种团队没有明显的核心人物，成员根据各自特点自发组织角色定位。

网状创业团队的优点如下。

（1）多元化思维：成员来自不同背景，能够带来多元化的想法和创意，有助于企业应对市场挑战。

（2）灵活性和适应性强：团队成员多为自由职业者或兼职人员，联系相对松散，能够迅速调整战略和业务方向。

（3）成本较低：由于成员间合作不需要过多的经济投入，适合初创企业。

网状创业团队的缺点如下。

（1）稳定性不足：成员之间的联系不够稳定，可能影响长期项目的执行。

（2）协调和管理难度大：成员间的合作和协作可能不够顺畅，需要更多的沟通和协调。

（3）成员归属感不强：由于成员多为兼职或自由职业者，可能缺乏强烈的团队归属感。

3) 虚拟星状创业团队

虚拟星状创业团队是网状创业团队的一种演化形式,团队中虽有一个核心成员,但该核心成员的地位是团队成员协商的结果,其行为需充分考虑其他成员的意见。

虚拟星状创业团队的优点如下。

(1) 平衡权力结构:避免了星状创业团队中权力过分集中的问题,增强了团队的协商和决策能力。

(2) 提高团队凝聚力:通过协商和讨论,成员更容易形成共同的创业想法和目标。

(3) 灵活性适中:保留了网状创业团队的部分灵活性,能够根据市场变化迅速调整策略。

虚拟星状创业团队的缺点如下。

(1) 决策效率可能降低:相对于星状创业团队,决策过程可能更加复杂和耗时。

(2) 沟通成本增加:由于需要更多协商和讨论,沟通成本可能上升。

(3) 依赖信息技术:虚拟团队的高度依赖性可能受到信息技术故障或不稳定性的影响。

总之,在组建团队选择组织形式时,创业者应根据企业的实际情况和发展需求进行综合考虑。星状创业团队适合快速决策和高效执行的环境,网状创业团队则更适合需要多元化思维和灵活适应性的场景,而虚拟星状创业团队则试图在权力结构和团队凝聚力之间找到平衡点。无论选择哪种形式,都需要确保团队成员之间的有效沟通和协作,以实现企业的长期发展目标。

4.2.5 管理创业团队的方法和策略

1. 创业团队的目标设定与追踪

需要明确团队的短期和长期目标,并制定相应的计划和策略。同时,要定期对目标的完成情况进行追踪和评估,及时调整策略和方向。

2. 建立团队成员的激励机制

为了激发团队成员的积极性和创造力,需要建立一套有效的激励机制,包括物质激励和精神激励。例如,可以设立奖金制度、晋升机制、荣誉奖励等。同时,要关注团队成员的个人发展需求,为他们提供学习和成长的机会。

3. 创业团队的冲突解决方法

(1) 认知性冲突:是指团队成员在观点、理念或解决问题的方式上产生的分歧。当团队成员对于某一问题有不同的认知和理解时,可能会导致认知性冲突。这种冲突通常可以通过开放的沟通和讨论来解决,团队成员可以分享彼此的观点,并通过理性的分析找到最佳的解决方案。如果发生认知性冲突,团队领导应该采取开诚布公的沟通方式,使所有参与者都可以自由表达他们的观点和情感。在这种情况下,最好的解决方案可能就是集中精力明确目标和价值。

(2)情感性冲突:是指团队成员之间由于个人情绪、偏见或价值观的不同而产生的矛盾。当团队成员之间存在情感上的不和或矛盾时,可能会导致情感性冲突。这种冲突往往更具挑战性,因为它涉及个人情感和认同,需要通过建立良好的团队氛围和互信关系来化解。团队领导者在这种情况下需要更多地发挥调解和协调的作用,以确保团队的稳定和谐。情感性冲突往往源自于对自尊的维护或对他人的误解。为了解决这种冲突,领导应该扮演调解者的角色,确保所有参与者都有机会表达他们的感受及对彼此的理解。同时要避免采取压制或惩罚的方式处理冲突,这种方式只会加深矛盾并破坏团队的和谐氛围,还要为每个人提供一个积极的沟通渠道,并且使他们了解自己的贡献得到了尊重也是非常关键的。当解决这种冲突时,领导需创造一个积极且富有支持性的环境,鼓励大家积极沟通,消除矛盾、偏见和误解。

总之,管理创业团队的核心在于平衡目标导向与人性关怀,既要确保团队朝着既定目标稳步前进,也要敏锐察觉并妥善处理各类冲突,特别是通过促进开放沟通与理解来化解认知性和情感性冲突。一个高效和谐的创业团队,是目标清晰、激励得当、沟通顺畅、冲突得以建设性解决的集合体。

4.2.6 创业团队的社会责任

创业团队在追求商业成功的同时,也肩负着重要的社会责任。一个负责任的企业不仅能够为股东创造价值,还能为社会带来正面影响。以下是创业团队应当承担的一些社会责任。

1. 遵守法律法规和道德规范

遵守所在国家或地区的法律和行业规定,确保业务操作合法合规,维护高标准的职业道德,保护消费者隐私和数据安全,避免任何形式的欺诈行为。这是最起码的社会责任底线。

2. 支持教育与人才培养

通过设立奖学金、提供实习机会等方式支持教育事业。在内部营造学习型组织氛围,鼓励员工终身学习和个人成长。

3. 积极参与社会公益事业

通过捐赠物资、资金或志愿服务等形式支持慈善机构。发起或参与社区服务项目,改善社区环境和生活质量。

4. 注重环境保护与可持续发展

实施绿色办公策略,减少碳排放和其他污染物的排放。推动循环经济模式,采用可再生材料,减少废物产生。

5. 促进员工福祉与发展

提供公平的工作条件和薪酬待遇,保障员工权益。创建健康的工作环境,促进员工身心健康,提升员工满意度。

履行这些社会责任不仅有助于构建企业的良好形象,而且能够增强企业的竞争力。以下两个案例展示了创业团队如何通过实际行动践行社会责任。

案例1:阿里巴巴集团一直致力于通过其公益基金会参与各种社会公益活动。该基金会发起了一系列旨在减少贫困、支持农村发展以及环境保护的项目。例如:"千县万村"计划旨在通过电子商务平台帮助农民销售农产品,带动乡村经济发展。此外,阿里巴巴还在全球范围内推动绿色数据中心建设,减少能源消耗和碳足迹,体现了企业在环保方面的承诺。

案例2:小米科技除了在技术创新上不断努力外,也非常重视社会责任。小米通过"小米之家"线下体验店提供就业机会,并在多个城市开设门店,为当地居民创造工作岗位。此外,小米还积极参与教育领域的公益活动,如为贫困地区的学生捐赠学习设备,支持在线教育资源开发,帮助缩小数字鸿沟。

通过这些行动,创业团队不仅能够赢得公众的信任和支持,还能在长远发展中获得更多的机遇。履行社会责任已经成为现代企业不可或缺的一部分,它不仅关乎企业的声誉,更是企业可持续发展的重要保障。

4.3 创业者与团队的持续发展

4.3.1 创业者的个人成长与学习

创业之路,不仅是商业的征途,更是个人成长与蜕变的舞台。创业者的个人成长与学习对于引领企业不断克服困难、保持核心竞争力至关重要。

1. 创业者的终身学习理念

在快速迭代的商业环境中,创业者应视学习为终身的旅程,不断探索新知,紧跟行业动态。他们应培养广泛的兴趣爱好,以跨领域的视角审视问题,通过阅读行业报告、专业书籍、参与线上研讨会、订阅行业新闻等多种渠道,保持对前沿趋势的敏锐洞察力。此外,加入创业者社群、参与行业论坛,与同行交流经验,也是加速个人成长的有效途径。

2. 创业者的自我反思与适应性

面对创业路上的种种挑战,自我反思是创业者不可或缺的能力。定期回顾自己的决策过程、分析成功与失败的原因,能够帮助创业者更加清晰地认识自我,避免重复犯错。同时,适应性强的创业者能够在市场风云变幻中迅速调整策略,利用"试错—反馈—优化"的循环,不断优化产品和服务,以适应市场需求的变化。

3. 创业者的网络建设与资源获取

构建一个广泛而深厚的社交网络,对于创业者而言至关重要。这不仅能提供宝贵的市场信息、行业动态,还能在关键时刻为创业者带来资金支持、技术合作或人才招募的机会。创业者应积极参与各类社交活动,主动拓展人脉,同时也要学会有效管理这些关系,确保资源的高效利用。

4. 创业者的情绪智力与压力管理

创业者常常面临巨大的压力和挑战,因此具备较高的情绪智力至关重要。这包括自我认知、自我调节、自我激励以及同理心等能力。通过有效管理自己的情绪,创业者能在逆境中保持冷静,做出理性决策。同时,积极的心态和有效的压力缓解策略,如运动,与团队成员、家人朋友交流等,也是创业者持续前进的动力源泉。

5. 创业者的创新思维与领导力的培养

创业者持续的创新思维是推动企业发展的重要引擎。这要求创业者敢于突破常规,勇于尝试新事物,不断探索未知领域。同时,领导力也是创业者不可或缺的能力之一。优秀的创业者能够激发团队潜能,引领团队朝着共同的目标前进。通过不断学习领导力理论,参与领导力培训,创业者可以提升自己的领导魅力,增强团队的凝聚力和执行力。

创业者的终身学习理念、自我反思与适应性、网络建设与资源获取,以及情绪智力与压力管理、创新思维与领导力培养,共同构成了不断攀登事业高峰的基石。

4.3.2 创业团队的持续创新与适应

在创业的征途上,团队的力量是推动创新与适应的核心引擎。一个充满活力、敏锐洞察并肩负责任的团队,将是任何企业走向成功的关键所在。以下阐述了创业团队如何实现持续创新与适应。

1. 创新文化的深度植根

创业团队应将创新视为企业的DNA,通过设立创意激励机制、举办定期的创新工作坊和头脑风暴会议,以及表彰并奖励创新成果,让每一位成员都感受到创新的价值与乐趣。这种文化的渗透,将激发团队成员源源不断的创意火花。

2. 灵活应变的市场策略

面对瞬息万变的市场环境,创业团队需构建一套高效的信息收集与分析体系,确保能迅速捕捉市场动态。同时,团队应培养快速决策能力,减少层级障碍,让决策流程更加扁平化,确保在机会窗口开启时能够迅速响应并调整策略。

3. 多元化视角的碰撞融合

鼓励团队成员来自不同背景和专业领域,通过多元视角的碰撞与融合,促进创新思维的迸发。这种多样性不仅丰富了团队的知识库,也增强了团队的适应能力,使其在面对复杂问题时能够提出更多元化的解决方案。

4. 持续学习的氛围营造

在快速变化的时代,学习是保持竞争力的关键。创业团队应营造一种持续学习的氛围,鼓励成员参加专业培训、行业研讨会,甚至跨界学习,以拓宽视野,汲取新知。同时,建立知识分享机制,促进团队内部的学习与交流。

5. 社会责任与可持续发展的融合

创业团队在追求商业成功的同时,应不忘社会责任与可持续发展。通过采用环保的生产方式、推广绿色产品、参与公益活动等方式,展现企业的社会责任感。同时,关注员工的职业发展与福祉,构建和谐的劳动关系,为企业的长期发展奠定坚实的基础。

6. 技术引领与数字化转型

在数字化时代,技术是推动创新与适应的关键力量。创业团队应紧跟技术发展趋势,积极拥抱数字化转型,利用大数据、人工智能、云计算等先进技术优化业务流程、提升产品竞争力。同时,关注技术创新的前沿动态,为企业的未来发展储备技术力量。

创业团队的持续创新与适应,离不开创新文化的深植、灵活应变的市场策略、多元化视角的融合、持续学习的氛围、社会责任的承担以及技术的引领。这些要素的有机结合,将助力创业团队在激烈的市场竞争中脱颖而出,实现可持续发展。

【案例品鉴】 俞敏洪——为什么人一辈子一定要有一次创业

在创新创业的浪潮中,俞敏洪这位新东方教育集团的领航者,以他的智慧、勇气和坚持,为我们描绘了一幅壮丽的创业画卷。他的故事,不仅仅是个人的奋斗史,更是对"团队力量"的深刻诠释,以及对"人一辈子一定要有一次创业"这一信念的坚定实践。

1. 创业初心与梦想起航

1991年,俞敏洪辞去了北京大学的教职,毅然投身创业大潮,1993年创办了北京新东方学校。这一决定,源于他对教育的深厚情感和对梦想的执着追求。正如他在《在绝望中寻找希望》一书中所述,创业是他对生命潜能的一次彻底释放,也是他实现自我价值的必经之路。

2. 团队的力量:共创辉煌

在俞敏洪的创业历程中,团队的力量始终是他最坚实的后盾。他深知,一个人的力量是有限的,而一个团结、协作的团队,则能创造出无限的可能。因此,他始终注重团队建设,致力于打造一个充满激情、勇于创新的团队。正是这个团队,陪伴他度过了创业路上的风风雨雨,共同创造了新东方的辉煌。

3. 创业路上的坚持与挑战

俞敏洪的创业之路并非一帆风顺。他面临着资金短缺、市场竞争激烈等重重困难,然而他从未放弃过对梦想的追求。在《我曾走在崩溃的边缘》一书中,他详细记录了这段历程,展现了他在逆境中的坚韧和毅力。他用自己的行动证明,只要心中有梦想,脚下就有路。

4. 书籍中的智慧与启迪

除了《我曾走在崩溃的边缘》和《在绝望中寻找希望》之外,俞敏洪还撰写了《愿你的青春不负梦想》等多部书籍。这些书籍不仅记录了他的创业历程和人生感悟,更蕴含了他对教育的深刻理解和对未来的远见卓识。它们像一盏盏明灯,照亮了无数创业者的前行之路。

5. 创业的意义与价值实现

在俞敏洪看来,创业不仅仅是为了追求物质上的成功,更是一种对自我价值的深度挖掘和实现。通过创业,他不仅实现了个人价值的飞跃,更带动了整个民办教育行业的蓬勃发展。他用自己的行动证明,创业是人生中最宝贵的经历之一,它让人更加勇敢、更加坚强、更加懂得珍惜。

俞敏洪的创业故事,是对"人一辈子一定要有一次创业"这一信念的最好注解。他用自己的行动诠释了创业的意义和价值,展现了团队的力量和智慧。他的书籍,更是为我们提供了宝贵的经验和启示。让我们以俞敏洪为榜样,勇敢地迈出创业的步伐,用我们的智慧和汗水书写属于自己的辉煌篇章。

【扩展阅读】 创业者的"神话"与"现实"

神话1——创业者无法塑造,而是天生的。

现实:虽然某些人格特质(如坚韧不拔、创新思维)可能有助于创业成功,但创业能力并非完全与生俱来。创业技能可以通过学习、实践和经验积累逐渐培养。成功的创业者往往是那些不断学习、适应变化并勇于尝试的人。

神话2——任何人都能创建企业。

现实:虽然理论上任何人都有权利和能力尝试创业,但并非每个人都能成功创建并维持一家企业。创业需要特定的知识、技能、资源以及对市场趋势的敏锐洞察。成功的创业者通常具备强烈的动机、明确的愿景和有效的执行力。

神话3——创业者是赌博者。

现实:将创业者视为赌博者是一种误解。创业者确实承担着风险,但他们通过深入的市场调研、精心的创业计划和灵活的风险管理策略来降低不确定性。创业是一个有计划、有策略的过程,而非盲目的赌博。

神话4——创业者喜欢单枪匹马。

现实:虽然有些创业者以独立工作者的身份起步,但大多数成功的创业企业背后都有一个强大的团队。团队合作能够带来多样化的视角、技能和资源,对于企业的长期发展至关重要。创业者需要学会与他人协作,共同面对挑战。

神话5——创业者是他们自己的老板,他们完全独立。

现实:虽然创业者确实在很大程度上掌握了自己的命运,但他们并非完全独立。他们需要与投资者、合作伙伴、员工、客户以及整个行业生态系统中的其他利益相关者建立并维护良好的关系。创业者需要学会在保持独立性的同时,也具备合作精神和领导能力。

神话6——创业者比大公司里的经理工作时间更长,工作更努力。

现实:工作时长和努力程度因个体和情境而异,不能一概而论。许多大公司经理同样面临高强度的工作压力和长时间的工作要求。创业者的工作重点在于效率和创新,而不仅仅是时间的投入。他们更注重结果而非形式上的努力。

神话7——创业者承受更多的压力,付出更多。

现实:创业者确实面临较大的压力,但这也取决于个人的心态和应对方式,并非所有创业者都感到过度压抑或牺牲过多个人生活。事实上,许多创业者能够找到平衡,享受创业过程带来的成就感和满足感。

神话8——创立公司比较冒险,经常以失败告终。

现实:虽然创业确实存在风险,但并非所有创业公司都会失败。成功的关键在于充分的准备、灵活的策略和持续的改进。随着市场环境的不断变化和技术的进步,创业的成功率也在逐步提高。

神话9——资金是创立企业最重要的组成要素。

现实:虽然资金对于创业至关重要,但它并非唯一的成功要素,创意、市场需求、团队素质、商业模式等因素同样重要。许多成功的创业企业在初创阶段并没有充足的资金支持,但他们通过创新的商业模式和高效的运营策略赢得了市场。

神话10——创业者必须年轻且精力充沛。

现实:年龄和精力并不是决定创业成功与否的关键因素,不同年龄段的创业者都有机会取得成功。年轻创业者可能更具创新意识和冒险精神,而年长的创业者则可能拥有更丰富的经验和更稳健的决策能力。

神话11——万能的金钱是创业者唯一的驱动因素。

现实:金钱虽然是创业的重要动力之一,但并非唯一的驱动因素。许多创业者更看重实现个人价值、改变世界或解决社会问题等非物质目标。这些目标为创业者提供了持久的动力和坚持下去的勇气。

神话12——创业者追求权力,喜欢控制别人。

现实:虽然一些创业者可能展现出强烈的领导力和控制欲,但这并不代表所有创业者都是如此。许多创业者更注重团队合作和共同成长,他们愿意与他人分享权力和资源,以实现更大的成功。

神话13——如果创业者是有能力的,只需1~2年,他们就会成功。

现实:创业成功的时间因行业、市场、资源等多种因素而异,无法简单地用时间来衡量。许多成功的创业企业经历了多年的艰辛努力和不断试错才取得了今天的成就。创业者需要保持耐心和毅力,不断学习和适应市场变化。

思 考 题

扫描做习题

1. 请解释狭义创业者和广义创业者的区别,并给出一个实例。
2. 创业者的个人特质是如何影响创业团队的组建与发展的?
3. 如何构建一个多元化且互补性强的创业团队,以促进企业的全面发展?
4. 创业者如何引领团队在快速变化的市场环境中持续学习和创新?
5. 举例说明在创业过程中,创业者作为愿景制定者是如何推动企业发展的。
6. 为什么说"大成功靠团队,小成功靠个人"?
7. 创业者在创业过程中需要承担哪些风险?请举例说明。

【书香致远】

[1] 明道. 乔布斯传:神一样的男人[M]. 北京:中国华侨出版社,2013.

[2] 曹德旺. 心若菩提(增订本)[M]. 北京:人民出版社,2017.

[3] 倪云华. 如何打造一流创业团队:创业者最实用的管理指南[M]. 北京:中国友谊出版社,2018.

[4] 林超华. 任正非传[M]. 武汉:华中科技大学出版社,2019.

[5] 克里斯·麦克纳布. 埃隆·马斯克:放眼未来,无所畏惧[M]. 魏翠翠,译 北京:中国科学技术出版社,2024.

第5章　创业机会识别与风险评估

【创新创业语录】

我极少能看到机会，往往在我看到机会的时候，它已经不再是机会了。

——马克·吐温

机会是极难得的，它需具备三大条件，那就是像鹿一般会跑的腿、逛马路的闲工夫和犹太人那样的耐性。

——巴尔扎克

在创业中，最大的风险就是不冒任何风险。

——马克·扎克伯格

【学习目标】

1. 理解创业机会的概念、类型和来源。
2. 熟悉影响创业机会识别的关键因素。
3. 熟悉识别创业机会的一般过程和行为技巧。
4. 理解创业机会评价的方法与策略。
5. 熟悉创业过程中的风险构成及分类。
6. 理解常见的风险规避的方法。

【案例导入】 新冠疫情下的机会与风险

案例1　抓住疫情危机成功创业的案例

张华，某大学生物医学工程系的研究生。2020年初，她意识到疫情可能会带来对健康监测设备的巨大需求。她的创业经历如下。

发现问题（2020年1月）：随着疫情的蔓延，张华注意到了非接触式体温检测设备的市场需求。

研发产品（2020年2月至2020年4月）：张华带领团队研发出一款便携式、非接触式的体温检测仪，并迅速投入市场。

获得投资(2020年5月):凭借产品的独特性和市场需求,张华的项目吸引了天使投资者的关注,获得了初步的资金支持。

扩大规模(2020年6月至2021年1月):随着产品逐渐被市场认可,张华的公司得到了更多订单,开始扩展生产线,并与多家医院建立了合作关系。

最终成果:截至2021年2月,张华的公司已经成为国内领先的健康监测设备提供商之一。

案例2 疫情风险导致创业失败的案例

李明,某大学计算机科学专业的大四学生。2019年底,他创立了一家专注于校园二手书交易的线上平台。他的创业经历如下。

初始阶段(2019年12月至2020年1月):平台上线初期,由于正值期末考试周,用户活跃度较高,成交量稳步增长。

疫情爆发(2020年2月):随着新冠疫情的爆发,学校推迟开学,学生无法返校,二手书交易量急剧下降。

线上学习(2020年3月至2020年6月):大部分课程改为在线授课,学生对二手书的需求进一步减少,加上物流受限,二手书的寄送变得困难重重。

最终,由于缺乏现金流,平台在2020年7月关闭,李明的创业项目宣告失败。

对比分析:

(1)市场需求:张华的项目是满足了疫情期间人们对于健康监测设备的新需求;而李明的项目主要依赖于校园内的面对面交易,而疫情期间这种需求几乎消失。

(2)灵活性:面对突如其来的变化,张华迅速抓住了新的商机,并及时调整了自己的产品方向;而李明的项目没有足够的灵活性来调整商业模式。

(3)外部支持:张华的项目因为解决了实际问题而获得了投资者的支持,从而有了持续发展的资金保障;而李明的项目由于市场需求萎缩,难以吸引外部资金注入。

案例启示:

(1)适应性:创业者需要具备高度的市场敏感性和快速适应环境变化的能力。

(2)创新意识:在危机中寻找机遇,创新性的解决方案往往能开辟新的市场空间。

(3)资源整合能力:成功的企业家不仅能识别市场需求,还能有效整合资源,包括资金、技术和人才等。

通过这两个案例,我们可以看到,即使在相同的外部环境下,不同的视角和策略也会导致截然不同的结果。对于创业者来说,保持敏锐的洞察力、灵活的应变能力和持续的创新精神是非常重要的。

【问题思考】

1. 在创业过程中,如何有效识别和评估潜在的市场机会与风险?

2. 在面对突如其来的市场变化时,创业者应该如何调整自己的商业模式和策略以应对风险?

5.1 创业机会的识别

创业机会的识别是创业过程中的关键步骤,它涉及对市场需求、技术变革和社会趋势的深入理解和把握。以下是对创业机会识别的各个方面的详细阐述。

5.1.1 创意与机会

创意是创业机会的基础,它通常源于对现有问题的新颖解决方案或对未满足需求的洞察。创业机会则是将这些创意转化为实际商业活动的可能性。例如:Uber 的创意源自于创始人对便捷出行服务的需求,这个创意最终被转化为一个全球性的共享出行创业机会。

【小贴士】 浅析与巧记"创意"、"创新"与"创业"三个概念的区别与联系。

(1) 创意:产生与众不同的想法,将它讲出来、写出来、画出来。解决的是想法的新、奇、特的问题,当然,这个想法从理论上和逻辑上应该是可以实现的。

(2) 创新:把创意做出来。解决的是创意的物化问题,需要融入科学原理、技术工艺、原材料、现实条件、具体情境、实施方案、程序等。创新显然更复杂,更聚焦于问题的解决。

(3) 创业:把创新卖出去。解决的是创新的商业化问题,需要融入成本收益、市场营销、商业模式等经营管理的要素。创业是以市场为导向的创新,聚焦用户问题的解决,需要客户认同。

5.1.2 创业机会与商业机会

创业机会是指创业者能够识别并利用的、未被充分满足的市场需求或市场空白,通过创建新的产品、服务或商业模式来提供价值,并从中获取经济回报的可能性。创业机会往往伴随着较高的不确定性和风险,但同时也可能带来显著的社会和经济效益,以及对行业格局的潜在改变。

商业机会指的是在现有市场环境中,企业可以利用现有的资源和技术,针对已知的需求提供产品或服务的机会。它通常基于市场的明确需求,具有较为清晰的盈利模式和较低的风险水平。商业机会侧重于优化资源配置、提高效率、降低成本或改善客户体验等方面。

1. 相同点

(1) 市场导向:无论是创业机会还是商业机会,都是以市场需求为导向的。两者都要求创业者或企业家能够敏锐地捕捉到市场中的变化,理解消费者的需求和偏好,并据此制定相应的策略。

(2) 价值创造:两种机会的核心在于为客户提供有价值的产品或服务,从而实现企业的价值增值。成功的创业机会和商业机会都能为企业带来收入增长和利润提升。

（3）创新元素：虽然程度不同，但两者都涉及一定程度的创新。无论是开发新产品、改进现有产品，还是探索新的营销方式，创新都是抓住机会的关键因素。

2．不同点

（1）创新程度：创业机会往往涉及更高的创新度，可能是开创一个全新的市场或颠覆现有的市场规则。而商业机会更多的是在现有框架内的改进或优化，如引入新功能、提高生产效率等。

（2）风险程度：由于创业机会通常涉及未知领域或技术，因此其不确定性更高，失败的风险也更大。相比之下，商业机会基于较为成熟的技术和市场，风险相对较小，成功率较高。

（3）资源需求：创业机会可能需要更多的初始投资，包括资金、时间和人力资源，尤其是在开发新技术或进入新市场时。商业机会则可能依赖于现有资源的有效利用，所需的新投入较少。

（4）时间跨度：创业机会的实现周期通常较长，从概念形成到实际市场应用可能需要数年的时间。商业机会的实现速度较快，可以在较短时间内看到效果。

（5）影响范围：创业机会一旦成功，可能会对整个行业甚至社会产生深远的影响，改变人们的消费习惯或生活方式。商业机会的影响范围相对局限，主要集中在特定的市场细分或企业内部。

总之，创业机会和商业机会既有联系又有区别。对于创业者来说，了解两者的异同，有助于更准确地评估自身的能力和资源，选择适合自己的发展路径。同时，随着市场的不断发展和技术的进步，两者之间的界限也在逐渐模糊，越来越多的企业开始将创业精神融入日常运营中，以应对快速变化的市场环境。

5.1.3 创业机会的类型

创业机会可以根据不同的视角进行分类，每种分类方式都能揭示不同类型的创业机会，每种类型都有其独特的特点和识别方法。以下是按照不同视角分类的创业机会类型，以及相应的案例分析。

1．按照创新的来源分类

（1）技术驱动型机会：源自技术创新或科技进步的创业机会。案例：华为公司通过持续的研发投入，在5G通信技术领域取得领先，开辟了新的市场机会。

（2）市场需求型机会：由市场未满足需求产生的创业机会。案例：随着健康意识的提升，绿色食品和有机产品的需求增加，许多创业者抓住这一趋势，推出了健康食品品牌。

（3）问题解决型机会：解决现有问题或痛点产生的创业机会。案例：共享单车解决了城市"最后一公里"的出行问题，为居民提供了便捷的交通方式。

2．按照机会的显现性分类

（1）显性机会：市场上已知且广为人知的创业机会。案例：随着互联网的普及，在线教育平台如雨后春笋般涌现，满足人们对知识获取的渴望。

(2) 隐性机会：未被广泛认识或未被充分利用的创业机会。案例：在环保意识增强的背景下，废品回收和再利用成为一个隐性市场，一些创业者通过创新模式进入这一领域。

(3) 突发机会：由特定事件触发的创业机会。案例：新冠疫情期间，远程办公软件的需求激增，一些科技公司迅速推出相关产品以满足市场需求。

3. 按照机会的持续性分类

(1) 长期机会：能够持续存在并提供长期价值的创业机会。案例：随着老龄化社会的到来，养老服务行业成为一个长期且稳定增长的市场。

(2) 短期机会：只在特定时间段内存在的创业机会。案例：一些节日或特殊事件（如奥运会）会短期内带来特定的市场机会，如纪念品销售。

(3) 周期性机会：随经济或行业周期波动而出现的创业机会。案例：房地产市场的周期性波动为房地产服务和装修行业带来周期性的创业机会。

4. 按照"目的-手段"关系的明确程度分类

1) 识别型机会

识别型机会主要指市场中目的与手段的关系已经明确，创业者可以通过观察市场现象和消费者行为，识别并抓住这些机会。这类机会通常出现在市场已经存在明确需求，但现有产品或服务尚未完全满足这些需求的情况。如在线教育平台的兴起打破了传统教育受制于时间和地点的局面，人们开始追求更加灵活的学习方式，满足自己随时随地学习的需求。再如传统自行车出行方式受限于车辆获取和维护成本，而共享单车通过共享模式降低了这些成本，旨在解决城市短途出行难题。

2) 发现型机会

发现型机会主要指市场中目的或手段的一方尚未明确，需要创业者进行深入的市场调研和创新探索才能够发现的机会。这类机会要求创业者具备较强的市场洞察力和创新能力。如云计算技术的发展满足了企业的数据存储和计算需求，但手段更加灵活和可扩展。再如人工智能技术通过机器学习、深度学习等技术手段，实现了更加智能的决策和预测。原产品的新用途：瑞士手表最初就是比较准时的一类机械手表，但随着时间的推移，它们被赋予了新的价值，作为身份的象征或收藏品。新价值的发现：钻石最初主要用于工业切割，但后来通过营销策略，被赋予了"永恒"的象征意义，成为订婚和结婚戒指的首选宝石。

【课堂互动】 请同学们讨论，上述案例哪些是目的变化了，哪些是手段变化了？

3) 创造型机会

创造型机会通常是目的和手段都变化的机会。创业者在目的和手段都不明朗的情况下，通过创造性思维和战略规划，创造出全新的市场机会。这类机会往往涉及颠覆性的创新或全新的商业模式。如无人驾驶技术能提高交通效率、减少交通事故和降低人力成本，实现车辆的自主导航和避障。再如智能家居系统，旨在提高家庭生活的便捷性和舒适度，通过智能化管理家庭设备，实现节能、安全和便捷的生活体验。

目的与手段的变化是社会进步和技术发展的必然产物，它们相互促进、相互依存。

从上述案例中,我们可以看到,无论是目的的变化带动手段的创新,还是手段的进步推动目的的升级,都体现了人类对更高效、更便捷、更环保生活方式的追求。这种追求不仅推动了技术的革新,也促进了社会的进步和经济的发展。我们应该敏锐地捕捉目的与手段的变化趋势,积极应对挑战,把握机遇。

【知识链接】 奥地利经济学派的代表人物伊斯雷尔·柯兹纳是一位著名的经济学家,他对创业机会的理解为我们提供了深刻的洞见。伊斯雷尔·柯兹纳认为,创业机会并不仅仅是市场上已经存在的、有利可图的商业机会,而是那些未被明确表达的市场需求或未被充分利用的资源和能力。这些机会的识别和利用,往往需要创业者具备发现甚至创造新的"目的-手段"关系的能力。在探讨创业机会与商业机会的本质区别时,可以从目的与手段的关系这一角度来阐述。

创业机会的本质与"目的-手段"的关系:创业机会主要指的是市场中新出现、新发展或被忽视的商业需求,以及为满足这些需求而可能产生的新产品、服务或商业模式。创业机会的本质在于其创新性、前瞻性和风险性,它往往伴随着新技术的出现、新需求的产生或旧有模式的颠覆。从"目的-手段"的关系来看,创业机会的目的是创新和开拓新的市场,通过引入新产品、服务或商业模式来满足未充分满足或潜在的市场需求。

商业机会的本质与"目的-手段"的关系:商业机会则是指市场中已经存在的、可以被利用的商业空间或资源,这些资源或空间可能由市场需求、技术进步、政策变化等因素产生。商业机会的本质在于其现实性、可利用性和稳健性,它基于已有的市场需求和技术基础,更容易被投资者所理解和把握。从目的与手段的关系来看,商业机会的目的是利用已有资源和市场,实现价值的最大化。

所以,他认为的创业机会与商业机会的本质区别就在于以下两点。

(1)目的不同:创业机会的目的是创新和开拓新的市场,注重的是创造新的价值;而商业机会的目的是利用已有资源和市场,实现价值的最大化。

(2)手段不同:创业机会的实现需要创业者的创新思维、敏锐的市场洞察力以及强大的执行力等创新手段;而商业机会的实现则需要投资者的全面市场分析能力、资源整合能力以及风险管理能力等现有资源的整合和利用手段。

5.1.4 创业机会的来源

创业机会的来源是多样化的,它们可能源自不同的因素触发。以下是一些主要的创业机会来源,以及相应的案例分析。

1. 市场研究

市场研究可以揭示消费者需求、市场趋势和潜在的商业机会。案例:一家健康食品初创公司,通过市场研究发现,越来越多的消费者对天然、无添加的健康食品感兴趣。这家公司随后推出了一系列有机零食和饮品,满足了市场对健康食品的需求。

2. 消费者反馈

直接来自消费者的反馈可以提供宝贵的信息,帮助创业者发现改进产品或服务的机会。案例：一家专注于定制家具的工作室通过收集消费者的反馈，发现客户对个性化和定制化家具的需求日益增长。因此，该工作室推出了定制服务，允许客户根据自己的喜好和家居风格设计家具。

3. 技术进步

技术的发展和创新为创业者提供了新的机会，使他们能够开发新产品或改进现有产品。案例：一家使用3D打印技术的初创公司利用3D打印技术，快速制造出复杂的定制零件，为汽车和航空行业提供服务，这在传统制造技术中是难以实现的。

4. 政策变动

政府政策的变化，如税收优惠、补贴或法规调整，可能会创造新的商业机会。案例：随着政府对可再生能源的补贴政策出台，一家太阳能安装公司看到了家庭和商业太阳能安装服务的增长潜力，并迅速扩大了其业务规模。

5. 社会文化变迁

社会价值观和文化趋势的变化可以揭示新的市场需求。案例：随着社会环保意识的提高，一家专注于环保生活方式的公司，推出了一系列环保生活用品，如可重复使用的购物袋、不锈钢吸管和竹制餐具，满足了消费者对可持续生活方式的追求。

通过上述案例，我们可以看到创业机会的来源是多方面的，它们可能由市场的微观变化或宏观趋势触发。创业者需要保持敏锐的市场洞察力，通过各种渠道收集信息，识别和把握这些机会。同时，创业者还需要评估这些机会的可行性和风险，以确保他们的创业项目能够成功并持续发展。

【知识链接】 德鲁克关于"创新机遇七大来源"的论述

（1）意料之外的事件——意外的成功、意外的失败、意外的外部事件。

（2）不协调的事件——现实状况与设想或推测的状况不一致的事件。

（3）基于程序需要的创新。

（4）每个人都未曾注意到的产业结构或市场结构的变化。

（5）人口统计数据（人口变化）。

（6）认知、意义及情绪上的变化。

（7）新知识，包括科学和非科学的新知识。

这七个创新机遇的来源界线比较模糊，彼此之间有相当大的重叠部分。它们好比是七扇位于同一建筑物不同方向的窗口，每一扇窗口所展现的某些景致也可以从邻近窗口看到，但是每一扇窗口的中心所呈现的景色却是截然不同的。由于每一个来源都有自己的独特属性，因此这七个来源都需要个别分析。然而，从本质上而言，没有哪一个来源比其他来源更重要或更具生产力。重大创新可能来自对变化征兆进行的分析，也可能来自重大的科学突破所带来的新知识的广泛应用。

5.1.5 影响机会识别的关键因素

创业机会的识别是一个复杂过程，受多种因素影响。以下是影响创业机会识别的关键因素以及相应的案例。

1. 创业者的个人经验

创业者的个人经验是识别机会的重要基础。经验为创业者提供了对特定行业或市场的深刻理解，使他们能够洞察到潜在的商业机会。在特定产业中的先前经验有助于创业者识别出机会，这被称为"走廊原理"。它是指创业者一旦创建企业，他就开始了一段旅程，在这段旅程中，通向创业机会的"走廊"将变得清晰可见。某个人一旦投身于某产业创业，这个人将比那些从产业外观察的人更容易看到产业内的新机会。例如，星巴克的前任CEO霍华德·舒尔茨（Howard Schultz）通过在意大利体验当地的咖啡文化，识别到了在美国市场推广高品质咖啡店的机会。

2. 知识背景

知识背景影响创业者对信息的解读和机会的识别。专业知识可以帮助创业者在他们熟悉的领域内发现新的趋势和需求。例如，谷歌的联合创始人拉里·佩奇和谢尔盖·布林利用他们在斯坦福大学计算机科学的知识背景，识别了改进互联网搜索技术的机会。

3. 市场洞察力

市场洞察力是指创业者对市场趋势、消费者行为和竞争环境的敏锐感知能力。例如，马云通过洞察到中国电子商务市场的诚信和交易保障问题，建立了第三方信用保障机制"支付宝"，创立了阿里巴巴，满足了中小企业和客户进行在线交易的需求，成功地将"网民时代"带入"网商时代"。

4. 风险偏好

风险偏好影响创业者对机会的评估和把握。愿意承担更高风险的创业者可能更倾向于追求那些具有较高不确定性和潜在回报的机会。例如，埃隆·马斯克创立SpaceX公司的目的是追求低成本太空旅行的高风险机会，这在当时看来几乎不可能实现，但最终SpaceX成功地改变了太空产业。

5. 创新能力

创新能力是指创业者创造新事物、新解决方案的能力，这在识别和利用创业机会中起着关键作用。例如，史蒂夫·乔布斯通过不断的产品创新，识别并引领了个人电脑、动画电影、音乐播放器和智能手机等多个领域的市场机会。

6. 资源获取能力

资源获取能力包括资金、人才、技术和市场资源的获取，这对于将机会转化为实际商业活动至关重要。例如，Uber的联合创始人特拉维斯·卡兰尼克（Travis Kalanick）通过有效的资源获取和利用，包括技术平台的开发和司机网络的建立，识别并抓住了共享出行市场的创业机会。

通过上述案例，我们可以看到，创业机会的识别是一个多维度的过程，涉及创业者的个人特质、能力以及他们的社会关系网络，等等。成功的创业者往往能够在这些因素的共同作用下，发现并利用那些能够带来成功的创业机会。

5.1.6 识别创业机会的一般过程

识别创业机会是一个系统性的过程,涉及从市场洞察到最终决策的多个阶段。以下是这一过程的详细步骤和案例分析。

1. 问题识别

问题识别是创业机会识别的起点,创业者需要识别市场中存在的问题或需求。例如,M-Pesa(M 代表 Mobile,Pesa 为斯瓦希里语的"金钱")是一种在肯尼亚兴起的广受欢迎的移动支付和金融服务平台,正是因为其创始人识别到非洲地区银行服务覆盖不足的问题,尤其是针对那些无法接触到传统银行服务的农村和低收入群体。用户无需拥有银行账户或智能手机,只需一部基本的手机和 SIM 卡就能使用服务。只需要通过短信服务(SMS)技术,M-Pesa 允许用户进行一系列金融交易,包括但不限于存款、取款、转账、支付账单、购买商品和服务,甚至获得小额贷款和储蓄服务。凭借其简单易用、高效且安全的特点,M-Pesa 已经成为非洲最成功的金融科技案例之一,对肯尼亚乃至整个非洲大陆的经济产生了深远的影响,并逐渐扩展到了亚洲和欧洲的一些市场。

2. 市场调研

市场调研帮助创业者了解目标市场的规模、用户需求、市场趋势等。例如,小米在智能手机市场调研中发现,用户对于性价比高的智能手机有很大需求,随后推出了一系列高配低价的智能手机。

3. 竞争分析

竞争分析涉及对现有竞争对手的分析,以及对市场进入障碍的评估。例如,华为在进入智能手机市场前,分析了苹果和三星等竞争对手的产品线和市场策略,制定了差异化的竞争策略。

4. 机会评估

机会评估是对潜在机会的可行性、盈利性、风险和资源需求进行综合评价。例如,特斯拉公司在评估了电动汽车市场的机会后,决定投入资源开发高性能的电动汽车,以满足市场对环保和高科技汽车的需求。

5. 资源匹配

资源匹配是指创业者根据自身拥有的资源和能力,确定如何最佳地利用这些资源来实现机会。例如,马克·扎克伯格利用其在哈佛大学的社交网络和编程技能,创建了 Facebook 这一社交平台。

6. 决策制定

决策制定是创业机会识别过程的最终步骤,创业者基于前面的分析结果做出是否追求该机会的决策。例如,拉里·佩奇和谢尔盖·布林在评估了搜索引擎市场的潜力后,决定放弃博士学位,全身心投入谷歌的创立。

7. 行动计划

行动计划是将决策转化为具体行动的过程,包括产品开发、市场进入策略和运营管理等。例如,杰夫·贝索斯在确定了在线书店的商业机会后,创建了亚马逊并制定了详细的行动计划,包括建立网站、采购书籍和建立物流系统。

通过这些步骤,创业者可以系统地识别和评估创业机会,并制定相应的行动计划来追求这些机会。每个案例都展示了创业者如何通过细致的分析和决策,将一个市场需求转化为成功的商业模式。

5.1.7 识别创业机会的行为技巧

识别创业机会的行为技巧是创业者在市场研究、网络建设、产品开发和市场适应等方面采取的一系列行动。以下是这些技巧的具体阐述和案例分析。

1. 保持好奇心和持续学习的态度

创业者需要对周围事物保持好奇,不断学习新知识,以发现新的商业机会。例如,丹尼尔·艾克作为全球知名的流媒体音乐服务平台 Spotify 的联合创始人,他对于音乐流媒体服务的好奇心和持续学习的态度,推动了 Spotify 在数字音乐领域的创新和成功。

2. 建立广泛的专业网络

通过建立和维护专业网络,创业者可以获得宝贵的信息、资源和合作伙伴。例如,星巴克的前 CEO 霍华德·舒尔茨通过与全球供应商和咖啡种植者建立网络,确保了星巴克咖啡的质量和供应链的稳定性。

3. 快速原型制作和测试

快速原型制作和测试可以帮助创业者验证他们的创意,并收集用户反馈,以便快速迭代和改进。例如,Twitter 的联合创始人杰克·多西通过快速原型制作和测试,快速迭代了 Twitter 的社交网络服务,使其迅速获得了市场的认可。

4. 学习和适应,从失败中吸取教训

创业者应该将失败视为学习和成长的机会,通过分析失败原因来改进策略。例如,戴森公司的创始人詹姆斯·戴森在开发第一台无袋吸尘器时经历了 5127 次失败的原型测试,但每次失败都为他提供了宝贵的学习经验,最终他成功推出了革命性的吸尘器产品。

5. 培养敏锐的市场洞察力

创业者需要能够预见行业趋势和变化,以便在正确的时间做出正确的决策。例如,摩拜单车的创始人胡玮炜洞察到了城市交通"最后一公里"的问题和共享单车的潜在市场后,成功创立了摩拜单车,引领了共享单车的潮流。

6. 持续优化解决方案

创业者需要不断优化他们的产品和商业模式,以适应市场的变化和消费者的需求。例如,Oculus VR 的创始人帕尔默·拉奇通过不断优化虚拟现实技术,成功推出了 Oculus Rift,推动了虚拟现实在游戏和娱乐领域的应用。

通过上述行为技巧,创业者可以提高识别和利用创业机会的能力。这些技巧不仅有助于创业者在竞争激烈的市场中找到自己的定位,还能够促进他们不断学习和成长,最终实现商业成功。

5.2　创业机会的评价

创业机会的评价是决定创业成功与否的关键步骤。它涉及对机会的潜在价值、个人与机会的匹配度、评价的特殊性以及评价技巧和策略的深入分析。

5.2.1　有价值的创业机会的基本特征

有价值的创业机会通常具备以下特征。
(1) 市场需求:存在明确且未被充分满足的市场需求。
(2) 创新性:提供独特的产品、服务或商业模式。
(3) 可持续性:有长期发展潜力,不易被模仿或替代。
(4) 盈利潜力:具有清晰的盈利模式和良好的财务前景。
(5) 风险可控:相关风险可识别且在可接受范围内。

5.2.2　个人与创业机会的匹配

个人与创业机会的匹配度是评价过程中的重要考虑因素,包括创业者的经验、技能、资源和兴趣是否与机会相匹配。不是每个机会都适合每一位创业者,通常需要考虑以下的匹配因素。
(1) 经验与技能:创业者是否具备相关领域的经验和技能。
(2) 资源获取能力:创业者是否有能力获取必要的财务和人力资源。
(3) 兴趣与激情:创业者对创业项目是否有持续的兴趣和激情。

5.2.3　创业机会评价的特殊性

创业机会评价的特殊性表现在以下几个方面。
(1) 不确定性:创业机会的未来表现存在较大不确定性。
(2) 动态性:市场和技术的变化可能影响机会的价值。
(3) 主观性:创业者的个人偏好和价值观对评价结果有显著影响。

5.2.4　创业机会评价的方法与策略

在创业机会的评价中,著名学者杰弗里·蒂蒙斯提出了一套详尽的指标体系,用以全面评估创业机会的潜力和可行性。该体系涉及行业和市场、经济因素、收获条件、竞争优势、管理团队、致命缺陷问题、个人标准、理想与现实的战略差异等 8 个方面的 53 项指标,如表 5-1 所示。通过定性或量化的方式,创业者可以利用这个体系模型对行业和市场问题、竞争优势、财务指标、管理团队和致命缺陷等做出判断,来评价一个创业项目或创业企业的投资价值和机会。

表 5-1 蒂蒙斯教授的创业机会评价框架

行业和市场	(1) 市场容易识别,可以带来持续收入 (2) 顾客可以接受产品或服务,愿意为此付费 (3) 产品的附加价值高 (4) 产品对市场的影响力高 (5) 将要开发的产品生命力长久 (6) 项目所在的行业是新兴行业,竞争不完善 (7) 市场规模大,销售潜力达到一千万到十亿 (8) 市场成长率在 30%～50% 甚至更高 (9) 现有厂商的生产能力几乎完全饱和 (10) 在五年内能占据市场的领导地位,达到 20% 以上 (11) 拥有低成本的供货商,具有成本优势
经济因素	(12) 达到盈亏平衡点所需要的时间在 1.5～2 年或以下 (13) 盈亏平衡点不会逐渐提高 (14) 投资回报率在 25% 以上 (15) 项目对资金的要求不是很大,能够获得融资 (16) 销售额的年增长率高于 15% (17) 有良好的现金流量,能占到销售额的 20%～30% 甚至更多 (18) 能获得持久的毛利,毛利率要达到 40% 以上 (19) 能获得持久的税后利润,税后利润率要超过 10% (20) 资产集中程度低 (21) 运营资金不多,需求量是逐渐增加的 (22) 研究开发工作对资金的要求不高
收获条件	(23) 项目带来的附加价值具有较高的战略意义 (24) 存在现有的或可预料的退出方式 (25) 资本市场环境有利,可以实现资本的流动
竞争优势	(26) 固定成本和可变成本低 (27) 对成本、价格和销售的控制较高 (28) 已经获得或可以获得对专利所有权的保护 (29) 竞争对手尚未觉醒,竞争较弱 (30) 拥有专利或具有某种独占性 (31) 拥有发展良好的网络关系,容易获得合同 (32) 拥有杰出的关键人员和管理团队

续表

管理团队	(33) 创业者团队是一个优秀管理者的组合 (34) 行业和技术经验达到了本行业内的最高水平 (35) 管理团队的正直廉洁程度能达到最高水准 (36) 管理团队知道自己缺乏哪方面的知识
致命缺陷问题	(37) 不存在任何致命缺陷问题
个人标准	(38) 个人目标与创业活动相符合 (39) 创业者可以做到在有限的风险下实现成功 (40) 创业者能接受薪水减少等损失 (41) 创业者渴望进行创业这种生活方式,而非单纯为了获利 (42) 创业者可以承受适当的风险 (43) 创业者在压力下状态依然良好
理想与现实的战略差异	(44) 理想与现实情况相吻合 (45) 管理团队已经是最好的 (46) 在客户服务管理方面有很好的服务理念 (47) 所创办的事业顺应时代潮流 (48) 所采取的技术具有突破性,不存在许多替代品或竞争对手 (49) 具备灵活的适应能力,能快速地进行取舍 (50) 始终在寻找新的机会 (51) 定价与市场领先者几乎持平 (52) 能够获得销售渠道,或已经拥有现成的网络 (53) 能够允许失败

评价体系说明：

(1) 该指标体系主要适用于具有行业经验的投资人或资深创业者对创业企业的整体评价。

(2) 需要运用创业机会评价的定性与定量方法才能得出创业机会的可行性及不同创业机会间的优劣排序。

(3) 该体系涉及的项目比较多,在实际运用过程中可作为参考选项库,结合使用对象、创业机会所属行业特征及机会自身属性等进行重新分类、梳理简化,提高使用效能。

(4) 该体系及其项目内容比较专业,在运用时一方面要多了解创业行业、企业管理和资源团队等方面的经验信息,一方面要掌握这50多项指标内容的具体含义及评估技术。

蒂蒙斯创业机会评价体系虽然全面完整,但很多学者也指出了其缺点和局限性,特别是在实际应用过程中,面对这么复杂多样的评价体系,很多指标又难以识别和量化,所以使得其应用范围较窄,适合于专业人士、领域专家等采用,一般的创业者可以作为参考标准。

清华大学姜彦福教授通过实证研究提出的10项重要指标,可作为创业机会评价体系的简化版,如表 5-2 所示。

表 5-2　创业机会评价体系的简化版

指标类别	具体指标
管理团队	创业者团队是一个优秀管理者的结合
竞争优势	拥有优秀的员工和管理团队
行业与市场	顾客愿意接受该产品或服务
致命缺陷	不存在任何致命缺陷
个人标准	创业者在承担压力的状态下心态良好
收获条件	机会带来的附加价值具有较高的战略意义
管理团队	行业和技术经验达到了本行业内的最高水平
经济因素	能获得持久的税后利润,税后利润率要超过 10%
竞争优势	固定成本和可变成本低
个人标准	个人目标与创业活动相符合

台湾中山大学刘常勇教授提出的创业机会评价框架,则是一种简单而实用的评价方法,主要围绕市场评价和回报评价两个层面展开,包括市场定位、市场规模、产品成本结构、投资回报率等几个方面,如表 5-3 所示。

表 5-3　刘常勇教授的创业机会评价框架

市场评价	(1) 是否具有市场定位,专注于具体顾客需求,能为顾客带来新的价值 (2) 依据波特的五力模型进行创业机会的市场结构评价 (3) 分析创业机会所面临市场的规模大小 (4) 评价创业机会的市场渗透力 (5) 预测可能取得的市场占有率 (6) 分析产品成本结构
回报评价	(1) 达到盈亏平衡的时间应该低于 2 年 (2) 投资回报率应高于 25% (3) 资本需求量较低 (4) 毛利率应该高于 40% (5) 能否创造新企业在市场上的战略价值 (6) 资本市场的活跃程度 (7) 退出和收获回报的难易程度

总之,创业是一种具有高度风险的活动,没有一个创业机会是完美的,也没有一个评价框架是完美的,也没有任何创业者是在把握完全适合自己的条件下开展创业活动的。因此,在评价创业机会之后是否决定投入创业,仍然是一个比较主观的决策,需要考虑的因素较多,如个人经验、社会关系网络、经济状况、机会成本等。

5.3　创业风险的识别与评估

创业风险评估是创业管理中的一个重要环节,它帮助创业者识别、分析和应对可能面临的风险,从而提高创业成功的可能性。

5.3.1　创业风险的构成与分类

创业风险可以根据其来源和性质分为以下不同类型。
(1) 市场风险:涉及产品或服务的市场需求不确定性。
(2) 技术风险:与产品开发、技术实现相关的风险。
(3) 财务风险:包括资金短缺、投资回报率波动等。
(4) 运营风险:涉及日常运营过程中的问题,如供应链中断、人力资源管理等。
(5) 法律和政策风险:可能由于法律法规变化或政策调整引起的风险等。

例如,某在线教育平台在市场调研后发现远程教育的需求,但面临技术实现难度大和市场竞争非常激烈的风险。

5.3.2　系统风险防范的可能途径

系统风险是影响整个市场的风险,如经济衰退或行业政策变动。防范系统风险的途径包括以下几条。
(1) 多元化分散:通过产品线或市场多元化来分散风险。
(2) 风险转移:通过保险或合同条款将部分风险转移给其他方。
(3) 风险分拆:通过项目合作或引入股权合伙人等方法,将大的需要个人独自承担或几位团队成员承担的风险转化为更多企业或股东承担的风险。
(4) 风险缓解:通过市场研究和政策监测来减轻风险影响。

例如,房地产企业通过多元化投资,如商业地产和住宅地产,来分散经济波动带来的系统风险。

5.3.3　非系统风险防范的可能途径

非系统风险是特定于某个企业或项目的风险。防范非系统风险的途径包括以下几条。
(1) 深入研究:对市场进行深入研究,以减少信息不对称造成的隐性风险。
(2) 原型测试:通过原型测试和用户反馈来降低产品的市场接受风险。
(3) 建立合作伙伴关系:与供应商和分销商建立稳定的合作关系。

例如,一家初创的移动应用公司通过与手机制造商合作,降低了市场进入的非系统风险。

5.3.4 创业者风险承担能力的估计

创业者的风险承担能力是其个人特质和资源状况的反映。评估创业者的风险承担能力需要考虑以下几个方面。

(1) 个人财务状况：创业者的个人资产和负债状况。
(2) 风险偏好：创业者对风险的态度和偏好。
(3) 经验背景：创业者的行业经验和历史业绩。

例如，一位连续创业者凭借其在行业内的丰富经验和良好的财务状况，能够承担更高的创业风险。

5.3.5 基于风险估计的创业收益预测

创业收益预测需要在风险评估的基础上进行，并考虑以下因素。

(1) 市场潜力：目标市场的规模和增长速度。
(2) 竞争状况：竞争对手的强度和市场地位。
(3) 成本控制：企业的成本结构和控制能力。
(4) 风险调整：根据风险评估调整预期收益。

例如，一家清洁能源初创公司在评估了技术风险和市场风险后，预测了其太阳能产品的未来收益，包括考虑了政府补贴和市场接受度。

通过这些步骤，创业者可以更全面地理解创业过程中可能面临的风险，并采取相应的策略来提高创业项目的成功率。风险评估不仅有助于创业者制定风险管理计划，还能帮助投资者做出更明智的投资决策。

【案例品鉴】 汉服行业的创业机遇与挑战："汉尚华莲"与"雅韵服饰"的比较分析

在创业的征途中，精准地识别创业机会并明智地评估与规避风险，是通往成功不可或缺的关键步骤。通过对汉服行业的特征阐述，对比同一行业内两个截然不同的创业案例——"汉尚华莲"与"雅韵服饰"，深入剖析创业过程中的机会识别与风险评估及应对策略的重要性。

汉服作为汉族的传统服饰，近年来随着中国文化自信的提升，越来越多的人开始关注和喜爱汉服文化。汉服着装礼仪是汉族人的重要礼仪之一，在不同时期、不同场合，汉族人对着装的要求不同。例如，不同年龄阶段佩带的巾帽发式不相同，成年男子须加冠，成年女子可挽发脑后成髻，以簪绾之。汉族男女身着汉服时均不得披头散发，须保持面容整洁，端庄大方等。汉服行业具有以下几个特点。

(1) 文化属性：汉服承载着丰富的历史文化内涵，不仅是服装本身，更是中华民族传统文化的一种体现。
(2) 市场需求：随着汉服文化的普及，市场需求逐渐增大，涵盖了从日常穿着到特殊场合使用的各类汉服产品。

(3) 产业链条：汉服产业链涉及设计、生产、销售等多个环节，其中设计尤为关键，需要结合传统文化元素与现代审美进行创新。

(4) 品牌竞争：随着市场的扩大，越来越多的品牌加入竞争，如何在众多品牌中脱颖而出成为每个企业需要思考的问题。

案例 1：汉尚华莲

汉尚华莲创立于 2008 年 8 月，是广东省的汉服生产商家，致力于推广汉民族传统服饰。汉尚华莲以传承华夏之美为己任，大力传播汉民族的传统服饰——汉服，期望汉服能够再次被人们认同和接受。自成立以来，凭借其深厚的文化底蕴、独特的设计理念和卓越的产品质量，迅速在汉服市场中脱颖而出，成为行业的佼佼者。至 2020 年，该公司已经依据典籍、文物资料，制作出包括直裾、曲裾、齐胸襦裙、交领襦裙、大袖衫、对襟襦裙、明式襦裙、褙子、曳撒、圆领袍、直裰、玄端、短打、斗篷等汉服款式，受到广州日报、广东省电视台、海外杂志、网络门户等媒体报道。2021 年 6 月，公司入选艾媒金榜（iiMedia Ranking）发布的《2021 年中国汉服品牌线上发展排行榜单 TOP10》，排名第 1。

1) 机会识别充分与发展战略清晰

(1) 文化复兴趋势：汉尚华莲创始人准确把握了汉服文化复兴的时代脉搏，意识到随着民族文化自信的提升，汉服作为传统文化的重要载体将迎来前所未有的发展机遇。

(2) 市场需求细分：通过对市场的深入调研，汉尚华莲发现不同年龄、性别、职业及兴趣爱好的消费者对汉服有着多样化的需求。因此，企业针对不同细分市场推出了差异化产品，满足了消费者的个性化需求。

(3) 互联网＋汉服：汉尚华莲充分利用互联网平台的优势，通过电商平台、社交媒体等渠道进行品牌宣传和产品推广，有效拓宽了销售渠道，提高了市场覆盖率。

2) 风险评估与规避正确

(1) 供应链风险：汉服制作工艺复杂，对原材料和工艺要求较高。汉尚华莲通过建立稳定的供应链体系，与优质面料供应商和生产厂家建立长期合作关系，确保了产品的质量和供货的稳定性。

(2) 设计创新风险：为保持品牌竞争力，汉尚华莲不断加大设计研发投入，引入新鲜元素，提升产品的独特性和时尚感。同时，企业还建立了完善的设计评审机制和市场反馈机制，确保产品设计符合市场需求和消费者喜好。

(3) 品牌形象风险：作为公众关注的焦点，汉尚华莲注重品牌形象的塑造和维护。企业通过提供优质的服务、参与公益活动等方式提升品牌美誉度和社会责任感。同时，企业还建立了完善的危机应对机制，以应对可能发生的品牌形象危机。

案例 2：雅韵服饰

雅韵服饰成立于 2017 年，是一家初创的汉服生产企业。尽管其创始人对汉服文化有一定了解，但在创业过程中显得较为盲目和急躁，企业在发展过程中也遭遇了诸多困难。创业初期，企业凭借其低廉的价格和快速的交货期在市场上获得了一定的份额。然而，随着时间的推移，企业逐渐陷入了困境，最后不得不退出市场。

1) 机会识别不足与发展战略不清晰

(1) 过度乐观的市场预期:雅韵服饰的创始人看到了汉服市场的一些积极信号,如汉服爱好者群体的逐渐扩大,但却过度乐观地估计了市场需求。他们认为只要凭借批量的生产与低廉的价格,就能够吸引大量客户,忽视了整体市场规模和市场竞争的实际情况。

(2) 忽视市场调研:雅韵服饰在产品开发前未进行充分的市场调研和消费者需求分析,导致产品与市场需求脱节,难以获得消费者认可。

(3) 市场定位模糊:雅韵服饰在成立之初未能明确自身的目标消费群体和市场定位风格,产品种类繁多但杂乱无章。此外,品牌形象缺乏统一性。

2) 风险评估与规避失误

(1) 供应链管理不善:雅韵服饰选择了低质量低价格的原材料供应商和生产厂家,导致产品质量问题频发,严重影响了品牌形象和消费者信任度。

(2) 价格战策略失败:随着市场竞争的加剧,雅韵服饰试图通过价格战来维持市场份额。然而,这种策略不仅损害了企业的利润空间,而且还加剧了市场的恶性竞争,最终导致了企业的失败。

(3) 资金链断裂:由于市场定位不准、产品滞销以及供应链管理不善等多方面原因,雅韵服饰很快陷入了资金链断裂的困境。

(4) 品牌危机:由于产品和服务质量问题频发,雅韵服饰的品牌形象严重受损,消费者信任度急剧下降。

(5) 人才风险:汉服定制业务对设计和制作人才的要求较高,但雅韵服饰在招聘和留住人才方面存在问题。一方面,由于缺乏吸引力的薪酬和发展空间,难以招聘到优秀的设计和制作人才;另一方面,由于经营不善,导致现有人才流失,进一步影响了企业的发展。

通过对比汉尚华莲与雅韵服饰的创业历程,我们可以深刻体会到创业机会识别与风险评估在创业过程中的重要性。汉尚华莲凭借其敏锐的市场洞察力和科学的风险评估机制成功抓住了汉服市场的发展机遇;而雅韵服饰则因机会识别不足和风险评估失误而陷入困境。对于创业者而言,在创业过程中必须注重市场调研和消费者需求分析,明确目标消费群体和产品的市场定位,持续创新与优化;同时建立健全的风险评估机制和应对措施以应对潜在的市场风险和挑战。只有这样,创业者才能在激烈的市场竞争中立于不败之地,实现企业的可持续发展。

思 考 题

扫描做习题

1. 如何识别未被满足的市场需求,并将其转化为创业机会?
2. 创业机会与商业机会的主要区别是什么?
3. 创业者如何评估个人与创业机会的匹配度?
4. 在蒂蒙斯模型中,哪些指标对创业项目最为关键?

5. 系统风险与非系统风险分别如何影响创业项目？
6. 创业者如何通过多元化策略来分散系统风险？
7. 创业者如何在产品开发初期降低非系统风险？
8. 个人财务状况如何影响创业者的风险承担能力？
9. 如何根据风险评估调整创业项目的预期收益？
10. 分析一个创业失败案例，总结其主要教训。

【书香致远】

[1] 莫妮卡·莫塔. 创业基因：创业者的冒险本能与自控[M]. 任莉, 张建宇, 译. 北京：人民邮电出版社, 2015.

[2] 马尔科姆·麦克唐纳, 伊恩·邓巴. 市场细分：如何发掘商业机会并从中获利[M]. 李九翔, 曾斐, 张鹏, 译. 北京：化学工业出版社, 2020.

[3] 邓汉慧. 创业风险识别与规避[M]. 北京：高等教育出版社, 2020.

[4] 钟东霖. 创业风险管理：创业开公司必知的实操陷阱[M]. 北京：电子工业出版社, 2022.

第6章 商业模式开发

【创新创业语录】

当今企业之间的竞争,不是产品之间的竞争,而是商业模式之间的竞争。

——彼得·德鲁克

商业模式是企业如何开展业务的方略,它是一个由各种活动构成的体系。

——拉菲尔·阿密特

【学习目标】

1. 理解商业模式的概念和本质。
2. 理解商业模式和商业战略的关系。
3. 掌握商业模式设计的关键要素。
4. 熟悉商业模式的设计思路和方法。
5. 熟悉商业模式创新的思路和方法。

【案例导入】 兆弟控股集团的数智化转型与商业模式变革

兆弟控股集团创建于1993年,总部位于浙江杭州,是一家集研发、智造、装配于一体的绿色环保高科技企业。集团主要生产两种产品:一是预应力混凝土异型预制桩,这种桩既稳定又坚固,广泛应用于建筑领域;二是装配式构件,有助于建筑项目的快速和环保施工。集团还拥有多台智能装备,专门用于生产这些构件。集团拥有众多创新专利,是国家行业标准的制定者之一,产品畅销于国内市场,近十年来连续快速增长,成为建材行业的佼佼者。

作为传统制造业的代表,面对市场环境的快速变化和技术革新的浪潮,勇敢地踏上了数智化转型的征途。这一过程不仅是对生产流程的改造,更是商业模式的深刻变革,引领企业向更高层次的方向发展。

1. 价值识别与定位

在数智化转型的初期,兆弟控股集团首先进行了深入的市场调研和需求分析,识别出市场对于高效、环保、定制化产品的强烈需求。基于这一洞察,企业明确了其价值主张:通过数智化技术提供高效、环保、个性化的预应力混凝土异型实心方桩产品,解决传统生产方式中的能耗高、效率低、难以满足个性化需求等问题。这一价值定位不仅符合市场趋势,也为企业后续的价值创造奠定了坚实基础。

2. 价值创造

为实现其价值主张,兆弟控股集团整合了内外部资源,进行了全面的价值创造活动。在内部,企业加大了对技术研发的投入,引入了物联网、大数据、人工智能等先进技术,构建了全自动化生产线和智能化供应链管理体系。这些举措显著提升了生产效率,降低了能耗和成本,为产品赋予了更高的附加值。在外部,企业积极寻求与供应商、合作伙伴和用户社群的合作,共同构建了一个高效协同的生态系统。通过关键业务活动的优化和创新,兆弟控股集团成功将价值主张转化为具有市场竞争力的产品和服务。

3. 价值传递

为确保价值创造成果能够有效触达目标客户群体,兆弟控股集团采取了多元化的渠道通路策略。一方面企业继续巩固传统销售渠道,提升销售网络的覆盖率和服务质量;另一方面积极开拓线上平台,利用互联网和移动互联网的优势,实现线上线下的深度融合。此外,企业还加强了品牌建设和营销推广,提高品牌知名度和美誉度,增强客户对产品的认知和信任。通过这些渠道通路的优化和拓展,兆弟控股集团成功将产品送达目标客户群体,确保了价值的有效传递。

4. 价值获取

在价值获取方面,兆弟控股集团设定了合理的收入来源和成本结构。企业通过销售高效、环保、个性化的预应力混凝土异型实心方桩产品获取主要收入;同时,利用智能化供应链管理系统降低库存成本和运营成本;通过提供定制化服务和解决方案增加服务收入。此外,企业还积极探索新的盈利模式,如授权收入、广告收入等,进一步拓宽收入来源。在成本管理方面,企业注重精细化管理,优化资源配置,提高资源利用效率。这些举措使得兆弟控股集团能够在激烈的市场竞争中保持盈利能力和竞争力,实现可持续发展。

兆弟控股集团的数智化转型与商业模式变革为我们提供了一个宝贵的案例。在数字化、智能化时代背景下,传统制造企业需要勇于创新、敢于变革,通过价值识别与定位、价值创造、价值传递和价值获取等环节的持续优化和创新,实现商业模式的升级和转型。这不仅有助于企业提升市场竞争力和盈利能力,更有助于推动整个行业的进步和发展。

【问题思考】

1. 如何评估兆弟控股集团在数智化转型过程中,其价值识别与定位对商业模式的影响?

2. 兆弟控股集团在价值创造方面,采用了哪些具体的技术手段和合作模式来支持其数智化转型?

3. 兆弟控股集团是如何通过优化价值传递和价值获取机制,确保数智化转型成果能够转化为实际的商业利益的?

6.1 商业模式的概念和本质

6.1.1 商业模式概念解读

商业模式这一概念在商业理论与实践中扮演着核心角色,它不仅是企业运营逻辑的高度抽象,更是企业实现价值创造、传递与获取的基本框架。以下是对商业模式概念的分析,包括其起源、演变、发展以及与企业价值创造的紧密关联。

1. 概念起源与演变

(1) 起源:商业模式这一术语的出现可以追溯到 20 世纪 50 年代,当时主要用来描述企业内部不同部门间如何协作以完成特定任务。随着市场竞争加剧和商业环境复杂化,尤其是信息技术革命带来的行业变革,商业模式的概念逐渐超越了企业内部运作,开始关注企业在整个价值链中的定位、资源组合、伙伴网络、客户关系以及盈利机制等方面,成为评估企业竞争优势与可持续性的重要工具。

(2) 演变:商业模式的演变过程伴随着对价值创造过程的深度理解和创新实践。早期的商业模式研究侧重于描述传统行业的运营模式,如制造业的规模化生产、分销零售业的连锁经营等。进入 21 世纪,互联网技术的兴起催生了大量新型商业模式,如电子商务、平台经济、共享经济、订阅经济等,这些模式打破了传统的时空限制,重构了价值链,使得商业模式的边界不断拓宽,创新速度显著加快。

(3) 理论发展:学术界对商业模式的研究也从单一的盈利模式分析扩展至涵盖价值主张、客户细分、关键业务、核心资源、合作伙伴、渠道通路、收入来源和成本结构等多维度的综合框架。其中,亚历山大·奥斯特瓦德和伊夫·皮尼厄提出的"商业模式画布"(Business Model Canvas)成为一种广泛应用的可视化工具,帮助企业家和管理者系统性地设计、分析和沟通商业模式。

2. 商业模式与企业价值创造

商业模式的核心在于揭示企业如何通过整合内外部资源,构建独特的价值创造系统,并有效地将价值传递给目标客户,最终实现自身价值的获取。以下通过一个"数字健康平台商业模式"来具体阐述商业模式如何驱动企业价值创造。

案例:数字健康平台商业模式。在这个案例中,数字健康平台通过创新的商业模式,将传统医疗服务与数字化技术深度融合,重新配置医疗资源,创造出新的价值链条。它不仅解决了传统医疗行业存在的地域限制、资源分布不均、服务效率低下等问题,还实现了对用户需求的精准匹配和服务的无缝对接,提升了用户体验,从而在创造社会价值的同时,为企业带来了稳定的收入。

(1) 价值主张:数字健康平台提供了一站式健康管理服务,包括远程医疗咨询、个性化健康计划制定、AI 健康数据分析、在线购药与送药上门等,旨在解决现代人健康管理需求多元化、便捷化的问题。

(2) 客户细分：平台主要服务于忙碌的职场人士、慢性病患者、关注预防保健的家庭以及偏远地区缺乏医疗资源的人群。

　　(3) 关键业务：开展线上问诊、健康数据追踪与分析、个性化健康方案推送、药品电商运营、合作伙伴关系维护等。

　　(4) 核心资源：平台整合了医疗专家网络、先进的AI算法、庞大的健康数据库、合规的药品供应链以及移动互联网技术。

　　(5) 合作伙伴：与多家医疗机构、制药企业、保险公司、健身机构等建立合作关系，共同打造健康生态系统。

　　(6) 渠道通路：通过自建APP、网页端、社交媒体合作、线下活动推广等方式吸引并保持用户。

　　(7) 收入来源：平台收入多元化，包括但不限于在线问诊费用、会员订阅费、药品销售利润、数据分析报告收费、广告收入以及与合作伙伴的佣金分成。

　　(8) 成本结构：主要包括技术研发投入、专家报酬、营销推广成本、药品采购成本、物流配送费用以及平台运维开支。

　　总之，商业模式的概念经历了从内部流程的审视和变革到外部价值网络构建的演变，其核心是企业设计、实施和优化其价值创造、价值传递与价值获取机制的战略蓝图。通过对商业模式的有效运用和创新，企业能够适应市场变化，发掘新的增长点，构建竞争优势，实现持续的价值创造。

6.1.2　商业模式本质探究

　　商业模式的本质体现在其作为企业价值创造与交换的核心机制，以及它与企业竞争优势构建的密切关系。本节将探讨这两方面内容，并通过一个循环经济的商业模式，进一步阐述商业模式的本质属性。

1. 价值交换的核心机制

　　商业模式的本质首先体现在其作为价值交换的核心机制。企业的存在和发展基于其能够为市场提供有价值的产品或服务，同时通过交换过程获取回报。商业模式正是对此过程进行系统化设计和组织的框架，它涵盖了以下几个关键环节。

　　(1) 价值识别与定位：企业识别市场需求，明确其提供的产品或服务所创造的独特价值，即价值主张。这包括解决何种问题、满足何种需求、提供何种独特体验等。

　　(2) 价值创造：企业整合内部资源(如技术、人才、知识、品牌等)，与外部资源(如供应商、合作伙伴、用户社群等)，通过关键业务活动，如研发、生产、营销、服务等，将价值主张转化为实际的产品或服务。

　　(3) 价值传递：企业通过特定的渠道通路，如线下批发、直销、分销、线上平台、实体店等，将产品或服务送达目标客户群体，确保价值创造成果能够有效触达并被用户感知。

　　(4) 价值获取：企业通过设定合理的收入来源，如产品销售、服务收费、租赁收入、授权收入、广告收入等，以及管理成本结构，实现从价值交换过程中获取经济收益，支撑企业持续运营与发展。

商业模式本质上是若干因素构成的一组盈利逻辑关系的链条,它定义了企业如何识别、创造、传递和获取价值的全过程,构建起一套完整的价值交换系统,确保企业能够在复杂的市场环境中有效运作,实现经济目标和社会价值。

2. 商业模式与竞争优势的关系

商业模式与企业竞争优势之间存在着深刻的内在联系。一个成功的商业模式不仅能帮助企业高效地创造和传递价值,更能在竞争激烈的市场中形成难以复制的竞争优势,具体表现在以下几方面。

(1) 成本领先优势:有效的商业模式能够优化资源配置,降低运营成本,实现成本领先。例如:通过规模化生产、供应链协同、平台效应、资源共享等手段,企业能够在保证产品质量的前提下,提供更具价格竞争力的产品或服务。

(2) 差异化优势:独特的商业模式可以塑造与众不同的价值主张和客户体验,使企业在同类竞品中脱颖而出。例如:通过创新的服务模式、定价策略、技术应用或生态系统构建,企业能够提供区别于竞争对手的解决方案,满足特定客户群体的深层次需求。

(3) 锁定效应与转换成本:某些商业模式设计包含锁定用户、提高转换成本的要素,如长期合同、专属平台、数据集成、用户习惯养成等,这些都能增强客户粘性,降低客户流失风险,形成持久的竞争壁垒。

(4) 动态适应与创新优势:灵活且具有前瞻性的商业模式有助于企业快速响应新兴趋势,进行持续创新。这样的商业模式使企业能够在不断演进的商业环境中保持敏捷性,提前布局,抢占先机。

案例:环保科技公司的循环经济商业模式。某创新型环保科技公司专注于推动塑料废弃物的回收再利用,采用先进的化学回收技术,将废弃塑料转化为高纯度的基础化工原料,再供应给下游制造商生产新的塑料制品。该公司的商业模式分析如下。

(1) 价值识别与定位:公司识别到塑料污染问题日益严重,全球对可持续发展的强烈需求,以及传统物理回收方法的局限性,提出"塑料循环再生"的价值主张,致力于打造塑料循环经济。

(2) 价值创造:公司自主研发高效化学回收技术,建设大规模处理设施,与废弃物回收企业、化工原料用户、科研机构等建立广泛合作,形成从废弃物回收、高效处理到再生原料销售的完整产业链。

(3) 价值传递:公司通过与地方政府、大型零售商、包装生产企业等合作,建立废弃物回收网络,确保原料供应;同时,直接向下游制造企业销售再生原料,或通过第三方交易平台进行交易。

(4) 价值获取:公司主要通过出售再生原料获得收入,同时可能获得政府补贴、碳排放权交易收益、废弃物处理服务费等多元收入。

在这个案例中,循环经济商业模式不仅解决了严重的塑料污染问题,创造了显著的社会价值,而且通过技术创新、产业链整合、政策合作等方式,构建了独特的竞争优势。

(1) 成本领先优势:规模化运营、高效的转化工艺以及废弃物回收网络的构建,有助于降低成本,使得再生原料在价格上更具竞争力,甚至可能低于部分原生原料。

(2) 差异化优势:相较于传统的物理回收和填埋处置方式,化学回收技术能处理更多种类、更低品质的塑料废弃物,产出高纯度原料,显著提升资源利用率,形成差异化竞争优势。

(3) 锁定效应与创新优势:公司与上下游企业深度合作,形成共生关系,增强了业务稳定性。同时,持续研发投入与技术迭代,使公司在应对法规变化、市场需求升级时具备快速适应与创新的能力。

商业模式作为价值交换的核心机制,其本质在于指导企业系统化地设计和执行价值创造、传递与获取的过程。优秀的商业模式与企业竞争优势密切相关,通过差异化、成本领先、锁定效应与创新等途径,助力企业在市场中立于不败之地。循环经济商业模式的案例生动展示了商业模式如何在解决社会问题的同时,构建并发挥竞争优势,实现经济效益与社会效益的双重目标。

6.2 商业模式和商业战略的关系

6.2.1 战略与模式的互动

商业模式与商业战略是企业经营管理的两个重要维度,二者相互关联、相互影响,共同构成企业成功运营的关键基石。本节探讨商业战略的定义与目标,以及商业模式在商业战略中的重要作用,并通过案例进一步阐述二者之间的互动关系。

1. 商业战略的定义与目标

1) 商业战略的定义

商业战略是指企业根据其愿景、使命及内外部环境分析,确定长期的发展目标,并据此选择和配置资源,制定一系列行动计划,以实现竞争优势和持续发展的全局性、长远性的规划。商业战略通常涵盖总体战略、竞争策略、合作战略、职能战略、资源配置、创新方向、增长路径等多维度立体层面。

2) 商业战略的主要目标

(1) 获取竞争优势:通过成本领先、差异化、集中化等战略手段,使企业在目标市场中相对于竞争对手拥有明显的竞争优势。

(2) 实现持续增长:确定合适的增长路径(如市场渗透、产品开发、市场开发、多元化等),确保企业长期实现稳定、健康的增长。

(3) 适应环境变化:根据外部环境(如市场需求、技术进步、政策法规、竞争态势等)的变化,适时调整战略方向,保持企业与环境的动态适应性。

(4) 创造股东价值:通过提升盈利能力、优化资本结构、提高资产周转率等方式,实现企业价值最大化,为股东创造丰厚回报。

2. 商业模式在战略实施中的作用

商业模式作为商业战略的具体化和落地工具,在战略实施过程中发挥着不可或缺的作用。它将战略目标、资源配置、业务流程、盈利模式等关键要素进行有机整合,构建出一套可操作、可衡量的业务运行体系,有力支撑和驱动战略的执行,具体体现在以下几个方面。

1) 战略目标具象化与路径规划

商业模式将抽象的战略目标转化为具体的业务构想与运营模式,清晰描绘出企业如何实现战略意图的详细路径。例如,若战略目标是通过技术创新实现市场领先地位,商业模式会明确企业在技术研发、产品创新、市场推广、客户服务等方面的独特做法,以及如何通过专利保护、技术合作、品牌塑造等手段构建并保持竞争优势。这种具象化的过程有助于企业将战略愿景转化为实际操作层面的行动指南,确保所有业务活动与战略目标保持一致。

2) 资源配置与协同效应

商业模式明确了企业所需的关键资源、核心能力以及合作伙伴关系,为战略实施中的资源配置提供了依据。企业可以根据商业模式的要求,有针对性地获取、培育、整合各类资源,确保资源的有效利用与价值最大化。同时,商业模式强调内部各部门、各业务环节以及外部合作伙伴间的协同效应,通过优化业务流程、强化信息共享、建立利益共享机制等方式,促进资源的高效流转与价值共创,提升战略执行的整体效能。

3) 业务流程标准化与效率提升

商业模式规范了企业从价值识别、创造、传递到获取的全过程,为各项业务活动设定了标准流程与操作规范。通过商业模式的落地实施,企业能够系统化地梳理、优化业务流程,消除冗余环节,提升运营效率。例如,通过引入数字化技术,优化供应链管理,实现订单、库存、物流的实时跟踪与精准控制,既降低了运营成本,又提高了客户满意度。这种标准化、高效化的业务流程有助于企业快速响应市场变化,灵活适应战略调整,为战略实施提供坚实的运营基础。

4) 盈利模式创新与价值创造

商业模式中的盈利模式设计直接影响企业的收入结构与成本构成,是战略实施中价值创造与获取的核心环节。企业可以通过商业模式创新,探索多元化的收入来源,如产品销售、服务收费、授权使用、数据变现、平台佣金等,以适应市场变化,挖掘新的盈利机会。同时,商业模式强调对成本结构的精细化管理,通过合理安排固定成本与变动成本、直接成本与间接成本,优化成本结构,提高盈利水平。盈利模式的创新与优化,不仅有助于企业实现短期的财务目标,也有利于构建长期的竞争优势,为战略实施提供稳健的财务保障。

5) 绩效评估与战略调整

商业模式提供了衡量战略实施效果的量化指标与评价体系,包括收入增长率、利润率、客户满意度、市场份额、创新能力等。通过对这些指标的定期监测与分析,企业能够准确评估战略执行的成效,及时发现问题,进行必要的战略调整。此外,商业模式的动态性使其能够随市场环境、技术进步、客户需求等变化而适时进化,确保战略实施始终保持与外部环境的适应性,实现企业的持续成长。

综上,商业模式与商业战略之间存在紧密的互动关系。商业模式是商业战略生成的基础,商业战略为商业模式提供行为选择。商业模式是企业实现战略愿景、创造长期价值的重要工具。

案例:农业无人机服务提供商商业模式。某农业科技公司专注于为农业生产者提供无人机植保服务,通过自主研发的无人机设备、智能喷洒系统以及配套的数据分析平台,帮助农户实现精准施肥、施药,提高农业生产效率,减少环境污染。

商业战略

(1) 市场定位:专注于农业植保领域,瞄准现代农业转型升级的需求,提供智能化、精准化的无人机服务解决方案。

(2) 竞争战略:通过技术创新、服务质量、成本控制等手段,打造差异化竞争优势,对抗传统农机服务和潜在的行业新进入者。

(3) 增长路径:初期以无人机销售和租赁为主,逐步转向提供全方位的植保服务,包括设备、飞手培训、数据分析等,并通过扩大服务范围、拓展国际市场寻求持续增长。

(4) 资源配置:重点投资于无人机技术研发、服务网络建设、品牌推广和人才培养。

商业模式

(1) 价值主张:提供高效、精准、环保的无人机植保服务,帮助农户提高产量、降低成本、减少农药残留。

(2) 客户细分:主要服务于大型农场、农业合作社、种植大户等规模化农业生产者。

(3) 关键业务:无人机设备研发与销售、植保服务提供、飞手培训、数据分析与咨询服务。

(4) 核心资源:自主研发的无人机硬件、软件系统,专业的飞手团队,覆盖全国的服务网络,丰富的农业数据资源。

(5) 合作伙伴:与农药、肥料厂商、农业科研机构、地方政府等建立合作关系,共同推动农业现代化进程。

(6) 渠道通路:线上线下结合,通过自营服务站、经销商网络、线上服务平台等多种方式触达客户。

(7) 收入来源:无人机销售、租赁收入,植保服务收费,数据分析与咨询服务费,可能的政府补贴。

(8) 成本结构:无人机研发与生产成本,服务网络建设与运维成本,飞手培训与人力资源成本,市场营销与管理费用。

在这个案例中,商业模式在商业战略中发挥了以下关键作用。

(1) 战略落地载体:商业模式将商业战略中关于市场定位、竞争策略、增长路径、资源配置的决策具体化为可操作的业务模型,明确了企业如何创造、传递和获取价值,为战略实施提供了清晰的行动指南。

(2) 资源整合平台:商业模式通过定义关键资源、合作伙伴、业务活动等要素,帮助企业有效整合内外部资源,形成协同效应,提升战略执行效率。

（3）创新驱动力：商业模式创新如服务化转型、数据增值服务等，是实现战略目标的重要手段，有助于企业应对市场变化，创造新的增长点，强化竞争优势。

（4）绩效评价工具：商业模式中的收入来源、成本结构等要素为战略绩效评价提供了量化依据，有助于企业监控战略执行效果，及时调整战略方向。

农业无人机服务提供商的案例生动展示了商业模式如何在战略实施中发挥重要作用，实现企业市场定位、竞争策略、增长路径和资源配置的落地，推动企业持续创新与价值创造。

6.2.2 战略与模式共同推动企业持续发展

战略与商业模式是企业经营管理的两大核心要素，以下阐述商业模式对战略选择的影响、商业战略对商业模式调整的指导，以及它们如何共同推动企业的持续发展。

1. 商业模式对战略选择的影响

商业模式为企业的战略选择提供了基础框架。一个清晰的商业模式可以帮助企业明确其目标客户群、价值主张、收入来源和成本结构等关键要素。基于这些要素，企业可以更加精准地制定战略方向，如是否专注于高端市场、是否采取低成本策略、是否开发新产品线等。

1）确定战略定位与发展方向

商业模式决定了企业的价值主张、客户群体、价值创造方式及盈利逻辑，从而影响战略选择的方向。不同的商业模式对应着不同的市场定位、竞争策略和增长路径。例如，亚马逊的"飞轮"商业模式（以低价吸引大量用户，通过规模效应降低运营成本，再投资于用户体验和服务的提升，进一步吸引用户并增加用户黏性）决定了其采取"以客户为中心"的战略定位，专注于扩大用户基础、提升用户体验，并以此驱动多元化业务的发展。

2）指导资源分配与优先级设定

商业模式揭示了企业创造价值的核心资源与能力，以及它们之间的相互作用，有助于战略决策者明确资源配置的重点与顺序。例如，Netflix 的订阅制流媒体商业模式要求企业投入大量资金进行原创内容制作与版权采购，因此在其战略选择中，内容投资成为核心战略举措，而硬件设备销售等非核心业务则被逐步剥离。

3）影响风险承受度与战略灵活性

商业模式的稳定性、抗风险能力和创新潜力会影响企业对战略风险的承受度，以及应对市场变化的战略灵活性。例如，Uber 的共享经济商业模式在初期面临法规挑战与市场竞争压力时，选择了积极扩张与持续创新的战略，以快速抢占市场份额，塑造行业规则。

案例：Spotify 的商业模式与战略选择。Spotify 是一家全球领先的在线音乐流媒体服务平台，于 2008 年 10 月在瑞典、英国、法国等国家正式上线，总部位于瑞典斯德哥尔摩。通过提供海量的音乐库，让用户能够随时随地在线播放或下载数百万首歌曲、播客和有声书，内容涵盖了全球各大唱片公司的音乐。该平台的服务分为免费订阅和付费订阅两种模式。免费用户在享受音乐时会受到广告干扰，而付费用户则可以享受无广告、高品质音质、离线播放以及更多的个性化功能。Spotify 还以其先进的算法推荐系统闻名,通过分析用户的听歌习惯,为每位用户提供个性化的音乐推荐。截至 2023 年年底,其付费用户数量达到 2.36 亿,月活跃用户数达到 6.02 亿,显示了其在全球音乐流媒体市场的主导地位。Spotify 采用"免费增值"商业模式,提供免费音乐流媒体服务吸引用户,通过广告收入补贴免费用户成本,同时鼓励用户升级为付费订阅以享受增值服务。这一商业模式决定了 Spotify 的战略选择。

（1）市场定位：面向广大音乐爱好者,尤其是年轻人群体,通过免费服务降低准入门槛,吸引大量用户。

（2）资源分配：重点投资于音乐版权采购、个性化推荐算法开发以及全球市场拓展,确保内容丰富度、用户体验与市场规模的同步提升。

（3）战略灵活性：在面对 Apple Music 等竞争对手的压力时,Spotify 持续优化其免费服务与付费服务的平衡,推出学生优惠、家庭计划等差异化定价策略,增强用户黏性与付费转化率。

通过这些战略选择,Spotify 不仅巩固了其在音乐流媒体市场的领先地位,还不断拓展新的业务领域,如播客市场,进一步丰富了其内容生态。

2．商业战略对商业模式调整的指导

随着市场环境的变化和企业发展阶段的不同,原有的商业模式可能不再适用,这时就需要商业战略来引导商业模式的调整。商业战略能够帮助企业识别新的市场机会,发现潜在的风险点,进而对商业模式进行必要的优化和创新。

1）战略转型驱动商业模式变革

当企业面临市场环境变化、竞争格局重塑或战略目标调整时,商业战略的转变往往会带动商业模式的革新。例如,IBM 从硬件制造商转向提供 IT 解决方案与服务的战略转型,推动其商业模式从产品销售转向服务订阅、咨询与技术支持,实现了从产品导向到服务导向的转变。

2）战略聚焦促使商业模式精简优化

商业战略的聚焦可能导致商业模式的简化与优化,以集中资源在最具竞争力的价值创造环节。例如,当耐克决定将战略聚焦于核心的运动鞋服设计与品牌营销时,剥离了自有工厂,转向外包生产,形成了以品牌授权与分销为主的轻资产商业模式,大幅提升了运营效率与盈利能力。

3）战略联盟与合作催生新型商业模式

商业战略中的合作与联盟策略可以催生出跨界融合、资源共享的新型商业模式。例如,阿里巴巴与众多线下零售商的战略合作,催生了"新零售"商业模式,通过线上线下融合、数据驱动、智能化运营,重塑零售产业链,为消费者提供无缝购物体验。

案例：微软的战略转型与商业模式调整。面对云计算与移动互联网时代的到来,微软在萨蒂亚·纳德拉(Satya Nadella)的领导下进行了战略转型,从以 Windows 操作系统为核心的软件销售商转变为提供云服务与跨平台生产力解决方案的科技巨头。这一战略转型引导了商业模式的重大调整。

（1）云服务：微软大力发展 Azure 云平台，将其从传统的软件许可模式转向基于订阅的云服务模式，实现了收入来源的持续性和可预测性。

（2）开放与合作：微软摒弃了过去的封闭策略，积极拥抱开源技术，加强与其他平台如 Linux、iOS、Android 等的兼容与合作，拓宽了其商业模式的适用范围与市场空间。

（3）跨平台服务：微软推出 Office 365、Microsoft Teams 等跨平台生产力服务，不再局限于 Windows 操作系统，而是面向所有主流设备与操作系统提供服务，适应了用户多元化的工作场景需求。

通过这些战略转型和商业模式调整，微软不仅成功应对了云计算和移动互联网带来的挑战，还抓住了新的市场机遇，实现了持续增长和创新发展。

总之，商业模式与商业战略之间存在着紧密的互动关系。商业模式影响战略的选择方向、资源分配与风险承受度；而商业战略的转变则会驱动商业模式的变革、精简与创新。企业需要根据内外部环境的变化，动态调整战略与商业模式，实现两者的协同发展，以确保持续的竞争优势与商业成功。通过合理运用商业模式和战略，企业才能在不断变化的市场环境中保持活力，实现长期的可持续发展。

6.3　商业模式因果关系链条的分解

商业模式设计师分解企业价值链条和价值要素的过程，涉及要素的新组合关系或新要素的增加。商业模式因果关系链条揭示了企业价值创造、传递与获取的内在逻辑，通过分析其各要素间的相互作用，有助于理解商业模式的成功运作机制。本教材将这种要素之间的"因果关系"理解为一种"循环互动关系"，即要素在商业模式的框架中动态运动，互相促进，互为因果。本节将从链条构建和关键要素分析两方面展开，辅以相关案例进行阐述。

6.3.1　链条构建

1. 价值主张与客户需求

价值主张是商业模式的核心，它定义了企业为特定客户群体提供的独特价值，包括产品、服务、解决方案或体验。价值主张应紧密围绕客户需求进行设计，确保其与目标市场的需求相契合，引发客户的购买意愿。价值主张与客户需求之间的因果关系可以从以下几个方面来理解。

（1）客户需求识别：企业通过市场调研、用户访谈、数据分析等方式深入了解客户需求，包括显性需求（如功能需求、价格需求）与隐性需求（如情感需求、社交需求）。

（2）价值主张创新：基于客户需求洞察，企业创新设计价值主张，提供满足甚至超越客户需求的产品、服务或解决方案，形成差异化竞争优势。

（3）价值主张验证与迭代：通过原型测试、市场试销、用户反馈等方式验证价值主张的有效性，根据市场反应进行持续迭代优化，确保其始终与客户需求保持一致。

2. 收入流与成本结构的平衡

商业模式的可持续性取决于收入流能否覆盖成本并产生利润。收入流与成本结构之间的因果关系可以从以下几个方面来理解。

（1）收入流设计：基于价值主张，企业设计多元化的收入来源，如产品销售、服务收费、订阅费、交易佣金、广告收入等，确保收入流与提供的价值相匹配，且易于实现规模化增长。

（2）成本结构优化：企业根据价值创造过程，识别并管理各项成本，包括直接成本（如原材料、人工）、间接成本（如租金、营销费用）、固定成本（如固定资产折旧）与变动成本（如按销量计算的成本）等。通过技术创新、流程改进、供应链管理等方式降低成本，提高成本效益比。

（3）收入流与成本结构的动态平衡：企业需持续监控收入流与成本结构的变化，根据市场反馈、竞争态势、内部效率等因素调整价格策略、成本控制措施，确保商业模式在不同发展阶段保持盈利性。

6.3.2 关键要素分析

商业模式因果关系链条中的关键要素包括关键资源、关键活动、关键合作伙伴与渠道策略，它们共同构成了价值创造、传递与获取的运作系统。

1. 关键资源与关键活动

关键资源是企业实施商业模式、创造价值所必需的核心要素，包括有形资源（如厂房、生产设备）、无形资源（如知识产权、品牌、客户关系）、人力资源（如专业技能、人员素养、协作意愿）等。关键活动是企业运用关键资源将输入转化为输出的一系列核心业务操作。

关键资源与关键活动之间的循环互动关系如下。

（1）关键资源识别与配置：企业识别出创造价值所必需的关键资源，并进行有效配置，确保资源与商业模式的匹配性，支持关键活动的顺利开展。

（2）关键活动设计与执行：基于关键资源，企业设计并执行关键活动，如研发、生产、营销、服务等，将资源转化为产品或服务，实现价值创造。

关键资源与关键活动是企业商业模式的重要组成部分，它们之间的有效配合是企业实现价值创造、传递与获取的基础。企业需要不断识别和配置关键资源，设计和执行关键活动，以适应市场变化，提升竞争力，实现可持续发展。通过合理利用关键资源和关键活动，企业可以在激烈的市场竞争中脱颖而出，实现长期稳健发展。

2. 关键合作伙伴与渠道策略

关键合作伙伴是指对企业商业模式成功运行起到重要支持作用的外部组织，如供应商、分销商、技术服务商、金融机构等。渠道策略则是企业选择和管理产品或服务到达目标客户的方式。

关键合作伙伴与渠道策略之间的循环互动关系如下。

（1）关键合作伙伴选择与管理：企业根据商业模式需求，选择能够提供互补性资源、降低交易成本、扩大市场覆盖的关键合作伙伴,并通过合作协议、利益共享机制等方式进行有效管理。

(2) 渠道策略设计与执行:企业根据目标市场特性、客户购买行为、竞争态势等因素,设计直达客户、高效触达的渠道策略,如直销、分销、线上线下融合、社交媒体营销等,确保价值顺畅传递给客户。

总之,商业模式因果关系链条揭示了企业价值创造、传递与获取的内在逻辑,是理解商业模式运作机制的关键。链条构建阶段,企业需精准把握价值主张与客户需求的契合,确保产品或服务能引发客户购买意愿;同时,设计合理的收入流以覆盖成本并产生利润,维持商业模式的盈利性和可持续性。关键要素分析阶段,企业需有效识别、配置并运用关键资源,执行关键活动以实现价值创造;选择与管理关键合作伙伴,设计与执行适宜的渠道策略,确保价值顺畅传递给客户。通过以上两个阶段的深入分析,企业能够清晰理解商业模式的运作机理,为商业模式的设计、优化与创新提供科学依据,助力企业在复杂多变的市场环境中保持竞争优势,实现长期稳健发展。

6.4 设计商业模式的思路和方法

商业模式设计是创业机会开发环节的一个不断试错、修正和反复的过程。在构建或重构一个商业模式时,清晰的设计思路和有效的方法应用至关重要。本节将详细阐述设计商业模式的两大核心思路即市场洞察与机会识别、创新思维与价值工程,并介绍两种实用方法即商业模式画布的应用实践、客户开发与最小可行产品(Minimum Viable Product,MVP)的运用。同时,通过具体案例来进一步说明这些方法的实际应用。

6.4.1 设计思路

1. 市场洞察与机会识别

1) 市场洞察

市场洞察要求企业深入理解目标市场的现状、趋势、竞争格局、消费者需求及行为等关键信息。

(1) 行业研究:对所处行业的市场规模、增长速度、生命周期阶段、技术动态、政策法规等进行系统分析,掌握行业总体环境。

(2) 竞品分析:研究竞争对手的产品特性、定价策略、市场份额、优劣势等,以明确自身在市场中的定位。

(3) 客户研究:通过问卷调查、访谈、用户测试等方式,深入了解目标客户的需求、痛点、消费习惯、决策过程等,形成用户画像。

2) 机会识别

机会识别是在市场洞察的基础上,提炼出未被充分满足的市场需求或潜在的市场空白,即商业模式创新的机会点。

(1) 趋势捕捉：敏锐感知社会经济、科技、文化等领域的变革趋势，预见可能引发市场变革的因素。

(2) 蓝海探索：运用蓝海战略理念，寻找未被激烈竞争染指的市场空间，通过差异化或全新的价值主张打破现有市场边界。

(3) 痛点挖掘：深度剖析客户在使用现有产品或服务过程中遇到的问题，提出创新解决方案，填补市场空缺。

2. 创新思维与价值工程

1）创新思维

创新思维倡导企业跳出传统框架，敢于挑战既定规则，寻求商业模式的突破性变革。

(1) 颠覆式创新：彻底改变产品、服务、流程或整个行业的运作方式，如数字化转型、共享经济模式等。

(2) 平台思维：构建开放、协作的生态系统，连接多方参与者，创造网络效应，如电商平台、社交媒体等。

(3) 跨界融合：整合不同行业、领域的资源，创造新的价值组合，如健康科技、金融科技等跨界创新。

2）价值工程

价值工程旨在通过系统化的方法提升产品或服务的价值，同时降低成本，优化商业模式的效率和效益。

(1) 价值主张设计：明确向客户提供的核心利益，确保其独特性、相关性和吸引力。

(2) 成本结构优化：通过技术创新、供应链管理、流程再造等方式降低成本，提高盈利能力。

(3) 收入流创新：探索多元化的定价策略、增值服务、订阅模式等，丰富收入来源，增强商业模式的稳定性。

6.4.2 方法应用

1. 商业模式画布的应用实践

商业模式画布是一种视觉化工具，用于描述和设计企业的商业模式。它以简洁、直观的方式呈现了企业如何创造、传递和捕获价值的核心要素。商业模式画布通常由九个关键构造块组成，这些构造块相互关联，共同构成一个完整的商业模式视图，如图 6-1 所示。

1）商业模式画布的各个组成部分

(1) 客户细分：描述企业服务或产品的目标顾客群体，可以是大众市场、特定细分市场或多个细分市场。

(2) 价值主张：明确企业为特定客户细分创造价值的产品或服务，包括解决了哪些客户问题，满足了哪些客户需求。

(3) 渠道通路：企业如何与客户沟通、交付价值主张和建立关系，包括销售渠道、市场

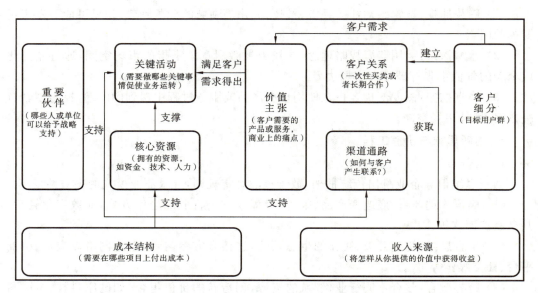

图 6-1 商业模式画布的组成

推广途径等。

（4）客户关系：企业与各客户细分群体建立和维护的关系类型，例如个人助理、自助服务、社区等。

（5）收入来源：企业通过其价值主张从每个客户细分中获取的收入流，包括产品销售、订阅费、租赁费、授权费等。

（6）核心资源：企业运行其商业模式所需的最重要资产，包括实体资产、知识资产、人力资产和财务资产。

（7）关键活动：企业为了创造价值、传递价值和维护客户关系所执行的最重要的任务。

（8）重要伙伴：企业与之合作以增强其商业模式的网络，包括供应商、分销商、战略联盟等。

（9）成本结构：运营商业模式所引发的所有成本，包括固定成本和可变成本。

商业模式画布通过这九个构造块帮助创业者和企业领导者系统地思考和分析商业模式的各个方面，便于快速测试商业模式假设，及时调整策略，以更好地匹配市场需求和资源能力。它鼓励跨部门团队协作，促进创新思维，是创业初期和商业模式迭代过程中的强大工具。

2）设计过程中企业应遵循的步骤

（1）要素填充：依据市场洞察与机会识别的结果，逐一填写商业模式画布的各个模块。

（2）关系梳理：明确各要素之间的逻辑联系和相互影响，确保商业模式的整体协调性和可行性。

（3）迭代优化：通过团队讨论、专家咨询、试点测试等方式，持续修订和完善商业模式画布。

案例:Spotify利用商业模式画布,明确了其为音乐爱好者提供便捷、个性化流媒体服务的价值主张,确定了免费增值、广告赞助、版权分成等多元收入来源,构建了包含艺人、唱片公司、广告商等在内的生态系统,最终成功地颠覆了传统的音乐消费模式。

2. 客户开发与最小可行产品

客户开发是指在产品开发初期就积极接触潜在客户,收集反馈,确保产品与市场需求高度契合,通常遵循以下步骤。

(1) 早期接触:通过问卷调查、用户访谈、焦点小组等方式,了解客户对产品概念的反应。

(2) 快速迭代:根据客户反馈调整产品设计,形成初步的产品原型。

(3) 验证假设:通过 A/B 测试、试销等方式,验证产品能否解决客户问题、满足需求,是否具有市场潜力。

最小可行产品(MVP)是客户开发过程中的关键工具,它是具备最基本功能、能验证核心假设、成本最低的产品版本。通过最小可行产品,企业能在正式投入大量资源前,快速测试商业模式的可行性。

案例:Dropbox 是一家专注于云存储和文件同步服务的公司,允许用户跨设备访问和共享文件。Dropbox 在初创阶段推出了一个简化的视频演示作为其 MVP,直观展示了云存储服务的核心功能。这个低成本的 MVP 吸引了大量用户注册,验证了市场需求,为后续产品的开发和商业模式的完善提供了有力依据。

设计商业模式是一个系统性的创新过程,需要结合市场洞察与机会识别的深入分析,运用创新思维与价值工程的理念,以及商业模式画布和 MVP 等实践工具。企业应秉持以客户为中心的原则,持续关注市场动态,勇于尝试新思路、新方法,不断迭代优化商业模式,以适应变化的外部环境,抓住商业机遇,实现持续、健康的发展。通过以上设计思路与方法的有效应用,企业能够构建或重构出既能满足市场需求又能实现自身盈利的高效商业模式,从而在激烈的市场竞争中脱颖而出。

6.5 商业模式创新的逻辑与方法

商业模式创新是企业应对市场变化、提升竞争力的关键策略。本节将探讨商业模式创新的内在逻辑,介绍主要的创新类型与维度,阐述创新方法,包括创新框架与工具、跨界融合与开放式创新,并通过案例分析进一步阐释这些方法的实际应用。

6.5.1 创新逻辑

1. 创新驱动因素

创新驱动因素分为外部驱动因素和内部驱动因素两种类型。

1) 外部驱动因素

(1) 政策环境变动:政府法规、产业政策、环保要求等变化,可能催生新的商业模式,或迫使企业对现有模式进行调整。

(2) 市场需求变化：消费者需求的多元化、个性化趋势促使企业不断创新商业模式，以满足日益复杂且快速变化的市场需求。

(3) 技术进步：新兴技术如人工智能、大数据、区块链等，为商业模式创新提供了前所未有的可能性，推动企业重新定义产品、服务和运营方式。

2) 内部驱动因素

(1) 企业家精神：企业家的创新意识、冒险精神和远见卓识，是商业模式创新的重要内生动力。

(2) 组织能力：企业的研发能力、学习能力、资源整合能力等，决定了其能否有效实施商业模式创新。

(3) 企业文化构建能力：鼓励创新、容忍失败的企业文化，有助于营造利于商业模式创新的内部氛围。

2. 商业模式创新的类型与维度

1) 商业模式创新的类型

(1) 颠覆式创新：彻底改变行业的运作方式，如 Uber 重塑了出租车行业，Airbnb 革新了住宿行业。

(2) 增量式创新：在现有商业模式基础上进行局部改进，如亚马逊 Prime 会员服务的推出。

(3) 平台型创新：构建开放的生态系统，连接多方参与者，如阿里巴巴打造的电子商务平台。

(4) 跨界融合创新：整合不同行业资源，创造新的价值组合，如苹果公司的 iPhone 将通信、娱乐、互联网服务融为一体。

2) 商业模式创新的维度

(1) 价值创造：创新产品或服务、价值主张，提供独特的客户价值。

(2) 价值传递：革新销售渠道、客户关系管理、售后服务等，优化客户体验。

(3) 价值捕获：创新收入模式、定价策略、成本结构，提升盈利能力和效率。

(4) 价值共享：通过合作、联盟、开放平台等方式，与其他企业、用户共同创造和分享价值。

6.5.2 创新方法

1. 创新框架与工具

商业模式画布：通过九个构建块（价值主张、客户细分、渠道通路、客户关系、收入来源、核心资源、关键活动、重要伙伴、成本结构）系统梳理和设计商业模式，促进创新思维的可视化和结构化。

设计思维：以人为本，通过同理心、定义、构思、原型、测试五个阶段，迭代优化产品和服务，推动商业模式创新。

蓝海战略：通过价值创新、非顾客分析、剔除-减少-增加-创造框架等工具，帮助企业寻找并开发未被充分竞争的市场空间。

2. 跨界融合与开放式创新

跨界融合：借鉴、整合其他行业或领域的先进理念、技术、资源，打破行业界限，创造出全新的商业模式，如金融科技、健康科技等领域的创新。

开放式创新：企业主动与外部合作伙伴（如供应商、客户、科研机构、创业公司等）共同创新，通过众包、共创、战略联盟等形式，拓宽创新视野，加速商业模式创新进程。

商业模式创新的逻辑源于内外部创新驱动因素，表现为多种类型的创新活动，涉及价值创造、传递、捕获和共享等多个维度。企业可通过运用创新框架与工具（如商业模式画布、设计思维、蓝海战略等），以及开展跨界融合与开放式创新，系统地推进商业模式创新。比亚迪等成功案例展示了这些方法如何在实践中转化为竞争优势，推动企业实现跨越式发展。在快速变化的商业环境中，持续进行商业模式创新是企业保持活力、引领行业变革、实现可持续增长的关键所在。

商业模式作为企业战略蓝图的核心，其创新与优化是企业适应市场变化、持续成长的关键。商业模式由多个维度构成，与商业战略具有互动关系。理解并运用商业模式的内在逻辑，通过创新思维与方法有效设计和优化商业模式，企业不仅能够为客户创造独特的价值，还能在复杂多变的环境中构建竞争优势，实现经济效益与社会效益的双赢。随着技术进步和全球化的深入，企业需持续探索创新，不断迭代商业模式，以抓住发展机遇，应对挑战。

6.5.3 新的商业模式

1. 订阅经济

订阅经济即用户通过定期支付费用（如月费或年费）来获得产品或服务的使用权，而非一次性购买所有权。与传统的购买模式不同，传统模式下消费者通常是一次性支付全部费用并永久拥有产品，而在订阅经济中，消费者支付的是使用费用，企业则提供持续的服务和支持。这种模式为企业创造了一个更加稳定和可预测的收入流，同时也使消费者能够灵活地享受最新的产品或服务，而无需承担高昂的一次性成本。订阅经济的核心在于建立长期的客户关系，通过持续的服务和更新来增加客户粘性，从而实现更高的客户终身价值。

案例：Adobe Creative Cloud-创意软件订阅服务。Adobe Creative Cloud 让用户可以通过支付月费或年费来访问一系列专业创意软件，如 Photoshop、Illustrator 和 InDesign 等。与传统的软件购买模式相比，Adobe Creative Cloud 为用户提供了更多的灵活性和更新频率。用户可以根据自己的需求选择不同的订阅套餐，同时还能享受云存储、协作工具等增值服务。此外，Adobe 会定期更新软件功能，确保用户始终能够使用最新版本。这种订阅模式不仅降低了用户的初始投入成本，还为企业带来了稳定的收入，同时也提高了用户满意度和忠诚度。

2. 共享经济

共享经济是指通过互联网平台将个人或企业的闲置资源（如房屋、汽车、技能等）与需要这些资源的人进行匹配，实现资源的有效利用。与传统的租赁或购买模式不同，后者往往涉及长期合同和较高的成本，而共享经济则更侧重于短期、灵活的使用方式。共享经济的核心是"使用而非拥有"，这有助于减少资源浪费，提高社会整体的资源利用效率。这种模式通过技术手段解决了资源分配不均的问题，降低了消费门槛，让更多人能够享受到原本难以触及的服务。

案例：Turo-汽车共享平台。Turo 允许车主将自己的汽车短期出租给需要用车的人，为车主提供了额外收入来源，也为租车者提供了更多样化的选择。与传统租车公司相比，Turo 的车辆种类更加丰富，价格也更具竞争力。例如，用户可以选择豪华车、SUV 或经济型轿车以满足不同需求。此外，Turo 还提供保险和 24 小时客服支持，确保交易的安全性和服务质量。车主和租车者可以通过互评机制了解对方的信誉，从而减少交易风险。Turo 的成功不仅改变了汽车租赁行业，还激发了其他领域共享经济模式的创新，如共享电动滑板车和自行车。

3. 按需服务

按需服务是指通过移动应用或其他数字平台提供即时服务，如餐饮配送、家政服务、出行服务等。与传统的服务模式不同，按需服务强调的是即时性和便利性，用户可以通过手机应用随时下单，服务商会在短时间内完成任务。这种模式利用了智能手机和互联网技术，大大缩短了服务响应时间，提高了服务效率。按需服务的核心是满足现代快节奏生活中人们对速度和便利性的需求，同时也为服务提供商创造了新的就业机会。

案例：DoorDash -餐饮配送平台。DoorDash 允许用户通过手机应用从当地餐馆订购食物，并由平台的配送员快速送达。与传统的外卖电话订餐模式相比，DoorDash 提供了更加便捷和高效的体验。用户可以在应用中浏览多家餐馆的菜单，选择自己喜欢的食物，并实时查看配送进度。此外，DoorDash 还为餐馆提供了额外的销售渠道，帮助他们扩大客户群。对于配送员来说，DoorDash 提供了一个灵活的工作机会，他们可以根据自己的时间和需求选择接单。DoorDash 的成功不仅改变了餐饮配送行业，还推动了其他按需服务模式的发展，如药品配送和家政服务。

4. 平台经济

平台经济是指创建一个线上平台，作为中介连接买家和卖家，促进双方交易。与传统的零售或中介模式不同，平台经济通过数字化手段降低了交易成本，提高了交易效率。平台经济的核心是构建一个开放的生态系统，吸引更多的参与者加入，形成网络效应。这种模式不仅为中小企业和个人创业者提供了展示和销售产品的渠道，还为消费者提供了更多选择和更好价格。

案例：Etsy-手工艺品和复古商品交易平台。Etsy 是一个连接手工艺人和消费者的在线市场，用户可以在平台上购买独特的手工艺品、复古商品和定制礼品。与传统的电商平台相比，Etsy 更加注重产品的独特性和个性化，吸引了大量寻求独特商品的消费者。卖家可以在平台上开设自己的店铺，展示和销售自己的作品，同时还可以与买家进行直接沟通。Etsy还提供了一系列工具和功能,帮助卖家管理库存、处理订单和推广店铺。此外,Etsy还建立了社区功能,让卖家和买家能够交流心得和经验。Etsy的成功不仅为手工艺人提供了一个展示才华的舞台,还满足了消费者对个性化和独特商品的需求,推动了手工艺品市场的繁荣发展。

5. 循环经济

循环经济旨在减少废物产生,提高资源利用率,通过修复、翻新、再制造等方式延长产品的生命周期。与传统的线性经济模式(生产-使用-废弃)不同,循环经济强调资源的循环利用和可持续发展。这种模式通过技术创新和管理改进,实现了资源的最大化利用,减少了环境污染和资源浪费。

案例:Patagonia-户外服装品牌。Patagonia是一家专注于环保和社会责任的户外服装公司,致力于推动循环经济的发展。该公司鼓励顾客回收旧衣物,并提供了修理服务,以延长产品的使用寿命。Patagonia还推出了一系列环保产品,如使用再生材料制成的服装和装备。此外,Patagonia还通过"Don't Buy This Jacket"活动,呼吁消费者理性消费,减少不必要的购买。这些举措不仅提高了资源利用率,还提升了品牌形象,吸引了越来越多的环保意识强的消费者。Patagonia的成功表明,循环经济模式不仅可以实现可持续发展,还可以为企业带来商业价值。

6. 众包

众包商业模式即利用大众的力量来完成某项任务,如创意设计、问题解决、产品开发等。与传统的内部研发或外包模式不同,众包通过互联网平台将任务发布给广大公众,吸引更多的参与者贡献智慧和创意。这种模式降低了企业的研发成本,提高了创新效率,同时也为个人提供了展示才能和获得报酬的机会。

案例:Kickstarter-项目融资平台。Kickstarter是一个众筹平台,允许创作者发起项目并从支持者那里筹集资金。与传统的融资渠道相比,Kickstarter为创意项目提供了一个低门槛的融资渠道,帮助许多初创企业和个人实现了梦想。用户可以通过支持感兴趣的项目来获得早期产品或特别回报,从而参与到项目的成长过程中。例如:一款名为Pebble的智能手表就是在Kickstarter上成功筹资并最终上市的。Kickstarter的成功不仅推动了创意产业的发展,还激发了更多人参与创新和创业的热情。

7. 虚拟现实和增强现实

虚拟现实(VR)和增强现实(AR)是一种通过计算机技术和设备为用户提供沉浸式体验的技术。与传统的图文或视频展示方式不同,VR/AR技术能够创建一个三维的虚拟环境或在现实环境中叠加虚拟信息,使用户能够与之互动。这种模式不仅改变了产品和服务的展示方式,还为用户提供了全新的交互体验,特别是在教育培训、娱乐、医疗等领域具有广泛的应用前景。

案例:IKEA Place-家具购物应用。IKEA Place是一款基于AR技术的家具购物应用,用户可以在家中通过手机摄像头预览家具摆放的效果。与传统的线下购物体验相比,IKEA Place为用户提供了更加直观和真实的购物体验,用户可以轻松调整家具的位置和角度,查看不同颜色和材质的效果。此外,应用还提供了详细的尺寸信息和购买链接,方便用户一键下单。IKEA Place 的成功不仅提高了用户的购物满意度,还提升了 IKEA 的品牌形象,吸引了更多年轻消费者。这款应用展示了 AR 技术在零售行业的巨大潜力,未来有望在更多领域得到应用。

8. 个性化定制

个性化定制,即根据每个客户的特定需求提供量身定做的产品或服务。与传统的标准化生产和销售模式不同,个性化定制强调的是满足消费者的个性化需求,提供独一无二的产品或服务。这种模式通过先进的制造技术和数据分析手段,实现了大规模定制化生产,既保持了生产的高效性,又满足了消费者的多样化需求。

案例:Nike By You-在线定制鞋服服务。Nike By You 是耐克推出的一项在线定制服务,用户可以通过网站或手机应用选择不同的颜色、材料、图案等元素,设计出独一无二的鞋子或服装。与传统的标准化产品相比,Nike By You 为用户提供了更多的个性化选择,满足了消费者对独特性和表达个性的需求。此外,耐克还通过数据分析和用户反馈不断优化定制流程,提高了用户体验。Nike By You 的成功不仅提升了品牌忠诚度,还为耐克开辟了新的增长点。这种模式展示了个性化定制在消费品行业的广阔前景,未来有望在更多领域得到应用和发展。

以上介绍的八种新的商业模式,都是近年来随着技术进步和社会变化而兴起的创新模式。这些模式不仅改变了企业运营的方式,也深刻影响了消费者的购买行为和生活方式。每种新模式都有其独特的特点和优势,例如:订阅经济通过持续的服务和支持建立了稳定的收入流;共享经济通过资源的有效利用减少了浪费;按需服务通过即时性和便利性满足了快节奏生活的需求;平台经济通过数字化手段降低了交易成本;循环经济通过资源的循环利用推动了可持续发展;众包通过集体智慧提高了创新效率;VR/AR 通过沉浸式体验改变了用户交互方式;个性化定制通过满足个性化需求提升了用户满意度。

除了上述模式,还有许多其他的新兴商业模式也在不断发展和完善中,例如:利用大数据和人工智能技术,企业可以更精准地了解客户需求,提供个性化的服务和产品;区块链技术的应用可以提高供应链的透明度和安全性,促进去中心化的交易和金融服务;通过发行绿色债券、绿色基金等形式,为企业提供资金支持,推动可持续发展项目的实施;随着远程工作的普及,新的协作工具和平台不断涌现,为企业和个人提供了更加灵活的工作方式。这些新的商业模式不仅为企业带来了新的增长机会,也为社会带来了更多的福祉。未来,随着技术的不断进步和市场需求的变化,更多的创新商业模式将继续涌现,推动全球经济的可持续发展。

【案例品鉴】 紫薇都市田园:乡村振兴的璀璨明珠与商业模式的创新实践

在武汉市新洲区仓埠镇这片历史悠久的土地上,紫薇都市田园如同一颗璀璨的明珠以其独特的魅力和深远的愿景,引领着当地农业的转型升级与乡村振兴的新篇章。历经近十年的精心培育与不懈努力,紫薇都市田园已从一片普通的农田蜕变成为集观光、休闲、科普、文化于一体的综合性田园体验区,不仅吸引了无数游客的目光,更成为了周边地区乃至更广范围内的一张亮丽名片。图6-2为紫薇都市田园用花装饰的小门,图6-3为紫薇花盛开季节游客乘坐小火车从花海穿过的场景。

图6-2　紫薇都市田园用花装饰的小门

图6-3　游客乘坐小火车从花海穿过的场景

1. 价值识别与精准定位

面对现代都市人群日益增长的对自然、健康、文化生活的渴望,紫薇都市田园创始人敏锐地捕捉到了这一市场机遇,并将其转化为清晰而独特的价值主张——打造一处远离尘嚣、回归自然,既能享受田园之乐,又能感受文化熏陶的诗意栖居地。这一价值主张不仅精准对接了城市居民对于身心放松与文化滋养的需求,更为紫薇都市田园的发展奠定了坚实的基础,使其在众多乡村旅游产品中脱颖而出。

2. 价值创造:内外兼修,多元融合

在价值创造的过程中,紫薇都市田园充分展现了其内外兼修、多元融合的创新策略。在内部资源方面,紫薇都市田园注重科技创新与人才培养,引入现代农业科技,提升农产品的品质与口感,同时加强服务团队建设,确保每一位游客都能享受到贴心、专业的服务。在外部资源合作方面,紫薇都市田园与地方政府、科研机构、教育机构等建立了广泛的合作关系,共同推动田园综合体的建设与发展,形成了产学研一体化的良好生态。

在关键业务活动方面,紫薇都市田园不仅保留了传统农业体验项目,如农产品采摘、农事体验等,更创新性地推出了紫薇文化节、农业科普讲座、手工艺工作坊等一系列文化活动,不仅丰富了游客的体验内容,更提升了项目的文化内涵与教育价值。

3. 价值传递:线上线下,全面覆盖

为了确保价值创造成果能够有效触达目标客户群体,紫薇都市田园采取了线上线下相结合的多元化渠道通路策略。线上,紫薇都市田园利用官方网站、社交媒体等新媒体平台,进行品牌宣传与产品推广,通过精美的图文、生动的视频,将田园风光与活动亮点直观地展现给潜在游客,激发了他们的游览兴趣。线下,紫薇都市田园则通过与旅行社合作推出特色旅游线路、参加旅游博览会、举办农产品展销会等方式,进一步拓宽了市场覆盖面,增强了品牌影响力。图6-4、图6-5分别为紫薇都市田园里的油菜花和向日葵。

图 6-4　紫薇都市田园里的油菜花

图 6-5　紫薇都市田园里的向日葵

4. 价值获取：结构优化，持续盈利

在价值获取环节，紫薇都市田园通过设定合理的收入来源与优化的成本结构，确保了企业的持续盈利与健康发展。收入来源上，紫薇都市田园主要依赖于门票收入、农产品销售收入、科普教育收入以及文化创意产品销售收入等多元化渠道，既保障了收入的稳定性，又提升了盈利的多样性。成本结构上，紫薇都市田园通过精细化管理、技术创新等手段，有效降低了生产成本与运营成本，提高了资源利用效率，确保了企业盈利能力的提升。

紫薇都市田园的商业模式创新之处在于：将传统农业与现代服务业深度融合，通过精准识别市场需求、内外资源高效整合、关键业务活动创新、多元化渠道通路与价值获取策略的优化，成功打造了一个集观光、休闲、科普、文化于一体的田园综合体，不仅满足了现代城市居民对高品质生活的追求，更为乡村振兴提供了宝贵的经验与示范。

展望未来，紫薇都市田园将继续秉承初心，不断探索与创新，以更加丰富的体验项目、更高品质的服务标准、更广泛的市场覆盖，持续引领乡村旅游的新风尚，为当地经济社会的全面发展贡献更大的力量。紫薇都市田园的故事，不仅是农业转型升级的生动实践，更是乡村振兴的美好缩影，值得我们学习与借鉴。

思 考 题

扫描做习题

1. 什么是商业模式？请用自己的话解释商业模式的概念，并说明其在企业运营中的重要性。

2. 商业模式的概念是如何随着时间演变的？请列举几个关键的时间节点及其主要特征。

3. 商业模式中的价值创造包括哪些方面？请结合兆弟控股集团的案例，说明其如何通过技术创新和资源整合实现价值创造。

4. 如何有效传递价值给目标客户？请结合紫薇都市田园的案例，分析其在价值传递方面的具体措施。

5. 企业在获取价值时需要注意哪些关键因素？

6. 什么是市场洞察？企业在进行市场洞察时需要关注哪些关键信息？

7. 请结合比亚迪的案例，说明其如何通过市场需求变化和技术进步识别新的商业模式机会。

8. 商业模式创新的常见类型有哪些？请结合案例，说明这些创新类型的具体应用。

9. 商业模式中的关键资源和关键活动分别指的是什么？请结合华为的案例，分析其关键资源和关键活动如何支持其商业模式的实施。

10. 商业模式如何支持企业的可持续发展？

【书香致远】

[1] 奥利弗·加斯曼, 卡洛琳·弗兰肯伯格, 米凯拉·乔杜里. 商业模式创新设计大全[M]. 2版. 聂茸, 贾红霞, 粟志敏, 译. 北京：中国人民大学出版社, 2023.

[2] 李永洲. 新商业模式：商业模式迭代和爆发的底层逻辑[M]. 北京：光明日报出版社, 2024.

第7章　创业资源及管理

【创新创业语录】

品牌的98%是文化,经营的98%是人性,资源的98%是整合,矛盾的98%是误会。

——牛根生

创业者在企业成长的各个阶段都会努力争取用尽可能少量的资源来推进企业的发展,他们需要的不是拥有资源,而是要控制这些资源。

——霍华德·史蒂文森(哈佛大学商学院创业研究领域的杰出教授)

【学习目标】

1. 理解创业资源的内涵与分类。
2. 熟悉影响创业资源获取的因素。
3. 熟悉创业资源获取的途径和技能。
4. 熟悉创业资金的测算方法和获取渠道。
5. 理解创业资源管理的方法与策略。

【案例导入】 大疆在农业无人机领域的资源管理与全球市场拓展

大疆创新科技有限公司(DJI)在2015年发布了智能农业喷洒防治无人机MG-1,正式进入农业无人机领域,之后不断加大在该领域的投入和研发力度,农业无人机业务在其整体业务布局中的重要性不断提升。2018年大疆在深圳推出七款农业植保新品,并提出"人、机器、商业模式"的效率提升手段。这一系列动作表明大疆对农业无人机业务的重视和不断推进,通过持续的资源投入和精细化的管理策略,大疆成功地将农业无人机业务打造成为公司新的增长引擎。2018年至今,大疆在全球多个农业区域进行实地测试、应用与市场推广,并在全球范围内取得了令人瞩目的成绩。

1. **资源获取与整合策略**

在技术资源方面,大疆成立了专门的农业无人机研发团队,汇聚了众多领域的顶尖人才。同时,公司与国内外知名农业科研机构建立了紧密的合作关系,共同推动农业无人机技术的研发与创新。

在财力资源上,大疆通过自有资金和外部融资筹集了巨额资金,专门用于农业无人机项目的研发和市场推广。此外,公司还成功争取到了国家农业科技创新项目的政府补贴,为项目的顺利推进提供了有力保障。

在人力资源方面,大疆通过校园招聘和社会招聘不断壮大农业无人机团队,并定期邀请农业领域的专家学者进行内部培训,提升团队的整体专业素养。

在市场资源上,大疆充分利用其原有的无人机销售网络,积极接触各地的农业合作社和大型农场,深入了解他们的需求和痛点。同时,公司还连续多年参加全球农业技术展览会,成功吸引了众多潜在客户和合作伙伴的关注。

2. 精细化管理与运营

大疆在项目管理上采用了敏捷开发模式,确保农业无人机项目能够按计划高效推进。在质量管理上,公司建立了严格的质量检测中心,并引入国际知名的第三方认证机构进行产品评估,确保每一款农业无人机产品都能够满足全球市场的标准。

在客户关系管理上,大疆建立了完善的客户关系管理系统(CRM),对潜在客户和现有客户进行细致的分类和管理。同时,公司还设立了24小时在线客服和售后服务热线,确保客户在遇到问题时能够得到及时有效的解决。

3. 全球市场拓展与显著成果

经过几年的持续努力,大疆农业无人机在全球市场取得了显著的成果。截至2023年,大疆农业无人机在全球市场的占有率高达70%,这一数据充分表明了大疆在全球无人机市场中的绝对主导地位。在国内市场,大疆无人机的占有率更是高达90%,几乎垄断了整个行业。在美国市场,大疆无人机也展现出了强大的竞争力,市场占有率常年在70%以上,特别是在警用、公共安全以及农业领域,其市场占有率更是遥遥领先。值得一提的是,在美国农业领域,每五架无人机中有四架是大疆品牌。横跨美国41个州和50种作物的370万英亩土地,几乎全部是通过大疆无人机完成的喷洒作业。大疆农业无人机在美国玉米种植区作业的场景如图7-1所示。

图7-1　大疆农业无人机在美国玉米种植区作业

这一成就不仅彰显了大疆无人机在农业领域的广泛应用和深厚实力,也为全球农业的现代化进程做出了重要贡献。此外,大疆农业无人机还在全球范围内进行了广泛的示范和应用。截至 2024 年 6 月 30 日,其全球保有量超过 30 万台,累计作业面积突破 75 亿亩次,覆盖中国三分之一的农业土地。在江西赣州、南非和美国等地,大疆也进行了多项示范项目,成功验证了其农业无人机在不同环境和条件下的有效性和高效性。

大疆创新科技有限公司凭借其卓越的技术实力、精细的资源管理和持续的市场拓展努力,成功将农业无人机业务打造成为公司的核心竞争力。这一成功案例不仅为大疆赢得了全球客户的信任和赞誉,也为整个农业无人机行业的发展树立了新的标杆。

【问题思考】
1. 大疆如何有效地整合技术和人力资源,以支持农业无人机的研发?
2. 在财务管理方面,大疆采取了哪些措施来保证农业无人机项目的资金需求?
3. 大疆在市场资源管理中,如何利用现有的销售网络拓展农业无人机市场?

7.1　创 业 资 源

7.1.1　创业资源的内涵与分类

1. 创业资源的内涵

创业资源的内涵丰富且多元,它是指新创企业在创造价值的过程中所需要的特定的资源,这些资源既包括有形资源也包括无形资源,是新创企业创立和运营的必要条件。

创业资源的特点有以下几点。

(1) 稀缺性:创业资源是有限的,创业者需要在有限的资源下做出最优的决策。

(2) 动态性:创业资源随着市场环境的变化而不断变化,创业者需要不断调整和优化资源配置。

(3) 价值性:创业资源能够为企业创造价值,是企业实现可持续发展的基础。

(4) 组合性:不同的创业资源可以相互组合,形成不同的创业模式和商业模式。

从另一个角度看,创业资源又包括创业人才、创业资本、创业机会、创业技术、创业管理和创业政策等多个方面。创业者需要全面了解和掌握这些资源的内涵和特点,以便在创业过程中做出最优的资源配置和决策。

2. 创业资源的分类

创业资源种类繁多,按照不同的视角,可以对其进行不同的分类。

1) 有形资源、无形资源和人力资源

(1) 有形资源是指那些可以通过物理手段触摸、量化和计量的资源,它们通常以实物形态存在,如资金、设备、场地、原材料等。这些资源是创业企业生产经营的物质基础,有形资源给创业企业提供资金支持、设备支持、场地保障、原材料供应等。

（2）无形资源是指那些不具有实物形态，但能够为企业带来经济利益或竞争优势的资源，如技术、品牌、专利、商誉、企业文化等。这些资源往往难以被模仿或复制，是企业核心竞争力的重要组成部分。无形资源给企业提供技术优势、品牌效应、专利保护、商誉积累、归属感和创造力，以及凝聚力和执行力等。

（3）人力资源是指企业中的员工及其所具备的知识、技能、经验和能力。人力资源是企业中最活跃、最具创造性的要素，它们决定了企业的创新能力和发展潜力。人力资源给企业提供智力支持、团队协作、人才培养、积极性和创造力等，从而提高企业的整体绩效。

有形资源、无形资源和人力资源是创业企业不可或缺的三大资源类别。它们各自发挥着不同的作用，共同支撑着创业企业的运营和发展。

【课堂互动】 哪种资源最重要？

有形资源是基础，无形资源是关键，人力资源是灵魂。可口可乐公司即使在一夜之间遭遇火灾，也有可能在一夜之间重建，银行会争着向它贷款。

美国"钢铁大王"安德鲁·卡耐基曾说：带走我的员工，把我的工厂留下，不久后工厂就会长满杂草；拿走我的工厂，把我的员工留下，不久后我们还会有个更好的工厂。

2）核心资源与非核心资源

核心资源与非核心资源是创业过程中的重要分类。

（1）核心资源是指创业项目中最为关键、不可或缺的资源，这些资源通常包括技术、关键人才、核心资金和市场渠道等。它们是项目成功的基石，能够为创业者在市场竞争中取得显著优势。在创业初期，核心资源的获取和有效利用往往决定了企业的生存和发展。

（2）非核心资源则是指那些虽然对企业运营有一定帮助，但并非决定性因素的资源。这些资源可能包括一些辅助性的技术支持、普通员工、备用资金和非主要市场渠道等。虽然非核心资源不像核心资源那样至关重要，但它们在企业的日常运营中也发挥着重要作用，是企业稳定运营和持续发展的基础。

核心资源与非核心资源在创业过程中各有其独特的地位和作用，创业者需要明确区分并合理利用这两种资源，以实现企业的可持续发展。

3）自有资源和外部资源

（1）自有资源指的是创业者或团队自身所拥有并可用于创业的各种资源。这些资源可能包括资金、技术、创业机会信息、自建的营销网络、控制的物质资源或管理才能、管理组织等。自有资源是创业者创业初期的基础，通过内部培育和开发，企业可以在内部开发无形资产、培训员工以及促进内部学习等，从而形成有益的能力。

（2）外部资源则是指创业者或团队从外部环境中获取的资源。这些资源可能来自于亲朋好友、同学、同事、商务伙伴或其他投资者的社会关系及其资源，或者能够借用的人、财、空间、设备或其他原材料等。外部资源的获取途径广泛，可能通过市场途径或非市场途径来实现。

与成熟企业相比，初创期企业的内部资源是非常有限的，整合外部资源对于创业者来说至关重要。首先,外部资源可以弥补自有资源的不足,使创业项目得以顺利推进。例如:当创业者面临资金短缺时,可以通过外部融资来获取所需的资金。其次,外部资源可以为创业者带来新的视角和思路,有助于创业者突破思维局限,找到更好的解决方案。最后,整合外部资源还有助于创业者建立更广泛的社会关系网络,为未来的合作和发展奠定基础。

案例:美国斯坦福大学的教学实践。美国斯坦福大学的一位教授曾邀请班上的学生们参与一项创业实验。每位学生获得五美元,并被要求在三小时内尽可能多地赚取额外的资金。实验结束后,每位学生需要上台进行三分钟的展示,分享他们是如何做到的。这个实验展示了学生们在有限资源下如何发挥创意和整合外部资源的能力。有些学生没有被五美元局限住,他们利用自己的学生身份这一独特资源,去做家教、提供咨询服务,甚至与创业公司合作,从而在短短三小时内就能赚取数百美元。这一实验不仅锻炼了学生们的创业能力,也让他们深刻体会到了整合外部资源的重要性。当然,我国的很多大学,在双创教育课程中,老师们也提出了类似的创业实践训练要求,但时间一般设置成三周、一个月甚至一个学期,其目的就是让同学们懂得"不能为我所有,但是能为我所用的,也是企业的资源"这一道理。

总之,不同的创业活动具有不同的创业资源要求,这体现在各行各业中各具特色的创业实践中。例如:科技创新型企业需要高精尖的研发团队和充足的科研资金作为支撑;文化创意产业则依赖于富有创意的人才群体和广泛的文化交流平台;农业创业项目往往要求拥有肥沃的土地资源和先进的农业技术;电子商务企业侧重于构建稳定的供应链体系和高效的物流网络;清洁能源项目则必须拥有丰富的自然资源和专业的技术团队;教育科技初创企业需要强大的师资力量和先进的教学平台;医疗健康领域的创业往往依赖于尖端的医疗设备和专业的医疗团队;而社交网络平台则侧重于用户数据的积累与精准的算法推荐。这些不同的创业活动,因行业特性和市场需求的不同,对创业资源的要求也呈现出多样化的特点。有效的资源整合与管理能够帮助企业更好地应对市场变化,提高竞争力,实现可持续发展。

7.1.2 创业资源与一般商业资源的异同

创业资源和一般商业资源在目的性、稀缺性和动态性方面具有一致性,均旨在通过优化资源配置实现商业目标,面对资源有限性和市场变化的挑战。然而,两者在风险性、灵活性和依赖性上存在显著差异。创业资源通常伴随更高风险,需灵活整合内外部资源,且高度依赖创始人的个人资源。相比之下,成熟企业的资源管理更加稳定,风险相对较低。

1. 相同点

(1)目的性:无论是创业资源还是一般商业资源,其获取和利用都是为了实现特定的商业目标,如盈利增长、市场份额扩大、创新能力提升等。

(2)稀缺性:优质资源在任何商业环境中都是有限的,都需要通过竞争或策略性配置来获取和最大化其价值。

(3) 动态性:资源的价值、可用性和重要性会随着市场环境、技术进步、企业战略等因素的变化而变化,需要持续评估和调整。

2. 不同点

(1) 风险性:创业资源往往面临更高的不确定性,因为初创企业在资源获取、使用和转化过程中通常面临更大的风险,如资金链断裂、人才流失、技术路线失败等。

(2) 灵活性:创业企业往往需要更灵活地调配和整合资源,如通过共享经济、众包、开放式创新等方式利用外部资源,以弥补自身资源的不足。

(3) 依赖性:创业初期,创始人个人的资源,如专业知识、社会关系、领导力等,对企业的生存和发展起着决定性作用,这种依赖性在成熟企业中相对较低。

创业资源与一般商业资源虽然在基本属性上相似,但在应对不确定性和资源调配的灵活性方面有着本质的区别,这反映了不同发展阶段企业在资源管理上的特点和挑战。

7.1.3 社会资本、资金、技术及专业人才在创业中的作用

创业资源的有效管理和利用是企业成功的关键。无论是农业、工业还是服务业等各行各业的创新,创业者都需要巧妙地整合社会资本、资金、技术和专业人才,以实现企业的快速发展和市场领先地位。下面讨论这些资源的重要作用。

1. 社会资本

社会资本在创业过程中发挥着重要作用,它帮助创业者获取关键信息、开拓市场、吸引投资、建立合作关系,从而降低交易成本,提高企业的生存与成长概率。良好的人脉关系可以促成重要的战略合作,加速产品的市场推广。例如:托普云农科技股份有限公司成立于 2008 年,专注于农业物联网和大数据技术,提供智慧农业解决方案。公司通过与地方政府、农业合作社和科研机构建立广泛的合作关系,共同推动智慧农业技术的应用。公司与地方政府合作开展农业物联网试点项目,积累了大量的实际操作经验和数据,为后续的大规模推广打下了坚实基础。此外,公司还与多家知名农业科研机构合作,共同研发适用于不同农作物的智能农业解决方案,大大提高了农业生产的效率和质量。

2. 资金

资金是创业的"血液",确保了企业的启动、运营、扩张和应对风险的能力。充足的融资可以支持研发、生产、营销等关键活动,助力企业快速抢占市场。在工业领域,珞石机器人科技有限公司成立于 2015 年,专注于工业机器人和智能装备的研发和制造,提供高性能的机器人本体和控制系统。公司在成立初期就获得了多轮融资,这些资金不仅支持了技术研发,还帮助公司在国内外市场快速布局,提升了市场占有率。公司通过引入战略投资者和政府支持,获得了大量的资金,用于建设研发中心、扩大生产和拓展市场渠道。这些资金的注入使得珞石机器人科技有限公司能够在短时间内建立起覆盖全国的销售和服务网络,为众多工业企业提供了先进的自动化解决方案,帮助他们实现智能化升级。

3. 技术

独特且先进的技术是创业企业构建竞争优势、实现产品差异化的重要手段。技术不仅能够提高产品的性能和质量，还能显著提升生产效率和降低成本。先进的算法和数据分析技术可以帮助企业更好地理解市场需求，优化产品设计和营销策略；智能制造技术则能够实现生产过程的自动化和智能化，减少人为错误；大数据和人工智能技术的应用可以提供个性化的用户体验，增强用户黏性等。例如：小红书创立于2013年，是一款生活方式分享社区和购物平台，集成了大数据分析、人工智能和社交网络技术，为用户提供个性化的内容推荐和购物体验。通过大数据分析，小红书收集和分析用户的浏览记录、搜索历史和互动行为，构建详细的用户画像，提供更加个性化的推荐内容。利用自然语言处理和图像识别技术，小红书自动识别用户发布的笔记内容和图片，提取关键信息并进行分类，提高了内容审核的效率和用户的互动体验。小红书的社区功能让用户可以关注感兴趣的人和话题，分享生活经验和购物心得，增加了用户黏性和社区活跃度。基于这些技术创新，小红书成功地将内容分享与电子商务相结合，吸引了大量年轻用户，成为一个具有影响力的综合平台。

4. 专业人才

高素质的专业人才是创业企业创新能力和执行力的保障。专业人才不仅能够推动产品研发和优化运营，还能有效拓展市场，提升企业的整体竞争力。他们通过技术创新和管理优化，帮助企业解决复杂问题，把握市场机遇。专业人才的加入不仅提升了企业的技术水平，还带来了先进的管理理念和丰富的行业经验，为企业的发展注入了新的活力。例如：商汤科技成立于2014年，通过提供有竞争力的薪酬福利、丰富的职业发展机会和开放的研究环境，吸引了众多来自国内外顶尖高校和企业的优秀人才，组建了一支涵盖计算机视觉、深度学习、数据科学等多学科背景的高水平团队。这些专业人才在技术研发、产品设计、市场拓展和客户服务等方面发挥了重要作用，为商汤科技的快速发展奠定了坚实的人才基础。商汤科技通过不断优化算法和提升服务质量，已经成为全球领先的人工智能企业。

总之，社会资本、资金、技术和专业人才是创业成功的关键要素，通过有效地整合和利用这些关键资源，可以实现初创企业的快速成长、稳定甚至市场领先地位。上述案例充分展示了在不同行业背景下资源的有效管理和利用对企业发展的重要性。

7.1.4 影响创业资源获取的因素

创业资源的获取是企业成功的关键，受多种因素的影响。下面对一些主要的影响因素进行详细分析。

1. 宏观经济环境

产业政策、经济周期、资本市场状况等宏观因素直接影响融资难度和成本，以及人才和技术的供给状况。在经济繁荣期，资金和人才的供给通常更加充裕，而在经济衰退期，融资难度和成本会显著增加。政府的产业政策和支持措施也会影响创业资源的获取。

2. 社会文化因素

社会文化背景和价值观会对创业资源的获取产生影响。在鼓励创新和创业的社会环境中,企业和个人更容易获得支持和认可,从而促进资源的流动和整合。文化氛围的开放性和包容性也会影响人才的流动和企业的创新活力。

3. 地域因素

创业地点的产业集聚程度、创新氛围、政策扶持力度等都会影响资源获取的便利性和效率。例如,位于科技园区或创新中心的企业更容易获得政府支持和优质资源。地理位置的优势可以降低运营成本,提高资源获取的效率。

4. 市场竞争状况

市场竞争的激烈程度会影响资源的获取难度。在竞争激烈的市场中,企业需要更高的创新能力和更强的资源整合能力才能脱颖而出,吸引投资者和优秀人才。竞争压力也会促使企业不断提升自身的竞争力。

5. 创业项目吸引力

项目的创新性、市场潜力、商业模式和盈利预期等是吸引投资者和人才的重要因素。一个具有创新性和高市场潜力的项目更容易获得资金和人才的支持。明确的商业模式和合理的盈利预期也能增强投资者和人才的信心。

6. 创业者的素质

创始人的领导力、行业经验、专业知识和人脉网络等个人特质对资源获取具有显著影响。一个具备丰富行业经验和强大领导力的创始人,更容易说服投资者和吸引优秀人才加入团队。

总之,创业资源的获取受到多个层次因素的综合影响。从宏观层面看,政策支持、经济环境等是基础,决定了资源的整体供给和成本。从中观层面看,地域和市场竞争状况等影响了资源获取的具体路径和效率。从微观层面看,创业项目的吸引力和创始人的素质等则是决定资源能否最终落实的关键因素。创业者需要全面考虑这些因素,制定有效的资源获取策略,以确保企业的顺利发展和市场竞争力。通过科学合理的资源整合,企业不仅能够克服各种挑战,还能抓住市场机遇,实现持续创新和快速发展。

7.1.5 创业资源获取的途径与技能

1. 创业资源获取的途径

创业所需的资源类型多种多样,不同的资源有着不同的获取途径和方法,主要的途径包括以下几个方面。

(1) 创业融资:通过天使投资、风险投资、政府补助、银行贷款、众筹等方式筹集资金。

(2) 人才招募:利用招聘网站、猎头服务、校园招聘、行业社群等渠道吸引专业人才。

(3) 技术合作与引进:与高校、科研机构、技术转移平台合作,购买或授权使用关键技术。

（4）建立社会资本：参加行业会议、创业大赛、社交活动，主动构建和维护商业关系。

2. 创业资源获取的技能

创业资源获取的技能是创业者成功获取和有效利用资源的关键，主要包括以下几个方面。

（1）有效沟通的技能：清晰阐述创业愿景、创业计划，打动潜在投资者和合作伙伴。该技能的要点在于以下几个方面。

① 故事化表达：将创业愿景、创业计划以引人入胜的故事形式呈现，让听众产生共鸣，理解并记住企业的核心价值与独特之处。

② 数据支撑：用准确、翔实的数据佐证市场潜力、竞争优势、盈利预测等关键信息，增强说服力。

③ 简洁明了：避免过于复杂的行业术语和冗长的论述，确保信息传递清晰、易于理解。

④ 互动交流：鼓励提问、反馈，根据听众反应调整讲解内容与方式，建立深度沟通。

案例：SpaceX创始人埃隆·马斯克在向投资者和公众介绍其火星殖民愿景时，不仅描绘了人类成为多行星物种的宏伟蓝图，还详细阐述了如何通过可重复使用火箭、星际飞船等创新技术降低太空旅行成本，以及预计的时间表和经济模型。他以富有感染力的语言、严谨的数据分析和互动问答，成功激发了投资者的兴趣和支持，为SpaceX筹集了大量资金。

（2）谈判技巧：在融资、合作、人才引进等过程中，争取有利条件，保护企业利益。该技能的要点在于以下几个方面。

① 明确目标：在谈判前明确期望达成的结果，设定底线与可接受范围，确保谈判方向与企业战略一致。

② 信息收集：充分了解对方需求、利益点、谈判风格等信息，以便制定针对性策略。

③ 灵活策略：根据谈判进展适时调整策略，如运用讨价还价、问题解决、合作寻求等谈判技巧。

④ 双赢思维：寻求双方都能接受的解决方案，建立长期合作关系，而非短期利益最大化。

案例：阿里巴巴在与雅虎合作时，马云展现出高超的谈判技巧。面对雅虎提出的苛刻条件，马云坚持保护公司控制权和长远发展利益，通过多次谈判，最终达成协议：雅虎以10亿美元现金和雅虎中国业务换取阿里巴巴集团40%股份，但马云团队保留董事会多数席位和控制权。这次谈判既为阿里巴巴带来了急需的资金，又保障了公司战略自主性，实现了双赢。

（3）整合资源：善于发现和利用现有资源，通过联盟、外包、众包等方式弥补自身短板。该技能的要点在于以下几个方面。

① 资源识别的能力：敏锐洞察内外部资源，包括未充分利用的内部资产、潜在的合作伙伴、社区资源等。

② 模式创新的能力：灵活运用联盟、外包、众包等合作模式，将外部资源转化为企业

优势。

③ 风险管理的能力：对合作中的风险进行评估与管控，如知识产权保护、服务质量控制、合作关系维护等。

④ 持续优化的能力：定期评估资源利用效果，根据市场变化和企业需求调整资源组合。

案例：小米在智能手机创业初期，凭借雷军的资源整合能力，构建了独特的"铁人三项"商业模式。小米与高通、英华达等顶级供应商结成战略联盟，通过外包生产降低成本；利用互联网进行产品预售、口碑营销，减少渠道成本；借助 MIUI 社区聚集大量粉丝参与产品设计与测试，实现众包创新。这种资源高效整合模式，使小米在短时间内迅速崛起，成为全球知名的科技品牌。

（4）持续学习：保持对行业趋势、新技术、管理知识的学习，提升自身与团队的竞争力。该技能的要点在于以下几个方面。

① 自我驱动：树立终身学习观念，主动寻求学习机会，不断提升自我。

② 目标导向：根据企业战略和个人发展需求，设定学习目标，如掌握新技术、理解新政策、提升管理能力等。

③ 多元学习：利用书籍、课程、研讨会、实践项目等多种方式，进行系统性、针对性学习。

④ 学以致用：将所学知识应用于工作实践，通过反思、分享、教练辅导等方式，加速知识内化与团队能力提升。

案例：拼多多的创始人黄峥，在浙江大学求学期间就展现出了对技术和商业模式的浓厚兴趣。毕业后，他并没有停下脚步，而是持续关注电商行业的最新动态和技术发展趋势。黄峥不仅通过阅读大量专业书籍和论文来充实自己的理论知识，还积极参与行业内的各种研讨会和交流活动，与同行分享经验、探讨未来方向。更重要的是，他将这些学习成果转化为实际行动，结合中国市场的特点，创新地提出了拼团购物模式，从而创建了拼多多这一电商平台。通过不断地学习和实践，黄峥不仅提升了个人的能力，也为团队注入了强大的动力，使拼多多能够在竞争激烈的电商市场中迅速崛起，成为行业的一匹黑马。

有效沟通、谈判技巧、资源整合与持续学习是创业者获取和利用创业资源的核心素养与技能。通过提升这些能力，创业者能够更好地吸引投资者、合作伙伴与人才，利用有限资源实现最大价值，适应快速变化的市场环境，推动企业持续创新与成长。SpaceX、阿里巴巴、小米和拼多多等成功案例，充分展现了这些技能在创业实践中的重要性与有效性。Uber 作为共享经济的典型代表，其创业资源获取策略极具参考价值。创始人特拉维斯·卡兰尼克凭借其在科技行业的丰富经验和广泛人脉，成功吸引了初始投资者，并组建了一支具有强大执行力的团队。其利用移动互联网技术，颠覆了传统出租车行业，展现出巨大的市场潜力，进一步吸引了多轮风险投资。在人才方面，公司积极从科技巨头挖角，打造了一支顶尖的技术团队。在社会资本构建上，通过与地方政府、汽车制造商、支付平台等多方合作，迅速扩大市场份额。其资源获取路径充分体现了清晰的愿景传达、出色的谈判能力、敏锐的技术洞察力以及强大的资源整合能力。

创业资源是新创企业生存与发展的基石，涵盖了人力资源、财务资源、物质资源、技术资源、社会资本等多个维度。与一般商业资源相比，创业资源更强调风险性、灵活性和创始人依赖性。社会资本、资金、技术及专业人才在创业中发挥着不可或缺的作用，其获取受项目吸引力、创业者素质、宏观经济环境和地域因素等多方面影响。创业者应熟练掌握融资、人才招募、技术合作与社会资本建立的途径与技能，结合具体情境灵活运用，以有效获取并高效利用创业资源，推动企业从初创走向成功。

7.2 创业融资

创业融资是创业过程中的核心环节，它关乎新创企业的生存与发展。本节将围绕创业融资分析、创业所需资金的测算、融资渠道以及融资选择策略展开讨论，并通过具体案例予以说明。

7.2.1 创业融资分析

1. 创业融资难的原因

创业融资难是一个普遍存在的问题，其原因复杂多样，涉及多个层面。以下是对创业融资难的主要原因的分析。

1) 信息不对称

创业企业在初创阶段，往往缺乏完善的信息披露机制，导致外部投资者难以准确评估企业的真实价值和潜在风险。这种信息不对称可能使外部融资成本高昂，甚至完全阻止了外部融资。

2) 不确定性

创业企业面临的不确定性因素众多，包括市场需求的变动、技术的更新换代、政策法规的调整等。这些不确定性增加了投资者的风险感知，降低了投资意愿，从而加剧了创业企业的融资难度。此外，创业企业往往缺乏稳定的盈利模式和市场地位，这也增加了其未来发展的不确定性，进一步影响了融资。

3) 企业资质与信用问题

创业企业通常是创办规模小、经营方式不规范、治理方针不完善、抗风险能力弱。企业领导可能缺乏经营管理的经验，信息披露不够透明，这些因素都会影响外部投资者对企业的信心和投资意愿。部分创业企业信用观念淡薄，诚信意识差，导致不良贷款率上升，进一步加剧了融资难度。

4) 道德风险

道德风险是在经济交易完成之后发生的，可能导致投资者面临资金损失的风险。如果创业者或企业管理层存在道德问题，如欺诈、挪用资金等，将严重损害投资者的利益和企业声誉，影响后续融资。

5）市场环境制约

外部市场环境决定了创业型企业融资的难易程度。在市场竞争激烈、经济环境不确定的情况下，创业企业从传统渠道融资的难度会进一步加大。

6）担保融资能力不足与成本高

创业企业往往因规模较小、固定资产不多等情况而面临担保融资能力不足的问题。同时，担保机构融资担保能力有限，且担保费用和融资成本较高，增加了企业的财务负担。

7）直接融资能力差

与成熟公司相比，创业企业缺乏直接融资的渠道和能力。虽然可以通过私人关系或民间资本市场进行融资，但这些资源有限且不稳定，难以满足企业长期发展的资金需求。

8）金融机构运作机制约束

在金融危机的冲击下，各国政府为有效地避免金融危机带来更深层次的危害，都采取了谨慎性原则。这一宏观调控使得中小企业贷款首先受到冲击，银行金融机构的运作机制约束了中小企业融资。此外，缺乏与中小企业相适应的金融机构也是导致融资难的原因之一。

创业融资难的原因涉及多个方面，这些因素相互交织，共同构成了创业融资难的复杂局面。

2. 创业融资的优势

任何事务都具有两面性，在融资领域，初创企业与成熟企业相比，虽然面临更多的挑战，但也存在一些独特的融资优势。这些优势在某些情况下，使得一些初创企业相较于成熟企业更容易获得资金的支持。以下阐述初创企业的融资优势。

1）创新性和高增长潜力

初创企业往往聚焦于新技术、新产品或新服务，具有高度的创新性。这种创新性对于投资者来说，意味着未来可能的高增长潜力和巨大的市场机会。

2）灵活性和适应性

初创企业通常规模较小，组织结构相对简单，这使得它们能够更快速地适应市场变化，抓住新兴机遇。这种灵活性和适应性对于投资者来说，意味着更高的投资回报潜力。

3）较低的资本需求

初创企业在初创阶段，相对于成熟企业，往往具有较低的资本需求。这使得它们能够以较小的资金规模启动项目，并迅速验证商业模式。一些天使投资人或早期风险投资基金，更愿意投资这类低门槛、高潜力的初创企业。

4）政策支持与激励

为了鼓励创新和创业，中国政府及各级地方政府为初创企业提供了一系列的政策支持和激励措施，如税收优惠、创业基金、孵化器支持等。这些政策和激励措施降低了初创企业的融资成本，提高了其融资成功率。

初创企业在融资方面存在的优势主要体现在创新性和高增长潜力、灵活性和适应性、较低的资本需求,以及政策支持与激励等方面。这些优势使得一些具有独特价值和潜力的初创企业尽管面临诸多挑战,但仍能够成功吸引投资者的关注并获得资金支持。

3. 创业融资的过程

创业融资是创业公司筹集资金以支持其运营、发展、市场推广和产品研发等关键环节的过程。以下是创业融资过程的详细分析。

1) 确定融资需求

创业公司首先需要明确自身的融资需求,这包括融资的金额、用途、期限等。明确的融资需求有助于公司更有针对性地寻找投资者和制定融资方案。

2) 准备融资材料

在确定融资需求后,创业公司需要准备详细的融资材料。这些材料通常包括以下内容。

(1) 创业计划书:展示企业的愿景、市场分析、竞争优势和财务预测,是吸引投资者的关键文件。

(2) 财务报表:提供公司的资产、负债、所有者权益、收入、成本和利润等关键财务信息。

(3) 市场调研报告:分析市场规模、增长趋势、竞争格局以及公司的市场定位和竞争优势。

(4) 团队介绍:介绍创业团队的背景、经验、专业能力和合作默契度,增强投资者的信心等。

3) 选择融资方式

根据公司的实际情况和市场环境,创业公司需要选择合适的融资方式。常见的融资方式有以下几种。

(1) 股权融资:通过出售公司股权来筹集资金,投资者将分享公司的未来收益。

(2) 债权融资:通过发行债券或向银行贷款等方式筹集资金,公司需要承担还本付息的责任。

(3) 政府补贴:政府为了鼓励创新和创业,可能会提供一定的补贴或资金支持。

(4) 众筹融资:通过互联网平台向大众募集资金,通常适用于具有创新性或社会价值的项目。

4) 寻找投资者

创业公司可以通过多种渠道寻找潜在的投资者。

(1) 天使投资人:富有的个人投资者,通常在企业发展的早期阶段提供资金支持。

(2) 风险投资机构:专注于投资高成长潜力的企业,提供资金支持和战略指导。

(3) 产业投资基金:专注于特定行业的投资,提供资金和行业资源支持。

5) 进行融资谈判

与感兴趣的投资者进行融资谈判,就融资金额、估值、股权分配等关键条款达成一致。在谈判过程中,创业公司需要保持诚信和透明,充分展示公司的价值和潜力。

6）签订融资协议

在融资谈判成功后，双方将签订正式的融资协议。协议中应明确双方的权利和义务，包括资金用途、股权变动、管理权分配等。签订协议前，务必仔细审查各项条款，确保符合公司的利益和发展战略。

7）完成资金交割

根据融资协议的约定，完成资金的交割工作。这通常涉及资金的转账、股权的变更登记等程序。完成资金交割后，创业公司应按照规定用途使用资金，并定期向投资者报告公司的经营状况和财务状况。

8）融资后的管理

融资并不是终点，而是企业发展的新起点。创业公司在获得资金后，需要合理管理资金，确保其有效使用。同时，与投资者保持良好的沟通关系，定期更新企业的运营状况和财务数据，能够增强投资者的信任感，提升后续融资的机会。

创业融资是一个复杂而关键的过程，需要创业公司充分准备、精心策划和周密执行。通过合理的融资策略和管理措施，创业公司可以成功筹集到所需的资金，为企业的快速发展提供有力支持。

7.2.2　创业所需资金的测算

创业所需资金的测算是创业规划中至关重要的一环，它直接影响到企业能否顺利启动并持续运营。以下是对创业所需资金进行详细测算的方法和步骤。

1. 明确资金需求范围

首先，创业者需要明确资金需求的范围，包括启动资金、运营资金、市场推广费用、产品研发费用、人员工资及福利、租金及水电费、税费以及其他可能的开支。这些费用应根据企业的业务类型、规模和发展阶段进行合理预估。

2. 详细列出各项开支

（1）启动资金：包括场地租赁或购买、设备购置、装修、公司注册、法律和财务咨询等费用。

（2）运营资金：用于日常运营活动，如购买原材料、零部件费用，支付租金、水电费、通信费、交通费等。

（3）市场推广费用：包括广告费、公关费、促销费用、市场调研费用等。

（4）产品研发费用：针对研发型企业，需要预留一定的资金用于产品设计、测试、专利申请等。

（5）人员工资及福利：根据企业的规模和人员结构，合理预估员工的工资、奖金、社会保险及公积金等费用。

（6）税费：根据企业所在地的税收政策，预估应缴纳的税费。

（7）其他费用：如培训费、差旅费、维修费、保险费等，这些费用可能因企业而异，但同样需要纳入考虑范围。

3. 进行市场调研和成本分析

为了确保资金测算的准确性,创业者需要进行市场调研,了解行业内的成本水平、市场规模、竞争态势等信息。同时,结合企业自身的实际情况,进行成本分析,包括固定成本和变动成本,以便更准确地估算出各项开支。

4. 制定资金预算表

在明确了各项开支后,创业者应制定一份详细的资金预算表。这份表格应列出所有预计的开支项目、金额以及预计的时间点。通过资金预算表,创业者可以清晰地看到企业的资金需求,以及资金在不同时间段的使用情况。

启动资金估算表示例,如表 7-1 所示。

表 7-1 启动资金估算表示例　　　　　　　　　　单位:元

项　　目	第一月支出金额	第二月支出金额	第三月支出金额	三个月总支出金额
创业者工资报酬	7000	7000	7000	21000
租金	4500	4500	4500	13500
广告费	1000	1000	1000	3000
用品支出	1500	1500	1500	4500
电话费	300	300	300	900
水电费	300	300	300	900
保险费	30	30	30	90
税费	400	400	400	1200
设备费	20000	0	0	20000
设备安装维护费	50	50	50	150
开始的库存	10000	0	0	10000
营业执照	100	0	0	100
押金	2000	0	0	2000
现金	15000	0	0	15000
其他	3000	0	0	3000
总计	65180	15080	15080	95340

【小贴士】 初创企业启动资金的估算最好按月,而不是按季度或更长的时间预估,这样更能保证估算的准确性。

5. 预留应急资金

在测算资金需求时,创业者还需要预留一部分应急资金。这部分资金主要用于应对可能出现的意外情况,如市场变化、政策调整、自然灾害等。应急资金的数额应根据企业的实际情况和风险承受能力进行合理预估。如表 7-1 所示的"其他"即是应急资金和未考虑到的需求资金。

6. 动态调整资金预算

在创业过程中,市场环境、企业规模、业务类型等因素都可能发生变化。因此,创业者需要定期审视资金预算,根据实际情况进行动态调整。这有助于确保企业始终拥有足够的资金来支持其运营和发展。

总之,创业所需资金的测算是一项复杂而细致的工作。创业者需要明确资金需求范围,详细列出各项开支,进行市场调研和成本分析,制定资金预算表,并预留应急资金。同时,还需要根据企业实际情况进行动态调整,以确保企业始终拥有足够的资金来支持其运营和发展。

7.2.3 创业融资渠道

创业融资渠道是指初创企业为了筹集资金而采用的不同方式和途径。按照资金的直接来源,创业融资渠道大致可以分为三类:个人融资、机构融资和政府融资。下面将详细阐述这三种融资渠道。

1. 个人融资

个人融资是指初创企业通过向个人投资者筹集资金的方式。这类投资者通常包括以下几种。

1) 个人自筹资金

创业者可以通过自己的储蓄、信用卡、房产抵押等方式筹集资金。这种方式的好处是自主性高,不需要分享企业的所有权和控制权,但可能会给创业者带来较大的个人财务风险。创业是捕捉商业机会实现价值的过程,将尽可能多的自有资金投入其中,可在新创企业中持有较多股份,成功后获得大的回报。自我融资是一种有效承诺:它告诉投资者,创业者对认定的商业机会和新创企业充满信心,是全心全意、踏踏实实地干事业,会给投资者积极的暗示,缓解信息不对称的负面作用,增加其投资可能性。当然,在难以获得外部资金的情况下,个人自筹资金也是不得已的选择。

2) 亲朋好友的借款

创业者有时会选择向亲朋好友借款来筹集资金。这种方式虽然操作简单,但往往受到资金规模的限制,并且需要谨慎处理人情关系和债务风险。创业初期,公司缺乏正规融资的抵押资产,缺乏社会筹资的信誉和业绩。因此,从创业者的家人、亲戚、朋友处获得资金是常见的方法。例如:温州民营经济的融资特征是在创业初期以自有资金和民间融资为主;当公司具有一定规模和实力后,以自有资金和银行借贷为主,民间融资仍是重要的外部资金来源。

【小贴士】 在亲朋好友的借款时,必须要用现代市场经济规划、契约原则和法律形式来规范借贷或融资行为,保障各方利益。

例如:借条和欠条不一样,借条内容中的"借"和"借到"不一样,必须明确所获得资金的性质是债权性的还是股权性的,借款利息超过多少不受法律保护等,这些都是需要注意的内容。制定一份正式协议将一切事项确定下来,包括资金的数量、有关条件、投资者的权利和责任以及对业务失败的处理等,可有效避免后期纠纷。

3) 天使投资

天使投资(Angel Investment)是自由投资者或非正式风险投资机构,对原创项目或小型初创企业进行的前期投资。天使投资虽是广义风险投资的一种,但它是一种非组织化的创业投资形式,其资金来源大多是民间资本,而非专业的风险投资商。天使投资是发育完善的资本市场中不可缺少的重要组成部分。天使投资人一般有两类:一是创业成功者;二是企业的高管或高校科研机构的专业人员。投资动机:体验冒险激情;希望以自己的资金和经验帮助有创业精神和能力的志同道合者,以延续或完成他们自己的创业梦想,体验成功后的社会荣誉感;期望获得高昂的投资回报。在投资决策方面,看重产品和市场,更看重创业者个人及其热情、可信度、受欢迎程度等,更多是对创业者的投资。

天使投资的特点:一种个人直接向企业进行的私人投资,明显区别于创业风投(机构规范运作进行的间接投资,以资本增值作为唯一目的,对这些尚未诞生或嗷嗷待哺的"婴儿"兴趣不大);偏好投资于创业期的企业,这个时期是最缺乏而又不容易获得资金的时期;不仅提供资金,往往还附带提供自己丰富的管理经验、专业特长、人脉关系等资源,这些是孵化一个创业企业成功的重要因素;门槛低,考察时间短,程序简单,速度快,有时即便是一个创业构思,只要有发展潜力,就能获得资金;投资频率高但规模小;投资领域广泛,弥补风险投资目前投资领域过于集中于高科技相关产业的不足。这些特征正好与中小企业的资本需求"小、频、急"的特点相匹配。

【知识链接】 天使,何方神圣?

天使投资人,通常是指个人或小团体,他们以私人资金投资于初创企业或种子期公司,以换取股权或可转换债券作为回报。天使投资人不同于传统的金融机构或风险投资基金,他们往往更注重投资对象的成长潜力和社会价值,而非短期财务回报。天使投资人在早期阶段给予创业者资金支持,帮助其度过创业初期的难关,并通过自身的经验、网络资源等多方面支持企业成长。天使投资人最早是指在20世纪初为纽约百老汇戏剧提供资金的投资人,当时投资于戏剧风险很大,很多出资者投资的目的是出于对艺术的支持,而不是为了获得超额的利润。因此,人们尊称他们为"天使"。20世纪80年代,新罕布什尔大学的风险投资研究中心最早在学术方面开始正式运用"天使"来描述这种特定的投资人及投资方式,并为学术界所认可。随着20世纪下半叶科技创业的兴起,特别是互联网行业的快速发展,天使投资逐渐成为一种重要的创业融资形式。20世纪70~80年代,随着硅谷等科技中心的发展,天使投资开始受到更多关注。进入20世纪90年代,天使投资逐渐形成专业化趋势,出现了专门的天使投资网络和组织,如美国的"天使资本协会"。21世纪以来,天使投资模式在全球范围内迅速扩散,各国纷纷建立相应的支持体系和服务平台。

在美国,天使投资是推动科技创新和经济增长的重要力量之一。据统计,每年有数以万计的新创企业通过天使投资获得启动资金。美国拥有成熟的天使投资生态系统,包括众多活跃的天使投资人、专业的投资顾问以及完善的法律法规保障机制。此外,美国政府也出台了一系列政策措施,鼓励和支持天使投资活动,如通过税收优惠等方式减轻投资者负担。在我国随着经济的快速发展和创新能力的提升,天使投资近年来呈现出快速增长的趋势。我国政府高度重视创新创业工作,出台了一系列扶持政策,营造出了良好的创业环境。例如,设立国家级孵化器、众创空间等平台,举办各类创新创业大赛,搭建投融资对接平台等。与此同时,我国也涌现出了一批知名的天使投资人和投资机构,他们在推动本土创新企业发展方面发挥了重要作用。然而,与我国庞大的市场需求相比,天使投资市场仍存在较大发展空间。一方面,需要进一步完善相关政策法规,优化投资环境;另一方面,也需要加强投资者教育,提高社会对天使投资的认知度和支持力度。

无论是美国还是中国,天使投资都是支持初创企业和技术创新不可或缺的一部分,对于促进经济发展、创造就业机会具有重要意义。随着全球范围内对创新重视程度的不断提高,未来天使投资将在我国更多领域发挥更加重要的作用。

2. 机构融资

机构融资是指企业向各类金融机构或组织筹集资金的过程,这些机构或组织通常拥有雄厚的资金实力和专业的投资能力,能够为企业提供多样化的融资服务。以下是机构融资中几种常见的融资方式。

1) 商业银行贷款

商业银行贷款是企业融资中最为常见和直接的方式。企业通过向商业银行申请贷款,获取所需资金用于生产经营、扩大规模、技术研发等。商业银行贷款具有资金成本低、融资速度快、手续相对简单等优势。然而,贷款额度、期限和利率等条件通常由银行根据企业的信用状况、还款能力等因素综合确定,且银行对企业的经营状况、财务状况和抵押物等有一定的要求。

2) 企业间的信用贷款

企业间的信用贷款是指企业之间基于信用关系进行的资金借贷活动。这种融资方式通常发生在供应链上下游企业之间,由上游企业向下游企业提供资金支持,或下游企业向上游企业预付货款等方式。企业间的信用贷款具有灵活性高、融资成本低等优势,但也需要企业之间建立稳定的合作关系和良好的信用关系。同时,由于企业间的信用贷款缺乏抵押物或担保措施,因此存在一定的信用风险。

3) 中小企业间的互助机构贷款

中小企业间的互助机构贷款是指由中小企业自发组建或由政府、行业协会等牵头成立的互助性贷款机构,为成员企业提供资金支持。这些机构通常具有较低的融资门槛和灵活的融资条件,能够满足中小企业多样化的融资需求。同时,互助机构贷款还具有一定的风险分散和信用增进作用,能够降低中小企业的融资成本和提高融资成功率。然而,互助机构贷款通常需要企业加入并成为会员,且贷款额度、期限等条件可能受到互助机构规模和资金实力的限制。

【知识链接】 中小企业信用担保体系

自20世纪20年代起,为支持中小企业发展,多国开始建立中小企业信用担保体系,旨在通过政府或相关机构担保,增强中小企业信用,降低贷款风险,促进其健康成长。目前,全球过半国家和地区已建立相对完善的此类体系,成为重塑银企关系、强化信用观念、化解金融风险、改善融资环境的重要手段。美国和日本在此方面尤为突出,分别通过成立中小企业管理局和专门金融机构,提供融资担保和法律保障。我国自1999年试点以来,也形成了多层次、多方面的中小企业信用担保体系,初具规模并发挥重要作用,但仍面临担保机构数量不足、规模偏小、资金来源有限、运作不规范等问题,需继续加强建设和完善。

4) 创业投资基金

创业投资基金(Venture Capital Fund)是指由专业投资机构设立的、专门投资于初创企业的投资基金。经济合作与发展组织(OECD)将"创业投资基金"界定为:凡是以高技术与知识为基础,生产与经营技术密集的高技术或服务的投资基金,均可视为创业投资基金。这些基金通常以股权投资的形式向企业提供资金支持,并积极参与企业的经营管理和发展规划。创业投资基金具有投资周期长、风险高但收益潜力大的特点。通过引入创业投资基金,企业能够获得资金支持、专业指导和管理经验等资源,加速企业的发展进程。然而,创业投资基金对企业的要求通常较高,包括企业所处行业的市场前景、技术创新能力、管理团队等方面。

【知识链接】 创业投资基金起源与发展

创业投资的起源可以追溯到15世纪,当时英国、葡萄牙、西班牙等西欧国家开始创建远洋贸易公司,是现代创业投资的雏形。这些早期的探险家和商人为了开拓新航线和寻找新市场,需要大量的资金支持,而当时的投资者则愿意承担风险以换取高额回报,这种模式为后来的创业投资奠定了基础。到了19世纪,随着美国西部的开发热潮兴起,"创业投资"这一概念在美国逐渐流行起来。1875年,美国铁路系统的扩展就是一个典型的例子,它吸引了大量私人资本的投入,这些资本支持了基础设施建设和新兴产业的发展。然而,真正意义上的现代创业投资机构的诞生要晚得多。1946年,世界上第一家专业的风险投资公司——美国研究与发展公司(American Research and Development Corporation,ARD)在美国成立,这标志着现代风险投资行业的正式起步。20世纪70年代,随着信息技术和生物技术等高新技术的迅猛发展,风险投资行业进入了高速成长期。这一时期,风险投资不仅在美国,也在全球范围内蓬勃发展,成为推动技术创新和经济增长的重要力量。在美国,风险投资支持下的微软、苹果、惠普、英特尔、思科、雅虎、谷歌等一系列世界级著名高科技企业相继涌现,这不仅极大地改变了人们的生活方式,也造就了一大批成功的创业企业家。这些企业在各自领域内的卓越表现,使得风险投资行业在美国经济中发挥了不可替代的作用,被誉为"新经济的引擎"。总之,从早期的远洋贸易到今天的高科技产业,创业投资始终是推动社会进步和经济发展的重要力量。随着全球经济的不断发展,创业投资将继续在全球范围内发挥其独特的作用,支持更多创新企业的发展。

5) 创业板上市融资

创业板上市融资是指企业在创业板市场这一特定平台上,通过公开发行股票的方式,从广大投资者手中筹集发展所需的资金。创业板市场作为资本市场的重要组成部分,其设立初衷便是为那些具有创新潜力、高成长性的中小企业提供一个更为灵活、适应性强的融资和股权交易平台。这些企业往往因为规模较小、历史较短或业务模式新颖,难以达到主板市场的严格上市标准,而创业板则为它们提供了一个展示自我、吸引资本的机会。通过创业板上市,企业不仅能够获得急需的资金支持,用于产品研发、市场拓展、产能扩张等关键领域,还能显著提升企业的知名度和品牌影响力,吸引更多优秀人才和合作伙伴。同时,上市过程本身也是对企业治理结构、财务透明度、信息披露等方面的全面规范和提升,有助于企业建立健全的现代企业管理体系,为长远发展奠定坚实基础。很多国家都建立了类似的创业板市场,例如:美国的纳斯达克市场,作为全球知名的创业板市场,孕育了包括苹果、谷歌、特斯拉公司在内的众多科技巨头;英国的高增长另类投资市场,则为英国及欧洲地区的创新型中小企业提供了重要的融资渠道;而在中国,创业板市场同样发挥着举足轻重的作用,为众多高科技、高成长性企业提供了宝贵的上市机会和资金支持。这些市场的存在,不仅促进了创新资源的有效配置,也推动了全球经济的持续健康发展。

6)互联网金融

互联网金融是指借助互联网技术和平台实现资金融通、支付、投资和信息中介服务的新型金融业务模式。互联网金融为企业提供了更加便捷、高效和低成本的融资渠道。通过互联网金融平台,企业可以发布融资需求信息,吸引投资者进行投资;同时,投资者也可以通过网络平台对企业进行筛选和投资决策。互联网金融具有融资门槛低、资金流动快、融资效率高等特点,但同时也存在一定的监管风险和信息安全风险。

3. 政府融资

政府融资作为一种重要的资金筹集方式,对于初创企业而言,是获取启动资金、推动项目快速发展的一条有效途径。这种融资模式主要依赖于政府或其支持的项目来提供必要的财务支持,涵盖了多种形式的资助和优惠政策。

1)政府补助

政府补助是其中最为直接的一种形式。为了激发全社会的创业热情,推动科技创新和产业升级,各级政府会设立专门的创业扶持基金。这些基金针对符合特定条件,如处于初创阶段、拥有核心技术创新、具有良好市场前景的创业企业,提供直接的财务补助。这些补助资金往往被用于支持企业的研发活动,包括新产品、新技术的研发与测试,以及市场推广等关键环节,从而助力企业突破发展初期的资金瓶颈。

2)税收优惠

税收优惠则是政府从另一个角度减轻企业负担的重要举措。通过减免税费、提供税收抵免或延期纳税等优惠政策,政府实际上是在增加企业的可支配收入,提升其盈利能力。这对于那些尚处于成长阶段、盈利能力有限但发展潜力巨大的创业公司来说,无疑是一剂强心针,有助于它们在激烈的市场竞争中站稳脚跟。

3)政府担保贷款

政府担保贷款则是一种更为灵活的融资方式。对于部分信用记录尚不完善或缺乏足够抵押物的创业企业而言,直接从银行获得贷款往往难度较大。此时,政府提供的贷款担保就如同一座桥梁,连接了企业与金融机构之间的信任鸿沟。通过政府的信用背书,企业能够更容易地获得贷款支持,且贷款成本相对较低,这对于缓解企业的资金压力,加速其成长步伐具有重要意义。

此外，政府还通过设立创业扶持项目，如创业孵化器、加速器等，为创业企业提供更为全面的支持。这些项目不仅提供资金支持，还涵盖了创业培训、法律咨询、资源对接、市场拓展等一系列服务。通过搭建这样的平台，政府旨在构建一个有利于创业创新的生态系统，帮助创业企业少走弯路，更快地实现商业化落地和可持续发展。政府融资以其多样化的支持形式和深厚的政策背景，成为了创业公司不可或缺的资金来源之一。它不仅为企业提供了必要的财务支持，更在多个层面促进了企业的健康成长和产业升级。

总之，创业融资渠道多种多样，创业者应根据自身的实际情况和需求，选择合适的融资渠道。在选择融资渠道时，需要权衡不同渠道的利弊，确保企业能够获得稳定、可持续的资金支持。同时，企业还应加强财务管理和风险控制能力，确保融资活动的顺利进行和资金的有效利用。

7.2.4 股权融资与债权融资

在创业公司追求成长的征途中，股权融资与债权融资作为两种最为普遍的融资手段，各自承载着不同的优势与挑战，为企业的资本运作提供了多样化的路径。

1. 股权融资

股权融资，简而言之，即通过出售企业股份的方式吸引外部投资者，使这些投资者成为企业的股东，共同分享企业未来的成长与收益。

1）优势

（1）财务灵活性的提升：与债权融资不同，股权融资无需企业承担固定的还本付息义务，从而为企业提供了更为灵活的财务安排，使其能够更专注于长期战略目标的实现。

（2）风险分散的机制：通过引入新的股东，企业能够将经营风险在一定程度上分散给投资者，这有助于增强企业的抗风险能力，尤其是在面对市场波动或行业不确定性时。

（3）长期资本的注入：股权融资通常伴随着长期资本的流入，这不仅为企业的研发、市场拓展等关键活动提供了充足的资金支持，也为企业的可持续发展奠定了坚实的基础。

2）风险

（1）股权稀释的考量：随着新股东的加入，原有股东的控制权将被稀释，这可能会对企业的决策效率与战略连贯性产生影响。

（2）治理结构的复杂化：股东结构的多元化可能要求企业建立更为复杂的治理结构，以适应不同股东的利益诉求，这在一定程度上增加了企业的管理成本。

（3）信息披露的透明度要求：为了维护股东利益与资本市场信任，企业可能需要遵循更为严格的信息披露制度，这可能对企业的商业机密保护构成挑战。

2. 债权融资

债权融资，则是企业通过向债权人（如银行、债券投资者等）借款来筹集资金的方式。

1）优势

（1）控制权的保留：债权融资不会改变企业的股权结构，从而确保了原有股东对企业经营管理的控制权。

(2) 成本效益的考量：相较于股权融资，债权融资的融资成本通常更低，因为债权人仅要求固定的利息回报，而不参与企业的利润分配。

(3) 财务杠杆的效应：合理利用债权融资，企业可以通过财务杠杆提高股东的收益率，实现资本的优化配置。

2) 风险

(1) 还本付息的压力：企业需要按照约定的期限和利率偿还本金与利息，这对企业的现金流管理提出了较高的要求。

(2) 财务风险的累积：过度的债权融资可能导致企业资产负债率上升，增加财务风险，严重时甚至可能引发财务危机。

(3) 融资期限的约束：债权融资通常具有明确的期限，到期后企业需要寻找新的融资来源，这可能带来再融资的不确定性。

3. 股权与债权的选择

在选择股权融资与债权融资时，企业应全面考虑自身的资金需求、财务状况、风险承受能力、战略目标以及市场环境等多方面因素。融资方式选择的影响因素众多，关键在于合理均衡债务融资与股权融资之间的比重关系，构建一个既稳健又灵活的融资结构，以适应企业不同发展阶段的需求。这一决策过程并非孤立存在，而是深受多重因素的交织影响，具体而言，融资决策会受到以下几个核心因素的影响。

1) 创业阶段

企业处于初创期、成长期、成熟期或衰退期等不同阶段，对资金的需求规模、风险承受能力以及未来的盈利预期均有显著差异。初创期企业可能更依赖于风险资本或天使投资等股权融资方式，以规避高额债务带来的还款压力；而成熟期企业则可能通过发行债券、银行贷款等债务融资方式，利用财务杠杆效应优化资本结构。

2) 新创企业特征

企业的行业属性、技术创新能力、市场前景、管理团队素质等因素，都是投资者评估企业价值的重要参考。高科技、高成长潜力的新创企业往往能吸引更多的风险投资和私募股权投资，因为这些企业未来增值空间大，适合通过股权融资共享成长果实。相反，一些传统行业或盈利模式清晰的企业，可能更容易获得银行的贷款支持。

3) 资金成本

不同融资方式的成本各异，包括利息成本、股权稀释成本、发行费用等。企业需综合考虑各类融资方式的总成本，选择性价比最高的融资方案。例如：在利率较低的市场环境下，债务融资可能更具吸引力；而在股市表现强劲时，通过 IPO 或增发股票进行股权融资可能更能提升企业价值和融资效率。

4) 创业者对控制权的态度

对于创业者而言，保持对企业的控制权至关重要。股权融资会稀释创始人的股权比例，可能影响其在企业中的决策权。因此，创业者需要在融资与保持控制权之间找到平衡点。一些创业者可能更倾向于选择债务融资，以避免股权过度分散；而另一些则可能通过精心设计融资结构，如发行非投票权股份，来平衡资金需求与控制权保留的问题。

股权融资与债权融资各有千秋,企业在选择融资方式时,应结合自身实际情况和发展需求,全面考量上述因素,灵活运用这两种融资方式,以实现企业的稳健成长与可持续发展。在融资决策的过程中,企业应保持理性与审慎,既要关注眼前的资金需求,更要着眼于企业的长远利益与战略目标。除了债务融资和股权融资这两类非常传统和典型的融资方式以外,金融市场上还存在一些创新的或两者融合的融资方式,创业者也应熟悉并灵活使用,如典当融资、设备融资租赁、孵化器融资、集群融资、供应链融资等。

【知识链接】 企业资产=负债+所有者权益。负债即债权,亦即企业对外部债权人的借款或欠款;所有者权益即股东对企业净资产的所有权。资产负债表是财务领域中一个非常基础且重要的恒等式,也被称为会计恒等式,反映了企业资金来源与资金运用之间的平衡关系。

资产负债表示例如表7-2所示。

表7-2 资产负债表示例　　　　　　　　　　　　　单位:万元

分类	明细	初期	第一年	第二年	第三年
流动资产	货币资金	450	26	23	24
	应收账款		209	237	273
	存货		203	227	255
	其他		8	10	11
	流动资金合计		446	497	563
固定资产	固定资产总值		264	282	302
	减:累计折旧		20	43	71
	固定资产净值		244	239	231
	资产总计	450	690	736	794
流动负债	应付账款		62	90	102
	应付税金		36	25	26
	其他应付款		10	10	10
	流动负债合计		108	125	138
长期负债	负债合计		213	220	223
	所有者权益	450	477	516	571
	负债及所有者权益总计	450	690	736	794

【知识链接】 创业过程中几个基本的财务图表

1. 损益表

损益表(Income Statement),又称利润表或收益表,是企业财务报表的重要组成部分之一。它反映了一定会计期间内(如一个月、一个季度或一年)企业的经营情况,具体展示了企业在此期间内的收入、成本、费用和最终的净利润或亏损情况。损益表的主要目的是向企业管理层、投资者、债权人和其他利益相关者提供关于企业经营绩效的信息。

1) 损益表明细

（1）收入：企业在报告期内通过销售商品、提供服务等主营业务所获得的总收入。

（2）成本和费用：企业在报告期内为获取收入所发生的各项支出。它主要包括但不限于：① 直接用于生产或购买销售商品的成本；② 营业费用如销售费用、管理费用、研发费用等；③ 固定资产的折旧费用和无形资产的摊销费用；④ 借款产生的利息支出；⑤ 企业需缴纳的各种税费。

（3）利润：收入减去成本和费用后的余额。它主要包括：① 毛利，即销售收入减去销售成本；② 营业利润，即毛利减去营业费用；③ 净利润，即营业利润减去利息费用和税金后的最终利润。

损益表示例如表7-3所示。

表 7-3 损益表示例　　　　　　　　　　　　　　　　　　　　　　单位：万元

项　目	第一年	第二年	第三年
销售收入	1230	1490	1620
减：销售成本	1040	1200	1278
销售利润	190	290	342
减：销售和管理费用等	129	143	161
减：折旧费用	20	23	28
税前利润	41	124	153
减：所得税	25	77	83
净利润	16	47	70

2) 损益表在企业管理和财务分析中的作用

（1）评估经营绩效：损益表详细记录了企业的收入和费用，可以帮助管理层和投资者评估企业的经营绩效，了解企业的盈利能力和成本控制水平。

（2）决策支持：通过分析损益表中的各项指标，管理层可以做出更明智的经营决策，如调整产品结构、优化成本结构、拓展市场等。

（3）分析财务健康状况：损益表可以揭示企业的财务健康状况，帮助投资者和债权人判断企业的盈利能力和发展潜力，从而决定是否投资或提供贷款。

（4）税务管理：损益表是企业报税的基础，准确的损益表有助于企业遵守税法规定，避免税务风险。

（5）绩效考核：企业可以通过损益表中的数据对各部门和员工进行绩效考核，激励员工提高工作效率和业绩。

（6）趋势分析：通过对比不同会计期间的损益表，可以发现企业的经营趋势，及时调整战略方向。

（7）审计的需要：外部审计机构在对企业进行财务审计时，会重点审查损益表的真实性和准确性，确保财务报告的可信度。

损益表是企业财务报告的核心部分，提供了关于企业经营成果的全面信息，对于企业的内部管理和外部监督都具有重要意义。

2. 现金流量表

现金流量表（Cash Flow Statement）是企业财务报表的重要组成部分之一，它反映了一定会计期间内（如一个月、一个季度或一年）企业现金和现金等价物的流入和流出情况。现金流量表的主要目的是向企业管理层、投资者、债权人和其他利益相关者提供关于企业现金流动的信息，帮助他们评估企业的流动性、偿债能力和财务健康状况。

1）现金流量表的主要部分

（1）经营活动产生的现金流量：① 现金流入，即销售收入、收到的利息和股息、收到的税费返还等；② 现金流出，即购买商品和接受劳务支付的现金、支付给职工的现金、支付的各项税费、支付的利息等；③ 净现金流量，即经营活动产生的现金流入减去现金流出。

（2）投资活动产生的现金流量：① 现金流入，即收回投资收到的现金、处置固定资产、无形资产和其他长期资产收到的现金等；② 现金流出，即购建固定资产、无形资产和其他长期资产支付的现金、投资支付的现金等；③ 净现金流量，即投资活动产生的现金流入减去现金流出。

（3）筹资活动产生的现金流量：① 现金流入，即吸收投资收到的现金、取得借款收到的现金、发行债券收到的现金等；② 现金流出，即偿还债务支付的现金、分配股利、利润或偿付利息支付的现金等；③ 净现金流量，即筹资活动产生的现金流入减去现金流出。

现金流量表详细记录了企业的现金流入和流出情况，可以帮助管理层和投资者评估企业的流动性，即企业在短期内偿还债务的能力。充足的现金流是企业正常运营和发展的基础。

2）现金流量表在企业管理和财务分析中的作用

（1）帮助贷款机构审查企业在短期内偿还债务的能力。如银行在决定是否贷款给企业时，会重点关注企业的经营活动现金流，以评估其还款能力。

（2）帮助投资者分析企业的偿债能力。通过现金流量表，投资者可以了解企业在一定时期内的现金流入是否足以覆盖其债务偿还需求，从而评估企业的偿债能力。这对于债权人和潜在投资者尤为重要。债权人可以通过现金流量表评估企业的长期偿债能力，决定是否继续提供信贷支持。

（3）帮助判断企业的财务健康状况。现金流量表提供了关于企业现金流动的全面信息，帮助管理者和外部利益相关者判断企业的财务健康状况，识别潜在的财务风险。如投资者可以通过现金流量表评估企业的财务稳定性，决定是否进行投资。

（4）帮助管理层提供决策支持。现金流量表的数据可以用于制定财务和经营策略、资金调度、投资决策和融资安排。如企业管理层可以利用现金流量表的数据来优化库存管理、调整采购计划和制定营销策略。

（5）帮助管理层评估企业的绩效。现金流量表可以用于评估企业的经营绩效，特别是经营活动产生的现金流量，反映了企业核心业务的现金生成能力。这有助于管理层优化业务流程，提高运营效率。如企业可以通过比较不同会计期间的经营活动现金流，评估业务的增长趋势和盈利能力。

(6) 帮助管理层进行财务规划。通过现金流量表,企业可以进行未来的财务规划,预测未来的现金需求,确保有足够的现金流支持企业的扩张和发展。如企业在制定年度预算和长期战略时,会参考现金流量表的数据,以确保财务目标的实现。

(7) 配合外部审计和确保财务合规合法。外部审计机构在对企业进行财务审计时,会重点审查现金流量表的真实性和准确性,确保财务报告的合规性和透明度。如审计师通过检查现金流量表,验证企业的财务数据是否真实可靠,确保符合会计准则和法律法规的要求。

总之,现金流量表是企业财务报告的重要组成部分,提供了关于企业现金流动的详细信息,对于企业的内部管理和外部监督都具有重要意义。通过分析现金流量表,可以全面了解企业的财务状况,为决策提供有力支持。

现金流量表示例如表 7-4 所示。

表 7-4　现金流量表　　　　　　　　　　　　　单位:万元

项目		第一年	第二年	第三年
经营活动产生的现金流量	销售商品、提供劳务收到的现金	1239	1491	1620
	现金流入小计	1239	1491	1620
	购买商品、接受劳务支付的现金	510.5	551.6	632
	支付给职工的现金	300	300	300
	支付的税金	51	66	83
	支付其他与经营活动有关的现金	13	20	34
	现金流出小计	874.5	937.6	1049
	经营活动产生的现金流量净额	364.5	553.4	571
投资活动产生的现金流量	购建固定资产所支付的现金	264	18	20
	投资活动产生的现金流量净额	-264	-18	-20
筹资活动产生的现金流量	吸收权益性投资所收到的现金	477	39	55
	现金流入小计	477	39	55
	分配股利所支付的现金	16.2	18	18
	现金流出小计	16.2	18	18
	筹资活动产生的现金流量净额	460.8	21	37
现金流量净额		561.3	556.4	588

3. 盈亏平衡分析

盈亏平衡分析是一种重要的财务管理工具,用于确定企业在销售收入等于总成本时的销售量或销售额。盈亏平衡点(Break-even Point,BEP)是企业既不盈利也不亏损的状态,即总收入等于总成本的点。通过盈亏平衡分析,企业可以了解达到这一平衡点所需的销售量或销售额,从而为定价策略、成本控制和销售目标的设定提供依据。

1) 盈亏平衡分析的假设条件

（1）假设固定成本不变：在一定的产量范围内，固定成本（如租金、工资、折旧等）不会随产量变化而变化。

（2）假设变动成本与产量成正比：变动成本（如原材料、直接人工等）随产量的增加而线性增加。

（3）假设单价不变：在分析期间内，产品的售价保持不变。

（4）假设产销平衡：生产量等于销售量，没有库存积压或短缺。

（5）假设单一产品或产品组合不变：分析对象是单一产品或产品组合的比例保持不变。

（6）假设成本与收入呈线性关系：成本和收入之间存在线性关系，即成本和收入的变化可以用直线表示。

2) 盈亏平衡分析图

图 7-2 为通常的盈亏平衡分析图，下面分别对成本与产量的关系、销售收入与产量的关系、盈亏平衡产量进行分析。

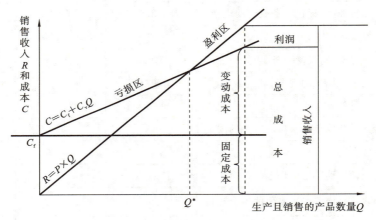

图 7-2　盈亏平衡分析图

（1）成本与产量的关系。总成本是固定成本与变动成本之和，它与产品产量的关系也可以近似地认为是线性关系，即

$$C = C_f + C_v Q$$

式中：C 表示总生产成本；C_f 表示固定成本；C_v 表示单位产品变动成本；Q 表示生产且销售的产品数量。

（2）销售收入与产量的关系。产品销售收入是产品销售与产品市场价格的乘积，即

$$R = P \times Q$$

当产品的市场价格稳定时，销售收入是销售量的线性函数。

（3）在盈亏平衡点，销售收入 R 等于总成本 C，设对应于盈亏平衡点的产量为 Q^*，则

$$PQ^* = C_f + C_v Q^*$$

于是可得盈亏平衡产量为

$$Q^* = \frac{C_f}{P - C_v}$$

【小贴士】 大家看着这么复杂的公式和图,是不是觉得非常困难!其实,盈亏平衡分析的假设已经作出了最简化的处理,它回答的一个基本问题是:若创业,预计需要卖出去多少数量的产品,或者提供多少次数的服务,才能收回固定成本的投入。

例如:现在你想买个汽车跑货运,找亲朋好友借钱,大家问:你需要多长时间归还借的钱呢?自己大致算算,购买这种汽车需要12万,然后,每天可以得到600元的毛收入,除去油费、过桥过路费、自己的伙食费、工资等,净收入大概为300元,那么120000÷(600－300)＝400,即理想化的情况是400天可收回成本。

3) 盈亏平衡分析在企业管理和财务决策中的作用

(1) 确定最低销售量:帮助企业确定在不亏损的情况下必须达到的最低销售量或销售额。如新产品的市场推广阶段,企业可以通过盈亏平衡分析确定销售目标,确保新产品能够实现盈利。

(2) 评估风险:通过分析不同销售量下的盈利和亏损情况,帮助企业评估经营风险。如企业在进行新的投资项目或扩展业务时,可以使用盈亏平衡分析来评估项目的可行性和潜在风险。

(3) 制定定价策略:帮助企业确定产品合理的定价,确保在达到一定销售量时能够实现盈利。如当市场竞争激烈时,企业可以通过盈亏平衡分析调整产品价格,以提高市场竞争力。

(4) 成本控制:通过分析固定成本和变动成本的关系,帮助企业优化成本结构,提高盈利能力。如企业在面临成本上升压力时,可以使用盈亏平衡分析来识别和控制不必要的开支,降低成本。

(5) 销售目标设定:帮助企业设定合理的销售目标,确保实现预期的盈利水平。如企业制定年度或季度销售计划时,可以参考盈亏平衡点来设定具体的销售目标。

(6) 财务规划:帮助企业进行财务规划,预测未来的财务状况,确保财务健康。如企业在编制预算和财务计划时,可以利用盈亏平衡分析来预测不同销售量下的财务表现,制定相应的应对措施。

(7) 决策支持:为管理层提供决策支持,帮助他们在面对不确定性和变化时做出更明智的决策。如企业在考虑是否进入新市场或推出新产品时,可以使用盈亏平衡分析来评估项目的可行性和潜在回报。

盈亏平衡分析是一种重要的财务工具,通过量化企业的成本和收入关系,帮助企业更好地理解自身的经营状况,制定有效的财务和经营策略。

7.3 创业资源管理

7.3.1 不同类型资源的开发

创业资源涵盖多种类型,包括人力资源、财务资源、物质资源、技术资源、信息资源以及社会关系资源等。有效的资源开发要求创业者能针对不同类型的资源采取相应的策略。

1. 人力资源开发

人力资源开发通过识别关键角色,如核心团队成员、顾问、导师等,并通过招聘、培训、激励机制等方式吸引、培养和留住人才。例如,Airbnb在初创阶段,通过精心设计的招聘广告、提供股权激励以及塑造积极的企业文化,成功吸引了一批具有创业精神和专业技能的早期员工,为公司快速发展奠定了坚实的人才基础。

2. 财务资源开发

财务资源开发主要通过自筹资金、天使投资、风险投资、政府补贴、银行贷款、众筹等方式筹集启动资金和运营资金。例如,滴滴出行在早期通过天使投资人王刚的支持获得种子资金,随后通过多轮融资,吸引了腾讯、阿里巴巴等巨头的投资,为公司的快速扩张提供了充足的资金保障。

3. 物质资源开发

物质资源开发通过合理配置和优化办公场所、生产设备、原材料等实物资源,同时利用租赁、共享经济等方式降低物质资源占用成本。例如,WeWork通过提供灵活的办公空间租赁服务,帮助初创企业节省了大量固定设施投资,使其能将更多资源集中于核心业务的发展。

4. 技术资源开发

技术资源开发主要通过自主研发、技术合作、购买专利许可、引进技术人才等方式获取和提升核心技术。例如,华为在早期便投入大量资源进行自主研发,逐步建立起通信领域的技术壁垒,并通过与全球顶尖高校和研究机构的合作,持续引入前沿技术,保持其在全球通信市场的领先地位。

5. 信息资源开发

信息资源开发通过收集、分析行业数据、市场情报、竞争对手动态等信息,为决策者提供依据。例如,Netflix通过对用户观看行为的大数据分析,精准把握受众喜好,指导原创内容制作,实现内容推荐的个性化,从而在流媒体市场中脱颖而出。

6. 社会关系资源开发

社会关系资源开发通过构建广泛且深入的行业网络,与产业链上下游、政府、行业协会、客户、媒体等建立良好关系,获取政策支持、市场机会、品牌推广等资源。例如,阿里巴巴通过举办"云栖大会"等活动,积极构建产业生态,与众多合作伙伴共同推动技术创新与应用,增强了其在云计算、大数据等领域的影响力。

7.3.2 有限资源的创造性利用

1. 源识别与评估:精准洞察与科学分析

在创新创业的征途中,资源的识别与评估是首要任务。创业者需全面审视企业内外部资源,包括但不限于资金、人才、技术、市场信息和基础设施等。通过科学的评估方法,如 SWOT 分析、资源清单编制等,精准把握资源的数量、质量、潜力及限制因素,为后续的资源创造性利用提供坚实的数据支撑和决策依据。

2. 资源整合与共享:构建协同生态

资源整合是提升资源利用效率的关键。创业者需打破资源孤岛,构建资源共享平台,促进资源的高效整合与流通。通过跨界合作、联盟建设等方式,实现资源的优势互补和共享共赢。同时,加强内部资源调配,优化资源配置,提升资源使用效率,降低运营成本,为企业的可持续发展奠定坚实基础。

3. 资源替代与创新:开辟新路径

面对资源短缺或限制,创业者应积极寻求替代资源,如采用可再生资源替代传统资源,或利用新技术降低资源消耗。同时,鼓励创新思维,通过技术创新和管理创新,探索资源利用的新模式、新路径,实现资源的最大化利用和价值提升。这不仅能缓解资源压力,还能为企业创造新的竞争优势。

4. 资源优化配置:精准投放与高效利用

资源优化配置是确保资源利用效率和效益的关键。创业者需根据企业战略目标和市场需求,精准配置资源,确保资源投入到最关键、最有价值的领域。通过精细化管理,提高资源使用效率,降低运营成本,实现资源的最大化产出。同时,关注资源的动态变化,及时调整资源配置策略,确保资源利用的灵活性和适应性。

5. 资源循环利用:绿色发展与可持续利用

循环经济理念是资源创造性利用的重要方向。创业者应倡导绿色发展和可持续利用,通过回收、再利用和再生资源,延长资源使用寿命,减少资源浪费和环境污染。这不仅能提升资源利用效率,还能为企业创造新的增长点,实现经济效益与生态效益的双赢。同时,加强资源循环利用的技术研发和应用,推动资源循环利用产业的快速发展。

6. 资源风险管理:预警机制与应对策略

资源风险管理是确保资源利用稳健性和可持续性的关键。创业者应建立资源风险预警机制,密切关注市场动态、政策变化和技术发展趋势,及时识别并应对资源风险。通过制定应急预案、加强风险管理培训等方式,提高企业对资源风险的防范和应对能力。同时,加强与政府、行业协会等外部机构的合作与交流,共同应对资源风险挑战,为企业的稳健发展提供有力保障。

7.3.3 创业资源开发的推进方法

在创业的征途中,资源开发的推进方法是决定企业能否高效、可持续地利用资源,进而实现战略目标的关键所在。本小节将阐述创业资源开发的五大推进方法,旨在帮助创业者构建一套全面、系统的资源开发体系。

1. 制定资源战略规划

制定资源战略是资源开发工作的起点,也是整个资源管理过程的基石。它要求创业者不仅要有清晰的企业发展蓝图,还要能够据此制定出切实可行的资源规划。这份规划不仅要满足企业当前的需求,更要预见到未来的发展趋势,确保资源开发的前瞻性和可持续性。通过明确资源开发的目标、优先级、路径和时间表,创业者可以更加有序、高效地推进资源开发工作,为企业的长远发展奠定坚实的基础。

2. 提升资源开发体系

建立资源开发体系是确保资源开发工作专业性和系统性的关键。通过设立专门的资源开发团队或岗位,负责资源开发的规划、执行、监控和评估,可以大大提高资源开发的效率和效果。这一体系的建立,有助于企业形成一套完整的资源开发流程,确保资源开发工作能够有序进行,并及时调整策略以应对市场变化。

3. 提升资源开发团队的技能

在强化资源开发能力方面,创业者需要通过培训、引进专业人才、借鉴成功经验等方式,不断提升团队的资源开发技能。这不仅包括技术层面的提升,更涵盖战略思维、团队协作和领导力等全方位的能力培养。一个具备高素质、高技能的资源开发团队,将为企业创造更多的资源价值,推动企业的持续发展。

4. 构建资源开发网络

构建资源开发网络则是拓宽资源获取渠道、建立广泛的资源合作网络的重要途径。通过积极参与行业活动、加入行业协会、参加创业大赛等方式,创业者可以拓展自己的视野,发现更多潜在的合作机会。同时,与其他企业和机构的紧密合作,将有助于企业共享资源、降低成本、提高效率,实现共赢发展。

5. 优化资源利用效率

持续优化资源利用效率是资源管理工作的持续改进过程。通过定期评估资源利用效果,并根据评估结果调整资源开发策略,可以确保资源的有效利用。创业者需要始终保持敏锐的市场洞察力,不断调整和优化资源利用方式,以实现资源的最大化效用。这不仅有助于降低企业成本,提高盈利能力,还能为企业创造更多的竞争优势。

创业资源开发的五大推进方法,构成了企业资源开发工作的全面布局。创业者需要综合运用这些方法,不断优化资源开发流程,提升资源开发能力,构建广泛的资源开发网络,并持续优化资源利用效率,以确保企业在激烈的市场竞争中立于不败之地,实现持续稳健的发展。

总之,创业资源管理是创业过程中的重要环节,它涵盖了不同类型资源的开发、有限资源的创造性利用以及资源开发的推进方法。创业者需要根据企业特性和市场需求,有针对性地开发人力资源、财务资源、物质资源、技术资源、信息资源和社会关系资源,并通过创新思维和科学方法,最大化资源效用。在实践过程中,创业者还需结合自身实际情况,制定并执行有效的资源战略,不断提升资源开发能力,构建资源网络,持续优化资源利用效率,以确保企业在激烈的市场竞争中立于不败之地。

【案例】 美团点评的资源共享协同发展历程

2015年10月8日,美团网与大众点评网宣布达成战略合作和合并,成立新公司,新公司名称分别提取了两公司名称中的两个字,即美团点评。此次合并旨在整合双方的优势资源,形成更强大的市场竞争力,共同构建一个更全面的生活服务平台。合并后的美团点评继承了原美团和大众点评的各项业务,包括但不限于餐饮预订、外卖服务、酒店预订、旅游出行、休闲娱乐、本地生活服务等多元化的业务板块。用户依然可以通过美团或大众点评这两个品牌入口访问和使用服务,但实际上背后运营的是同一个公司主体。随着时间推移,虽然在品牌宣传和用户界面中可能还会看到"美团"和"大众点评"这两个独立的品牌标识,但它们都归属于同一母公司——美团点评。在内部运营、战略规划、财务报表等方面,两者已经完全融为一体,共享资源,协同发展。美团和美团点评在法律意义上以及业务运营层面确实是同一家企业,它们通过合并实现了资源的最大化整合与利用,共同服务于广大用户,提供一站式的生活服务解决方案。

1. 资源管理方式的创新与实施

美团点评以"吃喝玩乐全都有"为口号,通过技术创新与资源整合,实现了生活服务领域的全面覆盖。其资源管理策略如下。

(1) 精细化运营:对餐饮、酒店、旅游等各业务板块进行精细化管理,提升运营效率。

(2) 数据驱动:运用大数据分析用户行为,精准推荐服务,提升用户体验。

(3) 开放平台:构建生活服务开放平台,吸引商家入驻,共享用户流量,实现共赢。

(4) 跨界合作:与腾讯、滴滴出行等企业合作,打通线上线下资源,拓展服务边界。

2. 资源配置管理优化带来的效益与影响

资源配置管理优化为美团点评带来了显著效益。

(1) 用户增长:截至 2024 年第二季度,年度交易用户数达到 7.53 亿,稳居行业领先地位。

(2) 营收增长:2023 年全年营收 2767.44 亿元,同比增长 25.85%。

(3) 市场地位巩固:在餐饮外卖、到店酒旅、共享单车等细分领域占据主导地位。

3. 持续优化过程中的挑战与解决策略

1) 持续优化过程中的挑战

(1) 行业竞争加剧:面临饿了么、携程等强劲对手的竞争压力。

(2) 监管环境变化:外卖骑手权益保护、反垄断等政策带来合规挑战。

(3) 新技术冲击:如区块链、AI 等新技术可能重塑行业格局。

2) 针对性的解决策略

(1) 提升服务质量:优化配送效率,提升骑手待遇,加强食品安全监管,提升用户满意度。

(2) 合规经营:积极回应监管要求,调整业务策略,确保合法合规。

(3) 技术布局:投资 AI、无人配送等新技术,保持行业技术领先。

3) 资源管理与优化的经验

美团点评作为生活服务领域的领军企业,其在资源管理优化方面的创新实践、取得的效益以及应对挑战的策略,为创业企业提供了有益的借鉴。

(1) 资源管理策略的创新与实施:美团点评通过精细化运营、数据驱动、开放平台和跨界合作等多元策略,实现了对生活服务市场的深度渗透与高效运营。其资源管理策略充分体现了对用户需求的精准把握、对技术创新的应用以及对生态共建的重视。

(2) 资源优化带来的效益与影响:美团点评实现了用户规模的快速增长、营收的稳步提升以及市场地位的巩固,得益于资源管理优化。这表明有效的资源管理不仅能提升企业运营效率,还能助力企业扩大市场份额,增强竞争优势。

(3) 持续优化过程中的挑战与解决:面对行业竞争加剧、监管环境变化以及新技术冲击等挑战,美团点评坚持提升服务质量、合规经营以及技术布局,展现出对市场动态的敏锐洞察和快速响应能力。其应对策略体现了企业对用户价值、社会责任以及技术前沿的深刻理解与把握。

(4) 敏捷应对市场与技术变化:密切关注行业动态,快速调整策略,合规经营,布局新技术,保持竞争优势。

美团点评的案例说明,通过创新资源管理策略,持续优化资源配置,企业能够有效应对市场挑战,提升运营效益,实现持续稳健发展。这对于创业企业如何在复杂环境中有效管理资源,提升竞争力,具有重要的启示意义。

【案例品鉴】 ofo共享单车的崛起和融资与资源管理失败的启示

ofo共享单车的全称为北京拜克洛克科技有限公司,ofo采用小写字母作为其品牌标识,是公司综合了品牌形象塑造、视觉传达、国际化策略及设计美学等多方面因素的决策。ofo成立于2014年,由四位北京大学毕业生联合创办。ofo最初以校园市场为切入点,通过提供便捷、经济的共享单车服务,迅速赢得了大学生的喜爱。2015年起,ofo开始走出校园,进军城市公共出行领域,凭借"随时随地有车骑"的口号和鲜艳醒目的黄色单车,迅速风靡全国乃至全球。

在短短几年间,ofo经历了快速扩张与大量融资。据公开资料,ofo共完成10轮融资,累计融资额超过20亿美元,投资方包括阿里巴巴、滴滴出行、经纬中国、DST Global、中信产业基金等知名企业和投资机构。然而,就在看似风光无限的背后,ofo却因一系列融资与资源管理的问题逐渐陷入困境,最终黯然离场。

1. 融资与资源管理失败的原因分析

(1) 过度依赖外部融资,缺乏自我造血能力:ofo虽在短时间内完成了多轮融资,资本的涌入推动其快速扩张,但同时也使其过于依赖外部资金支持,未能形成稳定的盈利模式和自我造血能力。当市场环境发生变化,资本寒冬来临,外部融资难以为继时,ofo的现金流问题暴露无遗。

(2) 战略决策失误,盲目追求规模扩张:ofo在市场扩张过程中,特别是在海外市场布局上过于激进,不顾高昂的运营成本和复杂的市场环境,盲目追求规模效应。这种过度扩张导致资金消耗过快,加重了资金链的紧张。

(3) 内部管理混乱,决策效率低下:媒体报道显示,ofo内部存在严重的管理问题,包括高层意见不合、战略方向摇摆不定、关键岗位频繁变动等,严重影响了公司的决策效率和执行力。这些问题进一步削弱了投资者信心,阻碍了后续融资进程。

（4）单车损耗严重，维修成本高昂：ofo 在单车投放初期，由于缺乏有效的维护和监管机制，导致大量单车被损坏、丢失或私占，维修和替换成本极高。这些问题不仅造成了资源的巨大浪费，也严重影响了用户体验和品牌形象。

（5）供应链管理混乱，资金占用过大：ofo 与自行车供应商之间的关系一度十分紧张，据报道，ofo 曾拖欠多家供应商巨额货款。这种供应链管理的混乱，使得大量资金被占用，加剧了公司的资金链危机。

2. 融资与资源管理失败的启示

（1）需要注重商业模式的创新与盈利模式的构建：创业企业应从 ofo 的教训中认识到，单纯依赖外部融资盲目扩张并非长久之计，必须注重商业模式的创新，构建健康的盈利模式，实现自我造血。

（2）理性融资，合理控制扩张节奏：企业在融资过程中应保持理性，根据自身发展阶段和市场环境，合理规划融资节奏，避免盲目追求规模，造成资金链紧张。

（3）强化内部管理，提升决策效率：企业应建立健全的内部管理体系，明确战略方向，加强团队建设，提升决策效率，确保公司运营的稳定性和执行力。

（4）精细化资源管理，优化成本结构：企业应注重资源的精细化管理，通过技术手段提升运维效率，降低单车损耗，优化供应链关系，减少资金占用，实现成本结构的持续优化。

ofo 共享单车从风光无限的创业明星到黯然退场，其融资与资源管理的失败教训值得深思。企业应从中认识到，无论处于何种发展阶段，都必须注重商业模式创新、盈利模式构建、理性融资、内部管理强化以及精细化资源管理，只有这样才能在激烈的市场竞争中立于不败之地，实现健康持续的发展。创业之路充满挑战，唯有不断学习、反思与改进，方能走得更远。

思 考 题

扫描做习题

1. 创业资源的概念是什么？请列举并解释创业资源的分类方法以及具体类型。
2. 为什么说创业资源具有稀缺性、动态性、价值性和组合性？请举例说明。
3. 影响创业资源获取的因素有哪些？试举例说明。
4. 创业资源获取的主要途径与技能有哪些？请描述每种途径的具体方法和注意事项。
5. 创业融资的资金测算主要的表和图有哪些？
6. 创业融资包含哪些主要渠道？
7. 股权融资和债权融资各自的优点和缺点是什么？
8. 针对不同类型的创业资源进行开发的策略是什么？试举例说明。
9. 如何对有限的创业资源进行创造性利用？
10. 创业资源开发的推进方法有哪些？请详细解释每种方法的具体内容和实施

步骤。

【书香致远】

[1] 沈俊. 创业融资：理论、工具及实践[M]. 上海：上海财经大学出版社，2020.

[2] 艾欧，张家庆，李建华. 开公司全流程手册：从注册、财务管理、融资到运营[M]. 北京：中国铁道出版社，2022.

[3] 张宏伟. 一口气漫画新手做公司[M]. 天津：天津科学技术出版社，2024.

第8章 创业计划的制定与路演

【创新创业语录】

如果你没有计划,那你就是在计划失败。

——本杰明·富兰克林

任何时候做任何事,订最好的计划,尽最大的努力,作最坏的准备。

——李想(理想汽车创始人)

创业的方法是:大胆地规划,积极地执行。

——克里斯汀·博雅

【学习目标】

1. 理解创业计划书的概念和作用。
2. 熟悉创业计划书的基本结构和内容。
3. 了解市场调查的内容和方法。
4. 熟悉创业计划书的撰写方法和技巧。
5. 熟悉路演的方法和技巧。

【案例导入】 数智未来科技有限公司的创业计划

1. 执行摘要

数智未来科技有限公司专注于为中小企业提供定制化的商务智能解决方案,利用大数据与人工智能技术,帮助企业优化决策过程,提升运营效率。项目概述了其基于 SaaS 模式的智能化数据分析平台,强调了在数据处理速度、个性化推荐算法和用户界面友好性方面的竞争优势。计划中提及了初期市场测试的成功案例,预测了未来三年内实现盈利,并寻求首轮融资 2000 万元人民币,用于产品迭代、市场拓展和团队建设。

2. 公司概况

数智未来科技有限公司成立于 2021 年,注册于杭州,致力于打造一站式智能商业分析工具,旨在成为国内商务智能领域的领导者。公司以"让数据驱动每个决策"为使命,秉持"客户至上、创新驱动"的价值观。

3. 产品或服务

核心产品为"智析"平台,该平台集数据集成、清洗、分析、可视化于一体,特别强调了其基于机器学习的预测分析功能和用户友好的拖拽式报告制作工具。与市场上现有产品相比,"智析"在数据处理速度上快30%,并且能提供更加精准的定制化分析报告。

4. 市场分析

随着数字化转型加速,中国商务智能市场正以年均20%的速度增长,中小企业对于易用、高效且价格合理的BI工具需求旺盛。目标客户定位于年收入500万至5亿人民币之间的中小型企业,特别是零售、电商、金融和制造业。SWOT分析中强调了公司在技术上的优势。

5. 营销与销售策略

计划通过线上线下相结合的方式进行推广,包括行业会议、线上研讨会、社交媒体营销、合作伙伴渠道等。采用免费试用和订阅收费的模式,同时,与行业龙头建立战略合作,以增强品牌信誉和市场渗透率。

6. 运营计划

在运营层面,公司将重点建设数据处理中心,强化数据安全措施,建立快速响应的客户服务团队,并通过远程工作模式吸引全国范围内的技术与销售人才。

7. 创业团队与组织架构

核心团队由拥有多年大数据分析、AI研发和企业管理经验的行业专家组成,包括前知名咨询公司数据科学家、连续创业者和资深产品经理。组织架构分为研发、产品、市场、销售和服务五个主要部门,实行扁平化管理,促进快速决策。

8. 财务预测与融资计划

预计未来五年内,年复合增长率将达到40%,第三年达到盈亏平衡点。计划融资将主要用于技术升级、市场扩展和团队扩充。预计在第五年通过IPO或并购退出。

9. 风险分析与应对措施

识别了技术更新快速、市场竞争加剧、数据安全隐患等主要风险,提出通过持续研发投入、灵活的市场策略调整和加强数据加密技术等措施应对。

通过这份详尽的创业计划,数智未来科技有限公司成功吸引了国内著名风险投资机构的投资,融资额超过预期,达到2500万元人民币。这笔资金不仅加速了产品的研发进度与市场的推广力度,还帮助公司吸引到了更多的行业顶尖人才,进一步巩固了其在商务智能领域的领先地位。在接下来的一年内,该公司用户基数快速增长,成功案例频现,品牌知名度大幅提升,为后续的持续发展奠定了坚实的基础。

【问题思考】

1. 完整的创业计划包括哪些要素?
2. 数智未来科技有限公司的创业计划在执行摘要部分中是如何有效地概括其核心价值和市场定位的?
3. 在市场分析部分,该公司的创业计划是如何评估目标市场的规模和增长潜力的?

8.1 创业计划书

8.1.1 创业计划书的概念和作用

1. 创业计划书的概念

创业计划书是创业者在创业初期对未来一段时间内企业的战略目标、商业模式、市场定位、产品或服务、营销策略、运营计划、财务预算、团队建设等内容进行详细规划和表述的书面文件。它既是创业者的行动指南,也是向潜在投资者、合作伙伴、员工等利益相关方展示创业理念、商业模式和市场前景的重要工具,是连接"梦想"与"现实"的桥梁。创业计划书作为一种商业实践活动的指导文档,其起源可追溯至商业活动的早期阶段。尽管在形式和内容上经历了不断的演变,但其核心理念始终围绕着为企业规划未来发展路径、指导资源分配和管理决策。简而言之,创业计划书是创业者设计的"创业愿景、目标、纲领和路线",是在讲述自己未来的"创业故事"。

(1) 早期商业实践:自古至今,商业活动的开展都需要预先进行规划和设想。古代商人通过口头或简单的书面记录,规划货物采购、运输、销售等环节,这可以视为创业计划书的雏形。

(2) 工业化时代的创业计划书:随着工业革命的到来,商业活动规模扩大,结构复杂度提高,创业计划书开始系统化、规范化。企业家们开始编写详细的创业计划书,包括市场分析、生产计划、财务预算等,以申请银行贷款或吸引投资者。

(3) 现代创业计划书的兴起:20世纪中叶,尤其是第二次世界大战后,创业活动在全球范围内蓬勃发展。创业计划书作为创业过程中的关键工具,其重要性得到广泛认可。随着创业教育的普及和风险投资市场的兴起,创业计划书的编写方法、评价标准逐渐成熟,形成了较为标准化的结构和内容框架。

2. 创业计划书的作用

创业只有激情远远不够,完全陌生的人为什么将自己千辛万苦赚到的钱托付于新创企业?创业计划书能客观地帮助创业者分析创业的主要影响因素,使创业者保持清醒的头脑;完善的创业计划书可成为创业指南或行动大纲,不仅能让创业者明白自己在做什么,而且兼具说服他人的作用。例如,用创业计划书去说服他人合资入股,向风险投资家游说以取得投资基金。优秀的创业计划书是创业者组建团队和吸引资金的"敲门砖"。

创业计划书的具体作用可以从以下几个方面来理解。

1) 战略指导

创业计划书明确了企业的战略目标、业务方向和实施路径,为创业团队提供清晰的行动指引。案例:Crisp是一家专注于食品浪费问题的初创公司,通过其创业计划书明确了目标——减少超市和餐馆的食物浪费。该计划书详细描述了如何通过数据分析和智能预测技术帮助商家优化库存管理。这一清晰的战略指导帮助Crisp成功地吸引了首批合作伙伴,并在多个国家展开了试点项目。

2）融资工具

详尽的创业计划书有助于向投资者展示项目价值,提高融资成功率。案例:Bolt Threads 是一家生物材料创新公司,其创始人在创业初期制定了详细的创业计划书,包括市场定位、竞争对手分析、收入模式等。这份计划不仅展示了 Bolt Threads 如何通过合成生物学技术生产可持续的生物材料,还帮助他们获得了关键的种子资金,用于进一步的研发和市场推广。

3）管理参照

创业计划书中的各项指标和计划可作为企业日常运营管理的参照标准,帮助创业者监控进度、调整策略。案例:Epic Robotics 是一家专注于教育机器人制造的公司,制定了详细的运营计划,包括产品开发周期、市场推广计划和财务预算。这些计划成为了公司日常运营的参照标准,帮助管理层及时监控项目的进展,并根据实际情况进行调整。这种精细化管理使得 Epic Robotics 能够高效地推出新产品,迅速占领市场。

4）合作桥梁

通过创业计划书,创业者可以向潜在合作伙伴清晰传达合作意愿、合作模式和预期收益,促进合作关系的建立。案例:Sustainable Harvest 是一家致力于可持续农业发展的公司,通过详细的创业计划书向潜在的农产品供应商和零售商展示了合作的价值。这份计划书详细描述了 Sustainable Harvest 的市场地位、用户基础和未来发展规划,成功吸引了多家合作伙伴,共同推动了可持续农业的发展。

5）激励机制

创业计划书中的股权结构、薪酬福利等安排,可作为吸引和激励团队成员的依据。案例:BrightInsight 是一家专注于医疗设备数字化解决方案的公司,制定了完整的股权激励计划书,明确分配了创始团队和核心员工的股权比例。这一计划不仅吸引了多位优秀人才加入,还极大地激发了团队成员的积极性和创造力,为公司的快速发展提供了强有力的支持。

创业计划书不仅是创业者明确方向、制定策略的重要工具,也是吸引投资者、合作伙伴和团队成员的关键。通过制定详细、系统的创业计划书,创业者可以更好地应对市场挑战,实现企业的长期发展目标。每一个成功的创业故事背后,都离不开一份精心策划的创业计划书。

8.1.2　创业计划书的分类

创业计划书作为创业者向潜在投资者、合作伙伴及其他利益相关方展示其商业构想和计划的重要文件,其内容和形式需根据项目的特定需求和目标受众进行精心设计。以下是几种常见的分类方式,结合每种分类的特点和内容进行阐述。

1. 按内容详略程度分类

1）简式创业计划书

简式创业计划书通常篇幅较短,内容简洁明了,主要涵盖项目的核心要点,如项目概述、市场机会、产品或服务、财务预测等。这种计划书适合在项目初期或初步接触投资者时使用,能够快速吸引投资者的注意,并作为进一步深入交流的起点。

案例:一个初创的在线教育平台,其简式创业计划书可能仅包含平台的愿景、目标市场、教学模式、预期用户规模及简单的财务预测,旨在快速向投资者传达项目的核心价值和市场潜力。

2）详式创业计划书

详式创业计划书则更为全面和深入,不仅包含项目的核心要点,还详细阐述了市场分析、竞争对手分析、营销策略、运营计划、财务预测、风险评估及应对措施等各个方面。这种计划书适合在项目成熟阶段或向投资者深入展示项目时使用,能够全面展示项目的可行性和投资价值。

案例:一个成熟的餐饮连锁品牌,其详式创业计划书可能包含品牌历史、市场定位、菜品研发、供应链管理、营销策略、财务报表、竞争对手分析及未来发展规划等多个方面,旨在向投资者全面展示品牌的实力和增长潜力,以吸引投资者加盟。

2. 按内容分类

1）市场分析计划书

市场分析计划书是对目标市场进行深入分析和研究的文件,它旨在帮助创业者或投资者理解市场需求、潜在客户群体、竞争对手情况以及市场趋势。这种计划书通常包含对市场规模、增长率、用户画像、市场细分、竞争格局等方面的详细分析,以及基于这些分析的市场机会识别。通过市场分析计划书,创业者可以更好地把握市场脉搏,为产品开发和市场推广提供有力的数据支持。

案例:校园综合服务平台创业计划书。该计划书详细分析了校园内学生的餐饮、购物、学习辅导等需求,并评估了现有服务的不足之处。在此基础上,计划书提出了一个综合性的服务平台构想,旨在满足学生的多元化需求,提升校园生活质量。

2）产品研发计划书

产品研发计划书主要关注项目的创新技术、研发实力、产品特点等方面。它旨在展示项目的核心技术优势、产品研发进展、产品性能以及与现有产品的差异化优势。这种计划书通常包含对产品技术原理、研发路线图、产品特性、测试计划等方面的详细描述,以及基于这些描述的产品竞争优势分析。通过产品研发计划书,创业者可以向投资者展示项目的创新性和市场潜力。

案例:新能源智能充电桩创业计划书。该计划书介绍了充电桩的技术原理、研发进展以及产品性能,同时分析了与现有充电桩产品的差异化优势。计划书还提出了市场推广策略、销售渠道建设以及售后服务体系等方面的规划,为项目的成功实施提供了有力保障。

3）营销推广计划书

营销推广计划书详细阐述项目的营销策略、推广渠道、品牌建设等方面的规划。它旨在帮助创业者或投资者理解项目的市场定位、目标用户、营销手段以及预期效果。这种计划书通常包含对市场趋势的分析、目标用户的画像、营销策略的制定、推广渠道的选择以及品牌建设方案的规划等内容。通过营销推广计划书，创业者可以制定出一套切实可行的营销方案，提升项目的市场知名度和品牌影响力。

案例：自助直播带货创业融资计划书。该计划书分析了直播带货的市场趋势，提出了具体的营销策略，如主播选择、直播内容策划、流量获取等。计划书还详细规划了销售渠道建设、客户服务体系以及品牌推广等方面的内容，为项目的成功融资和市场推广提供了有力支持。

4）财务预算计划书

财务预算计划书包括项目的财务预测、资金需求、融资计划以及成本控制等方面的内容。它旨在帮助创业者或投资者理解项目的财务状况、资金需求以及投资回报情况。这种计划书通常包含对启动资金、运营成本、收入预测、投资回报周期等方面的详细分析，以及基于这些分析的融资计划和成本控制策略。通过财务预算计划书，创业者可以更加清晰地了解项目的财务状况和投资价值，为项目的成功实施提供有力的财务保障。

案例：餐饮美食创业计划书。该计划书列出了餐厅的启动资金、运营成本以及收入预测等方面的内容，同时分析了投资回报周期和盈利能力。计划书还提出了融资计划和成本控制策略等方面的规划，为项目的成功运营提供了有力的财务支持。

3. 按功能分类

1）策划型创业计划书

策划型创业计划书侧重于规划企业整个发展过程的战略和目标。它旨在帮助创业者或投资者理解企业的愿景、使命、价值观以及长期发展目标。这种计划书通常包含对企业市场环境、竞争优势、战略规划、资源配置等方面的详细分析，以及基于这些分析的发展目标和实施路径的规划。通过策划型创业计划书，创业者可以制定出一套切实可行的战略规划，为企业的长期发展提供有力的指导。

案例：医疗祛痘门诊创业计划书。该计划书提出了门诊的市场定位、服务流程、营销策略以及长期发展计划等方面的内容。计划书还详细分析了市场环境、竞争对手情况以及潜在用户群体等方面的信息，为门诊的成功运营提供了有力的战略支持。

2）融资型创业计划书

融资型创业计划书主要用于向投资方展示项目的潜力和价值，以获取资金支持。它旨在帮助创业者或投资者理解项目的市场潜力、投资回报以及资金需求情况。这种计划书通常包含对项目市场规模、商业模式、财务预测以及投资回报等方面的详细介绍和分析，以及基于这些分析的融资计划和资金使用方案。通过融资型创业计划书，创业者可以向投资者展示项目的投资价值和市场潜力，从而吸引更多的资金支持。

案例：新能源智能充电桩创业计划书。该计划书详细介绍了市场规模、商业模式以及财务预测等方面的内容，同时分析了投资回报情况和资金需求情况。计划书还提出了融资计划和资金使用方案等方面的规划，为项目的成功融资提供了有力的支持。

3）运营型创业计划书

运营型创业计划书主要用于指导企业的日常运营和管理。它旨在帮助创业者或投资者理解企业的组织架构、岗位职责、供应链管理、市场推广策略等方面的内容。这种计划书通常包含对企业运营流程、人员配置、财务管理、市场推广等方面的详细规划和分析,以及基于这些规划的运营计划和实施方案。通过运营型创业计划书,创业者可以制定出一套切实可行的运营方案,确保项目的高效运转和持续发展。

案例:宠物项目创业计划书。该计划书详细规划了企业的组织架构、岗位职责以及供应链管理等方面的内容,同时提出了市场推广策略和客户服务体系等方面的规划。计划书还分析了市场环境、竞争对手情况以及潜在用户群体等方面的信息,为项目的成功运营提供了有力的支持和保障。通过精准分类和明确内容,创业计划书能够更好地满足项目发展的实际需求,为创业者提供有力的支持和指导。

总之,创业计划书作为连接创业者与潜在投资者、合作伙伴等利益相关方的桥梁,其重要性不言而喻。通过精准的分类和明确的内容设计,创业计划书能够更有效地传达项目的核心价值、市场潜力、财务预测及运营策略,从而增强投资者的信心并吸引更多的资源支持。按内容详略程度分类,简式创业计划书以其简洁明了的特点,适合在项目初期快速吸引投资者注意;而详式创业计划书则通过全面深入的分析和规划,为投资者提供了详尽的项目评估依据。按内容分类,市场分析计划书、产品研发计划书、营销推广计划书和财务预算计划书分别聚焦于市场的深入理解、产品的创新优势、营销策略的精准制定以及财务的稳健规划,共同构成了项目成功的关键要素。按功能分类,策划型、融资型和运营型创业计划书则分别服务于企业的战略规划、资金筹集和日常运营,为项目的长期发展提供了有力的指导和保障。因此,创业者应根据项目的实际情况和目标受众的需求,精心设计和撰写创业计划书,确保其内容既全面又具有针对性,从而最大限度地提升项目的吸引力和竞争力。通过创业计划书的精准呈现,创业者不仅能够有效地传达项目的价值和潜力,还能够为项目的成功实施和持续发展奠定坚实的基础。

8.1.3 创业计划书的基本结构及内容

创业计划书尤其是详式创业计划书,虽然缺乏统一的模板,但其基本的框架结构却大同小异。以下是对详式创业计划书各个核心构成部分及其内容的详细阐述,供大家参考。

1. 封面与目录

(1)封面:应包含项目名称、创业者或团队名称、联系方式、提交日期等基本信息,以及可能的项目 logo 或图像。

(2)目录:清晰列出计划书的主要内容及对应页码,便于读者快速查找和阅读。

2. 执行摘要

执行摘要是整个计划书的精髓,它简明扼要地概述项目的核心内容,旨在引起读者的兴趣,具体包括但不限于以下内容。

(1)市场痛点:阐述企业为什么需要做这个产品或服务。

(2)市场定位:明确项目在市场中的位置、目标客户群体及市场细分。

(3) 竞争优势:阐述项目相较于竞争对手的独特之处和优势。
(4) 商业模式:简述项目的盈利模式、收入来源及业务运作方式。
(5) 财务预测:预测项目的成本、收入、利润及现金流。
(6) 融资需求:说明所需的资金数额、资金用途及预期的投资回报。
(7) 如何收获:阐述投资者通过何种渠道获得投资本金及其回报。

3. 产品或服务

详细描述项目的产品或服务,以展示其创新性和市场潜力,具体包括以下内容。

(1) 功能特性:详细列出产品或服务的主要功能、特点及其为用户带来的价值,即你的产品和服务是如何解决用户"痛点"的。
(2) 开发进度:说明产品或服务的研发阶段、测试情况及上市计划。
(3) 知识产权:列出相关的专利、商标、版权等知识产权信息。
(4) 创新点与差异化:阐述产品或服务的独特创新点和与竞品的差异化优势。

4. 市场分析

深入分析目标市场,为项目的市场定位和销售策略提供依据,具体包括以下内容。

(1) 市场规模与增长率:提供目标市场的规模、增长率及未来趋势预测。
(2) 目标市场与客户群体:明确目标市场的细分、客户群体的特征、需求及购买行为。
(3) 市场趋势:分析市场的未来发展方向和潜在机遇。
(4) SWOT分析:评估项目的优势、劣势、机会和威胁。

5. 竞争对手分析

详细分析项目的竞争对手,以制定有效的竞争策略,具体包括以下内容。

(1) 主要竞争对手:列出项目的主要竞争对手及其市场份额。
(2) 竞品分析:对比竞品的功能、价格、市场占有率、优缺点等。
(3) 竞争战略:基于竞品分析,提出项目的低成本、差异化或集中化竞争战略。
(4) 竞争优势:再次强调项目相较于竞争对手的独特优势。

6. 企业概况

主要介绍企业的基本情况,属于哪种类型的企业等,具体包括以下内容。

(1) 基本信息:包括企业名称、注册地、成立时间、主营业务、愿景、使命及核心价值观。
(2) 成立背景:简述企业创立的初衷、发展历程及重要里程碑。
(3) 法律结构:说明企业的法律组织形式。

7. 营销与销售策略

阐述项目的营销和销售策略,以吸引和留住客户,具体包括以下内容。

(1) 定价策略:确定产品或服务的定价方式、价格水平及调整策略。
(2) 销售渠道:说明产品或服务的销售渠道、分销网络及合作伙伴。
(3) 促销手段:列出广告、公关、促销活动等市场推广策略。
(4) 销售预测:预测未来一段时间内的销售量和销售额。

(5) 客户服务:说明客户服务政策、售后服务体系及客户满意度提升计划。

8. 运营计划

详细介绍项目的运营计划,以确保项目的顺利实施和高效运作,具体包括以下内容。

(1) 生产制造:说明产品或服务的生产过程、产能规划及质量控制。
(2) 供应链管理:阐述供应链的构建、供应商选择及库存管理策略。
(3) 人力资源管理:介绍团队构成、招聘计划、培训政策及员工激励机制。
(4) 技术开发:说明技术研发计划、技术路线图及知识产权保护策略。
(5) 质量管理:阐述质量管理体系、质量认证及持续改进计划。

9. 管理团队与组织架构

介绍项目的核心团队和公司的组织架构,以展示团队的专业性和管理能力,具体包括以下内容。

(1) 团队成员:列出核心团队成员的姓名、背景、职责及专业技能。
(2) 组织架构:展示公司的组织结构图、部门设置及职责划分。
(3) 决策机制:说明公司的决策流程、权力分配及沟通机制。

10. 财务预测与融资计划

提供项目的财务预测和融资计划,以评估项目的经济可行性和投资价值,具体包括以下内容。

(1) 财务预测:包括收入预测、成本预算、利润预测及现金流预测。
(2) 财务指标分析:计算并分析利润率、投资回报率等关键财务指标。
(3) 融资需求:明确所需的资金数额、资金用途及融资阶段。
(4) 资金使用计划:详细列出资金的使用计划、分配比例及预期效果。
(5) 退出机制:说明投资者的退出途径、时间安排及预期回报。

11. 发展战略

一般阐述本项目3~5年的发展战略规划,具体包括以下内容。

(1) 竞争战略:明确项目发展不同阶段的竞争战略,如差异化战略、成本领先战略或聚焦战略。
(2) 市场扩张计划:提出未来3~5年的市场扩张策略,包括目标市场、客户群体及市场份额的增长目标。
(3) 产品与服务创新:规划未来3~5年的产品与服务创新方向,以保持竞争优势。
(4) 品牌建设:制定品牌建设策略,提升品牌知名度和美誉度。

12. 风险分析与应对措施

识别并评估项目可能遇到的风险,并提出相应的预防和应对策略,具体包括以下内容。

(1) 市场风险:分析市场需求变化、竞争加剧等市场风险及其应对措施。
(2) 技术风险:评估技术更新换代、研发失败等技术风险及其解决方案。
(3) 运营风险:识别供应链管理、生产质量等运营风险及其预防措施。

(4) 财务风险：分析资金短缺、成本超支等财务风险及其应对策略。

(5) 法律风险：考虑合规性、知识产权纠纷等法律风险及其防范措施。

13．附录

附录部分提供计划书所需的补充材料，以增强计划书的可信度和说服力，可以用附录、附图、附表的形式表达，具体包括以下内容。

(1) 市场调查报告：提供详细的市场调研数据和分析报告。

(2) 专利证书：列出项目相关的专利证书、商标注册证等知识产权证明。

(3) 合作伙伴协议：展示与合作伙伴的合作协议、备忘录等法律文件。

(4) 其他证明材料：如财务报表、审计报告、荣誉证书等。

综上，遵循上述精心设计的结构和内容要求，创业者能够编写出一份条理清晰、信息丰富且前瞻性强的详式创业计划书。这份计划书不仅全面覆盖了从企业概况、产品或服务介绍、市场分析到财务预测与融资计划等关键要素，还通过深入的市场调研和细致的规划布局，展现了项目的独特价值、市场定位及成长潜力。它不仅是创业者对项目深刻理解与前瞻思考的集中体现，也是向投资者和合作伙伴展示项目可行性、吸引资金支持的重要载体。因此，创业者应充分重视这份计划书的编制过程，确保其内容的精准性、全面性和前瞻性，为项目的成功落地与持续发展奠定坚实的基础，从而赢得市场的广泛认可与青睐。

【案例】 绿源智行科技有限公司的创业计划书

绿源智行科技有限公司是一家专注于新能源环保交通工具研发与制造的初创企业，其创业计划书遵循了上述基本内容，具体结构如下。

(1) 封面与目录：包含公司名称、标志、联系信息及详细章节索引。

(2) 执行摘要：概述了绿源智行致力于开发零排放、高性能的电动摩托车和自行车，以解决城市交通拥堵与环境污染问题。计划书中强调了其创新的电池管理系统和智能导航技术，以及预期的市场定位和初期融资需求。

(3) 公司概况：介绍了公司的创立背景、愿景（成为全球领先的绿色出行解决方案提供商）、使命（推动可持续交通发展）、核心价值观（环保、创新、责任）。

(4) 产品或服务：详细描述了主打产品——长续航、快速充电的电动摩托车，以及配套的智能APP，该APP能实现路线规划、电池状态监控、远程防盗等功能。

(5) 市场分析：分析了国内外环保交通工具市场现状与趋势，特别是中国市场的巨大潜力，指出政策支持、消费者环保意识提升等利好因素，以及竞争格局与潜在客户群体特征。

(6) 营销与销售策略：制定了线上线下结合的营销策略，包括社交媒体营销、环保主题活动、与绿色出行平台合作等，以及通过电商平台和城市体验店进行销售。

(7) 运营计划：规划了生产基地选址、供应链管理、质量控制、售后服务体系构建等内容，特别提到了与本土电池供应商的战略合作。

(8) 创业团队与组织架构：介绍了核心团队成员的专业背景、过往成就及在新能源领域的丰富经验，同时展示了清晰的公司组织结构图。

(9) 财务预测与融资计划：提供了未来五年的财务预测，包括收入、成本、利润预测及现金流分析，并提出初期融资 1 亿元人民币的需求，用于产品研发、生产线建设及市场推广。

(10) 风险分析与应对措施：识别了技术开发风险、供应链波动、市场竞争加剧等潜在风险，并提出了相应的风险管理策略，如多元化供应商策略、研发团队建设、灵活的市场进入策略等。

(11) 附录：包含市场调研报告摘要、核心技术专利证明、与地方政府及战略伙伴的合作意向书等。

通过这份详尽的创业计划书，绿源智行科技有限公司成功吸引了多家知名风险投资机构的关注，包括红杉资本、经纬创投等，完成了 A 轮融资，融资金额超过预期。这笔资金极大地推动了公司的产品研发与市场推广，使得绿源智行在短时间内推出了几款广受欢迎的电动摩托车产品，快速占领了市场份额，并在环保出行领域建立了良好的品牌形象。此外，政府的政策支持与消费者的积极响应也为公司的发展提供了强劲动力，进一步验证了其创业计划的前瞻性和可行性。

8.1.4 创业计划书中的信息搜集

在制定创业计划书的过程中，信息搜集指的是为了某个特定目的而有目的地寻找、获取各种类型的信息的过程。信息搜集不仅应用于市场调查，还广泛存在于企业管理、产品研发、财务分析等多个领域。信息搜集的对象可以是内部资料（如公司财务报表、销售记录等），也可以是外部资料（如行业报告、政策文件等）。信息搜集是一项基础性且至关重要的活动，它直接影响到创业项目的成败。以下是对所需信息及其重要性的详细说明。

1. 外部信息

(1) 行业信息：包括市场规模、增长率、竞争格局、行业趋势和相关政策法规。例如：一家新创公司计划进入健康食品市场，需了解这个市场的整体规模、增长速度、主要竞争对手是谁、消费者偏好的变化趋势以及政府对健康食品的最新政策导向等都是非常必要的。

(2) 市场信息：关注目标客户群体的特点、需求、购买习惯、价格敏感性和市场进入门槛。比如：一家专注于青少年教育产品的初创企业应该研究青少年的学习习惯、家长的消费心理等因素。

(3) 竞品信息：分析竞争对手的产品特点、定价、市场占有率、优点和缺点以及市场营销策略。这一步骤有助于新创企业找到差异化的竞争优势。例如：一款新的移动应用在开发前应该仔细研究市场上已有类似应用的表现。

(4) 合作伙伴信息：考察潜在的供应商、分销商或战略合作伙伴的资质、声誉和合作意愿。良好的合作关系可以为新企业提供稳定的供应链支持和市场拓展渠道。

(5) 客户反馈：通过问卷调查、深度访谈或试点销售等方式收集潜在用户的意见和建议，以验证产品概念是否符合市场需求。例如：一家打算推出新型智能家居设备的公司可以在产品正式上市前邀请目标用户试用并提供反馈。

（6）法律和监管要求：确保企业运营符合当地法律法规的要求，避免因违规操作而遭受处罚。不同行业和地区可能有不同的法律规范，企业需提前做好准备。

2. 内部信息

（1）团队成员的专业技能、经验、资源：评估团队成员的专业背景、过往经验和可调动的资源，这对于确定企业的核心能力至关重要。

（2）已有的产品原型、专利技术、知识产权、诀窍：检查公司已经拥有的技术成果，如产品原型、专利权等，这些都是宝贵的资产，有助于提高企业在市场上的竞争力。

（3）核心竞争力分析：基于以上所有信息，明确企业的独特优势，即那些能够使其在市场上脱颖而出的因素。

信息搜集是创业计划制定不可或缺的一部分，它要求创业者不仅要对外部环境有深刻的理解，也要对自己的团队和资源有清晰的认识。通过系统的调研和分析，可以有效地降低创业风险，提高成功的概率。充分的信息准备能够帮助新创企业更好地定位自己，找到市场切入点，为未来的发展打下坚实的基础。

【案例】 喜茶（HEYTEA）的信息搜集及决策

喜茶是中国一家知名的茶饮品牌，以其创新的茶饮产品和独特的品牌文化受到年轻消费者的喜爱。自2012年成立以来，喜茶通过不断的信息搜集和市场分析，成功地在中国乃至国际市场站稳脚跟。以下是喜茶在信息搜集方面的几个关键点。

1. 外部信息

（1）行业信息：喜茶的创始团队首先对中国茶饮市场的现状进行了深入研究，发现传统茶饮店多以奶茶为主，品种单一且品质参差不齐。随着消费升级的趋势，消费者对健康、高品质茶饮的需求日益增长。此外，团队还注意到，年轻一代消费者更倾向于追求个性化和社交化的消费体验。

（2）市场信息：为了更好地了解目标客户群体的需求，喜茶通过社交媒体调查、线下问卷调查以及消费者访谈等方式，收集了大量的市场数据。这些数据帮助喜茶明确了目标顾客的年龄层、消费习惯、口味偏好等重要信息，为产品的研发提供了依据。

（3）竞品分析：喜茶仔细研究了市场上其他知名茶饮品牌的菜单、价格策略、店铺布局和服务模式。通过对竞争对手的深入分析，喜茶找到了自己的差异化优势，如采用新鲜水果和优质茶叶制作饮品，提供更为健康的选择；同时，注重店面的设计感和品牌形象的塑造，营造出独特的消费体验。

（4）合作伙伴信息：喜茶在选择供应商时非常谨慎，不仅考察了原材料的质量，还考虑了供应商的信誉和服务水平。为了保证产品质量，喜茶与多家国内外知名的食材供应商建立了长期合作关系。

（5）客户反馈：喜茶非常重视用户的反馈意见，通过线上线下的多种渠道收集顾客的评价和建议。例如，喜茶APP和小程序设有专门的用户反馈模块，顾客可以轻松提交自己的意见。此外，喜茶还会定期举办"顾客见面会"，邀请忠实顾客参与新品试饮等活动，直接听取他们的声音。

(6) 法律和监管要求：喜茶严格遵守食品安全等相关法律法规，确保所有产品符合国家标准。同时，公司还积极应对各地不同的政策环境，确保业务的合规性。

2. 内部信息

（1）团队成员的专业技能、经验、资源：喜茶的核心团队拥有丰富的餐饮行业经验和深厚的品牌运营能力。团队成员来自不同的专业背景，包括市场营销、产品设计、供应链管理等，这种多元化的人才结构为公司的创新发展提供了强大的支持。

（2）已有的产品原型、专利技术、知识产权、诀窍：喜茶不断研发新产品，并申请了多项饮品配方和包装设计的专利。公司还开发了自己的POS系统和会员管理系统，提高了运营效率。

（3）核心竞争力分析：基于以上所有信息，喜茶确立了以"新式茶饮"为核心的品牌定位，通过持续的产品创新、优质的客户服务和独特的品牌形象，形成了显著的竞争优势。

喜茶的成功案例展示了信息搜集在整个创业过程中发挥的重要作用。通过对行业趋势、市场动态、竞争对手状况以及法律法规等方面的全面了解，喜茶能够精准地把握消费者需求，制定有效的市场策略，最终实现了快速成长和发展。此外，喜茶对内部资源的有效整合和利用，也是其能够在激烈的市场竞争中脱颖而出的关键因素之一。

8.1.5 市场调查的内容和方法

市场调查是一种系统性的研究方法，旨在收集和分析与特定市场相关的数据和信息，以帮助企业更好地理解和预测市场动态。通过市场调查，企业可以获得关于目标市场现状、客户需求、竞争对手状况以及市场趋势等关键信息，从而为制定有效的市场策略、产品开发和营销计划提供科学依据。市场调查不仅限于收集数据，更重要的是对数据进行分析和解读，为企业决策提供支持。

1. 市场调查的内容

1）市场规模与增长率

市场规模与增长率是衡量市场潜力和增长趋势的重要指标。通过收集和分析统计年鉴、行业报告、市场研究公司数据等，可以估算出目标市场的总体规模、历史增长率以及对未来的预测。这些数据有助于企业了解市场的整体状况，判断市场的成熟度和发展潜力，为企业的市场进入策略和产品定位提供依据。

2）目标市场

目标市场是企业产品或服务的潜在消费者群体。市场调查需要定义目标客户群体的特征，包括年龄、性别、职业、收入、地理位置等，并估算目标市场的潜在规模。通过深入了解目标客户群体的需求和偏好，企业可以更加精准地制定营销策略，提高市场渗透率。

3）客户需求与购买行为

客户需求与购买行为是市场调查的核心内容。通过问卷调查、访谈、用户测试、数据分析等方法，企业可以深入了解客户的需求、购买动机、决策因素以及价格敏感度等。这些信息有助于企业优化产品设计、调整价格策略、制定营销策略，以满足客户的期望和需求。

4）竞争对手分析

竞争对手分析是企业制定市场策略的重要参考。通过收集竞品信息，分析其产品特性、价格策略、市场份额、营销手段以及优劣势等，企业可以了解竞争对手的实力和市场地位，从而制定差异化的竞争策略，提高市场竞争力。

5）市场趋势分析

市场趋势反映了市场的未来发展方向。通过关注行业动态、技术创新、政策变化以及消费者行为变化等，企业可以预测市场的未来发展趋势，为企业的长期战略规划提供依据。

2. 市场调查的方法

1）一手数据收集

（1）问卷调查：通过设计问卷并向目标群体发放，收集关于客户需求、购买行为、满意度等方面的数据。

（2）深度访谈：与目标客户或行业专家进行一对一的深入交流，获取更加详细和深入的信息。

（3）用户观察：通过观察用户在实际场景中的行为，了解用户的使用习惯和偏好。

（4）焦点小组讨论：组织一组目标客户进行集体讨论，收集关于产品、服务或市场策略的意见和建议。

（5）实验测试：通过设计实验来测试产品或服务的性能、用户接受度等。

2）二手数据收集

（1）行业报告：购买或获取行业研究机构发布的报告，了解市场的整体状况、竞争格局以及发展趋势。

（2）政府统计数据：利用政府发布的统计数据，了解宏观经济环境、市场规模等。

（3）学术论文：查阅相关领域的学术论文，了解最新的研究成果和理论观点。

（4）新闻报道：关注行业新闻和媒体报道，了解市场动态和竞争态势。

（5）竞争对手公开信息：收集竞争对手的公开信息，如年报、产品说明书、广告等，分析其市场策略和竞争实力。

3）数据分析

（1）定量分析：通过频数分析、交叉分析、回归分析等统计方法，对收集到的数据进行量化处理和分析，揭示数据之间的关联性和规律。

（2）定性分析：通过主题分析、内容分析、话语分析等文本分析方法，对收集到的非结构化数据进行解读和分析，提取有价值的信息和观点。

市场调查的内容和方法是企业制定市场策略、产品开发和营销计划的重要依据。通过系统、科学的市场调查，企业能够深入了解目标市场的现状、客户需求、竞争对手情况以及市场趋势，从而做出更加明智的决策。

【案例】 小鹏汽车的智能电动汽车创业之路

小鹏汽车是中国新能源汽车行业的一颗新星，成立于2014年，总部位于广州，由何小鹏、夏珩、何涛等人联合创立。小鹏汽车专注于智能电动汽车的研发、制造与销售,致力于通过科技改变人们的出行方式,推动汽车产业的智能化转型。在制定创业计划的过程中,小鹏汽车进行了深入的市场调查,下面分别就其具体方法、内容、分析工具及结论进行阐述。

1. 市场调查方法

(1) 一手数据收集:小鹏汽车通过在线问卷、线下路演、潜在用户访谈、产品试驾体验活动等方式,直接收集潜在消费者对于智能电动汽车的偏好、需求、顾虑等信息。

(2) 二手数据收集:参考行业研究报告、政府政策文件、电动汽车销量数据、竞争对手分析报告等,以把握行业趋势、市场规模、政策导向等宏观信息。

(3) 数据分析工具:运用大数据分析、消费者行为模型、SWOT 分析(优势、劣势、机会、威胁)等工具,对收集到的数据进行深度挖掘和分析。

2. 调查内容

(1) 市场规模与增长率:分析中国及全球电动汽车市场的增长趋势、政策支持强度、潜在用户群体规模等。

(2) 目标市场:定义目标用户群体,如科技爱好者、环保意识强的消费者、追求新鲜体验的年轻人等,了解他们的购车动机、价格敏感度和功能需求。

(3) 客户需求:调研消费者对于续航里程、智能驾驶辅助系统、充电便利性、售后服务等核心需求。

(4) 竞争对手分析:对比特斯拉、比亚迪、蔚来等国内外主要竞争对手的产品特性、价格策略、市场占有率等。

(5) 市场趋势:紧跟电动汽车技术进步、自动驾驶技术发展、充电基础设施建设等最新趋势。

3. 分析工具与结论

通过上述方法和工具的综合运用,小鹏汽车得出了以下关键结论。

(1) 智能化和自动驾驶是电动汽车未来发展的核心竞争力,市场对此有强烈需求。

(2) 年轻用户群对于智能互联功能的接受度高,偏好创新体验。

(3) 续航焦虑和充电便利性是用户的主要顾虑,需在产品设计和充电网络布局上下工夫。

(4) 政策支持为新能源汽车发展提供了良好环境,但市场竞争日益激烈。

4. 市场调查带来的成果

一系列的市场调查工作为小鹏汽车的创业计划提供了坚实的数据支撑,帮助其明确市场定位,即聚焦于"智能+电动",推出了一系列具有竞争力的车型,如小鹏 P7、G3 等,强调智能驾驶辅助系统和长续航能力。小鹏汽车通过精准的市场定位和差异化策略,成功吸引了包括阿里巴巴在内的多轮投资,快速扩大了市场份额,成为国内新能源汽车领域的重要参与者。此外,小鹏汽车还在充电网络建设、用户服务体验等方面持续优化,以应对市场挑战,实现持续稳健发展。

市场调研是创新创业的基石,小鹏汽车的实例彰显了其不可或缺的价值。通过科学严谨的市场调研,小鹏汽车不仅精确锁定了市场需求与消费者偏好,还规避了闭门造车的陷阱,确保了产品与服务紧密贴合市场实际。因此,深入的市场调研不仅关乎企业初期的生存,更是长期发展中持续创新、精准施策的指路明灯。创业计划中的数据是实际调研、正确分析的结果,而不是凭空想象,胡编乱造的结果,否则,用这样的计划去指导创新创业实践,会带来"灾难性"的后果。

【小贴士】 市场调查与信息搜集的区别

尽管市场调查和信息搜集之间存在一定的交集,但两者在目的、范围和方法上有所区别。

1. 目的不同

(1)市场调查的主要目的是为了了解和分析特定市场的情况,为企业制定市场策略、产品开发和营销计划提供依据。

(2)信息搜集的目的则更加广泛,它可以是为了支持任何类型的决策过程,不仅仅局限于市场层面。

2. 范围不同

(1)市场调查通常聚焦于某一特定市场或细分市场的研究,包括消费者行为、竞争对手分析、市场趋势等内容。

(2)信息搜集则涵盖了更广泛的领域,可能涉及企业运营的各个方面,如财务管理、人力资源、生产制造等。

3. 方法不同

(1)市场调查往往采用更加系统化和标准化的方法,如问卷调查、深度访谈、焦点小组讨论、二手数据分析等。

(2)信息搜集的方法则更加灵活多样,可以是任何形式的数据收集活动,包括但不限于网络搜索、文献查阅、专家咨询等。

市场调查和信息搜集虽然都属于数据收集和分析的范畴,但它们各有侧重。市场调查更专注于特定市场的深入研究,为企业的市场策略和产品开发提供科学依据;而信息搜集的应用范围更广,可以支持企业各个方面的决策需求。正确理解和运用这两种工具,可以帮助企业更好地把握市场机会,优化内部管理,提升整体竞争力。在实际操作中,企业可以根据具体需求选择合适的方法,确保信息的准确性和有效性,从而为决策提供有力支持。

8.2 创业计划书的撰写

8.2.1 研讨创业构想

创业构想研讨是创业计划书撰写的第一步,旨在深度挖掘创业项目的商业逻辑、市场需求、竞争优势等关键因素,确保构想的前瞻性和可行性。研讨要点主要包括以下几个方面。

(1) 市场趋势与需求:紧跟时代潮流,准确把握目标市场的新兴需求与消费习惯变化。

(2) 技术创新与融合:探索如何将前沿技术与传统产业深度融合,创造新型产品或服务。

(3) 用户体验设计:关注用户全旅程体验,设计能激发用户参与度、忠诚度的解决方案。

(4) 商业模式创新:构建适应新业态的商业模式,如 PELOTON 的硬件+内容订阅模式。

【案例】 PELOTON——您的居家健身教练

成立于 2014 年的 PELOTON,其创业构想源于对健身行业数字化转型的深刻洞察。创始团队认识到,现代消费者追求高效、个性化、随时随地的健身体验,但传统健身房存在时间和地点限制、课程选择有限等问题。于是,他们构想了集硬件(智能动感单车/跑步机)、软件(交互式在线课程平台)和服务(按需订阅课程、社交互动)于一体的居家健身解决方案。这一构想不仅顺应了家庭健身市场的发展趋势,还凭借高品质硬件、丰富课程内容、沉浸式用户体验,形成了鲜明的竞争优势。

8.2.2　分析创业可能遇到的问题和困难

在撰写创业计划书之前,创业者需前瞻性地剖析项目可能遭遇的挑战,制定应对预案,提高抗风险能力。分析要点包括以下几个方面。

(1) 市场动态与竞争格局:密切关注行业动态,评估竞争对手策略及潜在新入者威胁。

(2) 技术与数据安全:审视技术栈的先进性、安全性,制定严格的数据保护政策与流程。

(3) 法规与政策环境:研究国内外相关法律法规,预见可能的合规风险与监管压力。

(4) 业务连续性与危机管理:规划应对突发事件、确保业务连续运行的策略与预案。

【案例】 ZOOM——视频通信软件

ZOOM 在 2019 年上市前,预见到视频会议市场竞争激烈、用户隐私保护要求提高、云服务稳定性需求强烈等问题。面对竞争,ZOOM 凭借高清音视频质量、易用性、跨平台兼容性及高性价比脱颖而出;对于隐私问题,公司强化数据加密、用户权限管理,确保合规运营;对于云服务稳定性,持续投入技术研发,优化全球数据中心布局,保证服务的高可用性。

8.2.3　把创业构想变成文字方案

将创业构想转化为文字方案,需遵循严谨的框架,详尽阐述各部分细节,形成逻辑严密、信息丰富的商业蓝图。撰写要点包括以下几个方面。

（1）执行概要：开篇以精炼语言概括项目核心价值、商业模式、市场策略、团队优势。

（2）市场分析：深入研究市场规模、增长率、用户画像、竞品分析、市场趋势。

（3）产品与服务：详细介绍产品功能、技术实现、内容生态、用户体验设计。

（4）营销与销售：规划定价策略、销售渠道、推广活动、快速吸收用户的各种策略。

（5）运营与供应链：阐述运营体系、内容生产流程、合作网络、服务质量管理。

（6）团队与组织：介绍核心团队、组织架构、人才战略、文化价值观。

（7）财务预测与融资：提供详细的财务模型、资金使用计划、预期回报分析、融资需求。

（8）风险管理：识别关键风险点，制定预防措施与应急计划。

【案例】 CALM 创新科技企业

成立于 2015 年的 CALM 是一家位于美国加州的创新科技企业，专注于心理健康福祉领域。其同名应用程序是全球顶级冥想与睡眠辅助工具，提供专业冥想课程、助眠故事等多样化内容，有效提升全球用户的生活质量。CALM 采用创新订阅模式，结合免费试用与多层付费订阅，通过与名人、意见领袖合作及社交媒体宣传，实现了快速增长。企业汇聚设计、互联网与心理健康专家，利用 AI 技术个性化用户体验，增强用户忠诚度，并与跨国企业合作，推广至教育与医疗领域，尤其在疫情期间推出特别内容，体现其社会责任感。凭借持续的产品创新、科技应用与科学验证，CALM 成功完成多轮融资，吸引顶级资本，加速国际化步伐，稳固其心理健康科技领航者地位，彰显科技正面影响人类福祉的潜力。

创业之初，CALM 的创业构想转化成的文字方案不仅是一个详尽的商业蓝图，更是一个深刻洞察市场需求并提出创新解决方案的典范。

（1）在执行概要部分，CALM 简明扼要地概述了其作为全球领先的冥想与睡眠应用程序的核心竞争力，即利用数字化手段解决现代人普遍面临的心理健康问题，通过订阅模式实现可持续盈利，同时强调了由行业专家组成的团队和以用户为中心的企业文化。

（2）在市场分析章节，CALM 深挖了心理健康市场的广阔前景，指出随着生活节奏加快和社会压力增大，全球范围内对心理健康服务的需求激增。通过详实的数据分析，展示了市场的高增长率以及目标用户群体（高压工作人群、失眠症患者、寻求心灵平静的现代都市人等）的显著特征。同时，CALM 对竞品进行了细致的剖析，明确了自身在内容多样性、用户体验和个性化服务方面的优势。

（3）在产品与服务部分，CALM 详细介绍了其应用程序的核心功能，如多样化的冥想课程、睡前故事、自然声音、呼吸练习等，这些都基于最新的心理学研究成果设计。强调了其技术平台如何通过 AI 算法实现内容的个性化推送，确保每位用户都能得到最适合自己的冥想体验。

（4）在营销与销售策略部分，CALM 采取了多元化的市场推广手段，包括与知名公众人物合作，如请明星参与内容录制，以及通过社交媒体 KOL 和用户口碑营销，迅速扩大用户基础。同时，CALM 设计了灵活的定价策略，包括免费试用期和多档位的订阅选项,以降低用户初次尝试的门槛,并通过优化用户获取成本与提高用户生命周期价值的策略,实现用户增长与收益的平衡。

(5) 在运营与供应链部分,CALM 构建了一个高效的内容创作流程,与心理学家、冥想导师等专业人士合作,不断丰富内容生态。同时,建立了严格的品质控制标准,确保用户体验的一致性和高质量。此外,CALM 还构建了与健康科技伙伴、内容创作者、平台合作方的广泛网络,共同推动产品与服务的持续创新。

(6) 在团队与组织章节,CALM 自豪地展示了其多元化、专业性强的核心团队,以及扁平化、敏捷的组织架构,强调了公司文化中对创新、用户关怀和持续学习的重视。

(7) 在财务预测与融资部分,CALM 通过精细的财务模型,预测了用户增长轨迹,分析了预期收入流,包括订阅收入、广告合作及潜在的企业合作项目。同时,明确了未来几年的融资需求,为持续的产品研发、市场扩展和品牌建设提供了财务支持框架。

(8) 在风险管理部分,CALM 识别了包括市场饱和、竞争加剧、用户隐私保护、内容质量控制等潜在风险,并制定了相应的预防措施和应对策略,如持续的产品创新、加强数据安全措施、强化内容审查机制等,确保企业长期健康发展。

CALM 的创业计划书不仅是一个详尽的商业规划,更是对市场需求深刻理解和创新解决策略的展现,为同类创业项目提供了宝贵的参考和启发。

8.2.4 成功创业计划书的撰写

1. 成功创业计划书的共同特征

成功的创业计划书往往蕴含着一系列共同的特征,这些特征不仅确保了计划的可行性与有效性,还大大增强了其说服力和吸引力。

1) 循序渐进

循序渐进是制定成功创业计划书的首要原则。它要求在充分搜集和整理相关资料的基础上,初步勾勒出计划书的轮廓,形成初稿。随后,经过反复推敲和修改,不断完善计划书的各个细节,直至形成一份结构完整、内容详实的方案。在计划运行过程中,还需要密切关注实际情况,一旦发现问题,便要及时反馈并进行相应的调整,以确保计划的顺利执行。

2) 一目了然

一目了然则是成功创业计划书的又一显著特点。它强调计划书要重点突出读者所关心的问题,并以直接、明确的方式阐述这些内容。一份成功的计划书,往往能给读者留下深刻的印象,其意义表达清晰明了,文章脉络条理清晰,让读者能够轻松把握计划的核心要点。

3) 令人信服

令人信服是成功创业计划书不可或缺的品质。在表达方面,应始终保持客观的态度,避免加入主观性的评论或过于夸大其词的言辞。同时,也不能过多地进行自我批评,而应给读者留出足够的评判空间。通过客观、真实的描述和分析,能够让读者对计划产生充分的信任感。

4) 通俗易懂

通俗易懂也是制定成功创业计划书时需要考虑的重要因素。尽量避免使用过于专业化的术语或进行过于复杂化的分析,而应采用简单明了、深入浅出的表达方式。在必要时,可以给予适当的解释和说明,以帮助读者更好地理解计划的内容。

5) 风格统一

风格统一则是多人协作完成计划书时需要注意的关键点。为了确保计划书的连贯性和一致性,最后应由一人或者团队成员一起对计划书进行统一修订,力求风格上的统一。同时,对于引用的数据来源,应给予明确的记录并标明出处,以体现计划的严谨性和可靠性。

6) 严谨周密

严谨周密是成功创业计划书的重要保障。它要求以客观表述拟创企业的状况为宗旨,确保计划书的格式严谨统一。一份具有自己完整格式的计划书,能够更完整地陈述内容,从而使计划本身更具有说服力。同时,这也能够体现出专业素质和对工作的认真态度。

2. 创业计划书写作应把握的重点

在制定创业计划书时,有几个关键要素需要特别关注,这些要素不仅有助于明确创业方向,还能为企业的长期发展奠定坚实基础。以下是六个需要重点关注的方面,简称为6C规范。

1) CONCEPT(概念)

概念是创业计划书的核心,它定义了你所提供的产品或服务的本质。一个清晰的概念能够让潜在投资者、合作伙伴和客户迅速理解你的业务。需要回答以下几个问题:

(1) 我要卖的是什么?

(2) 这个产品或服务解决了哪些痛点?

(3) 它的独特卖点是什么?

例如:如果你打算开设一家健康食品店,你的概念可能是提供有机、无添加的健康零食,以满足现代人对健康饮食的需求。

2) CUSTOMERS(顾客)

明确的目标顾客群体是成功的关键。你需要对顾客进行细分,了解他们的需求、购买行为和偏好。避免过于宽泛的定义,如"所有女性"或"所有人"。可以具体阐述以下几个方面:

(1) 你的目标市场是谁?

(2) 他们有什么共同特征?

(3) 他们的需求是什么?

(4) 如何接触到他们?

目标市场的选择非常重要,如果想满足所有的市场,提供所有的产品或服务,那就没有任何战略可言,实践过程中,初创企业就会陷入"四面出击",最后一无所获的尴尬境地,因为不同的消费者会有不同的诉求。例如:如果你的目标市场是25~35岁的职业女性,你可以进一步研究她们的生活方式、购物习惯和消费心理,以便更精准地定位产品和营销策略,如她们在购买衣服时可能更关注衣服的时尚、品质等,而对于价格并不是非常介意;而对于50~60岁的女性市场,她们可能更加关注衣服的性价比,等等。

3) COMPETITORS(竞争者)

了解竞争对手是制定有效市场策略的基础。需要回答以下几个问题:

(1) 是否已经有类似的产品或服务?

(2) 竞争对手是谁,他们的优势和劣势是什么?

(3) 你的产品或服务与竞争对手相比有何不同?

(4) 竞争关系是直接竞争还是间接竞争?

例如:如果打算进入在线教育市场,你需要研究现有的在线教育平台,了解他们的课程种类、价格策略、师资力量等,从而找到差异化或者集中化的竞争优势。

4) CAPABILITIES(能力)

评估自身的能力是确保企业顺利运营的前提,回答以下几个问题有助于评估自身能力。

(1) 是否具备开发和销售产品或服务的专业知识和技能?

(2) 团队成员的背景和经验是否能够支持企业的运营?

(3) 你有哪些独特的能力可以持续保持竞争优势?

例如:如果你打算开发一款新的移动应用,你需要确保团队中有专业的软件开发人员、UI/UX设计师和市场营销专家,以确保产品的质量和市场推广效果。

5) CAPITAL(资本)

明确的财务规划是企业可持续发展的保障。需要回答以下几个问题:

(1) 启动资金的来源和总额是多少?

(2) 自有资金和外部融资的比例是多少?

(3) 资金将如何分配,用于哪些方面?

(4) 预计的收入和支出情况如何?

例如:如果你需要100万元启动资金,其中自有资金50万元,外部融资50万元,需要明确外部资金来源的构成,还需要详细列出这笔资金将用于市场调研、产品研发、团队建设、营销推广等各个方面的具体金额。

6) CONTINUITY(持续性)

长期的发展计划是吸引投资者和支持者的重要因素。需要回答以下几个问题:

(1) 当企业取得初步成功后,下一步的发展目标是什么?

(2) 你打算如何扩大业务规模,进入新的市场?

(3) 未来几年内,企业的盈利模式和增长策略是什么?

例如:如果初创企业是一家健康食品店,短期内的目标可能是建立品牌知名度和忠诚度,中期目标则是开设更多的实体店和拓展线上销售渠道,长期目标则是开发更多的健康食品系列,甚至进军国际市场。

创业计划的成功不仅依赖于创意和热情，还需要对市场有深入的了解和科学的规划。通过明确概念、细分顾客、研究竞争者、评估自身能力、制定财务计划和规划未来发展，可以为企业的成功奠定坚实的基础。每个环节都需要细致入微的考虑和精心的准备，只有这样才能在激烈的市场竞争中脱颖而出，实现可持续发展。

3. 投资者对创业计划书最关注的问题

在向投资者展示创业计划书时，了解他们最关心的问题是至关重要的。以下是投资者通常会重点关注的六个方面，以及如何在创业计划书中有效地呈现这些内容。

1）技术和产品

投资者非常关注公司的技术和产品是否具有创新性和独特性，以及它们是否能够带来高利润和未开发的潜力。

（1）技术的创造性与独特性：你的技术是否解决了现有市场上的问题？是否有专利保护？技术的壁垒有多高？

（2）产品的市场潜力：产品或服务是否能满足市场需求？是否有未开发的市场空间？产品是否具有持续创新的能力？

示例：企业开发了一种基于人工智能的健康监测系统，能够实时监测用户的健康状况并提供个性化的健康管理建议。该系统采用了先进的机器学习算法，已经申请了多项专利。目前市场上还没有类似的产品，预计在未来五年内，健康监测市场的年增长率将达到20％以上。

2）市场及竞争

投资者希望了解目标市场的容量、产品在市场中的竞争力以及潜在的成长力。

（1）市场的容量：目标市场的总体规模是多少？市场的增长趋势如何？

（2）产品间的相对竞争力：与竞争对手相比，你的产品有哪些优势？市场占有率如何？

（3）潜在成长力：未来几年内，市场和产品的增长潜力如何？

案例：根据最新的市场研究报告，全球在线教育市场的规模预计将在未来五年内从1000亿美元增长到1500亿美元，年复合增长率约为10％。我们的在线教育平台专注于STEM教育，目前已经拥有超过10万名注册用户，用户满意度高达90％。与主要竞争对手相比，我们在课程质量、师资力量和用户互动方面具有明显优势。

【知识链接】 关于STEM的介绍

STEM教育是科学（Science）、技术（Technology）、工程（Engineering）和数学（Mathematics）四门学科英文首字母的缩写，旨在通过跨学科的学习和实践，培养学生的创新思维、问题解决能力和团队合作精神。STEM教育理念的核心在于跨学科融合，它打破了传统单一学科的教学模式，鼓励学生将科学、技术、工程和数学的知识融合在一起，形成综合性的学习体验。

3）管理团队

投资者非常看重管理团队的经验和能力，因为这直接关系到公司的执行力和成功概率。

（1）团队成员的背景和经验：团队成员是否有相关行业的经验？他们在之前的职位上取得了哪些成就？

（2）团队的互补性：团队成员的技能和背景是否互补？是否有明确的分工和职责？

【小贴士】 对于"创业"项目，专家和投资者非常注重团队成员知识和技能甚至性格上的互补性和协同性，这也是与"创新"项目不同的关键点。

示例：团队由一群经验丰富的专业人士组成，其中包括CEO（拥有10年的互联网行业经验，曾成功带领一家初创公司完成IPO）、CTO（计算机科学博士，专注于人工智能和大数据技术，曾在多家知名科技公司担任技术总监）和CMO（市场营销专家，擅长品牌建设和数字营销，曾帮助多个品牌实现高速增长）。

4）公司财务增长预测

投资者希望看到公司的财务增长预测，以评估投资回报的可能性。预测结果不需要过于乐观，但必须具有说服力。

（1）收入预测：未来几年内的收入预期是多少？收入的增长趋势如何？

（2）成本和利润：主要的成本项目有哪些？利润率是多少？

（3）现金流：公司的现金流状况如何？是否有足够的资金支持运营？

示例：根据财务模型，预计公司在未来三年内的收入将从100万美元增长到500万美元，年复合增长率约为70%。主要收入来源包括产品销售和服务订阅。成本方面，预计初始研发和市场推广成本较高，但随着规模效应的显现，利润率将逐步提高，预计第三年的净利润率将达到20%。公司目前的现金流状况良好，有足够的资金支持运营和发展。

5）退出计划

投资者希望了解他们的投资退出机制，以确保投资的安全性和回报。

（1）退出方式：公司是否有上市计划？是否有股权转让或回购的安排？

（2）时间表：预计何时能够实现退出？具体的步骤是什么？

示例：我们计划在未来五年内实现公司上市，预计首次公开募股（IPO）的时间节点为第四年末。在此之前，我们将通过股权转让和回购等方式为早期投资者提供退出途径。具体步骤包括：第一年末至第二年初，完成A轮融资，引入战略投资者；第二年末至第三年初，完成B轮融资，进一步扩大市场份额；第四年末，启动IPO准备工作，包括财务审计、法律合规等。

6）出色的计划摘要

摘要应当简洁明了，能够迅速抓住读者的眼球，并激发他们深入了解的兴趣。

（1）核心内容：公司的主营业务是什么？目标市场和竞争优势是什么？

（2）亮点：公司的独特卖点和主要成就有哪些？

（3）需求：目前的资金需求是多少？资金将用于哪些方面？

示例：XYZ科技有限公司的主营业务是基于人工智能的健康监测系统，目标市场为全球健康管理和医疗保健市场；竞争优势体现在先进的机器学习算法，多项专利保护，用户满意度高；主要成就是已获得10项专利，拥有超过10万名注册用户，用户满意度为

90%；资金需求为 500 万美元，主要用于技术研发、市场推广和团队建设。

投资者在评估创业计划时，最关心的是技术和产品的创新性、市场的容量和潜力、管理团队的能力、财务增长预测、退出机制以及计划摘要的吸引力。通过详细回答这些问题并提供有力的证据，可以增加投资者的信心，提高获得投资的机会。一个精心准备的创业计划不仅是吸引投资的关键，也是企业成功的基础。

【小贴士】 创业计划书写作的注意事项

创业计划书是创业者实施创业计划的书面文件，是整个创业过程的灵魂。一份内容详实、设计严密的创业计划书是迈向成功的第一步。初创企业酝酿中的项目往往很模糊，通过制定计划书，把正反理由都归纳出来，再逐条推敲，效果截然不同。一份创业计划书应该能够有理有据地说明企业的发展目标、实现目标的时间、方式及所需资源；创业计划将创业理想具体化，一般要考虑到公司未来 3~5 年的发展情况，并在企业运营中根据需要相应地进行调整。创业计划书是创业者深入调查、理性分析、认真研究制定的，而不是"胡编乱造"的。例如：对于目标市场需求的分析是否准确？企业 3~5 年的利润增长数据，依据是什么，等等。这些问题的回答有助于机会和风险判断的权衡。

【案例】 CLUBHOUSE 公司

CLUBHOUSE 是一家成立于 2020 年 4 月的美国科技公司，由保罗·戴维森和罗汉·赛斯共同创立，总部位于硅谷。该公司推出的同名社交网络应用主打即时性的音频交流服务，用户可以在不同的聊天室中参与或旁听关于广泛话题的对话、访谈与讨论。公司最初采用邀请制注册方式，这种独特的准入模式为其增添了一定程度的独家性。在科技界和名人效应的推动下，CLUBHOUSE 获得广泛关注并流行起来，对社交互动方式产生了显著影响。然而，随着时间的推移，CLUBHOUSE 面临了增长放缓和市场竞争的挑战。为应对挑战，2022 年公司进行了战略调整，专注于培育更加私密的在线社群，并推出了名为 HOUSES 的新功能，允许用户创建私人俱乐部进行交流。公司持续迭代功能，探索商业模式，力求在竞争激烈的社交媒体市场中稳固其地位。

CLUBHOUSE 的创业计划书以其清爽的视觉风格、模块化的章节设计、生动的用户案例吸引了投资者目光。计划书通过讲述早期用户如何在平台上建立有意义的连接、进行高质量对话的故事，展现了 CLUBHOUSE 作为音频社交平台的独特魅力。展示时，创始人保罗·戴维森运用故事叙述、用户反馈、数据可视化等手段，生动描绘了该项目如何填补市场空白、引领社交新趋势，成功激发了投资者兴趣。

撰写创业计划书是将创新构想具体化为商业实践的关键步骤，需系统化梳理并展现项目潜力。首先，深入研讨创业构想，紧贴市场趋势，探索技术创新与用户体验的融合点，设计符合未来业态的商业模式。其次，预判潜在问题与挑战，涵盖市场变动、技术安全、法规遵从及危机管理，制定相应预案。核心在于凝练执行概要，明确价值主张、商业模式、市场定位及团队实力。随后，全面展开各部分细节，如市场分析、产品服务描述、营销策略、运营体系、财务预测及风险管理，构建逻辑清晰、内容详实的文本方案。在撰写中，强调视觉设计的吸引力、信息结构的条理性、数据展示的直观性，以及通过案例和故事增加情感联结,提升演讲互动效果,使计划书既具深度又引人入胜,有效传达项目愿景与实施路径,为赢得投资者青睐奠定坚实基础。

【小贴士】 写好创业计划书的 5 句四字诀

1. 需求为本

创业计划书的起点应该是市场需求。任何成功的创业项目都应该基于对市场需求的深入理解和分析。只有真正解决了用户的痛点或满足了未被满足的需求,项目才有可能成功。深入分析市场需求,确保项目解决用户痛点,具有明确的市场定位。

举例:假设你正在创办一家健康食品公司。在创业计划书中,你应该详细描述当前市场上健康食品的需求情况,包括消费者对健康食品的关注点、现有产品的不足之处以及你的产品如何填补这些空白。例如,你可以指出市场上缺乏低糖、高纤维的健康零食,而你的产品正好满足这一需求。

2. 创新是魂

创新是创业的灵魂。无论是技术创新、商业模式创新还是市场创新,都需要有独特的亮点和差异化的优势,才能在竞争激烈的市场中脱颖而出。没有创新,虽然有时可以取得行业平均的利润,但是战战兢兢、如履薄冰,很难杀出红海,而且被成熟的竞争对手击败的可能性极大。突出市场痛点、技术创新、商业模式创新和市场创新,打造核心竞争力,才能使创业插上"蓝海战略"的翅膀。

举例:如果你的创业项目是一款智能家居产品,你需要在计划书中详细说明你的产品解决的市场痛点是什么?竞争对手分析,技术、模式等各个方面的创新点,比如使用了最新的物联网技术、具备更智能的语音识别功能等,还可以描述你的商业模式创新,例如通过订阅服务提供持续的软件更新和支持。

3. 法规作绳

创业计划书必须遵守法律法规,确保项目的合法性和合规性。忽视法律法规的风险可能会导致严重的后果,甚至使整个项目失败。遵守法律法规,确保项目的合法性和合规性,规避潜在风险。

举例:如果你的创业项目涉及食品生产,你需要在计划书中详细说明如何遵守食品安全法规,包括原料采购、生产过程、质量检测等方面的合规措施。例如:可以提到已经获得了相关的食品安全认证,确保所有产品都符合国家和地方的食品安全标准。再如:你在做网络培训类的项目,知识产权的法律法规一定要注意遵守。不是仅仅把作者的电子书籍、讲座等资料下载后放到云服务器上,让用户注册、收取使用费那么简单,这里还涉及归属者的知识产权问题。

4. 管理赋能

高效的管理团队和科学的管理方法是创业成功的关键。创业计划书中应详细描述团队成员的背景、职责分工以及管理机制,展示团队的专业能力和执行力。构建高效的管理团队,明确职责分工,采用科学的管理方法提升团队整体效能。更重要的是:不论是战略、营销、团队、资源、资金、模式、风险、生产运营等,无不带有管理学科的色彩。

创业计划书可以详细介绍管理团队,包括创始人的教育背景、工作经验、专业技能等。例如：可以提到团队中有来自知名企业的高管，有丰富的市场营销经验和人脉资源；有技术专家，擅长产品开发和技术创新；有做财务融资方面的专家；有做生产运营管理方面的专家等。此外，还可以描述团队的职责分工和管理机制，如每周例会、项目管理软件的使用等，确保团队高效协同。

5. 使命以行

创业计划书应该明确企业的使命和愿景，体现创始人的初心和长远目标。一个清晰的使命不仅能激励团队成员，还能赢得投资者和客户的信任。明确企业的愿景和使命，展示创始人的初心和长远目标，激发团队积极性，赢得信任和支持。需要注意的是："使命"并不是空泛的，可有可无的，大家可以参照成功的企业，每个企业都有一个企业与社会需求契合的使命。使命指引企业通过承担什么样的社会责任而达到目标，让初创企业建立客户导向的思想，如何得到社会公众的认同，等等。

假设你的创业项目是一家专注于环保科技的公司，你的使命可能是"通过创新技术减少环境污染，建设可持续发展的未来"。在计划书中，你可以详细描述这一使命的具体实现路径，如开发高效的废物处理技术、推广环保理念等。此外，你还可以分享一些具体的案例，如已经成功实施的环保项目和取得的成果，展示公司的使命感和责任感。

"行"，则需要大家积极参与各种赛事活动和社会实践，书本知识往往与实践存在较大的差距，所谓"读万卷书，行万里路"便是这个道理。通过实践使思想落地，其中的经历、困难、喜悦、经验、教训等对于大家都是宝贵的财富。正如杨绛先生所言：年轻的时候以为不读书不足以了解人生，直到后来才发现如果不了解人生，是读不懂书的。读书的意义大概就是用生活所感去读书，用读书所得去生活吧。她用通俗的语言阐述了实践、认识、再实践、再认识这种循环往复以至无穷的规律。而实践和认识之每一循环的内容，都依次上升到了高一级的程度。这就是辩证唯物论的全部认识论，也是辩证唯物论的知行统一观。"行"可以使大家的思想"落地"，不论是成功还是失败，都是宝贵的财富。斯坦福大学是没有"失败"这个词汇的，而是用"试错"代替的，一个经历过创业失败的人，往往更能获得各种投资和资源；而在我国，创业如果失败了，获得资助的概率大大降低。所以，斯坦福大学对待"失败"的态度是值得我们学习的。

通过以上五条原则，你可以撰写出一份全面、有说服力的创业计划书，为你的创业项目打下坚实的基础。

【小贴士】 失败创业计划书的一些常见问题

（1）目标市场描述模糊：未对目标客户群体进行精准定位，只是泛泛地提及"广大消费者"，缺乏对市场细分和目标客户特征的详细描述。仅仅强调技术的先进性，而忽视客户需求。

（2）产品或服务介绍笼统：没有突出产品或服务的独特价值和优势，只是简单地描述了一般性功能，缺乏与竞争对手的差异化对比。

（3）商业模式存在漏洞：商业模式设计不合理，可能存在收入来源单一、成本估计不准确、盈利预测过于乐观等问题，缺乏实际操作的可能性。

（4）营销策略不全面：营销策略缺乏具体性和针对性，只是提到一些常见的推广手段,如广告宣传、社交媒体推广等,没有制定详细的营销计划和预算。

(5) 财务数据不准确:财务规划不严谨,存在数据不准确、预算不合理、资金需求和使用计划不清晰等问题,导致投资者对项目的财务状况和可持续性产生怀疑。

(6) 风险认识不足:对可能面临的风险认识不足,或者只是简单地列举了一些风险,而没有提出相应的应对措施,导致项目抗风险能力弱。

(7) 执行计划缺失:缺乏具体的执行计划和时间表,使得项目的实施缺乏计划性和可控性,投资者难以评估项目的落地能力和实施效果。

(8) 盲目照搬国外模式:忽视国情和市场需求,盲目照搬国外成功的商业模式,导致水土不服,无法在中国市场上取得成功。

(9) 市场调研不足:市场调研缺乏严密的数据分析,仅凭直觉或自身需求判断市场,导致对目标用户真实需求的把握不准确。

(10) 创新不足:项目缺乏创新性,只是简单地在原有产品上加点内容或整合多样功能,没有打造出独特的竞争优势。

(11) 项目过于复杂:项目设计过于庞大和复杂,涉及多个不相关的领域或功能,导致资源分散,难以形成核心竞争力。

(12) 文字表述不清:计划书文字表述过于口语化或模糊,缺乏逻辑性和条理性,使得投资者难以理解和评估项目的真实价值和潜力。

以上都是导致创业计划书失败的重要原因,创业者应认真审视并避免出现这些问题,以提高创业计划书的成功率和项目的落地性。举例:大家都笑谈赵括只会"纸上谈兵",但是请大家用"逆向思维"思考一下,如果连"纸上谈兵"都谈不清楚,我们怎么能相信大家在实践过程中取得辉煌的胜利呢?思想是行动的指南,请大家参照核对。

主编经常被学生们问得最多的问题是"张老师,评委一般会问什么问题呀?"主编的回答是"最简单的三个问题",即主编所谓的"创新创业三问"。

(1) 你满足的社会需求是什么?(注意:不是你创造或者生产的产品是什么?这里有本质区别!弄不清楚的学生建议咨询老师或参阅市场营销学类的书籍。)

(2) 你的竞争对手是谁?(注意:竞争对手不一定是直接的竞争对手,往往包括了"替代品的威胁"。)

(3) 你的核心竞争力是什么,如何保持下去?(注意:核心竞争力的标准是稀有的、有价值的、难以模仿、难以替代。)

8.3 创业计划路演的准备与实施

8.3.1 路演的概念与目的

1. 路演的定义与重要性

路演(Roadshow)原指证券发行公司为了吸引投资者而进行的巡回推介活动,现已被广泛应用于创新创业领域,指创业者向潜在投资者、合作伙伴、行业专家等目标受众,通过现场演讲、演示、交流等方式,全面展示创业项目的价值、团队实力、市场前景和创业计划,以寻求资金支持、合作机会或专业建议的一种推广活动。

路演是创业项目走向市场的关键环节,对项目的成功与否起着决定性作用。通过路演,创业者可以达到以下目标。

(1) 吸引投资:向投资者展示项目的商业价值和增长潜力,争取资金支持。

(2) 建立合作:与潜在合作伙伴建立联系,探讨合作模式,拓展业务网络。

(3) 提升知名度:在行业内树立品牌形象,扩大项目影响力,吸引潜在客户和人才。

(4) 获取反馈:听取专家和观众的意见和建议,检验和优化商业模式,提升项目竞争力。

【案例】 蔚来汽车的成功路演

2021年,中国新能源汽车初创公司蔚来汽车(NIO)的创始人李斌,在上海举办的一场创新科技论坛上进行了一场精彩的创业路演。李斌详细阐述了蔚来汽车的愿景——致力于打造全球领先的智能电动汽车,以及其独特的商业模式,包括直销模式、用户社群运营、换电服务体系等。他强调了蔚来汽车在电池技术、自动驾驶技术、车载人工智能系统等方面的创新成果,以及在中国乃至全球新能源汽车市场的强劲增长潜力。

这场路演成功吸引了包括红杉资本中国基金、高瓴资本、腾讯投资在内的多家顶级投资机构的关注。这些投资机构不仅对蔚来汽车的技术实力和市场前景表示高度认可,还对其构建的用户生态系统、品牌定位以及国际化战略给予了积极评价。路演结束后,蔚来汽车顺利完成了新一轮的战略融资,为公司后续的研发投入、产能扩充、市场开拓提供了充足的资金支持。

此次路演的成功,不仅为蔚来汽车的高速发展奠定了坚实的资金基础,也进一步提升了公司在新能源汽车行业的品牌影响力,吸引了更多的潜在合作伙伴和用户关注。李斌的精彩演讲和蔚来汽车的创新商业模式,成为了中国创业圈内广为流传的典范案例,为中国新能源汽车产业的创新与发展注入了新的活力。

2. 路演的目标受众与场合

路演的目标受众主要包括投资者(风险投资家、天使投资人、私募股权基金等)、潜在合作伙伴(供应商、分销商、战略联盟等)、行业专家(分析师、顾问、学者等)、媒体代表以及潜在客户和员工。路演通常出现在以下几个场合。

(1) 投资论坛:如创业峰会、投资对接会等,汇聚大量投资者和创业项目。

(2) 专业展会:如科技展、创新展、行业博览会等,吸引行业专业人士和潜在客户。

(3) 企业活动:如新品发布会、合作伙伴大会、客户答谢会等,用于展示产品和服务,拓展业务合作。

(4) 高校讲座:如创业课堂、创业沙龙、校友论坛等,面向学生和教师,寻求人才和早期投资。

(5) 线上平台:如网络直播、视频会议、在线路演平台等,打破地域限制,扩大路演覆盖面。

(6) 各类创新创业赛事:如中国国际大学生创新大赛(原中国"互联网＋"大学生创新创业大赛)、"挑战杯"系列大赛、"创青春"全国大学生创业大赛、全国大学生电子商务"创新、创意及创业"挑战赛(简称"三创赛")等。

对于大学生,需要特别指出的是:创新创业赛事是创新创业者展示项目、提升学校和团队知名度、获取投资与资源的重要舞台。在这些赛事中,参赛团队通常需要经过初赛、复赛、决赛(校赛、省赛、国赛)等多个环节,其中路演环节往往是决定项目能否晋级或获奖的关键。在赛事路演中,创业者不仅要面对专业评委(包括投资人、企业家、专家学者等),还要面对其他参赛者、观众及媒体。因此,此类路演场合对于创业者而言,既是对项目全方位展示的绝佳机会,也是锻炼路演技巧、积累实战经验的宝贵平台。通过在创新创业赛事中的出色表现,许多初创企业迅速崭露头角,吸引到投资者的目光,甚至直接获得投资意向或合作邀约。

【案例】 EcoTech Innovations 项目

EcoTech Innovations 项目团队由一群来自北京大学环境科学与工程专业的大学生组成。他们在导师指导下,利用专业知识,研发出一种名为"GreenRevolution"的创新型环保材料,该材料能够在降解污染物的同时,转化为可用于农业生产的安全有机肥料。2023 年,EcoTech Innovations 团队参加了由教育部主办的中国"互联网＋"大学生创新创业大赛,并在激烈的竞争中脱颖而出,凭借其创新的环保解决方案、清晰的创业计划书和坚实的市场调研,赢得了全国总决赛一等奖。在大赛期间,EcoTech Innovations 团队的出色表现引起了众多投资机构的关注。其中,知名风投公司绿动未来基金对他们的项目表现出浓厚兴趣。在深入交流和尽职调查后,绿动未来基金高度认可团队的技术实力、市场潜力以及社会价值,决定对其进行投资。

类似的案例每年都会在各类创新创业大赛中发生,尤其是在教育部主办的中国"互联网＋"大学生创新创业大赛、挑战杯等高水平赛事中,不少优秀项目能够借此平台吸引投资,开启创新创业的商业化实践之旅。

3. 路演的预期目标与影响

通过一次成功的路演,创业者期望达到预期目标与影响。

(1) 融资成功:获得投资者的资金承诺,签署投资意向书或投资协议。

(2) 建立合作关系:与潜在合作伙伴达成合作意向,签订合作协议。

(3) 提升品牌知名度:吸引媒体关注,增加媒体报道,提升项目在行业内的影响力。

(4) 获取反馈与建议:收集专家和观众的反馈意见,对商业模式、产品设计等进行优化。

(5) 影响:成功的路演不仅为创业项目带来直接的资源支持,还有助于提升团队士气,增强市场信心,为后续的业务发展奠定坚实基础。

【案例】 "智慧交通科技"项目的成功路演

2019 年,北京邮电大学学生团队的"智慧交通科技"项目在中国"互联网＋"大学生创新创业大赛全国总决赛中进行了精彩的路演。团队自主研发了一款基于物联网技术的智能公交站牌系统,该系统能够实时显示公交车到站信息、提供路况更新、推送公共服务信息,并通过大数据分析优化公交线路,提升公共交通效率与用户体验。在路演中,团队详细阐述了产品的技术优势、市场潜力、运营模式及盈利预测,展示了已与多家城市公交公司展开试点合作的成果,并提出了明确的市场推广和扩张计划。

路演吸引了包括红杉资本、真格基金在内的多家知名投资机构的关注。其中,红杉资本对"智慧交通科技"项目团队的创新精神、技术实力及市场执行力给予了高度评价,认为该项目具有广阔的应用前景和商业价值。赛后,红杉资本与团队进行了深入洽谈,并最终决定对其进行投资,为"智慧交通科技"项目进一步研发产品、扩大市场覆盖提供了强有力的资金支持。此次成功融资不仅加速了项目的商业化进程,也为团队成员的创新创业之路增添了信心与动力,成为大学生创新创业通过大赛平台对接资本、实现项目落地的典型案例。

8.3.2 路演内容的策划与设计

1. 演讲稿的撰写与精炼

撰写演讲稿应包含以下主要内容。

(1) 开场白:简介创业团队、项目背景和路演目的。

(2) 项目介绍:阐述项目的核心价值、产品或服务、商业模式、市场定位、竞争优势等。

(3) 市场分析:展示市场规模、增长趋势、目标客户、竞品分析、市场进入策略等。

(4) 财务预测:提供收入预测、成本预算、盈利能力分析、投资回报率等关键财务数据。

(5) 团队介绍:介绍核心团队成员的背景、经验和贡献,强调团队的执行力和创新能力。

(6) 融资计划:说明融资金额、资金用途、股权结构、退出机制等。

(7) 结尾:重申项目价值,呼吁投资或合作,表达感谢。

(8) 精炼:演讲稿应语言精炼、逻辑清晰、重点突出,避免使用行业术语和复杂数据。每个部分应控制在合理的时间范围内,一般整个演讲不超过20分钟。

案例:美国健康科技初创公司 Hinge Health 在一场路演中,创始人丹尼尔·佩蒂特(Daniel Perez)用简洁明了的语言,清晰地介绍了其数字化疼痛管理解决方案的价值、市场潜力和商业模型,赢得了投资者的高度认可,最终完成了C轮融资。

2. 视觉辅助材料的制作

制作视觉辅助材料包括 PPT、视频、产品样品、海报、手册等,应配合演讲稿,直观、生动地展示项目信息,具体要求如下。

(1) PPT:设计简洁、专业,色彩搭配和谐,文字与图片比例适中,避免过多文字。每页 PPT 应突出一个主题,配以关键数据、图表或图片。

(2) 视频:制作高质量的产品演示视频、用户反馈视频、团队风采视频等,增强观众的感官体验。

(3) 产品样品:如有条件,可携带产品样品或模型,供观众现场体验,增强说服力。

(4) 海报、手册：设计精美、信息丰富的海报和手册，供观众带走，加深印象。

案例：美国农业科技初创公司 Indigo AG 在一场路演中，不仅展示了精心制作的PPT，还播放了一段无人机拍摄的农田试验视频，直观展示了其微生物种子处理技术对作物产量和土壤健康的改善效果，给投资者留下了深刻印象，助力其完成了 F 轮融资。

3. 产品或服务的现场展示

对于实物产品或可现场演示的服务，应充分利用路演现场进行展示，具体方式包括以下几种。

(1) 产品演示：现场操作产品，展示其功能、性能和用户体验。
(2) 服务模拟：通过情景剧、互动体验等方式，让观众亲身体验服务流程和效果。
(3) 用户见证：邀请忠实用户到场分享使用体验，增强产品的可信度和口碑。

案例：2017 年，中国智能家居企业云米科技在一次路演中，不仅展示了其全屋互联网家电产品线，还搭建了一个真实的智能家庭场景，让观众亲身体验智能冰箱、洗衣机、空调等产品的互联互通和智能操控，极大地提升了投资者和观众对云米科技的信心，为其后续上市和业务发展奠定了基础。

路演是创业项目走向市场、获取资源支持的重要途径。创业者应精心策划和设计路演内容，撰写精炼的演讲稿，制作专业的视觉辅助材料，现场进行生动的产品或服务展示，以吸引投资者、合作伙伴和行业专家的关注，达成融资、合作、提升品牌知名度等目标。成功的路演不仅可以为创业项目带来直接的资源支持，还可以提升团队士气，增强市场信心，为后续的业务发展奠定坚实基础。案例表明，无论是传统的线下路演还是新兴的线上路演，只要内容策划得当、展示方式得体，都可以取得良好的效果。

8.3.3　路演的技巧与实践

1. 演讲技巧与肢体语言

1) 演讲技巧

优秀的演讲者能够清晰、有说服力地传达创业计划的核心信息，激发听众的兴趣与信任。

(1) 清晰的结构：遵循"开场-主体-结尾"的结构，开场引人入胜，主体逻辑清晰，结尾有力总结。
(2) 简洁的语言：避免使用过于复杂的专业术语，确保内容通俗易懂。
(3) 故事化表达：通过讲述创业历程、用户故事、市场痛点等，让信息更具感染力。
(4) 数据支持：用数据和事实证明商业模式的有效性、市场规模和增长潜力。
(5) 适时互动：通过提问、小游戏等方式，调动听众参与，增强现场气氛。

2) 肢体语言

非语言表达同样影响演讲效果，合适的肢体语言可以增强演讲者的自信、亲和力和说服力。

(1) 眼神交流：与听众保持眼神接触，展现真诚和自信。
(2) 手势配合：适当的手势有助于强调观点，增强表达力。
(3) 站姿与走动：站立挺拔，适当走动，保持活力与互动感。
(4) 面部表情：保持微笑，根据内容调整表情，传递积极情绪。

案例：在 2020 年中国"互联网＋"大学生创新创业大赛中，来自华中科技大学的"绿动未来"团队在路演中，主讲人以简洁明了的语言，结合生动的图表和用户案例，清晰阐述了其绿色能源解决方案。演讲过程中，主讲人始终保持眼神交流，配合自然的手势，展现出自信与热情。这种专业的演讲技巧与得体的肢体语言，赢得了评委和观众的好评，最终帮助团队获得了大赛一等奖。

2. 应对提问与反馈的策略

1）面对提问的策略

面对提问应保持冷静、诚实，展现对项目的深度理解与专业素养。
(1) 倾听完整：耐心听完问题，确保能理解提问者的意图。
(2) 正面回应：对问题持开放态度，承认不足但强调解决方案。
(3) 具体详实：提供具体数据、案例或计划，支撑回答的可信度。
(4) 适时引导：对于复杂或敏感问题，巧妙引导至项目优势或已解决的问题。

2）面对反馈的态度

对待专家、企业家和投资机构的反馈和问题，应抱有感恩之心，视其为改进的机会。
(1) 记录整理：详细记录所有反馈，分门别类进行整理。
(2) 分析评估：客观分析反馈的价值，区分建设性意见与非建设性意见。
(3) 积极采纳：对有价值的反馈，及时纳入项目改进计划。
(4) 感谢反馈者：公开或私下向提供有价值反馈的人表示感谢，建立良好关系。

案例：在 2019 年中国"互联网＋"大学生创新创业大赛中，北京航空航天大学的"智航科技"团队在路演后的提问环节，面对评委关于技术瓶颈的尖锐提问，团队负责人沉着应对，承认当前存在的技术挑战，同时详细阐述了已有的技术储备、合作研发计划以及替代方案，展现出对项目的深度理解和解决问题的决心。这种诚恳、专业的回答赢得了评委的认可，最终帮助团队获得大赛银奖。

3. 路演后的跟进与联系维护

1）路演后的跟进

路演结束后，应尽快对感兴趣的投资者、合作伙伴进行及时跟进，巩固初步接触成果。
(1) 发送感谢信：感谢对方参与路演，重申项目亮点与合作意向。
(2) 提供更多信息：应对方请求提供详细创业计划书、财务预测等资料。
(3) 约定进一步洽谈：提议面对面会谈、电话会议或视频会议，深入探讨合作细节。

2）路演后的联系与维护

建立并维持与潜在投资者、合作伙伴的长期联系，及时更新项目进展，寻求持续支持。

(1) 定期更新：通过邮件、社交媒体、定期报告等方式，分享项目进展、市场动态、重大合作等信息。

(2) 参与活动：参加行业会议、创业沙龙等活动，保持与投资人、同行的互动。

(3) 个性化沟通：针对不同投资者、合作伙伴的关注点，提供定制化的沟通内容。

案例：2018年，浙江大学"光子芯片"项目团队在一次创业路演后，积极跟进与会的投资人和行业专家。他们发送感谢邮件，提供详细的创业计划书，并主动提议进一步面谈。在后续的几个月里，团队定期通过电子邮件更新项目研发进展、市场反馈和合作伙伴动态，还邀请投资人参观实验室，实地了解技术成果。这种积极、专业的跟进与维护工作，最终帮助团队获得了数家知名投资机构的投资，为项目落地提供了关键支持。

【小贴士】 失败路演的一些常见问题

(1) 准备不充分：路演前未进行充分的准备，包括未对公司、产品、市场、竞争对手等方面进行充分的了解和研究，导致在路演过程中无法自信地展示项目。

(2) 缺乏清晰的演讲结构：演讲内容没有明确的逻辑框架，条理不清晰，重点不突出，使得听众难以抓住核心信息。

(3) 表达不清晰：演讲者语速过快、吐字不清，或者使用过于专业的术语，导致听众无法理解演讲内容。

(4) 缺乏激情和自信：演讲者缺乏自信，语气平淡，没有展现出对项目的热情和信心，难以激发听众的兴趣和共鸣。

(5) 时间管理不当：演讲时间过长或过短，没有合理安排时间，导致重要内容被遗漏或冗余信息过多，影响听众的耐心和注意力。

(6) 缺乏与听众的互动：路演过程中缺乏与听众的互动，如提问、讨论等，使得演讲成为单向的信息传递，难以吸引听众的参与和反馈。

(7) 忽视细节：如PPT制作粗糙、演示文稿出现错误、演讲者着装不当等细节问题，会影响听众对项目的专业性和认真程度的判断。

(8) 数据不准确或缺乏说服力：在路演中引用的数据不准确或缺乏说服力，无法有效支持演讲者的观点，降低项目的可信度。

(9) 对产品或服务的介绍不深入：对产品或服务的介绍过于表面，没有深入挖掘其核心价值、竞争优势和用户体验等方面的信息，导致听众对项目缺乏深入了解。

(10) 对市场竞争缺乏分析：没有充分分析市场竞争环境，包括竞争对手、市场趋势、客户需求等方面的信息，使得投资者对项目的前景和潜力产生疑虑。

(11) 融资需求不明确：在路演中没有明确说明融资的金额、用途和计划，使得投资者对项目的融资需求和资金使用计划缺乏了解。

(12) 缺乏后续跟进：路演结束后，没有及时跟进投资者的反馈和意向，缺乏后续沟通和交流，导致项目错失融资机会。

以上都是导致路演失败的重要原因，创业者应认真审视并避免出现这些问题，以提高路演的成功率和融资的成功率。

创业计划书不仅是创业者对未来企业发展的蓝图规划，更是向投资者、合作伙伴展示项目价值的重要工具。本章详细阐述了创业计划的概念、作用、基本结构及内容,并介绍了市场调查的方法、创业计划书的撰写技巧以及路演的准备与实施。通过实际案例,展示了创业计划如何帮助企业成功融资并加速发展。本章内容强调了创业计划的系统性和实用性,为创业者提供了从计划制定到路演的全方位指导。

【案例品鉴】 创业计划及竞赛:美国、中国与其他国家的现状比较

创业计划,作为创业者勾勒未来商业愿景、设定目标、制定纲领和规划路线的蓝图,是高科技与风险投资浪潮兴起的直接产物。它不仅是创业者向风险投资家展示商业可行性的重要工具,更是激发创新、培育创业精神的关键环节。创业计划竞赛在美国高校由来已久,它要求参赛者组成优势互补的竞赛小组,提出一项具有市场前景的产品或服务,并围绕这一产品或服务完成一份完整、具体、深入的创业计划书。作为这一理念的实践平台,自1983年美国德州大学奥斯汀分校举办首届创业计划竞赛以来,已在全球范围内广泛传播,成为推动创新创业、促进经济发展的重要力量。

1. 美国现状:创业计划竞赛的摇篮与先锋实践

在美国,创业计划竞赛早已成为高校创新创业教育的重要组成部分,孕育了无数创新项目和商业领袖。斯坦福大学孕育了 Yahoo!、Google、Netscape 等科技巨头,其校园内的创业氛围和创业计划竞赛为无数创业者提供了梦想的舞台。近年来,斯坦福大学的设计学院(d. school)更是举办了多届设计思维竞赛,鼓励学生运用设计思维解决社会问题。其中,一个名为"智能医疗助手"的项目获得了广泛关注,该项目利用人工智能技术为老年人提供便捷的医疗服务,不仅获得了风险投资的支持,还在全球范围内产生了广泛的社会影响。麻省理工学院(MIT)的"五万美金创业计划竞赛"更是享誉全球,自1990年以来,每年都有数家新企业从竞赛中脱颖而出。例如,近年来的 Dropbox、Zipcar 等迅速成长为行业内的佼佼者,有的甚至在短短几年内就实现了数十亿美元的年营业额。美国高校不仅注重项目的创新性,更强调其实践性和市场潜力。许多参赛项目在竞赛期间就获得了风险投资的支持,为后续的商业化进程奠定了坚实基础。此外,美国高校还积极与风险投资机构、孵化器、加速器等合作,为参赛者提供全方位的资源和支持,推动项目落地和成果转化。

2. 中国现状:创业计划竞赛的蓬勃发展与创新实践

在中国,随着"科教兴国"战略的深入实施,培养广大青年的创新、创业意识已成为时代要求。1999年,共青团中央、中国科协、教育部和全国学联共同主办了"挑战杯"中国大学生创业计划竞赛,标志着中国高校创新创业教育的正式起步。经过20多年的发展,该竞赛已成为广大学生参与素质教育、提升创新创业能力的重要平台。在"挑战杯"的带动下,一批批优秀的创业计划如雨后春笋般涌现。近年来,清华大学的学生团队在竞赛中提出了多项具有市场前景的创新项目,其中不乏涉及人工智能、生物科技等领域的前沿技术。同时,中国部分省市和高校也相继举办了各自的创业计划竞赛,形成了多层次、多维度的创新创业竞赛体系。这些竞赛不仅注重项目的创新性,更强调其市场潜力和社会价值。例如:上海市的"创青春"上海青年创新大赛就吸引了众多关注社会热点和民生问题的项目参赛,为创新创业注入了更多的人文关怀和社会责任。此外,中国高校还积极与国际接轨,参与国际创业计划竞赛,如亚洲创业计划竞赛等。清华大学等国内著名大学不仅在国内赛事中屡获佳绩,还选派团队参加国际赛事,与来自美国和欧洲、亚洲其他国家的高校团队同台竞技,展现了中国高校的创新实力和国际竞争力。

随着"大众创业,万众创新"政策和精神的提出,更是在全社会范围内,尤其是大学生群体中掀起了创新创业的浪潮。2024年10月16日,习近平总书记给中国国际大学生创新大赛参赛学生代表回信,对他们予以亲切勉励并提出殷切希望。习近平指出,你们以大赛为平台,用在课堂和实验室学到的知识解决实际问题,在创新实践中增本领、长才干,在互学互鉴中增进中外青年的友谊,这很有意义。习近平强调创新是人类进步的源泉,青年是创新的重要生力军,希望你们弘扬科学精神,积极投身科技创新,为促进中外科技交流、推动科技进步贡献青春力量,同时也指出全社会都要关心青年的成长和发展,营造良好创新创业氛围,让广大青年在中国式现代化的广阔天地中更好展现才华。

3. 其他国家的情况:创新创业竞赛的全球实践与特色亮点

除了美国和中国,其他国家也在积极探索创新创业竞赛的多元化模式。例如:英国的"全国大学生创业大赛"就注重培养学生的团队合作和项目管理能力,鼓励学生将创新想法转化为实际产品或服务。德国的"青年创业家大赛"则强调项目的可持续性和社会责任感,鼓励参赛者关注社会热点和民生问题,提出具有创新性和实用性的解决方案。而以色列的"创业大赛"更是以其独特的创新氛围和强大的科技实力吸引了全球创业者的目光。以色列的特拉维夫大学举办过著名的"创业周"活动,吸引了来自世界各地的创业者、投资者和行业专家共同探讨创新创业的未来趋势和发展机遇。在特拉维夫大学的"创业周"活动中,许多创新项目和初创企业获得了风险投资的支持和行业的关注,为后续的商业化进程提供了有力支持。这些国家的高校和政府机构不仅为创业计划竞赛提供了丰富的资源和支持,还积极与风险投资机构、孵化器、加速器等合作,推动项目落地和成果转化。

4. 中国大多数高校需要借鉴和进一步完善的地方

1) 强化校企合作

美国高校与风险投资机构、高新技术企业的紧密合作值得借鉴。例如:斯坦福大学就与多家知名企业建立了合作关系,共同推动创新创业教育的深入发展。在中国,清华大学等高校也与多家企业签订了战略合作协议,为学生提供实习实训、创新创业指导等支持。

2) 注重实践导向

英国"全国大学生创业大赛"的实践导向值得学习。该竞赛要求参赛者进行市场调研、产品开发、营销推广等实际操作,以提升项目的落地能力。中国高校也可以设置类似的实践环节,让学生在竞赛中更好地锻炼自己的创新创业能力。

3) 完善服务体系

德国"青年创业家大赛"的服务体系较为完善。该竞赛不仅提供了丰厚的奖金支持,还为参赛者提供了创业指导、融资对接、法律咨询等全方位的服务。中国高校可以借鉴这一模式,建立完善的创新创业服务体系,为参赛者提供全方位的支持和帮助。

4)加强国际交流与合作

中国高校可以积极参与国际创业计划竞赛和创新创业交流活动,与全球高校建立合作关系,共同推动创新创业教育的国际化发展。

总之,创业计划竞赛已成为全球范围内推动创新创业、促进经济发展的重要力量。美国、中国以及其他国家在创新创业竞赛方面的实践探索都为我们提供了宝贵的经验和启示。通过借鉴这些经验,我们可以进一步完善我国的创新创业教育体系,培养更多具有创新精神和实践能力的优秀人才。

思 考 题

扫描做习题

1. 创业计划书的概念是什么?它在创业过程中起到什么作用?
2. 创业计划书的基本结构和内容包括哪些要素?
3. 如何进行有效的市场调查,以支撑创业计划书的制定?
4. 创业计划书的撰写方法和技巧有哪些?
5. 创业路演的方法和技巧有哪些?
6. 创业计划书的主要作用有哪些?请结合案例进行说明。
7. 为什么说创业计划书不仅是融资工具,更是管理团队的行动指南?
8. 如何利用SWOT分析为创业项目制定战略?
9. 在撰写创业计划书时,如何平衡创新性与实际可行性?

【书香致远】

[1] 邓立治. 商业计划书:原理、演示与案例[M]. 2版. 北京:机械工业出版社,2018.

[2] 邓立治,邓张升,唐雨歆. 商业计划案例:从创新创业大赛到创业实践[M]. 北京:机械工业出版社,2021.

[3] 杨光瑶. 快速打动投资人:优质商业计划书精彩锦集[M]. 2版. 北京:中国铁道出版社,2019.

第9章　新企业的创立与管理

【创新创业语录】

这个世界并不在乎你的自尊,只在乎你做出来的成绩,然后再去强调你的感受。

——比尔·盖茨

我认为做企业要有这些素质,特别在中国市场上,那就是:诗人的想象力、科学家的敏锐、哲学家的头脑、战略家的本领。

——宗庆后

【学习目标】

1. 理解企业的不同组织形式。
2. 熟悉新创企业的注册流程及所需的相关资料。
3. 熟悉新创企业需要考虑的法律和伦理问题。
4. 了解新创企业的选址策略及社会认同。
5. 熟悉新创企业的生存管理方法。
6. 熟悉新创企业的发展管理方法。

【案例导入】　瑞幸咖啡的崛起与管理

1. 创立背景

瑞幸咖啡(Luckin Coffee)成立于2017年,是中国新零售行业的代表性企业之一。创始人钱治亚曾担任神州优车的首席运营官(Chief Operating Officer,COO),拥有丰富的管理经验和市场洞察力。在创立瑞幸咖啡之前,她发现中国咖啡市场存在巨大的发展潜力,但传统咖啡连锁品牌的高价位和不便的服务模式限制了消费者的消费频率。因此,钱治亚决定创立一家以便捷、高性价比为核心竞争力的咖啡品牌,满足中国消费者的需求。

2. 发展策略

1)线上线下结合的模式

瑞幸咖啡采用了线上线下相结合的经营模式,通过移动互联网技术,打造了一个全新的咖啡消费体验。用户可以通过瑞幸咖啡的APP下单,选择自提或外送服务,大大提高了购买的便利性。此外,瑞幸咖啡还在各大办公区、商业区开设了大量小型门店,这些门店主要以自提为主,减少了租金和人力成本,提高了运营效率。

2）高性价比的产品定位

瑞幸咖啡的定价策略非常明确,主打中低价位市场,一杯咖啡的价格通常在15～30元之间,远低于星巴克等传统咖啡品牌的售价。同时,瑞幸咖啡注重产品质量,选用优质的咖啡豆和先进的烘焙技术,确保每一杯咖啡的口感和品质。这种高性价比的产品定位迅速吸引了大量年轻消费者。

3）大力推广和营销活动

瑞幸咖啡在市场推广方面投入巨大,通过各种线上线下活动迅速提升品牌知名度。公司与多家知名品牌合作,推出联名产品和限量版饮品,吸引了大量粉丝。此外,瑞幸咖啡还通过社交媒体、KOL(关键意见领袖)和网红营销,不断扩大品牌影响力。特别是在2018年,瑞幸咖啡通过一系列大规模的广告投放和优惠活动,迅速在全国范围内打开了市场。

3. 管理创新

1）数据驱动的运营模式

瑞幸咖啡高度重视数据的收集和分析,通过用户订单、消费习惯等数据,不断优化产品和服务。公司建立了强大的数据分析团队,实时监控各项运营指标,及时调整营销策略和产品组合。这种数据驱动的管理模式,使得瑞幸咖啡能够快速响应市场变化,提高运营效率。

2）扁平化的组织架构

瑞幸咖啡采用了扁平化的组织架构,减少了管理层级,提高了决策效率。公司内部倡导开放透明的文化,鼓励员工提出创新想法和建议。这种高效的管理方式,使得瑞幸咖啡能够在激烈的市场竞争中保持灵活性和竞争力。

4. 面临的挑战与应对措施

1）品牌信任度的建立

尽管瑞幸咖啡在短时间内取得了巨大的成功,但也面临着品牌信任度不足的问题。一些消费者对瑞幸咖啡的品质和安全性持怀疑态度。为此,瑞幸咖啡加大了对产品质量的把控力度,通过透明化的生产流程和严格的品质检测,逐步赢得了消费者的信任。

2）竞争对手的压力

随着瑞幸咖啡的崛起,传统咖啡品牌如星巴克也开始调整策略,推出更多高性价比的产品,争夺市场份额。面对激烈的竞争,瑞幸咖啡不断优化产品线,推出更多创新饮品和食品,同时加强线下门店的服务体验,提升顾客满意度。

5. 结果与展望

通过一系列创新的商业模式和管理策略,瑞幸咖啡迅速成长为国内领先的咖啡品牌。截至2020年底,瑞幸咖啡已经在全国范围内开设了近5000家门店,累计用户超过

6000万。尽管公司曾因财务造假事件遭受重创,但在新的管理层的带领下,瑞幸咖啡逐步恢复了元气,重新赢得了市场的认可。截至2024年第三季度,瑞幸咖啡继续展现出强劲的增长势头。

(1)门店数量:瑞幸咖啡的门店数量已超过21000家,遍布全国各地,成为中国最大的连锁咖啡品牌之一。

(2)用户基数:累计用户数超过3亿,活跃用户数持续增长。

(3)产品创新:瑞幸咖啡不断推出创新产品,如与茅台联名推出的"酱香拿铁",刷新了单品销售记录,首日销量突破542万杯,销售额突破1亿元。

(4)技术升级:瑞幸咖啡完成了鸿蒙原生应用核心功能开发,用户可以在多种终端设备上享受无缝体验。

(5)市场扩展:瑞幸咖啡不仅在国内市场表现出色,还在新加坡等海外市场开设了门店,进一步扩大了国际影响力。

(6)财务管理:公司财务状况持续改善,2024年前三季度总收入达到248.62亿元人民币,同比增长39.37%。

(7)品牌形象:通过与多位知名明星合作,如自由式滑雪世界冠军谷爱凌,瑞幸咖啡的品牌形象进一步提升,吸引了更多年轻消费者。

瑞幸咖啡的成功案例展示了新企业在创立与成长过程中所面临的一些困难和应对策略,但是,大的战略方向仍然没有变化。首先,市场洞察是成功的基础。钱治亚通过深入的市场调研,发现了中国咖啡市场的巨大潜力和未被充分满足的需求,从而找到了切入点。其次,创新的商业模式是关键。瑞幸咖啡通过线上线下结合的模式,以及高性价比的产品定位,迅速吸引了大量消费者。再次,高效的市场推广是品牌快速崛起的重要手段。通过大规模的广告投放和创新的营销活动,瑞幸咖啡迅速提升了品牌知名度和市场份额。最后,数据驱动的管理和扁平化的组织架构使得公司在快速变化的市场环境中保持了灵活性和竞争力。然而,新企业在成长过程中也会面临诸多挑战,如品牌信任度的建立和竞争对手的压力。瑞幸咖啡通过不断优化产品和服务,加强质量管理,逐步克服了这些挑战。尽管公司曾经历财务造假的风波,但通过积极的整改和新的管理团队的努力,瑞幸咖啡最终重新赢得了市场的信任和支持。总之,瑞幸咖啡的成功不仅展示了中国新零售行业的巨大潜力,也为其他初创企业提供了宝贵的经验和启示。新企业在创立与成长过程中,需要不断创新和优化管理策略,才能在激烈的市场竞争中脱颖而出,实现可持续发展。

【问题思考】

1. 瑞幸咖啡如何通过其独特的市场定位和竞争策略,在短时间内从众多咖啡品牌中脱颖而出?它又是如何应对来自传统咖啡品牌(如星巴克)的竞争压力的?

2. 在经历了财务造假丑闻后,瑞幸咖啡采取了哪些措施来修复品牌形象并承担社会责任?这些努力对消费者信任度的重建产生了怎样的效果?

3. 瑞幸咖啡是如何利用技术创新来提升用户体验的?具体来说,它在移动应用、数据分析等方面采取了哪些措施,这些措施对吸引和保留客户有何影响?

9.1　成立新企业

9.1.1　企业组织形式的选择

企业组织形式是指企业在法律上的存在形态,是企业根据自身经营特点、风险承受能力、管理需求等因素选择的法定结构。选择合适的企业组织形式直接影响企业的法律责任、税收负担、融资能力、决策效率、股权结构、传承安排等关键方面,对企业的长期发展具有深远影响。以下是对几种常见企业组织形式的详细分析。

1. 个体工商户

个体工商户是指自然人依法经核准登记,从事工商业经营活动的经济单位。

优点:设立简便,手续简单,无需注册资本,税务负担较轻;管理灵活,所有者可以直接进行日常经营管理,决策速度快。

缺点:投资人承担无限责任,一旦企业发生债务问题,投资人的个人财产将面临风险;融资困难,难以吸引外部投资者;融资渠道有限,规模和经营范围受限,通常只能从事简单的商业活动,难以扩大规模。

2. 个人独资企业

个人独资企业是指由一个自然人投资,财产为投资人个人所有,投资人以其个人财产对企业债务承担无限责任的经营实体。

优点:设立简便,手续简单,管理灵活,所有者享有全部利润,决策速度快;税收优惠,通常只需缴纳个人所得税,税负较轻。

缺点:投资人承担无限责任,个人财产与企业财产混同;风险较大,融资困难,难以吸引外部投资者;融资渠道有限;规模和经营范围受限,通常只能从事简单的商业活动,难以扩大规模。

【小贴士】　个体工商户与个人独资企业的区别

法律地位:个体工商户属于自然人的一种身份,而个人独资企业是独立的经济实体。

名称使用:个体工商户不能使用企业名称,而个人独资企业可以使用企业名称。

经营范围:个体工商户的经营范围通常受到一定限制,而个人独资企业的经营范围相对广泛。

3. 合伙企业

合伙企业是指两个或两个以上的人按照协议,共同出资、经营、分享利润和承担风险的企业。合伙企业主要有以下两种类型。

(1) 普通合伙企业:所有合伙人都承担无限连带责任。

(2) 有限合伙企业:至少有一个普通合伙人承担无限责任,其他有限合伙人仅以其认缴的出资额为限承担责任。

优点:资源共享,合伙人可以共同决策、共享收益,汇集多个合伙人的资源和技能;税收优惠,通常只需缴纳个人所得税,税负较轻。

缺点:普通合伙人承担无限连带责任,风险较大;决策效率低,合伙人意见不一致时,决策效率可能受限;融资能力差,有限合伙企业虽然可以吸引更多投资者,但普通合伙人的无限责任增加了风险。

4. 有限责任公司(简称有限公司)

有限责任公司是指由两个以上五十个以下股东共同出资设立,每个股东以其认缴的出资额为限对公司承担责任,公司以其全部资产对公司债务承担责任的企业。

优点:股东责任有限,只以其出资额为限对公司债务承担责任,有利于风险隔离;融资能力强,可以通过发行股票等方式吸引外部投资者,融资渠道多样;管理规范,有完善的公司治理结构,有利于企业长远发展。

缺点:设立和运营成本相对较高,需要遵循一定的公司治理结构和财务报告要求;决策程序需要召开股东会和董事会进行重大事项的决策,程序较为复杂;存在双重纳税问题,税收负担较重。

5. 股份有限公司

股份有限公司是指全部资本分为等额股份,股东以其认购的股份为限对公司承担责任,公司以其全部资产对公司债务承担责任的企业。

优点:适合大规模融资和上市,可以通过发行股票筹集大量资金;股权分散,有利于引入更多的投资者和管理层,提高企业的竞争力;管理规范,有完善的公司治理结构,有利于企业规范化运作。

缺点:设立门槛较高,需要满足严格的法律和监管要求;管理成本和运营成本较高,存在双重纳税问题,税收负担较重;需要定期接受审计,定期报告公司的财务状况,公开自己的财务数据,不便于严格保密;决策需要股东大会和董事会的批准,决策程序更为复杂。

6. 一人有限责任公司(一人公司)

一人有限责任公司是指只有一个自然人或法人股东的有限责任公司。

优点:设立简便,仅需一名股东即可成立,手续相对简单;股东责任有限,只以其出资额为限对公司承担责任,有利于风险隔离;管理灵活,股东可以完全控制公司的运营和决策。

缺点:财产混同风险,可能存在股东个人财产与公司财产混同的风险,需要严格区分两者的财务边界;融资能力差,难以吸引外部投资者,融资渠道有限,社会信誉度相对较低,可能影响业务拓展。

企业在选择组织形式时,应综合考虑以下几个方面。

(1)法律责任:不同的组织形式对股东或投资者的责任有不同的规定,有限责任公司和股份有限公司的股东责任有限,而个体工商户、个人独资企业和普通合伙企业的投资人则承担无限责任。

(2)税收负担:不同组织形式的税收政策有所差异,个体工商户和个人独资企业的税收政策相对优惠,而公司制企业则需要缴纳企业所得税。

(3) 融资能力:股份有限公司和有限责任公司更容易吸引外部投资者,而个体工商户、个人独资企业和合伙企业的融资渠道较为有限。

(4) 决策效率:个体工商户、个人独资企业和一人公司的决策速度较快,而公司制企业则需要遵循一定的决策程序。

(5) 股权结构:公司制企业可以灵活设置股权结构,有利于吸引人才和合作伙伴。

(6) 传承安排:公司制企业可以更好地进行股权传承和接班人培养,而个体工商户和个人独资企业则面临较大的传承难题。

综上,企业在选择组织形式时应根据自身的具体情况和发展目标,权衡各种利弊,做出最合适的决策。

9.1.2 新企业的注册流程

企业注册流程是指创业者按照法定程序,向工商行政管理部门申请设立企业的步骤和顺序。遵循正确的注册流程是企业合法设立、取得市场主体资格的基础,确保企业经营活动受到法律保护,避免因程序瑕疵导致的法律风险。一般情况下,企业注册流程可以分为以下几个阶段。

1. 名称预核准

1) 目的

确保企业名称的独特性和合法性,避免与其他企业名称冲突。

2) 工作内容

(1) 名称选择:创业者根据自己的经营方向和品牌定位选择企业名称。

(2) 网上申请:通过工商行政管理部门的官方网站提交企业名称预核准申请。

(3) 等待审核:工商行政管理部门对提交的名称进行审核,通常在几个工作日内完成。

(4) 获取核准通知书:审核通过后,创业者会收到企业名称预先核准通知书。

3) 注意事项

(1) 选择的企业名称不得与已注册的企业名称相同或相似。

(2) 名称中不得包含可能引起误解的词语。

(3) 名称预核准的有效期通常为 6 个月,过期需重新申请。

2. 提交设立申请

1) 目的

提供必要的法律文件,为了获得法律的认可,明确企业主体资格,便于展开商业活动、税务登记和合规纳税,同时便于接受监管和享受政策支持。

2) 工作内容

(1) 准备材料:包括公司章程、股东会决议、法定代表人任职文件、股东身份证明、租赁合同或房产证明等。

(2) 网上提交:通过工商行政管理部门的官方网站提交设立申请材料。

(3) 现场提交:部分地区可能需要到工商行政管理部门现场提交纸质材料。

(4) 等待审核:工商行政管理部门对提交的材料进行审核,通常在几个工作日内完成。

3) 注意事项

(1) 确保所有提交的材料真实、有效、完整。

(2) 公司章程应详细规定公司的经营范围、股东权利义务等内容。

(3) 法定代表人和股东的身份证明必须真实有效。

3. 领取营业执照

1) 目的

获得企业的法定经营凭证,证明企业合法成立。

2) 工作内容

(1) 审核通过:工商行政管理部门审核通过后,通知创业者领取营业执照。

(2) 领取营业执照:创业者携带相关证件(如身份证、核准通知书等)到指定地点领取营业执照。

3) 注意事项

(1) 领取营业执照时,务必携带齐全的相关证件。

(2) 营业执照是企业合法经营的证明,应妥善保管。

4. 刻制公章

1) 目的

为企业办理各类业务提供合法的印章证明。

2) 工作内容

(1) 选择刻章机构:选择具有资质的刻章机构。

(2) 提交材料:携带营业执照、法定代表人身份证明等材料到刻章机构办理刻章手续。

(3) 领取公章:刻章完成后,领取企业公章、财务章、发票章等。

3) 注意事项

(1) 选择正规的刻章机构,确保公章的合法性和有效性。

(2) 公章刻制后应及时备案,防止伪造和滥用。

5. 开立银行账户

1) 目的

为企业日常经营和财务往来提供银行账户。

2) 工作内容

(1) 选择银行:选择一家合适的银行开立企业账户。

(2) 提交材料:携带营业执照、公章、法定代表人身份证明等材料到银行办理开户手续。

(3) 签署协议:与银行签订开户协议,完成开户手续。

(4) 领取账户资料:领取开户许可证、网银 U 盾等账户资料。

3) 注意事项

(1) 选择信誉良好的银行,确保资金安全。

(2) 开户时提供的所有材料必须真实有效。

(3) 保管好开户许可证和网银U盾,防止丢失或被盗用。

6．税务登记

1) 目的

为企业办理税务登记,确保企业合法纳税。

2) 工作内容

(1) 网上申请:通过税务局官方网站提交税务登记申请。

(2) 提交材料:携带营业执照、公章、法定代表人身份证明等材料到税务局办理税务登记。

(3) 填写表格:填写税务登记表及相关税务信息。

(4) 领取税务登记证:税务机关审核通过后,领取税务登记证。

(5) 申领发票:根据企业需求,向税务局申领发票。

3) 注意事项

(1) 提交的所有材料必须真实、有效、完整。

(2) 及时办理税务登记,避免逾期罚款。

(3) 了解并遵守当地的税收政策和法律法规。

(4) 正确填写税务登记表,确保信息准确无误。

通过以上步骤,企业可以顺利完成注册流程,确保合法设立并正常运营。每个环节都需要注意细节,确保所有材料的真实性和合法性,避免因程序瑕疵导致的法律风险。

【小贴士】 不同的企业类型在注册过程中所要求的程序和文件

1．个体工商户

个体工商户是指自然人以个人名义从事经营活动的企业形式。相对于其他企业类型,个体工商户的注册程序较为简单。主要需要准备的文件有身份证明、经营场所证明、经营范围说明等。不需要制定公司章程,也不需要验资。

2．个人独资企业

个人独资企业是指由一个自然人投资设立的企业。其注册流程比个体工商户稍微复杂一些,但仍然相对简单。需要准备的主要文件包括投资人身份证明、企业名称预先核准通知书、经营场所证明、经营范围说明等。不需要制定公司章程和验资。

3．合伙企业

合伙企业是由两个或两个以上的自然人或法人共同出资设立的企业。合伙企业在注册时需要提供合伙协议,这是其主要区别于个人独资企业和个体工商户的地方。合伙协议中应当载明合伙人的姓名或者名称、住所、出资方式、数额和缴付期限、合伙事务执行等事项。需准备合伙人身份证明、经营场所证明、经营范围说明等文件。

4．有限责任公司

有限责任公司是一种较为复杂的企业形式,需要制定详细的公司章程,并经过一定的审批程序。需要准备的主要文件包括但不限于公司章程、股东会决议、法定代表人任职文件、注册资本实缴证明、住所使用证明等。对于注册资本有具体要求,需要通过验资机构进行验资。

5. 一人公司

一人公司实际上也是有限责任公司的一种特殊形式,但它只有一个股东。注册流程与普通有限责任公司相似,同样需要准备公司章程、股东会决议等文件。但是,由于只有一位股东,所以在决策过程中更加灵活,但也需要特别注意防止个人财产与公司财产混同。

不同类型企业的注册文件和程序各有侧重,个体工商户和个人独资企业的注册程序最为简便,而合伙企业、有限责任公司(包括一人公司)则需要准备更为详尽的文件,遵循更严格的程序。对于所有类型的企业来说,股份有限公司的要求最为复杂。确保提供的文件真实有效、符合法律法规的要求是非常重要的。在注册过程中遇到不确定的问题时,建议咨询专业的法律顾问或会计师,以确保顺利完成注册。

9.1.3 企业注册的相关资料

企业注册相关文件是企业设立过程中的法定文书,对企业的内部治理、股东权利义务、经营范围、注册资本等核心事项进行明确规定。规范编写注册文件,有助于明确各方权责,预防和化解潜在纠纷,同时也是工商行政管理部门审核企业设立申请的重要依据。以下是对企业注册相关文件的详细说明。

1. 公司章程

公司章程是公司设立的基本法律文件,规定了公司的名称、住所、经营范围、注册资本、股东权利义务、组织机构及其职权、股权转让、解散和清算等重要事项。

1) 编写要点

(1) 公司名称:明确公司的全称和简称。

(2) 住所:详细列出公司的注册地址。

(3) 经营范围:明确公司的主营业务和辅助业务,确保符合国家法律法规的要求。

(4) 注册资本:明确公司的注册资本总额及各股东的出资比例和出资方式。

(5) 股东权利义务:详细规定股东的权利和义务,包括表决权、分红权、股权转让等。

(6) 组织机构:明确公司的组织结构,包括股东会、董事会、监事会及其各自的职权和议事规则。

(7) 股权转让:规定股权转让的条件和程序。

(8) 解散和清算:明确公司解散和清算的条件和程序。

2) 注意事项

(1) 确保公司章程的内容符合《中华人民共和国公司法》等相关法律法规的要求。

(2) 语言表述要清晰、准确,避免歧义。

(3) 必要时可咨询专业律师进行审核。

2. 股东会/股东大会决议

股东会/股东大会决议是股东会或股东大会就公司重大事项作出的决定,通常涉及公司的设立、增资、减资、合并、分立、解散等事项。

1) 编写要点

(1) 会议时间:明确会议的具体时间和地点。

(2) 出席人员:列出出席会议的股东名单及其持股比例。

(3) 议程:详细记录会议的议程和讨论内容。

(4) 决议内容:明确会议通过的各项决议,包括决议事项、表决结果等。

(5) 签字确认:所有出席会议的股东应在决议书上签字确认。

2) 注意事项

(1) 确保会议的召开符合公司章程规定的程序。

(2) 记录要详细、准确,避免遗漏重要信息。

(3) 决议内容应符合法律法规的要求。

3. 法定代表人任职文件

法定代表人任职文件是任命公司法定代表人的正式文件,通常由股东会或董事会出具。

1) 编写要点

(1) 任命决定:明确任命某人为公司法定代表人。

(2) 任职期限:规定法定代表人的任期。

(3) 职责权限:详细列出法定代表人的职责和权限。

(4) 签字确认:由有权任命的机构(如股东会或董事会)负责人签字确认。

2) 注意事项

(1) 确保任命的法定代表人符合法律法规的要求,具备相应的资格和能力。

(2) 文件内容应与公司章程的规定一致。

4. 注册资本实缴证明

注册资本实缴证明是由验资机构出具的,证明公司股东已按公司章程规定的出资方式和出资额实际缴纳注册资本的文件。

1) 编写要点

(1) 验资机构:明确出具验资报告的机构名称和资质。

(2) 出资情况:详细列出各股东的出资金额、出资方式和出资时间。

(3) 验资结果:明确验资结果,确认注册资本已全部到位。

(4) 签字盖章:验资机构负责人签字并加盖公章。

2) 注意事项

(1) 选择具有资质的验资机构进行验资。

(2) 确保验资报告的内容真实、准确。

5. 住所使用证明

住所使用证明是证明公司注册地址合法使用的文件,通常包括租赁合同、房产证明等。

1) 编写要点

(1) 地址信息:详细列出公司的注册地址。

(2) 使用性质：明确该地址用于公司注册和经营。
(3) 租赁期限：如果使用租赁地址，应明确租赁期限。
(4) 产权证明：提供房产证或其他产权证明文件。
(5) 签字盖章：出租方或产权方签字并加盖公章。

2) 注意事项
(1) 确保租赁合同或产权证明的真实性、合法性。
(2) 地址应符合当地工商行政管理部门的要求。

规范编写企业注册相关文件是确保企业合法设立、正常运营的重要基础。每一份文件都应详细、准确地反映企业的实际情况，符合法律法规的要求。在编写过程中，如有必要，可以咨询专业律师或会计师，确保文件的合法性和有效性。通过规范的文件编写，可以明确各方权责，预防和化解潜在纠纷，为企业的健康发展提供坚实的法律保障。

【小贴士】 不同形式的企业在注册时所需准备的资料

1. 个体工商户

文件需求：相对较少且简单，通常需要提供身份证明、经营场所证明、经营范围声明等基本文件。

2. 个人独资企业

文件需求：除了个体工商户所需的文件外，还需准备企业名称预先核准通知书、投资人的出资证明等。

3. 合伙企业

文件需求：需要提供合伙协议，这是合伙企业成立的核心文件之一，除此之外还需要合伙人的身份证明、经营场所证明等。

4. 有限责任公司

文件需求：最为全面和复杂，需要准备公司章程、股东会决议、法定代表人任职文件、注册资本实缴证明、住所使用证明等一系列文件。

5. 一人公司

文件需求：与普通有限责任公司类似，但由于只有一个股东，因此在某些文件上（如股东会决议）可能会有所简化。

综上，个体工商户和个人独资企业的文件需求和程序复杂度较低，适合小规模的经营活动；合伙企业的文件需求和程序复杂度介于个体工商户和个人独资企业与有限责任公司之间，适合多个人合作经营；而有限责任公司和一人公司的文件需求和程序复杂度最高，适用于较大规模或希望获得更完善法律保护的企业。

9.1.4 新创企业必须考虑的法律与伦理问题

在当今竞争激烈的商业环境中，新创企业不仅要追求经济效益，还要确保其经营活动符合法律法规的要求，并遵循社会道德和商业伦理标准。依法合规经营是企业生存发展的前提,良好的伦理形象有助于提升企业声誉,吸引投资者和消费者,促进长期稳健发展。本节将阐述新创企业在法律与伦理方面需要考虑的关键问题,并说明其对初创企业的具体指导作用。

1. 公司法及相关法规

《中华人民共和国公司法》(2023年修订):规范公司的设立、组织结构、运作和解散等,主要内容包括公司的类型(有限责任公司、股份有限公司)、注册资本、股东权利与义务、董事会和监事会的职责、公司合并与分立、解散与清算等。

《中华人民共和国企业法人登记管理条例》(2019年修订):规定企业法人登记的具体程序和要求,主要内容包括企业名称预先核准、设立登记、变更登记、注销登记、年度报告等。

上述公司法和法规对初创企业的指导作用主要体现在以下几个方面。

(1) 确保合法设立:帮助初创企业合法注册,明确股东权益和经营范围,避免未注册即营业的风险。例如,企业必须在工商行政管理部门进行注册,取得营业执照后方可开展经营活动。

(2) 规范内部治理:要求设立必要的内部管理机构,如董事会、监事会,确保决策透明、合法,防止内部管理混乱。例如,公司章程应明确规定董事会和监事会的职责,确保管理层的决策过程有据可依。

(3) 保护股东权益:防止大股东滥用权力,保护小股东利益,确保所有股东的合法权益得到保护。例如,股东会的召开和表决程序应严格按照公司章程和《中华人民共和国公司法》的规定进行,确保每个股东的意见都能被充分听取和尊重。

2. 知识产权保护相关法律法规

《中华人民共和国专利法》(2020年修订):保护发明创造的专利权,主要内容包括专利的申请、审查、授权、保护期限、专利权的行使和保护等。

《中华人民共和国商标法》(2019年修订):保护注册商标专用权,主要内容包括商标的申请、审查、注册、续展、转让、许可使用、保护等。

《中华人民共和国著作权法》(2020年修订):保护文学、艺术和科学作品的著作权,主要内容包括著作权的产生、权利内容、保护期限、著作权的转让和许可使用、侵权责任等。

上述知识产权保护相关法律法规对初创企业的指导作用主要体现在以下几个方面。

(1) 保护创新成果:鼓励技术创新和文化创作,确保创新成果不被非法侵占,增强企业的核心竞争力。例如,企业可以通过申请专利来保护其新技术,通过注册商标来保护其品牌,通过著作权登记来保护其软件和设计作品。

(2) 促进公平竞争:防止知识产权侵权行为,维护市场公平竞争秩序,避免因侵权行为导致的法律纠纷和经济损失。例如,企业应定期进行知识产权审计,确保自身不侵犯他人的知识产权,同时积极维权,打击侵权行为。

【小贴士】 知识产权法与专利法的区别

知识产权法是一系列法律的总称,旨在保护智力劳动成果,包括但不限于发明创造、文学艺术作品、商标、商业秘密等。知识产权法涵盖了多个不同的法律领域,每一种知识产权都有其特定的法律保护机制。

1. 主要类型

(1) 专利权:保护发明创造。

(2) 商标权:保护商品或服务的标识。

(3) 著作权:保护文学、艺术和科学作品。

(4) 商业秘密:保护未公开的商业信息。

(5) 地理标志:保护特定地区的农产品或其他产品的标识。

(6) 集成电路布图设计权:保护集成电路的设计。

2. 主要内容

(1) 专利申请:发明人或其代理人需向专利局提交专利申请,提供详细的发明描述和技术方案。

(2) 专利审查:专利局对申请进行审查,评估发明的新颖性、创造性和实用性。

(3) 专利授权:符合条件的发明将获得专利证书,享有法定的专利权。

(4) 专利保护期限:发明专利的保护期限一般为20年,实用新型和外观设计专利的保护期限分别为10年和15年。

(5) 专利权的行使:专利权人有权独占实施其发明,也可以许可他人使用。

(6) 专利侵权:未经专利权人许可,他人不得制造、使用、销售或许诺销售受专利保护的发明。

3. 目的

(1) 保护发明创造:确保发明人的合法权益,防止他人未经授权使用其发明。

(2) 激励技术创新:通过专利保护,鼓励个人和企业进行技术研发,推动科技进步。

(3) 促进技术交流:专利文献公开了发明的技术细节,促进了技术的传播和应用。

4. 知识产权法与专利法的区别

1) 涵盖范围

(1) 知识产权法:涵盖多种类型的智力成果保护,包括专利权、商标权、著作权、商业秘密等。

(2) 专利法:专门针对发明创造的保护。

2) 保护对象

(1) 知识产权法:保护广泛的智力成果,如发明、商标、文学作品、商业秘密等。

(2) 专利法:仅保护发明创造,特别是新的技术解决方案。

3) 法律内容

(1) 知识产权法:包含多个法律领域的具体内容,如专利法、商标法、著作权法等。

(2) 专利法:专注于发明创造的申请、审查、授权和保护。

4) 保护期限

(1) 知识产权法:不同类型的知识产权有不同的保护期限,如著作权的保护期限通常是作者终生加上死后50年,商标权的保护期限通常为10年,可以续展。

(2) 专利法:发明专利的保护期限为20年,实用新型和外观设计专利的保护期限分别为10年和15年。

  5）权利行使

  （1）知识产权法：不同类型的权利行使方式不同，如著作权人可以控制作品的复制、发行、表演等，商标权人可以控制商标的使用。

  （2）专利法：专利权人可以独占实施其发明，也可以许可他人使用。

  通过以上对比，可以看出专利法是知识产权法的一个重要组成部分，专门针对发明创造提供法律保护，而知识产权法则是一个更广泛的概念，涵盖了多种类型的智力成果保护。

3. 创业投资与融资法规

  《中华人民共和国证券法》（2019年修订）：规范证券发行和交易，主要内容包括证券的发行、上市、交易、信息披露、中介机构的管理、投资者保护等。

  （1）规范融资行为：确保企业在融资过程中遵守法律法规，防止非法集资和虚假宣传，保护投资者的合法权益。例如，企业通过股权众筹融资时，必须遵守《中华人民共和国证券法》的规定，确保融资活动合法合规。

  （2）促进资本流动：通过合法途径吸引投资，为企业提供必要的资金支持，促进企业快速发展。例如，企业可以通过挂牌新三板或创业板等方式，吸引更多的投资者，扩大融资渠道。

  《创业投资企业管理暂行办法》：支持和规范创业投资企业，主要内容包括创业投资企业的设立、备案、投资运作、监督管理等。

4. 规范合同促进公平的相关法律

  《中华人民共和国民法典·合同编》（2020年生效）：规定了合同的订立、效力、履行、变更、转让、终止和解除等基本规则，旨在保护合同当事人的合法权益，维护市场秩序。

  （1）规范合同管理：帮助初创企业明确合同条款，确保合同的合法性和有效性，避免因合同纠纷导致的经济损失。

  （2）防范合同风险：通过了解合同编制的规定，初创企业可以更好地识别和防范合同风险，如违约责任、合同解除条件等，确保交易安全。

  （3）促进公平交易：合同编制强调合同双方的平等自愿原则，帮助初创企业在商业活动中维护自身权益，避免不公平条款。

5. 反不正当竞争的相关法律

  《中华人民共和国反不正当竞争法》（2019年修订）：禁止不正当竞争行为，保护公平竞争，促进市场经济健康发展。

  （1）避免不正当竞争：帮助初创企业识别和避免不正当竞争行为，如虚假宣传、商业诋毁等，保护自身合法权益。

  （2）维护市场秩序：通过遵守反不正当竞争法，初创企业可以维护市场公平竞争环境，提升企业形象和市场竞争力。

  （3）保护知识产权：法律规定了对商业秘密的保护，帮助初创企业保护自己的核心技术，防止被竞争对手窃取。

6. 环境保护的相关法律

《中华人民共和国环境保护法》(2014年修订)：规定了环境保护的基本原则和制度，要求企业和个人履行环境保护义务，防治污染，保护生态环境。

(1) 履行环保义务：帮助初创企业了解和履行环境保护义务，如排放标准、废物处理等，避免因环保违规导致的法律风险和罚款。

(2) 促进绿色发展：通过遵守环保法规，初创企业可以采用环保技术和材料，减少环境污染，提升企业的社会责任感和品牌形象。

(3) 享受政策支持：许多地方政府对环保型企业提供税收优惠、补贴等政策支持，遵守环保法可以帮助初创企业享受这些政策红利。

7. 保护网络安全的相关法律

《中华人民共和国网络安全法》(2017年生效)：规定了网络运营者的安全保护义务，保护网络信息安全，打击网络违法犯罪行为，维护网络空间秩序。

(1) 保障数据安全：帮助初创企业建立健全的数据安全保护机制，确保用户数据和个人信息的安全，避免数据泄露导致的法律风险和声誉损失。

(2) 合规运营：通过遵守网络安全法，初创企业可以确保网络运营的合法性和合规性，避免因违法行为受到处罚。

(3) 提升用户信任：保障网络安全可以增强用户的信任感，提升用户对企业的忠诚度，促进业务发展。

8. 税收方面的法律及鼓励创新创业的优惠政策

《中华人民共和国企业所得税法》(2018年修订)：规定企业所得税的征收和减免，主要内容包括纳税义务人、应税所得额的计算、税率、税收优惠等。

《中华人民共和国增值税暂行条例》(2017年修订)：规范增值税的征收和管理，主要内容包括纳税人、应税销售额、税率、进项税额的抵扣、税收优惠等。

《中华人民共和国个人所得税法》(2018年修订)：规定个人所得税的征收和管理，主要内容包括纳税人、应税所得项目、税率、专项附加扣除等。

税收方面的法律主要用于规范税务管理，要求企业依法纳税，防止逃税漏税行为，维护国家税收秩序，避免因税务问题导致的法律风险；税收优惠政策主要用于减轻企业负担，降低企业运营成本，提高企业的盈利能力。

除上述法律问题外，新创企业还必须考虑伦理问题。

1) 诚信经营

新创企业必须坚持诚信经营的原则，禁止任何形式的虚假宣传，不得夸大或虚构公司业绩，误导消费者。诚实透明是企业赢得客户信任的基础。企业应如实告知产品和服务的真实情况，不隐瞒重要信息，确保消费者能够做出明智的决策。通过诚信经营，企业不仅能够建立良好的市场声誉，还能长期维持客户关系，实现可持续发展。

2) 公平竞争

新创企业应尊重同行，不采取不正当手段获取竞争优势。严禁窃取商业秘密、恶意诋毁竞争对手等行为，这些行为不仅损害了行业的健康发展，也会给企业带来法律风险和声誉损失。企业应遵守行业规则,积极参与行业自律,维护公平竞争的市场环境。通过公平竞争,企业可以树立良好的行业形象,赢得更多客户的信任和支持。

3)环境保护

新创企业应积极采取有效措施减少生产过程中的污染物排放,减少对环境的影响。这不仅符合国家的环保法规要求,也是企业社会责任的一部分。企业还应积极参与环保公益活动,提高员工和客户的环保意识。通过环保行动,企业不仅可以提升自身的社会形象,还能为建设绿色地球贡献一份力量。

4)履行社会责任

新创企业应关注社区福祉,积极参与慈善事业,帮助弱势群体。企业可以通过捐款、志愿服务等形式,支持教育、医疗等社会公益项目。设立公益基金,定期开展公益活动,不仅能够提升企业的社会影响力,还能增强员工的社会责任感和归属感。通过履行社会责任,企业可以树立良好的社会形象,赢得社会各界的广泛认可和支持。

5)员工关怀

新创企业应提供安全的工作环境,定期进行职业健康检查,确保员工的身体健康。建立公平的薪酬体系,尊重员工权益,提供职业发展机会。员工是企业最宝贵的财富,通过关怀员工,企业可以提高员工的满意度和忠诚度,激发员工的工作积极性和创造力。良好的员工关系是企业持续发展的基石,有助于提升企业的整体竞争力。

6)数据保护

新创企业应确保收集用户个人信息的行为符合法律法规要求,合法使用用户数据。在收集和使用用户数据时,应明确告知用户数据的用途和范围,尊重用户的隐私权。同时,企业应采取有效措施保护用户数据安全,防止数据泄露。通过合法合规的数据管理,企业可以增强用户的信任感,提升用户对企业的忠诚度,避免因数据泄露引发的法律风险和声誉损失。

同样,严重的伦理问题还会触犯法律,这一点一定要注意,如虚假宣传造成消费者人身伤害的,窃取商业秘密造成被窃取企业重大损失的,严重环境污染不按照要求改进和治理的行为等。通过诚信经营、公平竞争、环境保护、履行社会责任、关怀员工和保护数据,企业不仅能够建立良好的市场声誉和社会形象,还能赢得客户的信任和支持,实现可持续发展。伦理问题的妥善处理是企业成功的重要保障,有助于企业在激烈的市场竞争中脱颖而出,实现长期繁荣。

新创企业在创立和发展过程中,必须高度重视法律法规和伦理问题。依法合规经营不仅是企业生存发展的基础,也是提升企业声誉、吸引投资者和消费者的重要因素。通过遵守相关法律法规,企业可以避免不必要的法律风险,确保经营活动的合法性;通过遵循伦理标准,企业可以树立良好的社会形象,赢得客户的信任和支持,还为企业的进一步的发展提供了有力的保障和支持。

9.1.5 新企业选址策略和技巧

企业选址是指创业者根据企业业务特点、资源需求、市场环境等因素,选择适宜的经营场所。合理的选址不仅直接影响企业的生产效率、物流成本、人才获取、市场开拓等方面,还对企业的运营效益和竞争力具有显著影响。新企业在选址时应考虑如下一些关键策略和技巧。

1. 产业聚集区选择

(1) 合作共赢:选择位于产业聚集区可以充分利用当地的产业集群效应,便于与上下游企业建立合作关系,提高供应链的稳定性和效率。产业聚集区内的企业之间可以共享资源、信息和技术,形成互利共赢的局面。例如,选择在高新技术开发区设立公司,可以更容易地接触到最新的科技成果和行业动态,有助于企业的创新发展。产业聚集区内的企业往往形成了完整的产业链,从原材料供应到产品制造再到市场销售,各个环节紧密相连,企业可以更高效地获取所需资源,降低运营成本。此外,产业聚集区内的企业之间常常有合作和交流的机会,有利于技术的传播和创新的扩散,提升整个行业的竞争力。

(2) 资源共享:产业聚集区通常拥有丰富的基础设施和专业服务,如物流中心、研发中心等,这些资源可以为企业提供便利和支持。例如,工业园区内通常设有专业的物流中心,可以提供高效的仓储和配送服务,帮助企业减少物流成本。此外,许多产业聚集区还设有研发中心和技术孵化器,为企业提供技术支持和创新平台。这些基础设施和服务不仅降低了企业的运营成本,还提高了企业的运营效率,为企业的发展提供了有力支持。

(3) 信息交流:在产业聚集区内,企业更容易获取行业动态和技术前沿信息,有助于保持竞争优势。产业聚集区内的企业之间经常举办各种交流活动,如行业论坛、技术研讨会等,这些活动为企业提供了交流和学习的平台。通过参加这些活动,企业可以及时了解行业发展趋势和最新技术,掌握市场动态,为企业的战略决策提供依据。此外,产业聚集区内还常常有行业协会和商会等组织,这些组织为企业提供了信息交流和资源共享的平台,有助于企业更好地融入行业生态,提升市场竞争力。

2. 成本效益分析

(1) 租金成本:选址时要充分考虑租金成本,尤其是在大城市和繁华地段,租金可能是一笔不小的开支。选择租金相对较低的地区,可以有效降低企业的初始运营成本,提高资金的使用效率。例如,中小型企业可以选择在城市郊区或工业园区设立办公地点,以减少租金压力。在大城市的核心商务区,租金成本通常较高,而郊区或工业园区的租金相对较低,企业可以根据自身的财务状况和业务需求,选择适合的地点,以降低运营成本。

(2) 人力成本:不同地区的劳动力成本差异较大,选择人力成本较低的地区可以降低运营成本。例如,制造业企业可以选择在劳动力成本较低的地区设立生产基地,以减少人工成本。此外,企业还可以通过与当地政府合作,获取劳动力培训和就业支持,提高员工的技能水平和工作效率。通过合理选择人力成本较低的地区,企业可以有效降低运营成本,提高盈利能力。

(3) 运营成本:除了租金和人力成本外,还要考虑水电费、物业管理费等其他运营成本。这些费用虽然看似不起眼,但长期累积下来也是一笔不小的开支。企业应仔细评估不同地区的运营成本,选择成本较低的地区,以降低整体运营成本。例如,一些工业园区提供优惠的水电价格和物业管理服务,企业可以选择这些园区设立生产基地,以降低运营成本。

3. 交通便利性考虑

(1) 物流运输:对于依赖物流的企业,选择交通便利的地点可以减少运输时间和成本,提高供应链效率。交通便利的地点通常拥有发达的公路、铁路和航空网络,便于货物的快速进出。例如,物流公司选择在交通枢纽附近设立仓库,可以显著提高物流效率。此外,交通便利的地点还可以减少货物在运输过程中的损坏风险,提高货物的安全性和准时性。通过选择交通便利的地点,企业可以优化物流管理,提高供应链的整体效率。

(2) 员工通勤:方便的公共交通和便捷的道路网络可以提高员工的通勤效率,降低员工流失率。员工通勤时间过长会影响工作积极性和生活质量,进而影响企业的员工满意度和忠诚度。选择交通便利的地点,可以减少员工的通勤时间,提高员工的工作满意度和生活质量。例如,企业可以选择在地铁站附近设立办公地点,方便员工上下班,提高员工的工作效率和满意度。

(3) 客户访问:对于面向客户的业务,交通便利的地点可以吸引更多客户,提高客户满意度。客户访问的便利性是影响客户满意度和忠诚度的重要因素。选择交通便利的地点,可以方便客户前来参观、洽谈和购买,提高客户满意度和忠诚度。例如,零售企业选择在购物中心或商业街设立门店,可以吸引更多的顾客,提高销售额。

4. 政策环境评估

(1) 政府支持:了解当地政府对新企业的扶持政策,如税收优惠、补贴、贷款支持等,可以为企业节省成本,增加资金流动性。政府的支持政策可以减轻企业的财务负担,助力企业快速发展。例如,一些地方政府为吸引外资企业,提供了一系列优惠政策,企业应充分利用这些政策。此外,企业还可以通过与当地政府建立良好的关系,获取更多的政策支持和资源支持,促进企业的快速发展。

(2) 法规遵从:确保选址符合当地的法律法规要求,避免因违规操作带来的法律风险。企业在选址时应详细了解当地的法律法规,确保选址符合环保、安全、土地使用等方面的要求。通过合规经营,企业可以避免因违规操作带来的法律风险和经济损失,保障企业的长期发展。例如,企业选择在工业园区设立生产基地,应确保符合当地的环保标准和安全要求,避免因违规操作导致的法律风险。

(3) 营商环境:考察当地的营商环境,包括政府服务效率、市场透明度等,选择营商环境较好的地区可以减少企业运营的障碍。营商环境好的地区通常政府的服务效率高、市场透明度高,企业可以更轻松地办理各种手续和事务,减少运营障碍。例如,企业选择在营商环境好的地区设立总部或分支机构,可以更高效地开展业务,提高运营效率。

5. 市场环境分析

(1) 市场需求:深入研究目标市场的消费需求和竞争态势,选择市场需求旺盛、竞争压力较小的区域。通过对市场的详细分析,企业可以更好地把握市场机会,制定有效的市场策略。例如,消费品企业应选择人口密集、消费能力强的地区,以提高销售业绩。此外,企业还可以通过市场调研,了解目标市场的消费习惯和偏好,制定针对性的市场策略,提高市场占有率。

(2) 客户分布:了解目标客户的分布情况,选择靠近目标客户群的地点可以提高市场响应速度和服务质量。客户分布情况是影响企业市场表现的重要因素。选择靠近目标客户群的地点,可以缩短服务响应时间,提高服务质量。例如,餐饮企业选择在商业区或居民区设立门店,可以方便顾客就餐,提高顾客满意度。通过选择靠近目标客户群的地点,企业可以更好地满足客户需求,提高市场竞争力。

(3) 竞争对手:分析竞争对手的布局,避免在竞争激烈的地区开设业务,寻找差异化的发展空间。竞争对手的布局情况是影响企业市场表现的重要因素。选择竞争压力较小的地区,可以减少市场竞争压力,提高企业的市场占有率。例如,企业选择在竞争对手较少的地区设立门店,可以更容易地吸引顾客,提高销售额。通过分析竞争对手的布局,企业可以找到差异化的市场空间,实现可持续发展。

6. 人力资源考量

(1) 人才供应:选择人才资源丰富的地区,可以更容易招聘到合适的员工,特别是对于技术密集型和知识密集型企业尤为重要。人才资源丰富的地区通常拥有优质的高校和培训机构,为企业提供源源不断的人才支持。例如,高科技企业选择在大学城附近设立研发中心,可以更容易地吸引高素质的技术人才。此外,企业还可以通过与高校和培训机构建立合作关系,获取更多的人才资源,提高企业的竞争力。

(2) 培训设施:考察当地的教育和培训机构,选择有良好教育资源的地区可以为企业提供持续的人才培养支持。良好的教育培训设施可以为企业提供持续的人才培养支持,提高员工的技能水平和工作效率。例如,企业选择在拥有优质教育资源的地区设立培训中心,可以更方便地开展员工培训,提高员工的综合素质。通过选择有良好教育资源的地区,企业可以更好地满足人才培养的需求,提升企业的核心竞争力。

7. 社会责任和伦理标准

(1) 环境保护:选择对环境影响较小的地点,采取环保措施,符合可持续发展的要求。企业应遵循环保法规,采取节能减排措施,减少对环境的负面影响。例如,制造业企业选择在远离居民区的工业区设立工厂,可以减少噪音和污染对周边社区的影响。此外,企业还可以通过采用环保技术和材料,减少生产过程中的污染物排放,实现可持续发展。通过选择对环境影响较小的地点,企业可以树立良好的社会形象,提升企业的品牌价值。

(2) 社区关系:积极与当地社区建立良好的关系,参与社区活动,树立企业的社会责任形象。通过参与社区活动和公益项目,企业可以增强与当地居民的互动,提升企业的社会影响力。例如,企业可以定期举办社区清洁活动,资助当地学校的教育项目,赢得社区的信任和支持。通过建立良好的社区关系,企业可以树立良好的社会形象,提升企业的品牌价值。

(3) 员工福利:提供良好的工作环境和福利待遇,关注员工的职业发展,提升员工满意度和忠诚度。良好的工作环境和福利待遇可以吸引和留住优秀人才,提高员工的工作积极性和创造力。例如,企业可以提供舒适的办公环境、灵活的工作时间、丰富的培训机会和晋升通道,提升员工的职业发展水平。通过提供良好的工作环境和福利待遇,企业可以提高员工的满意度和忠诚度,提升企业的核心竞争力。

新创企业在选址时应综合考虑多方面的因素,确保选择的经营场所既能满足企业的业务需求,又能为企业带来长期的竞争优势。企业选址不仅仅是选择一个物理位置,更是选择一个能够支持企业发展的生态环境。需要说明的是,企业选址不仅仅限于上述因素,还与企业所在的行业和企业发展战略息息相关。通过科学的选址策略和技巧,企业可以更好地应对市场变化,抓住发展机遇,实现可持续发展。

【案例】 新建会展场馆的选址

新建会展场馆需要选择一个能够吸引大量参展商和观众的地点,这不仅关系到展会的成功举办,还直接影响到场馆的长期运营和盈利能力。现代的大型会展场馆的选址策略与以前的选址大不一样,以前会展场馆一般会选择在市中心,而现代的大型会展场馆的选址策略主要包括(但不限于)以下几个方面。

(1)交通便利:选择交通便捷的地点,方便参展商和观众到达。例如,靠近机场、火车站或地铁站的地点可以大大提升参会体验。

(2)配套设施:周边应有充足的酒店、餐饮、娱乐等配套设施,以满足参会者的各种需求。

(3)市场潜力:选择经济活跃、会展业发达的城市,如北京、上海、广州等,这些城市的会展市场潜力大,有利于吸引更多的参展商和观众。

(4)政策支持:考察当地政府对会展业的支持政策,如税收优惠、场地补贴等,可以降低运营成本。

例如,上海国家会展中心位于上海市虹桥商务区,紧邻虹桥交通枢纽,交通十分便利。周边酒店、餐饮等配套设施齐全,能够满足大规模展会的需求。此外,上海市政府对会展业给予了多项政策支持,使该场馆成为国内外大型展会的首选之地。上海国家会展中心俯瞰图如图9-1所示。

图9-1 上海国家会展中心

【案例】 沃尔玛的选址

沃尔玛作为全球最大的零售连锁企业之一,其门店选址直接关系到销售业绩和市场份额。沃尔玛在全球范围内不断扩展,选址策略对其成功至关重要,需考虑如下几个因素。

(1) 人口密度:选择人口密度较高的地区,确保有足够的客流量。城市中心和人口密集的郊区通常是优先考虑的地点。

(2) 消费水平:考察目标市场的消费水平,选择消费能力强的地区,以提高销售额。

(3) 竞争环境:分析竞争对手的分布情况,避免在竞争激烈的地区开设新店,寻找差异化的发展空间。

(4) 物业条件:选择物业条件好的地点,如宽敞的停车场、良好的店面布局等,提升顾客购物体验。

(5) 政策环境:了解当地政府对零售业的支持政策,如税收优惠、租金补贴等,可以降低运营成本。

沃尔玛在中国的门店选址通常选择在人口密集的城市中心或大型居民区附近,如北京、上海、广州等一线城市。这些地点不仅人口众多,消费水平也较高,能够为沃尔玛带来稳定的客流量和高销售额。此外,沃尔玛还会选择物业条件好的地点,如大型购物中心内的铺位,提供充足的停车位和舒适的购物环境。

9.1.6 新企业的社会认同

社会认同是指公众对企业价值观、产品或服务质量、社会责任履行等方面的认识、接受和赞赏程度。企业注册成立后,除遵纪守法外,还需要主动承担社会责任,才能获得社会认同。良好的社会认同不仅能够显著提升品牌的知名度和美誉度,增强消费者的品牌忠诚度,还能吸引更多优质的合作伙伴,为企业创造一个和谐有利的发展环境。在一个竞争激烈的市场环境中,社会认同成为衡量企业品牌形象和市场地位的重要标准之一。

华为:技术创新与全球贡献。华为是中国最知名的高科技企业之一,它通过持续的技术创新和提供高品质的产品与服务,赢得了国内外市场的高度评价。尤其是在面对美国政府的制裁时,华为展现出了顽强的生命力和创新能力,坚持自主研发,积极寻找新的增长点。这种精神不仅提升了其在全球通信技术领域的领导地位,也大大增强了中国消费者对民族品牌的自豪感和支持度。

小米:互联网思维与新零售模式。小米科技是一家以手机起家,后来逐渐扩展到智能家居等多个领域的创新型公司。小米的成功在于其运用互联网思维改造传统产业,通过线上营销与线下体验相结合的新零售模式,为消费者提供了高性价比的产品和便捷的服务体验。小米的故事激励了许多初创企业,证明了利用新技术、新模式可以迅速打开市场,获得消费者的青睐。

京东:物流效率与用户体验。京东作为中国领先的电商平台之一,其成功之处在于构建了一套高效、快捷的物流配送体系,极大地改善了用户的网购体验。京东物流不仅提高了配送速度，还保证了商品的安全性和准时率，这使得京东在众多电商中脱颖而出，赢得了广大消费者的信任和支持。

阿里巴巴：多元化生态体系。阿里巴巴集团通过创建淘宝、天猫、支付宝等多个平台，形成了一个覆盖电子商务、金融支付、云计算等多个领域的多元化生态系统。阿里巴巴不仅促进了中国乃至全球数字经济的发展，同时也为中小企业和个人创业者提供了广阔的舞台。阿里巴巴的社会责任实践，如扶贫助农、环保公益项目等，进一步提升了其在社会上的正面形象。

社会认同的构建对新创企业来说至关重要。创业者们应该从成功案例中汲取经验，注重在产品创新、服务质量、社会责任等方面持续投入，树立良好的品牌形象，确保企业的健康成长。通过这样的努力，新创企业不仅能够在激烈的市场竞争中站稳脚跟，还能为经济社会的发展贡献力量。

9.2　新企业的生存管理

9.2.1　新企业管理的特殊性

新企业管理的特殊性是指初创企业在组织结构、运营模式、资源配置、决策机制等方面与成熟企业相比所具有的独特性。这些特性通常源于新企业的创新性、灵活性、不确定性、资源有限性等特点。

（1）创新性：新企业往往拥有独特的商业模式、产品或技术，创新性为其带来竞争优势，但也可能导致市场接受度、技术成熟度等方面的不确定性。

（2）灵活性：新企业组织结构扁平，决策速度快，能快速适应市场变化，但可能缺乏规范的管理体系和稳定的运营模式。

（3）不确定性：新企业面临市场需求、竞争格局、技术发展等多重不确定性，需要具备较强的应变能力，同时也增加了风险管理的难度。

（4）资源有限性：新企业资金、人才、市场资源等相对匮乏，需要高效利用资源，但也可能导致资源约束下的发展瓶颈。

理解并应对新企业管理的特殊性，有助于创业者制定符合初创企业特点的管理策略，克服初期面临的种种挑战，实现企业的快速成长和稳健发展。处理新企业的特殊性需要从以下几个方面入手。

1. 适应创新性与不确定性

（1）适应创新性：新企业往往凭借其独特的创新理念或技术驱动市场，对此应鼓励并保护创新氛围，建立敏捷的产品开发与迭代机制，允许试错并从中学习。如字节跳动在创立初期，凭借其先进的推荐算法和短视频产品抖音，快速适应市场变化，持续创新内容形式和交互方式，实现了爆发式增长。

（2）适应不确定性：新企业面临市场需求、竞争格局、技术发展等多方面的不确定性。

应对策略是保持高度的市场敏感度,建立灵活的决策机制,及时调整战略方向。如拼多多在初期面临电商巨头的竞争压力,通过精准定位三四线城市及农村市场,采用社交拼团模式,成功开辟了蓝海市场。

2. 利用灵活性与速度优势

(1) 建立扁平化组织:新企业通常拥有扁平化的组织架构,决策链条短,响应速度快。应保持这种灵活性,避免过早陷入繁杂的层级结构。如滴滴出行在创业初期,实行扁平化管理,快速响应市场变化,迅速占领网约车市场。

(2) 快速试错与迭代:新企业应敢于尝试新的商业模式、产品或服务,通过快速试错与迭代找到最佳市场路径。如快手在短视频赛道上,通过持续的产品迭代和用户反馈,快速优化用户体验,最终脱颖而出。

3. 有效应对资源有限性

(1) 精益创业:新企业资源有限,应遵循"精益创业"的原则,聚焦核心业务,最小化成本投入,最大化价值产出。如美团在初创阶段,专注餐饮团购业务,逐步拓展至外卖、酒店预订等领域,实现资源的有效利用。

(2) 外部合作与资源整合:新企业可通过与外部伙伴合作,共享资源,降低风险。如蔚来汽车在电动汽车领域,与江淮汽车合作代工生产,节省了巨额的生产线建设成本,快速实现了产品上市。

4. 强化风险管理

(1) 建立风险识别与评估机制:新企业应建立完善的风险识别与评估体系,对潜在风险进行前瞻性的分析与管理。如小鹏汽车在自动驾驶技术研发过程中,对技术路线、法规环境、供应链风险等进行深度评估,确保风险可控。

(2) 制定应急预案:针对可能出现的重大风险,如市场变化、政策调整等,提前制定应急预案,确保在风险发生时能够迅速应对。如共享单车企业在面临政策监管收紧时,通过调整投放策略、提升运营效率、寻求政府合作等方式,有效应对了行业寒冬。

5. 注重企业文化与团队建设

(1) 吸引与留住人才:新企业应提供具有竞争力的薪酬福利、股权激励以及良好的职业发展空间,吸引并留住关键人才。如字节跳动通过提供高额期权、扁平化管理以及丰富的学习资源,成功吸引了大批优秀人才加入。

(2) 塑造创业文化:新企业应积极塑造创业精神,倡导创新、协作、快速学习的企业文化,激发员工积极性与创造力。如阿里巴巴自创业初期就强调"客户第一、员工第二、股东第三"的价值观,塑造了独特的阿里文化。

处理新企业的特殊性,需要充分认识到其创新性、不确定性、灵活性、资源有限性等特性,采取适应性管理策略,如保持创新精神、利用速度优势、有效利用资源、强化风险管理、塑造创业文化与吸引人才等,以实现企业的快速成长与健康发展。上述案例均展示了新企业在面对各自行业特性和市场环境时,如何成功应对并发挥其特殊性,为其他新企业提供借鉴与启示。

9.2.2 新企业成长的驱动因素及管理策略

新企业从创立到发展壮大,是一个充满挑战和机遇的过程。在这个过程中,影响企业成长的关键驱动因素多种多样,既包括外部因素,如政策环境、资本支持等,也包括内部因素,如市场需求洞察、技术创新能力、团队建设能力等。识别并有效利用这些驱动因素,对于初创企业来说至关重要,它不仅有助于企业把握发展机遇,克服成长过程中的瓶颈,还能促进企业的持续、健康发展。

1. 政策环境

良好的政策环境为企业发展提供了有力的支持。政府通过制定相关政策,如税收优惠、人才引进计划等,可以降低企业的运营成本,吸引更多优秀人才加入。例如,许多地方政府为吸引高新技术企业和创新型企业,提供了税收减免、租金补贴、研发经费支持等一系列优惠政策。这些政策不仅减轻了企业的财务负担,还提高了企业的竞争力。同时,政策的支持也有助于营造公平竞争的市场环境,保护企业的合法权益,为企业创造更好的发展条件。例如,政府加强对知识产权的保护,打击侵权行为,为企业提供了一个更加公平和透明的市场环境,促进了企业的健康发展。

2. 资本支持

充足的资金是企业成长的必要条件。无论是产品研发、市场推广还是团队建设,都需要大量的资金投入。获得知名投资机构的支持,不仅可以为企业提供必要的资金保障,还能带来宝贵的行业资源和管理经验,助力企业快速发展。例如,一家初创企业通过天使投资或风险投资获得了第一笔资金,这不仅解决了企业的燃眉之急,还为企业带来了更多的市场机会和合作资源。此外,知名投资机构的品牌背书也有助于提升企业的市场信誉,吸引更多客户和合作伙伴。

3. 市场需求洞察

市场需求是企业生存和发展的基石。新企业必须敏锐地捕捉市场变化,了解目标客户的真实需求,开发出符合市场需求的产品或服务。只有真正解决用户痛点,才能在竞争激烈的市场中脱颖而出,获得用户的认可和支持。例如,某家专注于健康食品的初创企业通过市场调研发现,现代都市人群对健康饮食的需求日益增长,于是开发了一系列低糖、低脂的健康食品,迅速赢得了市场的青睐。通过持续的市场调研和用户反馈,企业可以不断优化产品,满足用户的多样化需求,提高市场竞争力。

4. 技术创新能力

在当今这个快速变化的时代,技术创新是企业保持竞争力的关键。通过持续的技术研发投入,开发出具有独特优势的产品或服务,可以为企业带来差异化竞争优势。技术创新不仅能提升产品质量和用户体验,还能帮助企业开辟新的市场空间,拓展业务边界。例如,一家专注于人工智能的初创企业通过自主研发的核心算法,开发了一款智能客服系统,大幅提高了客户服务水平和效率,迅速占领了市场。通过不断的技术创新,企业可以保持在行业中的领先地位,应对激烈的市场竞争。

5. 团队建设能力

一个高效、多元化的团队是企业成功的基石。优秀的团队成员不仅需要具备专业技能，还要有共同的价值观和使命感。团队成员之间的互补协作，能够激发创造力，提高工作效率，为企业带来持续的动力。此外，强大的团队文化也能吸引和留住顶尖人才，为企业的长远发展奠定基础。例如，一家初创企业在成立初期就注重团队建设，通过定期的团队培训和团建活动，增强了团队的凝聚力和战斗力。通过建立公平、透明的激励机制，企业吸引了大批优秀人才，为企业的快速发展提供了强有力的人才支持。

上述因素相互作用，共同决定了企业的成败。企业应积极识别并有效利用这些驱动因素，制定科学合理的战略，把握发展机遇，克服成长过程中的瓶颈。通过优化政策环境、获取资本支持、深入了解市场需求、持续技术创新和加强团队建设，企业可以实现持续、健康的发展，最终在激烈的市场竞争中脱颖而出，实现长期的成功和繁荣。

【案例】 宁德时代的成功之路

宁德时代是中国领先的新能源汽车电池供应商，其成长历程充分体现了上述各个驱动因素的作用。宁德时代受益于中国政府大力推动新能源汽车产业发展的政策环境。国家出台了一系列政策措施，如新能源汽车补贴、电池技术研发支持等，为新能源汽车产业链提供了有力的政策支持。宁德时代积极响应国家政策，加大研发投入，不断提升电池技术，成为行业内的领军企业。宁德时代在成长过程中先后完成了多轮融资，获得了多家知名投资机构的支持，如国投创新、招银国际等。这些资本的支持不仅为宁德时代提供了充足的资金保障，还带来了丰富的行业资源和管理经验，助力其快速扩张。宁德时代敏锐地捕捉到了全球范围内对新能源汽车电池的巨大需求。随着环保意识的提升和政策的推动，新能源汽车市场快速增长。宁德时代通过不断优化电池性能和降低成本，满足了市场需求，成为多家知名汽车厂商的电池供应商。宁德时代在技术创新方面投入巨大，建立了多个研发中心，汇聚了一批高水平的研发人才。通过持续的技术研发，宁德时代在电池能量密度、循环寿命、安全性等方面取得了显著突破，形成了多项核心技术。这些技术优势不仅提升了产品的竞争力，还为宁德时代开拓国际市场奠定了基础。宁德时代拥有一支高效、多元化的团队。创始人曾毓群具有丰富的电池行业经验，核心团队成员来自国内外知名企业和研究机构，具备强大的技术研发和市场运营能力。团队成员之间的互补协作，形成了高效的工作机制，为宁德时代的快速发展提供了坚实的人才保障。

总之，新企业的成长是一个系统工程，需要企业综合考虑政策环境、资本支持、市场需求洞察、技术创新能力和团队建设能力等多个方面的因素。只有全面、深入地理解这些驱动因素，并采取有效的策略加以利用，新企业才能在激烈的市场竞争中立于不败之地，实现持续、健康的发展。

9.2.3 新企业的风险来源及控制和化解

新企业的风险控制和化解是指初创企业在发展过程中，识别、评估、预防、应对各种可能威胁企业生存和发展风险的过程。这些风险包括市场风险、技术风险、财务风险、管理风险、法律风险等。有效的风险控制和化解能力是新企业生存和发展的关键,能够帮助企业避免重大损失,保持稳定运营,实现可持续发展。

1. 风险的来源分析

1) 市场风险

市场风险是指由于市场需求变化、竞争加剧、消费者偏好改变等因素导致企业产品或服务销售不畅的风险。市场风险一般源于市场需求波动、竞争对手的新产品推出、宏观经济环境变化、消费者行为改变等。防范措施包括:进行市场调研,了解目标市场的需求和趋势;建立灵活的市场策略,快速响应市场变化;多元化产品线,降低单一产品依赖。

2) 技术风险

技术风险是指由于技术更新换代、研发失败、技术保护不足等原因导致企业失去技术优势的风险。技术风险的一般来源为技术研发周期长、技术迭代速度快、竞争对手的技术突破、知识产权保护不足等。防范措施主要包括:加大研发投入,保持技术领先;建立技术储备,应对技术变革;加强知识产权保护,防止技术泄露。

3) 财务风险

财务风险是指由于资金短缺、融资困难、财务管理水平低下等原因导致企业运营受阻的风险。财务风险主要来源于现金流紧张、融资渠道有限、财务报表不准确、投资决策失误等。防范措施包括:建立完善的财务管理制度,确保财务数据的准确性和透明度;优化现金流管理,确保资金链畅通;多元化融资渠道,降低融资成本。

4) 管理风险

管理风险是指由于企业管理层决策失误、团队协作不力、企业文化不健全等原因导致企业运营效率低下的风险。管理风险一般源于管理层缺乏经验、团队沟通不畅、内部管理混乱、企业文化缺失等。主要的防范措施包括:聘请有经验的管理团队,提升管理水平;建立有效的沟通机制,促进团队协作;塑造积极的企业文化,提升员工凝聚力。

5) 法律风险

法律风险是指由于企业违反法律法规、合同纠纷、知识产权侵权等原因导致企业面临诉讼或处罚的风险。法律风险一般源于法律法规变化、合同条款不明确、知识产权保护不足、劳动纠纷等。主要的防范措施包括:聘请法律顾问,确保企业运营合法合规;定期审查合同条款,避免法律漏洞;加强知识产权保护,防止侵权行为。

6) 人力资源风险

人力资源风险是指由于人才流失、招聘困难、培训不足等原因导致企业无法获得足够的人才支持的风险。人力资源风险主要来源于人才市场供需失衡、员工满意度低、培训体系不完善、薪酬福利竞争力不足等。主要防范措施包括:建立完善的人才招聘和培训体系,提升员工技能;优化薪酬福利制度,提高员工满意度;建立良好的企业文化,增强员工归属感。

2. 风险控制和化解方法

新企业的风险控制和化解同样是一个系统工程,可以从以下几个方面做应对。

1) 建立风险管理体系

(1) 风险识别:通过市场调研、内部审计、专家咨询等方式,全面识别潜在的风险点。

(2) 风险评估:对识别的风险进行量化评估,确定风险的严重程度和发生概率。

(3) 风险应对:制定具体的应对措施,如风险转移、风险规避、风险减轻等。

2) 加强内部控制

(1) 财务控制:建立严格的财务审批制度,确保资金使用的合理性和透明度。

(2) 质量控制:建立质量管理体系,确保产品和服务的质量符合标准。

(3) 合规控制:确保企业运营符合法律法规要求,避免法律风险。

3) 提升应急能力

(1) 应急预案:制定详细的应急预案,包括自然灾害、突发事件等各类情况的应对措施。

(2) 应急演练:定期进行应急演练,提高员工的应急处置能力。

(3) 危机管理:建立危机管理团队,负责处理突发事件,确保企业运营的连续性。

4) 持续监测和评估

(1) 风险监测:建立风险监测机制,定期跟踪风险的变化情况。

(2) 效果评估:评估风险控制措施的效果,及时调整和优化风险控制策略。

(3) 持续改进:根据风险监测和评估结果,不断完善风险管理体系,提升风险管理水平。

新企业在从创立到壮大的过程中,面临着多种多样的风险。有效的风险控制和化解能力是企业生存和发展的关键,能够帮助企业避免重大损失,保持稳定运营,实现可持续发展。企业应全面识别和评估潜在风险,制定科学合理的防范措施和应对策略,建立完善的风险管理体系,提升应急能力和持续监测评估能力。通过综合运用这些方法,企业可以更好地应对各种风险,抓住发展机遇,实现长期的成功和繁荣。

【案例】 智链速递科技有限公司

智链速递是一家专注于提供智能物流解决方案的创新型科技企业,自成立以来,面对物流行业的复杂环境与新兴技术的挑战,成功实施了一系列风险控制和化解措施,保障了企业的稳健成长。以下几点展示了智链速递在风险控制和化解方面的实践。

(1) 市场风险控制:智链速递密切关注物流市场需求动态和行业发展趋势,通过定期市场调研、竞品分析,及时调整产品和服务策略以适应市场变化。面对新兴竞争对手和技术革新,公司积极布局物联网、人工智能、区块链等前沿技术应用,保持竞争优势。同时,通过多元化的客户战略,分散依赖单一市场或大客户的潜在风险。

(2) 技术风险控制:智链速递高度重视技术研发和知识产权保护,投入大量资源进行自主研发,并与高校、研究机构合作,共同攻克关键技术难题。公司建立了严格的技术项目管理制度,对研发过程进行严密监控,确保项目进度、质量与预算可控。同时,通过技术预研、原型验证等方式,提前评估新技术的成熟度和商业价值,降低技术选型风险。

(3) 财务风险控制：智链速递实行严格的财务管理制度，定期进行财务审计，确保资金使用合规、透明。通过精细化成本核算，合理控制运营成本，提高资金使用效率。为应对现金流波动风险，公司积极寻求多元化的融资渠道，包括天使投资、风险投资、政府补贴等，并与金融机构建立良好关系，确保在需要时能获得充足的资金支持。

(4) 管理风险控制：智链速递采用现代企业管理制度，设立清晰的组织架构和权责体系，确保决策流程高效、科学。通过定期开展员工培训、团队建设活动，提升员工专业技能和团队协作能力，降低人力资源风险。同时，推行全面风险管理(ERM)，对各类风险进行系统性识别、评估和监控，确保风险信息及时传递至管理层，以便做出应对决策。

(5) 法律风险控制：智链速递聘请专业的法律顾问团队，确保公司在合同签订、知识产权保护、数据合规、劳动法务等方面符合法律法规要求。公司积极参与行业法规制定与修订的讨论，主动适应监管环境的变化。在国际业务拓展中，充分研究目标市场的法律法规，避免因文化差异和法律冲突导致的风险。

智链速递科技有限公司通过系统性的市场、技术、财务、管理及法律风险控制与化解措施，有效地应对了作为新企业在成长过程中可能遭遇的各类风险挑战，确保了企业的稳健运营与持续发展。这一案例充分展示了智能物流企业如何运用风险防控策略，为行业内的其他初创企业提供了一套实用的参考模板。

9.3 新企业的发展管理

新创企业在从创立到发展的过程中，需要在多个职能管理领域建立和完善管理体系，以确保企业的高效运营和持续发展。以下对新创企业在营销管理、研发管理、人力资源管理、财务管理、生产运作管理等方面进行讨论。

9.3.1 新企业的营销管理

在营销策略上，灵活性和多样性是成功的关键。新创企业在激烈的市场竞争中要想脱颖而出，必须在产品、价格、渠道和促销四个方面进行全面考虑和精心策划。有效的营销策略不仅能够帮助企业在市场上站稳脚跟，还能提升品牌的知名度和美誉度，增强客户的忠诚度，推动销售增长。通过科学的市场调研和数据分析，企业可以更好地了解目标客户的需求和偏好，制定出更具针对性和竞争力的营销策略，从而在市场中占据有利位置。

1. 产品

在产品方面，企业应确保产品能够满足目标市场的需求和偏好。通过市场调研了解消费者的痛点和需求，不断优化产品功能和设计，提升产品的市场竞争力。企业需要明确产品的独特卖点，与竞争对手区分开来，提供更高的性价比、更优质的服务或独特的功能特性，以吸引消费者的注意。此外，企业还应定期收集用户反馈，及时调整产品功能和设计，确保产品始终符合市场需求。通过持续的产品创新和改进，企业可以建立良好的市场口碑,增强客户的忠诚度,为企业的长期发展奠定坚实的基础。

2. 价格

在价格方面,企业应设计灵活多样的定价策略,以吸引不同层次的消费者。新创企业可以设置入门级产品的低价位,吸引首次购买者,同时提供高级定价方案,满足忠实客户的更高需求。通过分级定价和促销活动,企业可以更好地满足不同客户的支付能力和价值感知,提高产品的市场覆盖率。此外,企业还可以根据市场变化和竞争情况,灵活调整价格策略,确保价格的竞争力。合理的定价策略不仅能吸引新客户,还能通过优惠和奖励机制,增强老客户的忠诚度,推动重复购买和口碑传播,从而提升整体销售额。

3. 渠道

在渠道方面,企业应构建多元化的销售渠道,确保产品能够覆盖更广泛的消费群体。新创企业可以通过电商平台、实体店和分销商合作等多种渠道,提高产品的市场覆盖面和可获得性。电商平台可以快速扩大市场覆盖范围,降低销售成本,而实体店则能提供更好的用户体验和即时服务。与分销商合作可以利用其现有的渠道和客户资源,快速进入新的市场。此外,企业还应根据产品的特性和目标市场,选择最合适的销售渠道组合,确保销售渠道的高效运行。通过多渠道布局,企业可以更好地满足不同客户的需求,提高市场占有率,为产品的成功推广提供有力支持。

4. 促销

在促销方面,企业提供优质的售前和售后服务,不仅能解决客户的疑虑,提高客户的满意度,还能通过口碑营销吸引更多潜在客户,形成良性循环。企业可以通过多种方式增强品牌的知名度和美誉度,如社交媒体营销、内容营销、线上线下活动等。社交媒体营销可以帮助企业快速传播品牌信息,与客户建立互动,提高品牌曝光度。内容营销通过提供有价值的信息和内容,吸引和留住目标客户,建立品牌信任。线上线下活动则能增强客户的参与感和体验感,提升品牌的影响力。通过这些综合的促销策略,企业可以有效提升客户忠诚度,推动销售增长,实现市场目标。

综上,富有竞争力的产品、灵活多样的定价策略、多元化的销售渠道和综合的促销手段,不仅能够提升品牌的知名度和美誉度,还能增强客户的忠诚度,推动销售增长,最终帮助企业在激烈的市场竞争中脱颖而出,实现可持续发展。

【案例】 完美日记的营销策略

在产品方面,完美日记自2017年成立以来,一直专注于年轻消费者群体,提供高性价比的彩妆产品。通过市场调研,完美日记深入了解年轻消费者的痛点和需求,不断优化产品功能和设计,推出了多种符合年轻人审美的彩妆产品。例如,完美日记的产品包装设计时尚、色彩丰富,吸引了大量年轻消费者的注意。通过持续的产品创新和改进,完美日记建立了良好的市场口碑,增强了客户的忠诚度,为品牌的长期发展奠定了坚实的基础。

在价格方面,完美日记采取了灵活多样的定价策略,以吸引不同层次的消费者。完美日记的产品定价亲民,尤其是入门级产品,价格低廉,吸引了大量首次购买者。同时,完美日记还提供了一些高端系列,满足忠实客户的更高需求。通过分级定价和定期的促销活动,完美日记不仅提高了产品的市场覆盖率,还通过优惠和奖励机制,增强了老客户的忠诚度,推动了重复购买和口碑传播,从而提升了整体销售额。

在渠道方面,完美日记构建了多元化的销售渠道,确保产品能够覆盖更广泛的消费群体。完美日记主要通过电商平台(如天猫、京东)、自有官网和社交媒体平台进行销售,快速扩大了市场覆盖范围,降低了销售成本。此外,完美日记还开设了一些线下体验店,提供更好的用户体验和即时服务。

在促销方面,完美日记通过多种方式增强品牌的知名度和美誉度。社交媒体营销是完美日记的主要手段之一,通过微信、微博和抖音等平台,完美日记与知名 KOL 合作,发布高质量的内容和短视频,吸引了大量年轻消费者的关注。在内容营销方面,完美日记通过发布美妆教程、产品评测等内容,提供有价值的信息,吸引和留住目标客户,建立品牌信任。

完美日记通过在产品、价格、渠道和促销四个方面的全面考虑和精心策划,成功地在激烈的彩妆市场中脱颖而出。通过科学的市场调研和数据分析,完美日记深入了解了目标客户的需求和偏好,制定出更具针对性和竞争力的营销策略。灵活多样的定价策略、多元化的销售渠道和综合的促销手段,不仅提升了品牌的知名度和美誉度,还增强了客户的忠诚度,推动了销售增长。

9.3.2 新企业的研发管理

研发管理是新创企业在技术领先和产品创新方面取得突破的关键力量,对企业在竞争激烈的市场环境中赢得优势地位具有决定性的作用。有效的研发管理不仅能够帮助企业开发出更具竞争力的产品和服务,还能确保企业持续不断地推出创新解决方案,满足市场变化和消费者需求,从而在长期的竞争中保持领先地位。新创企业在研发管理方面需要注意以下几点。

1. 研发战略

企业必须制定明确的研发战略,这不仅是指导研发活动的基本框架,也是确保企业能够在复杂多变的市场环境中持续发展的关键。研发战略的制定需要从宏观和微观两个层面出发,既要考虑国家政策导向、行业发展趋势、技术前沿等因素,也要紧密结合企业自身的资源条件、核心竞争力和发展目标。首先,企业需要明确研发的方向和重点,这要求管理层深入分析市场需求和技术演进路径,识别出最具潜力的创新领域;其次,企业应保持对行业动态的高度敏感性,通过参加行业会议、订阅专业期刊、与高校和研究机构建立合作等方式,持续跟踪最新的技术进展和市场变化,确保自身的技术始终保持先进性。此外,研发战略还应具备一定的灵活性,能够根据外部环境的变化及时调整,以应对不确定性带来的挑战。

2. 研发团队建设

为了实现持续的技术创新和产品研发目标,企业需要构建一支高素质、专业化的研发团队。这不仅仅意味着要招聘那些具备高水平技能和专业知识的人才,更重要的是要通过系统的内部培训和持续的学习机会,不断提升团队成员的专业能力和综合素质。企业可以通过设立专门的培训项目、鼓励员工参加行业研讨会和技术交流会、与高校和研究机构合作开展联合培养等方式,为团队成员提供丰富的学习资源和发展平台。同时,创造一个开放、自由的工作环境,让团队成员能够在轻松愉快的氛围中自由表达想法、开展实验,这对于激发创意和促进团队协作至关重要。此外,建立合理的激励机制,如绩效奖金、股权激励、晋升机会等,可以有效激发团队成员的积极性和创造力,鼓励他们追求更高的成就。通过这些措施,企业不仅能够吸引和保留顶尖人才,还能最大限度地发挥团队的创新潜能,推动更多原创思想和技术突破的诞生。

3. 研发流程管理

在研发流程管理方面,建立一套标准化、系统化的流程体系是提高研发效率和质量的基础。这套体系应该覆盖从项目启动、需求分析、设计开发到测试验证的每一个环节,确保整个研发过程的透明化和可控性。每个阶段都需要设定明确的标准和时间节点,比如在需求分析阶段,要详细定义用户需求和产品规格,确保所有团队成员对项目目标有清晰的认识;在设计开发阶段,应制定详细的设计方案和技术路线图,确保开发工作的有序进行。有效的项目管理不仅能够帮助企业合理分配人力、物力和财力资源,确保项目按照预定计划顺利推进,还能够通过定期的项目评审和进度报告,及时发现并解决问题,避免项目延期或成本超支。此外,标准化的流程体系有助于积累项目经验,为未来类似项目的执行提供参考,从而持续提升企业的研发管理水平,保障项目的整体质量和最终成果。

4. 知识产权管理

知识产权管理同样是研发管理中不可或缺的重要组成部分。企业应当高度重视对自有技术和产品的知识产权保护,通过积极申请专利、商标注册等方式,确保核心技术不被非法复制或盗用,有效避免技术泄露带来的风险。此外,建立健全的知识产权管理体系,包括对内外部使用权限的严格控制、签订保密协议等措施,可以进一步加强保护力度。同时,企业还应积极参与行业标准的制定,这不仅有助于塑造更加公平、透明的行业环境,也为自身发展创造更为有利的外部条件。通过贡献自己的技术经验和研究成果,企业可以在标准制定过程中占据主导地位,提升自身的行业影响力和话语权。这种参与不仅能增强企业的品牌信誉,还能为未来的市场拓展铺平道路,确保企业在激烈的市场竞争中占据有利位置。

【案例】 蔚来汽车的研发管理

这家成立于 2014 年的中国电动汽车制造商,通过高效的研发管理迅速成为了全球新能源汽车领域的佼佼者。蔚来汽车从创立之初就明确了以电动化、智能化为核心的研发方向,密切关注全球汽车行业的新技术和新趋势,确保其产品始终保持技术领先。为了构建强大的研发团队,蔚来汽车不仅在全球范围内招募顶尖工程师和技术专家,还与多所高校和研究机构建立了合作关系,共同培养未来的技术人才。同时,蔚来汽车注重营造一个充满创新精神的工作环境,提供富有竞争力的薪酬待遇和职业发展空间,极大地激发了员工的创造力。在研发流程管理上,蔚来汽车采用了敏捷开发模式,快速迭代产品功能,缩短开发周期,确保新产品能够更快地推向市场。公司还建立了严格的质量管理体系,从零部件采购到整车装配的每一个环节都严格执行高标准,确保每一辆出厂的蔚来汽车都具备卓越的品质。在知识产权方面,蔚来汽车高度重视自身技术的保护,已在全球范围内申请了数千项专利,涵盖电池技术、自动驾驶等多个领域,有效保障了公司的技术优势。此外,公司积极参与国际标准的讨论和制定,为中国电动汽车行业争取到了更多的话语权。通过这些综合措施,蔚来汽车不仅实现了技术上的持续创新,也为其长远发展奠定了坚实的基础。

9.3.3 新企业的人力资源管理

人力资源管理是在经济学与人本思想指导下,通过一系列管理活动对组织内外相关人力资源进行有效运用的过程,旨在满足组织当前及未来发展的需要,确保组织目标实现的同时促进成员的全面发展。人力资源管理是新创企业吸引和保留人才、提升团队效能的重要职能。新创企业在人力资源管理方面需要注意以下几点。

1. 人力资源规划

人力资源规划是确保组织拥有适当数量和类型的人才,以满足当前和未来业务需求的关键步骤。这涉及对未来人力资源需求的预测,以及制定相应的人力资源供需平衡计划。企业需要通过市场分析、业务计划和组织结构的变化来评估未来的人力需求,然后制定具体的招聘、培训、晋升和裁员策略,以确保人力资源的合理配置。此外,人力资源规划还包括对现有员工的能力和潜力进行评估,以便更好地匹配岗位需求,提高组织的整体效率和灵活性。

对于新创企业来说,人力资源规划尤为重要。由于新创企业通常面临资源有限、市场不确定性高等挑战,因此在人力资源规划方面需要更加灵活和更具前瞻性。新创企业应定期进行市场和业务需求的评估,及时调整人力资源计划,确保人才供给与业务发展相匹配;新创企业应注重培养多技能人才,提高员工的适应性和灵活性,以应对快速变化的市场环境;新创企业还应建立一套灵活的激励机制,吸引和留住关键人才,为企业的长期发展奠定坚实的人力基础。

2. 招聘与配置

招聘与配置是指通过有效的招聘渠道和科学的选拔方法,吸引并挑选出最适合岗位需求的候选人,然后将其安置到合适的岗位上。企业需要制定详细的招聘计划,明确每个岗位的要求和职责,采用多种招聘渠道,如在线招聘平台、校园招聘、猎头公司等,以扩大人才来源。同时,设计合理的面试流程和评估标准,确保选拔出的人才不仅具备所需的专业技能,还能够融入企业文化和团队氛围。此外,合理的岗位配置能够充分发挥员工的优势,提高工作效率和团队协作水平。由于新创企业通常面临资金有限、品牌知名度不高、市场竞争激烈等挑战,因此在招聘与配置方面需要更加注重效率和效果。新创企业应充分利用社交媒体和行业网络,扩大招聘渠道,降低成本;应注重招聘过程中的文化匹配度,确保候选人不仅具备专业技能,还能够认同企业的价值观和文化,从而更好地融入团队;应灵活调整岗位职责和工作内容,鼓励员工跨部门协作,提升团队的整体协同效应。

3. 培训与开发

培训与开发旨在通过系统的培训计划和个人发展项目,提升员工的专业技能和综合素质,帮助员工实现个人成长和职业发展。企业应建立一套完善的培训体系,包括新员工入职培训、在职技能培训、领导力发展培训等,以满足不同层次员工的学习需求。同时,提供职业发展规划,帮助员工设定短期和长期目标,支持他们在职业生涯中不断进步。鼓励员工参与内部和外部的学习和交流活动,拓宽视野,激发创新思维,从而提高整个组织的竞争力。由于新创企业通常资源有限,员工往往需要承担多种角色和任务,因此培训与开发应更加灵活和实用。新创企业应注重培训的实效性,选择与业务紧密相关的培训内容,确保员工能够立即应用所学知识解决实际问题;新创企业可以利用在线学习平台和行业研讨会等低成本方式,为员工提供丰富的学习资源;新创企业应鼓励员工自主学习,提供学习时间和资源支持,如订阅专业杂志、参加在线课程等;新创企业应建立导师制度,让经验丰富的员工指导新人,促进知识和经验的传承,加速新员工的成长和融入。

4. 绩效管理

绩效管理是通过科学的绩效考核体系和定期的评估反馈,确保员工的工作表现与组织目标保持一致的过程。企业需要制定明确的绩效考核标准和指标,确保评估过程公正透明。定期进行绩效评估,及时向员工提供反馈和指导,帮助他们改进不足之处。根据绩效结果进行合理的奖惩,既能激励优秀员工,又能鞭策表现不佳的员工努力提升。绩效管理不仅仅是对过去工作的评价,更重要的是通过持续的沟通和辅导,促进员工的成长和发展,提高团队的整体绩效。由于新创企业通常处于快速发展阶段,组织结构和业务模式可能频繁变动,因此在绩效管理方面需要更加灵活。新创企业应确保绩效指标与公司战略目标紧密相连,避免过于僵化的考核标准,以便更好地适应业务变化;新创企业应建立定期的绩效沟通机制,如每月或每季度的绩效回顾会议,及时了解员工的工作进展和遇到的困难,提供必要的支持和指导;新创企业应注重绩效管理的透明度,确保员工清楚地知道自己的绩效标准和评估结果,增强员工的参与感和责任感;新创企业应通过绩效管理发现和培养高潜力人才,为他们提供更多的发展机会,激发他们的积极性和创造力,为企业的持续发展注入新的动力。

5. 薪酬福利管理

薪酬福利管理对于任何企业的成功都极为重要,特别是对于初创企业而言更是如此。初创企业在构建其薪酬福利体系时,不仅要考虑外部市场的竞争状况,还要确保内部的公平性和合理性。这意味着薪酬体系应当包括基础薪资、绩效奖金、股票期权、员工持股计划以及其他形式的福利待遇,如健康保险、培训机会和职业发展路径等,以此来满足不同类型员工的多样化需求。

面对资金有限、品牌知名度不高以及激烈的市场竞争等多重挑战,初创企业在薪酬福利设计上必须展现出更大的灵活性和创新精神。例如:提供具有竞争力的基础薪资是吸引顶尖人才的第一步，但这只是起点。为了进一步巩固人才基础，企业可以通过实施股权激励计划，让员工分享公司成长带来的红利，从而增强他们对公司的归属感和忠诚度。此外，初创企业还可以提供一系列非传统的福利，比如灵活的工作时间、远程工作的可能性、丰富的团队建设活动以及个人兴趣发展的支持等，这些都能极大地提高员工的工作满意度和个人幸福感。

更重要的是，初创企业需要建立起一套动态的薪酬福利评估和调整机制，确保其薪酬福利政策能够随着公司的发展阶段和外部环境的变化而及时作出相应调整。这不仅有助于维持和提升员工的士气，也能有效降低因薪酬福利问题而导致的关键人才流失风险。通过精心设计和不断优化薪酬福利体系，初创企业不仅能够吸引到最优秀的人才，还能激发团队成员的最大潜能，为企业的长远发展和市场竞争力打下坚实的基础。

6. 劳动关系管理

劳动关系管理是指通过建立和谐的劳动关系，维护企业和员工之间的良好互动，促进组织的稳定和发展。企业应努力建立积极向上的企业文化，增强员工的归属感和凝聚力。关注员工的职业健康和福利，提供舒适的工作环境，确保员工能够在健康的状态下工作。及时解决员工之间的问题和矛盾，维护和谐的劳动关系，创造一个温馨和谐的工作氛围。企业还应遵守相关法律法规，保障员工的合法权益，通过有效的沟通和协商机制，处理好劳动争议，减少不必要的法律风险。由于新创企业通常处于快速发展阶段，组织结构和工作环境可能频繁变化，因此在劳动关系管理方面需要更加注重以下几个方面：

（1）新创企业应建立透明和开放的沟通机制，确保员工能够及时了解公司的决策和变化，增强员工的参与感和信任感；

（2）应注重员工的职业发展和培训，提供必要的学习和发展机会，帮助员工提升技能和职业素养；

（3）应建立有效的员工反馈和投诉机制，及时解决员工的问题和矛盾，避免小问题演变成大冲突；

（4）应严格遵守劳动法律法规，确保员工的合法权益得到充分保障，通过合法合规的管理减少潜在的法律风险。

通过这些措施，新创企业不仅能够维护和谐的劳动关系，还能为员工创造一个积极向上、充满活力的工作环境，促进企业的持续健康发展。

9.3.4 新企业的财务管理

财务管理是新创企业确保资金安全、优化资源配置、实现财务目标和提升风险管理能力的关键职能。对于新创企业而言，财务管理不仅关乎企业的生存和发展，更是实现可持续增长的重要保障。有效的财务管理可以帮助企业合理规划资金使用，确保资金的安全和合规，优化现金流管理，降低运营成本，提高盈利能力。此外，财务管理还能帮助企业识别和应对潜在的财务风险，确保企业在复杂的市场环境中保持竞争力。因此，新创企业在财务管理方面需要重点关注以下几个方面,以确保企业的稳健发展。

1. 财务规划

新创企业应制定详细的财务预算,合理安排资金使用,确保每一笔资金都能用在刀刃上。财务预算是企业管理层制定经营计划和控制成本的基础,通过预算管理,企业可以明确各项支出和收入的预期,合理调配资源,避免资金浪费。建立财务预测模型,评估企业未来的财务状况,帮助管理层做出科学的决策。财务预测模型不仅可以预测未来的收入、成本和利润,还能提前识别潜在的财务风险,使企业能够制定有效的应对措施,确保在面对市场波动时能够迅速反应。企业定期进行财务分析,能监控财务指标的变化,及时发现和解决问题,确保财务目标的实现。财务分析应涵盖多个维度,如盈利能力、偿债能力、运营效率等,全面评估企业的财务健康状况,确保企业在各个方面的表现都达到最佳状态。初创企业需要注意的是,财务规划应具有灵活性,能够根据市场变化和企业实际情况进行调整,避免僵化的预算制约企业发展。通过这些措施,新创企业可以更好地应对市场变化,优化资源配置,提高资金使用效率,确保企业的稳健发展。这不仅有助于企业在激烈的市场竞争中立于不败之地,还能为企业未来的发展和扩张提供坚实的财务基础。

2. 资金管理

新创企业在其早期发展阶段,建立规范的财务管理制度,不仅能够确保资金的安全和合规使用,还能为企业未来的稳健发展奠定坚实基础。企业应建立健全的财务内控制度,明确财务流程和职责分工,防止资金被不当挪用或滥用,确保每一笔资金的流向都有据可查,透明度高,从而有效防范财务风险,保护企业和投资者的利益。现金流管理对于新创企业尤为重要,可以说是企业的生命线。企业必须具备良好的现金流管理能力,确保有足够流动资金来支持日常运营和应对突发情况,这意味着企业需要精确预测收入和支出,合理安排资金使用,确保能够按时支付供应商款项、员工工资以及其他必要的运营开支,通过优化现金流管理,企业可以避免因资金短缺而造成的运营中断,保持业务的连续性和稳定性。为了支持企业的持续发展,新创企业还需积极寻找和利用多种融资渠道,包括申请政府补助、寻求天使投资者的支持、吸引风险投资,以及考虑银行贷款等传统融资方式,每一种融资途径都有其特点和适用场景,企业应当根据自身的发展阶段和实际需求,选择最适合自己的融资组合,以分散风险并降低融资成本,同时,企业还应合理规划债务结构,避免过度依赖成本高昂的短期借款,确保财务结构的健康与可持续性。新创企业在成长的过程中,必须高度重视资金管理,通过建立完善的财务管理体系、强化现金流管理和多元化融资策略,来保障企业的财务安全和运营效率,这不仅是企业生存和发展的基石,也是提升企业市场竞争力和实现长远目标的重要手段,通过这些措施,新创企业可以更有效地抵御外部环境的变化,抓住发展机遇,实现健康成长。

3. 成本控制

成本控制是提高企业盈利能力的关键因素之一,特别是在资源有限的初创企业中尤为重要。建立一个有效的成本控制体系,可以帮助企业合理控制各项费用支出,避免不必要的浪费,从而提高整体运营效率和盈利能力。企业需要建立一个明确的成本控制体系，设定各项费用的标准和限额，这一体系应涵盖从原材料采购到生产制造、销售和服务的各个环节，确保每个部门都有明确的预算和开支标准，通过这种方式，企业可以有效监控和管理各项费用，避免不必要的开支和浪费。采购管理是成本控制的一个重要环节，企业应通过集中采购、批量采购和与供应商进行有效谈判等方式，降低原材料和设备的成本。集中采购可以利用规模效应，获取更优惠的价格；批量采购则可以减少运输和仓储成本；与供应商建立长期合作关系，不仅可以获得更好的价格和服务，还能提高供应链的整体效率。提高运营效率也是成本控制的关键，初创企业应通过流程优化、技术创新和员工培训等手段，提高运营效率，减少不必要的开支。流程优化可以帮助企业发现和消除生产过程中的瓶颈，提高工作效率；技术创新可以引入新的技术和工具，提高生产自动化水平，降低人力成本；员工培训则可以提升员工的专业技能和工作效率，减少错误和返工。企业应定期进行成本分析，找出成本控制的薄弱环节，制定具体的改进措施，通过详细的成本分析，企业可以识别出哪些环节存在浪费和不必要的开支，并采取针对性的措施进行改进，例如：可以通过改进生产工艺、优化库存管理或调整产品结构等方式，持续优化成本结构，提高企业的盈利能力。通过建立有效的成本控制体系、优化采购管理、提高运营效率以及定期进行成本分析，企业可以显著降低运营成本，提高盈利能力。这些措施不仅有助于企业在激烈的市场竞争中保持优势，还能为企业的发展和扩张提供坚实的财务支持。

4. 税务筹划

税务筹划不仅能够帮助企业降低税收负担，提高盈利能力，还能确保企业的合规运营，避免不必要的法律风险。国家、省（自治区）、市为了扶持特定行业和企业发展，会出台一系列税收优惠政策，新创企业应当积极充分地了解并充分利用这些政策，将其转化为自身发展的助力。规范的税务申报是企业履行纳税义务的关键环节，企业必须严格按照税法的规定进行申报，确保所有信息的真实性和准确性，避免因申报错误或遗漏而引发的罚款和法律纠纷。正确的税务申报不仅能帮助企业在税务机关树立良好的信誉，还能为企业节省不必要的开支，减少潜在的风险。定期进行税务审计同样不可或缺，它是确保企业税务合规的重要手段，通过定期的内部或外部税务审计，企业可以及时发现并纠正税务处理中的问题，确保所有的税务活动都符合法律法规的要求，这样不仅可以避免因税务违规而遭受的处罚，还能为企业提供一个清晰的财务状况概览，有助于管理层做出更加明智的决策。对于缺乏专业税务知识的新创企业来说，咨询专业的税务顾问是非常必要的，专业的税务顾问可以根据企业的具体情况，提供量身定制的税务筹划方案，确保筹划的合理性和合法性，同时，税务顾问还能帮助企业及时了解最新的税法变动，指导企业如何应对复杂的税务环境，避免因税务问题影响企业的正常运营和发展。建立健全的税务档案管理系统也十分重要，企业应当妥善保管所有与税务相关的凭证和文件，包括发票、账簿、税务申报表等，以备税务机关检查或企业内部审计所需，完善的税务档案管理不仅有助于企业在遇到税务争议时提供有力的证据支持，还能提高企业的管理水平，促进企业的规范化发展。通过合理的税务筹划、规范的税务申报、定期的税务审计、专业的税务咨询以及完善的税务档案管理，新创企业可以有效降低税收成本，规避税务风险,确保企业的健康发展,为企业的稳健发展奠定坚实的财务基础。

5. 财务风险管理

新创企业应高度重视财务风险管理,通过建立完善的财务风险评估和管理机制,及时识别和应对市场变化、竞争压力、政策调整等带来的潜在财务风险,确保企业的财务安全和可持续发展。企业需要建立系统的财务风险评估机制,定期分析内外部环境,识别可能影响财务状况的风险因素,并制定相应的应对策略。同时,建立健全的内部控制体系,确保财务数据的准确性和透明度,涵盖财务报告、资金管理、成本控制、税务筹划等方面,防止资金被挪用或滥用,提高管理水平和运营效率。此外,企业应注重现金流管理,确保有足够的流动资金应对日常运营和突发事件,通过精准的财务预测和灵活的资金调度,保持资金链的畅通。在税务筹划方面,企业应积极了解和利用国家的各项税收优惠政策,降低税收负担,规范税务申报,避免因申报错误或遗漏而引发的罚款和法律风险,定期进行税务审计,确保税务合规。新创企业还应加强对外部融资的管理,合理选择融资渠道,降低融资成本,通过政府补助、天使投资、风险投资和银行贷款等多种融资方式,分散融资风险,优化资本结构,避免过度依赖高成本的短期借款,确保财务结构的稳健性。企业还应该培养一支专业的财务管理团队,提升团队的专业能力和风险管理意识,通过定期培训和学习,确保财务人员能够及时掌握最新的财务管理和风险管理知识,提高整体财务管理水平。总之,通过科学的财务风险管理,新创企业可以有效规避潜在风险,确保资金安全,优化资源配置,提高资金使用效率,降低运营成本,实现企业的稳健发展。

9.3.5 新企业的生产运作管理

生产运作管理是新创企业确保产品质量、提高生产效率和满足客户需求的关键职能。新创企业在生产运作管理方面需要全面考虑和精心策划,以确保企业的高效运营和持续发展。通过科学的生产计划、严格的质量管理、优化的供应链管理和高效的生产效率,新创企业可以更好地应对市场变化,抓住发展机遇,实现可持续发展。

1. 生产计划

新创企业应制定科学的生产计划,合理安排生产任务。生产计划是企业生产活动的核心,通过科学的计划,企业可以确保资源的有效利用和生产的有序进行。生产计划需要综合考虑市场需求、库存情况、生产能力等因素,确保生产任务的合理性和可行性。根据市场需求和库存情况,企业应灵活调整生产计划,以应对市场变化和客户需求的波动。建立生产调度系统,确保生产任务的顺利执行,避免生产瓶颈和延误。生产调度系统可以帮助企业实时监控生产进度,及时发现和解决问题,确保生产活动的高效性和连续性。初创企业需要注意的是,生产计划应具有一定的灵活性,能够根据市场变化和客户需求及时调整,确保生产的高效性和响应速度。

2. 质量管理

建立严格的质量管理体系,确保产品质量符合标准,是新创企业赢得市场信任的关键。质量管理贯穿于从原材料采购到生产过程的每一个环节,确保每个步骤都符合质量标准。实施质量控制措施,定期进行质量检查和测试,确保每一批次的产品都符合质量要求。质量控制措施包括原材料检验、生产过程中的质量监控、成品检验等,确保每个环节的质量可控。建立质量追溯机制,及时处理质量问题,确保客户满意度。质量追溯机制可以帮助企业迅速定位和解决质量问题,减少不良品的流出,提升客户满意度和市场信誉。初创企业应特别关注质量管理,从原材料采购到生产过程的每一个环节,都要严格把关,避免因质量问题导致的客户流失和市场信誉受损。

3. 供应链管理

选择可靠的供应商,建立稳定的供应链关系,是新创企业确保生产顺利进行的基础。供应商的选择应基于其资质、信誉、供货能力等因素,确保供应商能够提供高质量的原材料和零部件。优化供应链流程,提高供应链的响应速度和灵活性,可以有效降低生产成本,提高生产效率。供应链优化包括采购流程的标准化、物流运输的高效化、库存管理的精细化等,确保供应链的高效运转。企业加强供应链风险管理,能防范供应链中断的风险,确保生产活动的连续性。供应链风险管理包括供应商评估、备选供应商选择、库存安全储备等措施,确保供应链的稳定性和可靠性。初创企业应特别注意供应商的选择和管理,通过建立长期合作关系,确保供应链的稳定性和可靠性。同时,应定期评估供应商的绩效,及时调整供应链策略,应对市场变化。

4. 生产效率管理

引入先进的生产设备和技术,提高生产自动化水平,是新创企业提高生产效率的重要途径。通过自动化设备和信息化系统的应用,可以减少人工操作误差,提高生产精度和效率。自动化设备包括机器人、自动化生产线、智能仓储系统等,可以显著提高生产效率和产品质量。信息化系统包括生产管理系统、质量控制系统、供应链管理系统等,可以实现生产过程的数字化和智能化,提高管理效率。优化生产流程,减少浪费和不必要的工序,可以进一步提升生产效率。生产流程优化包括工艺改进、设备升级、作业标准化等措施,确保生产过程的高效性和经济性。培训生产人员,提高操作技能和工作效率,也是提高生产效率的关键。生产人员的培训应包括技能培训、安全培训、质量意识培训等,初创企业应注重生产人员的培训和发展,通过定期培训和技能提升,确保生产团队的专业性和高效性。

新创企业在发展的过程中,需要在多个职能管理领域建立和完善管理体系,以确保企业的高效运营和持续发展。初创企业尤其需要注意的是,生产运作管理的各个环节应相互协调,形成一个有机的整体,确保生产活动的高效性和稳定性。通过科学的管理和持续的优化,新创企业可以在激烈的市场竞争中脱颖而出,实现长期的成功和繁荣。

【案例品鉴】 新创企业生存与发展的关键

在创业浪潮中,新创企业的命运总是充满了不确定性。除了必须遵守的法律法规和道德伦理规范外,新创企业的关键任务是什么?答案清晰而坚定:活下去,活下去,活下去才是硬道理。只有确保企业的生存,才能谈得上进一步的发展。这一理念在众多新创企业的兴衰历程中得到了充分的验证。下面我们将通过一系列案例,探讨新创企业如何在市场竞争中求得生存与发展。

如果一个摆了3年水果摊的小贩有一天突然像发现了真理一样,遇到人就说"我终于悟到了一个道理,摆水果摊最关键的是要有钱赚,是要能够摆得下去",大家肯定都会认为他的智商有问题。可是在初期的 IT 行业,如果哪个人宣称是为了赢利而构筑自己的网站,那肯定要被嗤之以鼻,然而具有讽刺意味的是,在"烧掉"了几亿甚至几十亿元的风险资金后,我们年轻的互联网企业 CEO 们才恍然大悟地互相传授起一个真理:对一个网站而言,赚钱是重要的,生存才是根本。瀛海威、雅虎、网易、搜狐、新浪、百度、阿里等企业都无一例外地都曾经受过这样的煎熬,付出过昂贵的学费!

互联网行业的发展史,见证了无数企业的辉煌与陨落。许多早期互联网创业者怀揣着美好的梦想,却忽视了盈利和生存的重要性。例如,瀛海威作为中国最早的互联网公司之一,曾经承载着无数人的互联网创业梦想。然而,在烧光数亿元的风险投资后,瀛海威并未能找到可持续盈利和发展的商业模式,最终因资金链断裂而破产。这一案例警示我们,即便拥有先发优势,如果不能转化为有效的盈利模式,企业终将难以为继。摩托罗拉公司的铱星系统是另一个教训。铱星系统采用了先进的技术,试图实现全球的无缝通信,但由于高昂的终端设备和通话费用,以及不切实际的市场预期,最终未能赢得消费者的青睐。铱星系统的失败,不仅在于技术的超前,更在于对市场需求的忽视和商业模式的不成熟。雅虎,这家曾经的互联网巨头,因战略失误和管理不善而逐渐失去了市场主导地位。雅虎未能及时抓住移动互联网和社交媒体的风口,错过了转型的良机。当谷歌、Facebook 等新兴巨头崛起时,雅虎已无力回天,最终被收购并淡出人们的视线。雅虎的兴衰,再次证明了在快速变化的互联网行业中,保持战略敏锐性和持续创新能力的重要性。

新创企业的生存挑战不仅局限于互联网行业,其他行业同样面临着诸多困难和挑战。

(1) 技术先进但市场需求错位:在智能家居领域,Nest 以其简约、智能的产品设计赢得了市场的广泛认可。然而,并非所有专注于高端智能家居设备的新创企业都能如此幸运。Revolv 成立于 2012 年,致力于开发智能家居中心设备,尽管技术先进,但因产品定价过高且功能设计复杂,操作界面不友好,未能赢得消费者的青睐。Revolv 过于追求技术的先进性,忽视了目标市场的实际需求和消费者的使用习惯,最终未能成功。相比之下,Nest 更注重产品的易用性和用户体验,通过简洁的设计和功能优化,成功打入市场,成为智能家居领域的佼佼者。Nest 的产品定价合理,操作界面友好,能够根据用户习惯自动调节,提供个性化的舒适体验。这一案例再次强调了技术创新必须与市场需求紧密结合,才能转化为企业的竞争优势。

(2) 战略保守、惧怕竞争是新创企业失败的重要原因之一。诺基亚的衰落就是一个典型例子。诺基亚曾是手机行业的领头羊,但在智能手机时代到来时,由于过于依赖传统的功能手机市场,未能及时转型,最终失去了市场领先地位。黑莓,这个曾经风靡一时的商务手机品牌,也因未能及时适应市场变化,错失了智能手机市场的黄金机遇。百年柯达拆载数码时代的案例大家还记得吗？成熟企业尚且如何，就更不用说初创企业了。这些企业的失败，无不说明了一个道理：在快速变化的市场环境中，保持战略敏锐性和持续创新能力至关重要。相比之下，小米公司通过快速迭代和用户反馈，不断推出符合市场需求的产品，迅速崛起成为全球领先的智能手机厂商。小米的成功，在于其敢于冒险、勇于创新的精神。

（3）进入时机的选择：对于新创企业的成功同样重要，过早和过迟都不好。盛大盒子和微软必应（Bing）的案例为我们提供了启示。盛大盒子是盛大公司于2005年推出的一款家庭娱乐中心设备，旨在整合电视、网络、游戏等多种功能。然而，由于进入市场时机过早，当时的技术和基础设施尚不成熟，消费者对于此类产品的接受度也有限，最终导致盛大盒子未能取得预期的市场效果，并且，由于知识产权的付费问题，被广电总局点名叫停。相比之下，微软在推出必应搜索引擎时，面临谷歌、百度等强大竞争对手的压力，选择了在技术和市场相对成熟的时机进入，通过不断创新和优化，逐渐在搜索引擎市场中占据了一席之地，但是在中国市场，直到2007年，已经流传着一句俗语"外事不知问谷歌，内事不知问百度"，必应进入市场较晚，在中国国内使用必应的用户实在不多。

（4）财务风险管控不力是新创企业面临的另一个重大挑战。ofo共享单车在快速扩张的过程中忽视了财务风险，过度依赖外部融资。当市场环境发生变化时，ofo的资金链断裂，最终走向破产。相比之下，摩拜单车通过谨慎的财务管理，成功地渡过了难关，最终被美团收购。这一案例再次强调了财务风险管控对于新创企业生存的重要性。

（5）团队成员分崩离析也是导致新创企业失败的一个重要原因。创业初期，创始人和核心团队通常能够团结一致，共同面对困难。然而，随着企业的发展，利益分配、管理风格等方面的矛盾逐渐显现，导致团队成员分崩离析。例如，滴滴出行在早期也经历过团队内部的分歧，但通过有效的沟通和管理，最终解决了这些问题，继续发展壮大。相反，一些新创企业由于内部矛盾无法调和，最终走向了失败。这种可以"共贫贱"却不能"共富贵"的团队失败案例比比皆是，所以在团队创建之初就用规范的法律文件将成员的责权利关系明确下来至关重要，这样也有利于保持团队的稳定性和凝聚力。

新创企业在发展的过程中，最重要的不是技术的先进性、市场的规模或资本的雄厚，而是能否在激烈的市场竞争中活下去。通过以上正反方面各种案例的对比可能看出，有的新创企业只强调技术如何先进，营销调研不准确，所做的"创新"与市场需求错位；有的是战略保守，惧怕竞争，抱残守缺；有的是进入时间不对；有的是财务风险管控不力；还有团队成员分崩离析；等等。正如那句俗话所言：幸福的家庭都一样，而不幸的家庭则各有各的不幸。

为了确保生存，新创企业需要在市场需求调研、战略灵活性、财务风险管理、团队建设和持续创新等方面做好准备。在市场需求调研方面，新创企业需要深入了解目标市场的需求和偏好，确保产品和服务能够满足市场需求。通过市场调研和数据分析，企业可以发现潜在的市场机会和客户需求，从而开发出具有竞争力的产品和服务。在战略灵活性方面，新创企业需要保持对市场变化的敏锐感知和快速响应能力。当市场环境发生变化时，企业需要及时调整战略方向和发展计划，以适应新的市场趋势和竞争态势。这种灵活性不仅有助于企业抓住市场机遇,还能有效应对潜在的风险和挑战。在财务风险管理方面,新创企业需要建立科学的财务管理体系,确保资金链的稳定。通过合理的资金规划和使用,企业可以降低财务风险,避免因资金链断裂而导致的破产。同时,企业还需要关注成本控制和盈利能力提升,以实现可持续发展。在团队建设方面,新创企业需要打造一支高效、稳定的团队。通过有效的沟通和激励机制,企业可以激发团队成员的积极性和创造力,保持团队的凝聚力和战斗力。此外,企业还需要注重团队成员的培养和发展,为企业的长期发展提供人才保障。在持续创新方面,新创企业需要不断进行技术创新和管理创新。通过技术创新,企业可以开发出更具竞争力的产品和服务;通过管理创新,企业可以提高运营效率和管理水平。这种持续创新能力不仅有助于企业在市场竞争中保持领先地位,还能为企业带来新的增长点和发展机遇。

总之,新创企业的生存与发展是一个复杂而艰巨的任务。只有在确保生存的基础上,企业才有机会进一步发展和壮大。因此,新创企业需要时刻保持警觉和敏锐,不断适应市场变化,加强内部管理,提升核心竞争力,以在激烈的市场竞争中立于不败之地。

思 考 题

扫描做习题

1. 新企业创立时需要考虑哪些主要的法律与伦理问题?
2. 新创企业在选择企业组织形式时需要考虑哪些关键因素?
3. 新创企业在注册流程中需要提交哪些主要资料?
4. 新创企业在选址过程中应如何进行成本效益分析?
5. 市场环境分析中,新创企业应该如何研究竞争对手的分布情况?
6. 在人力资源考量中,新创企业如何吸引和留住高素质人才?
7. 新创企业如何通过研发管理保持技术领先和产品创新?
8. 新创企业在财务管理中应如何优化现金流管理?
9. 新创企业在生产过程中应如何建立严格的质量管理体系?
10. 新创企业在社会认同构建方面有哪些有效的策略?

【书香致远】

[1] 魏星. 创业策划:给你一家企业能赚钱吗[M]. 北京:中华工商联合出版社,2023.

[2] 阳飞扬. 创办你的企业[M]. 北京:北京燕山出版社,2023.

APPENDIXES 附 录

附录1 常用的创新创业类网站

1. 全国大学生创业服务网

网址：http://cy.ncss.cn/

简介：创办于2011年，是中华人民共和国教育部唯一专门宣传、鼓励、引导、帮助大学生创业的官方网站。在教育部高校学生司的指导下，由教育部学生服务与素质发展中心（原全国高等学校学生信息咨询与就业指导中心）负责网站具体运营。网站致力于打造创新大赛支持、创业项目对接、创业培训实训、政策典型宣传、创业专业咨询五大功能的大学生创业服务平台。

2. 中国高校创新创业教育联盟

网址：http://www.ieeac.com.cn/

简介：创办于2015年，在教育部的指导下，联合各成员单位共同研讨创新创业教育的理念、方法和体制机制，旨在打造一个共同平台，凝聚高校和社会各界力量，充分发挥高校的人才和智力优势，为全社会提供优质的创新创业教育资源，形成良好的创新创业教育生态，培养更多创新创业人才，为实施创新驱动发展战略作贡献。

3. 创业邦

网址：https://www.cyzone.cn/

简介：创办于2007年，由IDG、DCM、红杉中国、赛富等世界一流创投机构投资的中国最大的创业服务平台，提供创业媒体、投融资服务、孵化投资、创新产品演示等全产业链业务。

创业邦是一个专注于创业领域资讯与服务的综合性平台，包括新闻、报告、活动等多种内容形式，还经常举办创业大赛、论坛和峰会，为创业者提供展示和交流的机会。

4. 创业家

网址：http://www.chuangyejia.com/

简介：创办于 2008 年，创业家通过杂志、网站和培训课程等多种方式传授创业知识和技能，其实战训练营注重实践操作，为早期创业者提供了解决实际问题的机会。

5．36 氪

网址：https://www.36kr.com/

简介：创办于 2010 年，36 氪涵盖了科技资讯、投融资、行业数据等多方面内容，是创业者获取信息的重要渠道。氪空间作为 36 氪的联合办公品牌，为初创企业提供办公场地和孵化服务，增强了其实用性。

6．猎云网

网址：https://www.lieyunpro.com/

简介：创办于 2013 年，是国内知名互联网创业服务平台。基于多年互联网创业经验，已经发展成为了旗下拥有科技媒体报道网站猎云网、猎云资本、联合办公、技术孵化、整合营销等五大产业矩阵，此外，猎云网还为创业者提供"创投爆料"能第一时间获得互联网最新消息。

7．i 黑马网

网址：http://www.iheima.com/

简介：创办于 2011 年，i 黑马是面向"可资本化创业项目"的创新型综合服务平台，致力于帮助创业者从全球范围内获得灵感，获得点子，获得投资，获得人才，获得宣传，获得经验，获得尊敬。

8．投融界

网址：https://www.trjcn.com/

简介：创办于 2010 年，投融界是国内专业的一站式创业服务平台，在企业服务领域专业深耕 14 年。"以服务提升价值，成为最受信赖的服务企业"为发展使命，依托"科技＋服务"的核心优势，不断拓展服务边界、创新服务模式，旨在为创业者提供高质量、个性化、多资源、全场景的陪伴式服务，为每一个创业梦想保驾护航。

9．亿欧网

网址：https://www.iyiou.com/

简介：创办于 2014 年，是一家专注科技＋产业＋投资的信息平台和智库，用户/客户覆盖超过 50 个国家或地区。亿欧为中外客户提供行业研究、投资分析、创新咨询、数据产品、品牌公关、国际化落地等服务。亿欧网的数据库和研究报告为用户提供了丰富的行业洞察和前瞻性分析，是了解科技产业动态的重要工具。

附录2 常用的创新创业类公众号

1. 创业邦

ID：ichuangyebang

简介：创业邦是一个面向创业者的全方位服务平台，提供创业资讯、投资对接、创业培训等服务。微信公众号会发布创业故事、行业动态、投资分析等内容。

2. 36氪

ID：wow36kr

简介：36氪是一个服务于创业者的媒体平台，关注互联网、科技、金融等领域的创新企业和项目。公众号推送最新科技新闻、企业报道和市场趋势分析。

3. i黑马

ID：iheima

简介：i黑马是专注于创业和投资领域的垂直媒体平台，为创业者提供实用的创业指导、行业资讯和投融资信息。

4. 创业家

ID：chuangyejia

简介：创业家是中国最早的创业类杂志之一，现在已转型为新媒体平台，分享创业经验、商业模式探讨以及企业家访谈。

5. 猎云精选

ID：lieyunjingxuan

简介：猎云精选是一个关注互联网创业和投资的科技媒体平台，提供初创公司报道、融资消息以及行业观察文章。

6. 创业最前线

ID：chuangyezuiqianxian

简介：创业最前线是一个专注于报道创业者的媒体平台，分享创业者的实战经验和教训。

7. IT桔子

ID：itjuzi521

简介：IT桔子是一个关注互联网创业项目的数据库和分析平台，提供公司、投资、招聘等相关数据查询服务。

8. 亿欧网

ID：i-yiou

简介：亿欧网是一个关注产业互联网的媒体平台，涵盖零售、汽车、物流等多个行业，提供行业洞察、企业报道和趋势分析。

参考文献

[1] 斯蒂芬·斯皮内利,罗伯特·亚当斯. 创业学:21世纪的企业家精神(原书第10版)[M]. 蒂蒙斯创业学研习社,译. 北京:机械工业出版社,2022.
[2] 杨雪梅,王文亮. 大学生创新创业教程[M]. 2版. 北京:清华大学出版社,2021.
[3] 秦勇,陈爽. 创业管理:理论、方法与实践[M]. 北京:人民邮电出版社,2019.
[4] 李剑利. 大学生创新创业基础[M]. 北京:高等教育出版社,2021.
[5] 李家华,郭朝辉. 大学生创新创业基础[M]. 北京:高等教育出版社,2020.
[6] 徐军,徐全忠. 大学生创新创业基础[M]. 北京:高等教育出版社,2020.
[7] 胡剑锋,彭学兵. 创业管理:理论、流程与实践. 2版. 北京:高等教育出版社,2019.
[8] 黄明睿,张进. 创新与创业基础[M]. 北京:高等教育出版社,2018.
[9] 邱鑫,温和瑞,古莹奎. 创新创业基础[M]. 北京:高等教育出版社,2020.
[10] 周鹍鹏. 大学生创新创业基础[M]. 北京:科学出版社,2018.
[11] 郗婷婷. 创新创业基础[M]. 北京:清华大学出版社,2021.
[12] 石瑞宝,赵新燕. 大学生创新创业基础[M]. 北京:清华大学出版社,2020.
[13] 蔡剑,吴戈,王陈慧子. 创业基础与创新实践[M]. 北京:北京大学出版社,2015.
[14] 陈劲,郑刚. 创新管理(精要版)[M]. 北京:北京大学出版社,2021.
[15] 贺尊. 创业学(数字教材版)[M]. 4版. 北京:中国人民大学出版社,2023.
[16] 斯晓夫,吴晓波,陈凌,等. 创业管理:理论与实践[M]. 2版. 杭州:浙江大学出版社,2020.
[17] 张玉利,薛红志,陈寒松,等. 创业管理[M]. 5版. 北京:机械工业出版社,2020.
[18] 刘志阳,林嵩,路江涌. 创新创业基础[M]. 北京:机械工业出版社,2021.
[19] 王强,陈姚. 创新创业基础:案例教学与情境模拟[M]. 北京:中国人民大学出版社,2021.
[20] 陈建,严行. 大学生创新创业:基础与实务[M]. 北京:国家行政学院出版社,2019.
[21] 王涛. 创新创业基础[M]. 北京:清华大学出版社,2023.